"十四五" 国家重点出版物出版规划项目

清华大学国际争端解决研究院
Institute for International Dispute Settlement
Tsinghua University

国际争端解决研究

（第一卷）

清华大学国际争端解决研究院　编

张月姣　主编

中国商务出版社
CHINA COMMERCE AND TRADE PRESS

图书在版编目（CIP）数据

国际争端解决研究. 第一卷 / 清华大学国际争端解决研究院编；张月姣主编. --北京：中国商务出版社，2022.9（2024.1重印）

（国际争端解决研究丛书）

ISBN 978 - 7 - 5103 - 4074 - 1

Ⅰ. ①国⋯ Ⅱ. ①清⋯ ②张⋯ Ⅲ. ①国际争端—研究 Ⅳ. ①D815

中国版本图书馆 CIP 数据核字（2022）第 003148 号

国际争端解决研究（第一卷）

GUOJI ZHENGDUAN JIEJUE YANJIU（DI YI JUAN）

清华大学国际争端解决研究院　编

张月姣　主编

出　　版：	中国商务出版社	
地　　址：	北京市东城区安外东后巷 28 号　　邮　编：100710	
责任部门：	教育事业部（010 - 64283818）	
直销客服：	010 - 64283818	
总 发 行：	中国商务出版社发行部（010 - 64208388　64515150）	
网购零售：	中国商务出版社淘宝店（010 - 64286917）	
网　　址：	http://www.cctpress.com	
网　　店：	https://shop595663922.taobao.com	
邮　　箱：	347675974@qq.com	
印　　刷：	北京明达祥瑞文化传媒有限责任公司	

开　　本：710 毫米×1000 毫米　1/16			
印　　张：21.5		字　　数：400 千字	
版　　次：2022 年 9 月第 1 版		印　　次：2024 年 1 月第 2 次印刷	
书　　号：ISBN 978 - 7 - 5103 - 4074 - 1			
定　　价：98.00 元			

凡所购本版图书如有印装质量问题，请与本社印制部联系（电话：010 - 64248236）

丛书编委会

主　编　张月姣

副主编　车丕照　贾兵兵

编　委　周晓燕　冯雪薇　张新军　赵春蕾

依法解决国际争端　推动国际法治建设

张月姣

2019 年 10 月 18 日，清华大学国际争端解决研究院正式成立。清华大学邱勇校长在研究院揭牌仪式上作重要讲话，希望研究院根据国家需要和国际关系的新挑战，深入研究国际法前沿问题，为迅速、公正解决国际争端，统筹推动国内法治和国际法治，为国家献计献策，做好智库工作。同时，研究院要做好法律宣传和高级涉外法律人才培养工作。最高人民法院、商务部、中国法学会、中国国际贸易促进委员会的领导也出席会议并讲话。

在隆重的成立大会上，我激动地接受了邱勇校长颁发的任命我为国际争端解决研究院首任院长的聘书。我深感"使命光荣、责任重大"。我要与研究院全体教授、研究员和工作人员兢兢业业做好研究工作。我们秉持开放办研究的理念，吸收国内外顶级专家及时交流、共同研究。我们将追踪国际前沿问题，"学贯东西"，洋为中用；理论联系实际，根据问题导向，做好法律学术研究。急国家之所急，想国家之所想，做国家之所用，脚踏实地做好智库工作。国际争端解决研究院要实现国际化、现代化、专业化、本土化。研究成果能解决问题，创新理论与实务研究。学术研究水平要反映清华大学争创国际一流的精神，为国际法治建设，维护国际公平正义、和平发展作出中国法律人的贡献。

2020 年是国际多事之年，天灾人祸，新冠病毒全球大流行，一亿多人感染新冠病毒，三百多万人丧生。个别国家政客还攻击中国抗疫的成功，罔顾事实，滥诉中国政府，将病毒污名化、病毒溯源政治化，疫情尚未结束，围绕疫情的国际斗争仍在继续。国际争端解决研究院及时召开了"防控新冠病毒与国际法研讨会"。研究院代表还参加全国最高人民法院、外交部、司法部召开的专家会议，建言献策。同年，美国与中国的贸易摩擦升温，美国挥舞早已被 WTO 裁定违法的"301 条款"大棒，并以"贸易逆差"为名，大幅度对从中国进口的大量商品征收高关税。国际贸易保护主义、单边主义空前猖獗，破坏了全球产业链和国际经济的持续发展，阻碍了国际经济治理。研究院组织召开了"补贴与反补贴规则国际研讨会"，批判那些滥用贸易救济措施、实行贸易保护主义的国家是违反WTO规则的。美国和欧盟以"国家安全"为由，限制和制裁中国高科技企业在其境内的投资。某些西方国家违反国际法，干涉中国内政，其涉疆、涉港、涉台问题都公然违反国际法的主权平等原则，违反《联合国宪章》的不干涉他国内政的原则。研究院举办了"国际法最新问题研讨会"和"国际投资争端解决高级研讨会"。2020年是WTO成立25周年。研究院组织召开了"WTO成立25周年法律研讨会"，国内外研究WTO学者、官员近千人参加了线上和线下大会。WTO的官员和专家也在日内瓦参加了本次研讨会。与会人员演讲的题目广泛、内容深刻，反映了中国坚定支持以WTO为核心的多边贸易体制。中国不仅是WTO的参加者、受益者，也是WTO的贡献者、多边贸易规则的维护者，获得WTO和国际社会的广泛赞誉。

2021年是清华建校110周年，是中国共产党成立100周年，是中国恢复在联合国的合法席位50周年，也是中国加入WTO 20周年。

习近平主席在考察清华大学时指出，清华大学诞生于国家和民族危难之际，成长于国家和民族奋进之中，发展于国家和民族振兴之时。110年来，清华大学深深扎根中国大地，培育了爱国奉献、追求卓越的光荣传统，形成了又红又专、全面发展的教书育人特色，为国家、为民族、为人民培养了大批可堪大任的杰出英才。这是一代代清华人拼搏奋斗、勇攀高峰、争创一流的结果。清华大学国际争端解决研究院坚定贯彻习近平主席的指示，用实际行动纪念中国共产党成立100周年。发扬党的"实事求是"和"理论联系实际"的优良传统，深入研究国际法和WTO规则。研究院将举办纪念我国恢复在联合国的合法席位50周年和中国加入WTO 20周年高级学术研讨会，为我国参与联合国的活动和WTO改革献计献策。为我国应对少数国家围堵打压中国和平发展、粗暴干涉我国内政的违反国际法行为，以及阻止我国投资者的合法经营活动和破坏国际贸易与投资秩序的行为，提出对策建议。

本书汇编了清华大学国际争端解决研究院成立第一年研讨会的主要学术成果。今后每一年都将发表研究院的论文集。为推进依法、公平、高效解决国际争端，推进国际法治，做好智库工作。为建设公平、正义、包容、稳定、和平发展的国际环境作出中国法律人的贡献！

国际争端解决研究丛书入选"十四五"国家重点出版物出版规划项目，在此感谢中国商务出版社为该丛书所付出的努力和辛勤劳动。

目　录

第一篇

新冠肺炎疫情滥诉问题专题研究

一、美国就其对新冠肺炎疫情管控不力甩锅中国，与事实相悖，与国际法不符

张月姣[①]

这场突如其来的新冠肺炎疫情涉及 210 多个国家，300 多万人丧失了生命[②]，在人类的生死关头，世界各国应该紧密合作，共同与病毒作斗争。任何将病毒污名化、政治化的行为都是违背国际法的，是不道德的，倒行逆施必自毙。中国完全履行了《国际卫生条例》的及时通报和分享疫情信息的义务。中国在中国共产党的坚强领导下，发挥新型举国体制优势，一方有难、八方支援。生命至上，以人为本，联防联控。中国在作出巨大牺牲、初步有效控制新冠肺炎疫情后，践行国际人道主义奉献精神，用实际行动全力援助其他国家抗疫，挽救生命，提高全世界的福祉[③]。但是外国少数人无视中国为抗疫所作的贡献，反而扬言向国际法院、联合国人权委员会以及美国法院起诉中国政府，诬告中国隐瞒疫情，提出巨额索赔，这是白日做梦。近年来，美国将中国视为战略竞争者，极力反对中国和平崛起，为此准备付出任何代价。美国某些州法院掀起诬告滥诉中国，肇事者企图在经济上获得巨额赔偿和不当利益，在社会上转嫁其国内抗疫不力的责任，将美国人民对政府的不满甩锅给中国。在造谣攻击中国的同时，美国特朗普政府多次以撤资向世界卫生组织（以下简称世卫组织）施加压力，污蔑世卫组织偏袒中国，并无理要求撤销世卫组织谭德塞总干事的职务。美国特朗普政府诬告世卫组织和中国，完全罔顾事实、践踏国际法。

———————

① 张月姣，清华大学国际争端解决研究院院长、法学院教授，解决投资争端国际中心 ICSID 仲裁员，中国首任 WTO 上诉机构大法官，2015 年被上诉机构成员选为上诉机构主席。

② 根据国家卫健委 2021 年 7 月 21 日公布的 WHO 统计数据，全球 1.19 亿人感染新冠病毒，300 万人死于新冠病毒。美国 3500 万人感染新冠病毒，62.5 万人死于新冠病毒。

③ 2020 年年初，新冠肺炎疫情在意大利、西班牙、塞尔维亚暴发后，中国政府应邀立刻派医疗专家援助并提供大量医疗物资。病毒无国界，病毒是人类共同的敌人。中国政府本着人类命运共同体的理念和中国"滴水之恩、涌泉相报"的传统美德，派出医务人员冒着生命危险奔赴欧洲、非洲和拉丁美洲等地施救。

（一）攻击世界卫生组织，违反国际法

世界卫生组织是 1946 年由中国和巴西共同发起倡议成立的，是根据联合国宪章成立的国际公共卫生领域最重要的国际机构之一。世卫组织的代表性非常广泛，拥有 194 个成员国。数十年来，世卫组织在防治疾病和国际传染病等方面作出重大贡献，包括防治流感和艾滋病毒等传染病以及防治癌症和心脏病等非传染性疾病。它帮助母亲和儿童生存、繁荣，使他们能期待一个健康的童年和老年。它确保人们呼吸安全的空气，食用安全的食物，饮用安全的水，确保他们使用安全的药物和疫苗，等等。它在许多方面作出了巨大贡献，获得国际社会的广泛好评。

目前在新冠肺炎疫情在世界泛滥的情况下，世界各国更需要坚定不移地支持世卫组织的工作，大家齐心协力，共克时艰，早日战胜冠状病毒。世卫组织是依据《联合国宪章》第 57 条规定特设的一个联合国专门机构，享有国际组织的特权和豁免权。世卫组织总干事是由世卫大会 194 个成员国以压倒性多数当选并被世卫大会任命的。《世界卫生组织组织法》第 37 条规定："秘书长及其办事人员执行职务……本组织各会员国承诺尊重秘书长及其办事人员之专属国际性，亦不设法影响其行为。"美国特朗普政府在世卫组织总干事领导全球抗击新冠病毒扩散的关键时刻，对总干事进行人身攻击，影响其执行职务行为，美国严重违反《世界卫生组织组织法》，严重违反国际法。

总干事及其专业团队考察与核实中国政府抗疫措施后，给予高度评价。这是世卫组织专业和权威的讲话。美国因此不悦，攻击总干事谭德塞"偏袒中国"。这是严重违反《世界卫生组织组织法》的。同时，"秘书长及其办事人员执行职务，不得请求或接受本组织以外任何政府或其当局之训示，并应避免足以妨害其国际官员地位之行动"。新冠肺炎疫情不能污名化，新冠肺炎疫情溯源不能政治化。研究新冠病毒的来源是科学的问题。每一个成员都有义务参与和支持新冠病毒的溯源，而不应该将矛头指向中国。这是罔顾事实、违反世卫组织章程、违反《联合国宪章》的。

美国是世卫组织缔约国，承诺遵守《世界卫生组织组织法》、缴纳会费。至今美国还欠缴世卫组织会费。在新冠肺炎疫情在世界泛滥，严重威胁人类健康的时刻，美国国务卿蓬佩奥公开表示"暂停缴纳世卫组织会费，停止向世卫组织捐款"。据报道，世卫组织总干事谭德塞在会上说，他接到过死亡威胁书。他在中国武汉"封城"严格控制疫情扩散时率团访问武汉，并对中国及时、果断采取严厉措施控制新冠疫情的扩散表示赞成。世卫组织总干事及其专家团队包括美国

专家在履行职务时作出客观和专业的判断，美国特朗普政府对此不满，对世卫组织总干事进行人身攻击，以不缴会费和退出世卫组织相威胁，是明目张胆地违反《世界卫生组织组织法》的行为。

美国完全违背了国际法"条约必须遵守"原则，也违背了尊重世卫组织工作和世卫组织享受特权和豁免权的国际承诺。美国政府攻击栽赃世卫组织的行径已经受到美国各界人士的强烈反对。除美国外的七国集团、俄罗斯、中国以及其他欧盟、亚洲和非洲很多国家都反对美国政府这种违反国际法、违反《世界卫生组织组织法》的错误做法。美国单边一意孤行破坏多边主义，企图破坏拥有194个成员国的世卫组织。严重违反国际法，天理不容。

世卫组织的决策模式，不是某一个成员单边可以决定的。世贸组织和世卫组织有一个共同特点，都是一个成员一票。这种民主的决策程序与世界银行、国际货币基金组织不同，后者是哪个国家出资多，投票权就多。用国际法反对美国滥用其国内法；用国际组织的多边行为约束美国的单边霸权行为。美国特朗普政府"退群"成风，但是美国无权操纵国际机构"去中国化"。世界卫生大会（以下简称世卫大会）拒绝了美国扶持的"台湾加入世卫组织的诉求"；世卫大会决议击败了美国、澳大利亚煽动的专门针对中国抗疫的调查。大会决定在适当的时候对任何成员的抗疫行为进行审议（review），而不是针对中国的调查（investigation）。美国特朗普政府的阴谋失败了，他要求退出世卫组织，受到国内外的一致反对。

中国在继续支持世卫组织的同时，捍卫《国际卫生条例》和法规。中国全面履行了2005年生效的《国际卫生条例》规定的各项义务，包括第6条、第7条、第9条的及时通报义务、连续分享信息的义务，还有包括缴纳会费，建设具有抗击国际流行病的机构，包括疾病预防控制中心（CDC）的组织能力。世卫组织和其他国际权威的公共卫生研究部门都高度评价中国"是完全履行了《国际卫生条例》规定的义务"。世卫组织必须按照其章程依法秉公办事，为世卫组织全体成员服务，抵制某霸权国家的政治干扰。

（二）向国际法院起诉中国"隐瞒疫情"，没有事实和法律根据，是行不通的

西方个别律师扬言，要利用《世界卫生组织组织法》的第75条条款，去国际法院起诉中国隐瞒疫情，这是行不通的。国际上关于公共卫生有两个规定，一个是《国际卫生条例》（IHR），一个是《世界卫生组织组织法》（WHO）。《国

际卫生条例》规定了各缔约国的义务，包括及时通报疫情的义务和分享抗疫信息的义务。《国际卫生条例》没有向任何国家追责的条款。国际上也从未有就国际流行传染病，追究某个国家责任的先例。《国际卫生条例》第56条规定非诉的方法，用磋商、调解的方法解决争议。如果双方有书面仲裁协议，也可以到仲裁协议中指定的仲裁机构去仲裁。在《国际卫生条例》中，没有规定把《国际卫生条例》的解释和适用提交国际法院。如果美国指控中国瞒报疫情，没有分享信息，这不是《世界卫生组织组织法》的解释问题，而是《国际卫生条例》规定的权利义务。《国际卫生条例》的权利义务就是通过磋商、调解或者仲裁来解决争议。仲裁需要有仲裁协议，中国与任何一个国家都没有签订关于解决《国际卫生条例》义务的争议的书面仲裁协议。在世卫组织194个成员里也没有国家签订任何仲裁协议。如果有仲裁协议，仲裁是终局的、有约束力的，即排除其他法院的管辖。如果当事国要提交国际法院，需要当事国都同意，而中国政府没有同意到国际法院去解决是否履行了《国际卫生条例》的权利义务所产生的争端，因此，国际法院对于未履行疫情通报义务的争议没有管辖权。

关于《世界卫生组织组织法》的第75条①是指，对于《世界卫生组织组织法》的解释与适用的争议，如果缔约国谈判或者世卫大会未能解决，可依据国际法院规定提交国际法院。首先国际法院从未受理过关于联合国的国际机构宪章解释或适用的争议。在"刚果（金）诉卢旺达"的案中，国际法院指出，必须是关于《世界卫生组织组织法》解释与适用的争议中的裁定，刚果民主共和国寻求确定国际法院对《世界卫生组织组织法》第75条的管辖权。刚果民主共和国主张，卢旺达违反了《世界卫生组织组织法》第1条和第2条的规定。国际法院认为，刚果民主共和国没有显示出其与卢旺达对《世界卫生组织组织法》的解释或适用存在相反意见的问题，也没有表明其与该国在这一问题上存在争议。国际法院进一步注意到，即使刚果民主共和国已证明存在属于《世界卫生组织组织法》第75条范围内的问题或争端，但无论如何也没有证明该条款设立的其他前提条件已得到满足，即它试图通过与卢旺达谈判解决该问题或争端，或世卫大会未能解决该问题或争端。国际法院根据上述结论认为，《世界卫生组织组织法》第75条不能在本案中确定国际法院对其有管辖权。由此可见，通过《世界卫生组织组织法》第75条向国际法院控告中国隐瞒疫情是没有法律依据的。国际法院对与《国际卫生条例》的解释和适用的争议没有管辖权。就国际公共卫生突

---

① 《世界卫生组织组织法》第75条："除当事国另有协议解决方法外，应依国际法院规约之法规，因解释或运用本组织法而起之争端或问题提交国际法院。"

发事件追究某个国家抗疫的责任没有先例，是行不通的。

（三）中国完全履行了《国际卫生条例》的通报和信息分享等义务

从实体法的权利义务上看，中国没有隐瞒新冠肺炎疫情，中国完全履行了国际卫生义务。2019 年 12 月 27 日，中国医生发现疑似肺炎病例后立刻组织会诊，并报告疾控中心。经过权威专家共同科学分析，认定了这种新冠病毒后，迅速通报了世卫组织和其成员国。中国采取了最严厉的防控措施，阻止疫情扩散。武汉"封城"以后，是美国首先关闭了中国到美国的人员流通渠道。纽约州州长电视讲话："纽约州是疫情最严重的地区，而首例疫情，不是来自中国，而是来自欧洲。因为当时美国对欧洲没有采取边境限制措施。所以，有几百万欧洲人到了美国。"因此，事实证明了美国早就知道中国通报的情况以及分享的信息。为说明事实真相，证人证言，特别是权威专家的证人证言非常重要。如中国国际顶级的传染病防治专家钟南山院士就讲到，"这次的疫情，一两天内中国就迅速作出决策，通知了世卫组织，并且还不断和美国及其他国家的医生和专家进行交流，完全履行了《国际卫生条例》的规定"。美国疾控中心的主席也承认，中国在这方面是事先通知了美国。美国的传染病专家福奇（Fauci）也讲道，"中国在通报疫情和分享信息方面是做得很好的"。连美国前任总统特朗普 2020 年 1 月 24 日也在电视上讲（武汉 1 月 23 日"封城"），他收到了中国疫情的通报，"中国措施是透明的，习近平主席领导抗击疫情是果断的"。欧盟主席也在电视上用三种语言讲："谢谢中国对欧洲抗击疫情的支持。"其他国家领导人和专家在电视里的讲话都是证人证言的历史记录，说明中国完全履行了《国际卫生条例》的规定，及时地通报，并且连续地分享信息。中国不仅没有隐瞒疫情，还起到了为其他国家防控疫情做"吹哨人"的作用。而且，世卫组织也高度评价，"中国能够这样高速度地、非常专业地采取果断的防控措施，为世界其他国家提供了将近两个多月的窗口期"。一位世卫组织的专家在电视上讲，"我们欠武汉人一个道歉"。也就是说，中国确实在防控疫情方面作出巨大的牺牲和突出的贡献。因此，无论从程序法还是实体法来说，外国某些政客扬言将中国告到国际法院或者美国国内法院是没有事实和法律依据的。

（四）是否可以在美国法院起诉中国，追究抗疫的责任

截至 2020 年 5 月，在美国法院有十几起滥诉中国的案子。从他们提交的诉

状中，笔者没有看到任何事实和法律的依据。根据《联合国宪章》，国家是平等的，平等主体之间无管辖权。相互尊重主权，一国不能成为另一国国内法院的被告，这是国际法基本原则①。美国唯一的依据是美国1976年《外国主权豁免法》，该法主要观点也是支持主权豁免，因此，中美恢复外交关系几十年来，就没有一个美国法院裁决是针对中国政府、中国国家作为被告的。在几十个案子中，美国法院都拒绝了当事人对中国政府的起诉。美国的《外国主权豁免法》规定了有限的例外，需要满足非常苛刻的条件。根据中国现在采取的抗疫措施的情况，美国法院完全不能引用这几个例外。例如，其中一个拒绝主权豁免的理由是商业行为，而且需要与美国有密切联系的商业行为。中国抗疫的行为不是商业行为，而是对国际突发的公共卫生事件的管理。另一个排除主权豁免的理由是在美国领土内的侵权行为，这是指外交官在美国开车撞死人了等。中国政府在中国境内采取的抗疫措施，与在美国领土内发生的侵权行为没有任何关系。还有一个排除主权豁免的理由是恐怖事件，当然，这与恐怖事件就更没有关系了。美国起诉人怀疑武汉病毒研究所泄漏新冠病毒纯属诬陷。武汉病毒研究所所长已经向全世界新闻界说明武汉病毒研究所根本没有研究出新冠病毒毒株，指控武汉病毒研究所泄漏新冠病毒是凭空造谣。另外，国际权威科学家们已经证明新冠病毒来自大自然，即不可能来自病毒实验室。因此，美国少数人指控中国"阴谋论"和"恐怖主义"是没有任何事实根据的。总之，在美国法院起诉中国政府的行为，以及向中国政府追责，是没有任何法律依据的，有悖事实，也没有先例。美国法院应依据美国《外国主权豁免法》驳回相关起诉。

为阻止有政治目的的诬告滥诉，在外交上首先要拒绝送达，明确中国拒绝外国法院管辖的立场。另外，有关研究所也要拒绝签收美国法院的送达文件，拒绝美国法院的管辖。美国有近20名国际法专家都提出，根据《外国主权豁免法》的原则，美国法院对中国作为被告的案子是没有管辖权的②。笔者支持美国的国

---

① 根据联合国2004年通过的《联合国国家及其财产管辖豁免公约》，以及2012年意大利、希腊就二战劳工问题状告德国的判决情况，都可以看出，联合国非常明确地认为，国家主权豁免已属习惯国际法，在公约生效前已获公认。

② 美国著名国际法学者基梅纳·凯特纳教授（Chimène Keitner，曾担任美国国务院第27届国际法顾问，并担任美国法学会《美国对外关系法（第四次）重述》"主权豁免"章的顾问）在英文网站"Just Security"发表了专门分析新冠疫情背景下美国法院审理以中国政府为被告的集团诉讼案件的英文文章"Don't Bother Suing China for Coronavirus"。她的观点很明确，其认为就新冠病毒起诉中国是不可能的。

际法专家们的这一立场，外国法院对中国没有管辖权①，主权豁免是国际法的一项基本原则，必须遵守。

（五）关于追究国家责任的国际习惯法

国家责任条款最主要的就是联合国国际法委员会起草的关于国家责任的条款草案。该条款规定，第一，要求这个行为归于政府。第二，要有证据证明政府有违法行为（wrong doing），违反了国际公约，或者违反了国际承诺等。第三，证明该政府的违法行为给原告造成了损害。第四，被控告政府违法行为和原告的损失之间有密切联系，是有因果关系的。而中国抗疫行为，首先，遵守了国际承诺，模范地遵守了《国际卫生条例》，没有任何违反《国际卫生条例》义务的不法行为。其次，由于外国政府抗疫不力造成的损失与中国政府的抗疫措施没有任何直接的因果关系。因此，追究中国的责任是没有任何事实依据的，也是违反国际法的。

（六）如何应对外国诬告滥诉的闹剧

这是一场有组织、有预谋的，以攻击中国为其政治目的，以法律诉讼作为外衣的诬告滥诉行为。如果说这次抗疫之战的上半场是白衣战士、医生、护士演主角，那么，下半场法律人要认真地应对并打好这场法律战和政治战。借助这个机会把中国的涉外法律人才更好地培养起来。

1. 通过深入研究，准备更有效的应对措施

在舆论战上把中国抗疫的立场和法律依据用事实说明，有力批驳外国的诬告、造谣、恐吓和对中国的污名化。介绍中国在抗疫过程中，如何完全履行《国际卫生条例》规定的义务，特别是解释清楚他们关心的中国武汉抗疫初期的做法。这次史无前例的突发疫情中，中国的官员和医生及时进行案例研究和科学分析，在确定新冠病毒后迅速通报世卫组织，在信息透明和分享方面是国际公认的。自疫情暴发后，中国一直在积极研究开发针对新冠病毒的疫苗，中国国家主

---

① 美国弗吉尼亚大学法学院国际法专家狄克斯（Ashley Deeks）指出，针对其他国家的诉讼通常都是"无疾而终"，因为美国法律一般都禁止此类诉讼，只有极少数的例外。耶鲁大学国际法教授 Lea Brilmayer 指出，此类案件并不寻常，多数法官都会认为自己没有司法管辖权去处理美国一州与一个主权国家的争议。

席习近平在第 73 届世卫大会视频会议上宣布，中国研发的新冠疫苗将作为全球公共产品，为实现疫苗在发展中国家的可及性和可负担性作出中国贡献。建议用世卫组织的官方语言发布详细的白皮书，让全世界了解中国有效抗疫的事实真相，将谎言和诬告消灭于萌芽中。事实胜于雄辩，要讲好中国的故事，用事实、用法理来维护国家利益。在这场国际法律战的诉讼闹剧中，要揭穿并且击败他们这种诬告滥诉。同时做好中国国内经济复工、复产和持续抗疫，保就业、保民生等"六保"和"六稳"工作。中国社会稳定，经济发展，疫情完全被控制，就是对世界抗击疫情的贡献。

2. 一如既往地支持多边主义，支持联合国和世卫组织

在国际抗疫和应对某些国家发动滥诉中国的法律战时，更要研究国际法，研究《国际卫生条例》和案例，为国际法的发展作出中国法律人的贡献。在坚定支持多边国际机构的同时，我们不仅要在国际机构里选举总干事，还要在这些国际机构中有更多的基层代表、关键岗位。我国只有一位世界卫生组织的高级官员，美国有 150 多位官员，我们只有不到 30 位，在其他的国际机构也是这样，中国籍的法律官员更少。这是一个严峻的问题。当前支持多边国际机构，通过中国政府和中国在国际机构任职的官员发声，参与制定和支持多边的规则，是非常重要的。

3. 以法律为准绳，依据国际规则解决国际争议是关键

争议的解决必须以事实为基础，以法律为准绳。规则是非常重要的。要把这些国际规则的条文、起草背景、执行案例，以及谈判者的真实意图吃透，搞清楚。对于外国的滥诉情况，我们要有专人跟踪，及时分享信息。我们也要认真做好应对的各方面准备，对于他们的指控和可能的指控要研究出对策，必须提出一个非常深入、翔实的法律对案，进行有力的抗辩和批判。从送达到管辖权的抗辩，再到实体权利的抗辩，以及中国没有违反有关国际条约的事实与法律论证。因为涉及《世界卫生组织组织法》和《国际卫生条例》，我国是成员国，对这些国际条约的解释和适用，我们有发言权。根据《维也纳条约法公约》，我们可用这方面谈判的历史记录，作为条约解释的辅助支持。在世界卫生组织成立 70 多年以来，国际疫情中从来不追究任何国家的责任，因为这是不可抗力事件，是人类不可预见的，相互都不追究责任，这种情况已经形成国际的习惯法。而且在《国际卫生条例》里面也没有追究责任条款，这些我们要多宣传，不能让美国所谓的"谎言说了一千遍就变成真理了"，这是诬告。如果美国某些法院不顾国家主权豁免法的规定，不顾美国 1976 年的《外国主权豁免法》，一意孤行的话，是

违法，也是美国司法制度的最大的污点。主权豁免涉及国际法和国家关系的重大问题。外国主权豁免也是相互的，一旦美国国会罔顾事实、违背国际法，制定所谓中国抗疫措施排除外国主权豁免的任何规定，为其法院受理起诉中国的案件开绿灯，这种歧视性的修法将严重破坏国际法和国家之间的关系，是很难做到的。如果美国针对中国不提供主权豁免，根据对等原则，中国则可立即采取强有力的反制措施，包括中国法院也可以受理中国人或外国人控告美国将新冠病毒污名化，控告美国政府对中国人和亚洲人的歧视，以及美国政府抗疫措施不力，因而对我国公民造成的损失，要求美国承担责任和赔偿。

国际上任何争议的解决机制都是公共产品，其最重要特征是独立性、公正性。如果它被政治绑架，就失去了独立性，失去了公正性，这种司法就变成了政治人物用于破坏其他国家权益的一个工具。这将是国际法治的倒退，也是历史的悲剧。所以我们要有底线思维，做好各种准备，面对当前国际合作的问题，我们要高举国际法和国际法治的大旗，即国际法中国家平等、相互尊重主权、国际合作、和平共处、和平发展、和平解决争端和国际人道主义、反对战争或武力威胁等原则。

现在以美国为首的西方国家的舆论下，"逢中必反"的现象是让人担心的事情。我们要有定力，一如既往地做好我们自己的工作，国家富强了，国家稳定了，我们才能应对当前各种风险，包括疫情、外部威胁、债务等风险。

4. 事实胜于雄辩，要用事实讲话

任何舆论也好，争议的解决也好，事实、证据非常重要。法官的职责就是在事实中寻找事实真相，寻找真理。用证据和事实讲话，事实要具有真实性、相关性、权威性和反击批驳对方指控来保证案件公正解决的有效性。我们不仅要把中国抗疫的所作所为讲清楚，使得各国信服，中国在抗疫斗争中是作出贡献的，是没有责任的。同时我们也要收集对方违反国际法和其国际承诺的证据，以及其他一些防控疫情不力的言辞和行为，以致造成美国超过数十万人死亡的惨痛后果，这对于反驳其指控和进行反制也是非常必要的。

5. 我们学者要参与国际规则的制定，参与国内法律的制定

在法律制定过程中贡献中国法律人的智慧，同时通过参与法律制定，更好地了解国情，更好地了解国际法新的动态和发展。

法律更多的是应用科学，法律的深入研究要和实践结合，要与形势结合。我们要扩大信息的来源。对于一些新的信息要深入研究。能够在第一线的实践中写出有理、有力、有据、有说服力的檄文，更好地捍卫中国当事人的权益，捍卫国

家的利益，献计献策，起到智库作用。

6. 重视培养高级涉外法律人才

世界竞争说到底就是人才竞争，无论是公共卫生的立法问题，还是我们应对国际滥诉的法律战，中国急需能打胜仗的高级人才。打好这场国际法律战，我们不能够完全依靠外国人。现在有一些外国人愿意为中国讲话，但是他受到的外部极端民族主义压力太大，不敢讲。所以我们自己要把问题研究透、多发声。我们要培养更多的年轻人，更多地立志于用法律维护国际的公平正义，维护我们国家的主权、发展权和国家的根本利益，为国家的安全做好法律工作。国家需要一批政治坚定，业务能力很强，反应很迅速，逻辑思维清晰和分析能力强，中文、外文都非常优秀的复合型人才。当前的疫情应对是国际、国内兼顾的，跨学科的，政治、经济、技术、法律和国际关系都涉及，而且在法学学科内部涵盖面也很广泛，涵盖国际法、外国主权和财产权的豁免法规、国内诉讼程序法、公共卫生法、知识产权、强制许可、疫苗在发展中国家的可获得性和可承受性、国际贸易和投资的限制，从管辖权、证据、违约责任到国际法的国家责任、赔偿等各个方面，对法律人来说是一场大考。

应对国际疫情中针对中国的滥诉，需要我们更多的学者、法律人才能够脱颖而出，能够发挥更大的作用，在国际舞台有效发声。另外，这次疫情中我们要注意国际合作，包括双边和多边的合作，要注意我们和国际社会的往来，不要脱钩，不要主动跟他们断绝往来，要多征求他们的意见，让我们的声音通过各种渠道在国际上能够听到，这是非常重要的。

总之，现在国际环境对我们有很多艰巨挑战，也有很多不利的因素，我们一定要有信心，要有责任感，要有奋斗精神。毛泽东主席说过，中华民族是可以屹立于世界民族之林的。我们中国法律人也一定会站到国际法治的中心，打好这场抗击疫情法律战。

二、美国法院对疫情索赔诉讼不具有管辖权

周晓燕[①]

国家管辖豁免是一项古老的国际法原则，它的最初表现形式是外交豁免制度。19 世纪以来，外国国家主权豁免成为一项国际习惯法规则。国家主权豁免原则发展到现在已经有绝对豁免和相对（限制）豁免之分。采用主权相对（限制）豁免原则的国家，在立法承认国家主权豁免原则的同时，规定不能援引国家管辖豁免的例外情况，如商业行为例外、侵权行为例外等。根据美国《外国主权豁免法》（以下简称《豁免法》）以及美国的司法判例，目前美国个人、团体、州政府对中国提起的索赔诉讼既没有法律依据，也没有事实依据，美国法院无权管辖，也不应当受理。

（一）基于《豁免法》和判例法，美国法院没有管辖权

美国是判例法国家，一些法律概念的界定、法律行为的认定往往没有成文法的规定，主要依据大量司法判例规则，法官的自由裁量权很大。美国联邦最高法院在 1812 年 "斯库诺交易号诉麦克法登案" 的判决成为最早确立国家主权豁免原则的重要判例。美国最高法院首席法官马歇尔在该案判决中提出："国家主权是国家的基本属性且具有不可让渡性，任何国家不得将外国国家及其权利作为管辖权的对象。一国不受另一国的管辖，同时也有义务不以将另一国置于其管辖权之下的方式损害他国的主权尊严。"在美国，国家主权豁免原则首先是得到司法实践的认可，然后从判例法规则形成国家立法。

《豁免法》对国家主权豁免及其例外情形的规定主要是《美国法典》第 28 卷第 1330 节（主体/属人管辖权）、第 1603 节（外国政府的定义）、第 1604 节（外国主权豁免）、第 1605 节（主权豁免的例外）、第 1606 节（责任范围）、第 1607 节（反诉例外）、第 1608 节（文书送达）等。依据《豁免法》，国家主权豁免的例外情形有商业行为例外、侵权行为例外、反诉例外，以及后来修改立法

---

① 周晓燕，清华大学国际争端解决研究院兼职研究员，国际发展法律组织顾问，商务部贸易救济调查局（原进出口公平贸易局）原局长。

增加的恐怖主义例外等。目前的起诉状基本都是援引商业行为例外、侵权行为例外，主张联邦地区法院对诉讼具有管辖权，原告有权依据美国法律对中国追责索赔。然而，根据美国法律和判例，结论恰恰相反。

1. 关于商业行为例外

根据《豁免法》第 1605 节（a）款（2）项关于商业行为例外的规定，对下列三种情形提起的诉讼外国国家不享有美国法院的管辖豁免：①在美国境内进行的外国政府的商业行为；②在美国境内发生的与该外国国家的商业行为有关的行为；③在美国境外发生的与该外国国家的商业行为有关的行为，但必须对美国有直接影响。可以看出，这三种情形的关键要素是"商业行为"。

如何界定商业行为，根据《豁免法》，"商业行为"是指"一种经常性的商业行动或某一特定的商业交易"（《美国法典》第 28 卷第 1603（d）款）。根据美国最高法院的解释，适用该例外的商业行为必须是提起诉讼请求的依据。一个诉讼行为必须基于能够恰当证实诉讼请求的事实，而不能基于那些不能证明诉讼请求的商业行为。根据美国最高法院的判例，商业行为是指国家"行使了那些也可以为私人公民行使的权利，而不是基于主权所持有的权力"。

从这些起诉状列举的行为看，一是指控中国政府及其有关部门、研究机构应对疫情欺骗、隐瞒、失职、不作为，但是这些行为性质上属于政府管理或监督行为，无法解释成为经常性的商业行动或某种商业交易，如履行买卖合同、股权转让或收购；二是指控中国政府及其有关部门、研究机构等实施了限制口罩和其他个人防护设备的生产、购买，以及出口销售不合格个人防护用品等行为，但凡有点常识的人都知道被指控的这些主体根本不是商业活动中的经营主体，不从事商业交易行为，包括口罩等防护用品的生产和销售。综上，被指控的主体根本没有从事商业行为，被指控的行为也不属于商业行为，因而不符合主权豁免的例外情形，援引"商业行为例外"没有任何事实依据，所以，根据国家主权豁免原则，美国法院对这些索赔诉讼不具有管辖权。

2. 关于侵权行为例外

根据《豁免法》第 1605 节（a）款（5）项规定，对发生在美国国家境内，因外国国家及其机构工作人员和雇员在行使职权和受雇佣期间的侵权行为和疏忽行为所导致的人身损害赔偿和财产损害赔偿诉讼，不得援引国家主权豁免。这即是国家豁免原则的侵权行为例外。

从立法看，认定是否构成侵权行为的例外，法律要件是行为发生在美国境内，考量因素是产生"直接影响"。因此，美国法院确定管辖权时非常看重地域链接因素，要考虑侵权行为发生的地点，以决定主权行为的直接影响是在何处。司法实践表明，在美国境外发生的侵权行为，由于没有直接影响，不产生法律上的效力。以下是联邦法院的有关判例规则：一个发生在美国境外的侵权行为必须与美国有重要的联系（Antares Aircraft L. P. 诉 Federal Republic of Nigeria 案，1993 年）；"具有法律意义"的侵权行为必须是发生在美国（Martin 诉 Republic of South Africa 案，1987 年）；在美国境外发生的对原告的侵害行为在美国没有直接的效力（Texas Trading & Milling Corp. 诉 Federal Republic of Nigeria 案，1981 年）。由于美国滥诉指控的所谓侵害行为发生在美国境外，这些起诉状以各种经济损失、财产损失为由主张侵害行为对美国具有直接影响，然而，联邦法院判例对此已经有裁定，"仅因商业关系中外国政府的行为或疏忽所导致的在美国的经济不利影响在法律上是不足以……剥夺外国政府根据《豁免法》第 1605 节（a）款（2）项所享有的豁免"（Gulf Resources Am. 诉 Republic of Congo 案，2003 年）。"当诉求是由于发生在美国之外的行为引起的时候，在美国的财产损失不足以构成豁免法所要求的对美国的'直接影响'"（Zedan 诉 Kingdom of Saudi A-rabia 案，1988 年）。综上，不论是从立法规定还是从司法判例看，由于不符合法律要件（美国境内发生），试图援引侵权行为例外主张美国联邦法院对诉讼具有管辖权，在司法实践中是行不通的。美国法院对发生在中国的主权行为没有管辖权。

（二）起诉状没有联邦法律上的诉因，美国法院不应当受理

根据《美国联邦法规汇编》第 28 卷第 1331 条的规定及解释，只有在原告的诉因源于联邦宪法或法律时，联邦法院才能受理诉讼，即联邦法律创造诉因。原告必须基于联邦法律上解决实质性问题的规定提出诉讼请求，才能获得对其权利的救济，例如，以违反公司法要求股权侵占赔偿，以违反侵权法要求损害赔偿等。根据美国司法判例，国际法本身不能作为诉因，需要法令来授予诉因，而《豁免法》本身也不提供诉因（见 First Nat'l. City Bank 诉 Banco Para el Comercio Exterior de Cuba 案，1983 年；Tel-Oren 诉 Libyan Arab Rep. 案，1984 年）。因此，以违反《世界卫生条例》为由提出的诉讼请求，不具备联邦法律上的诉因。并且，美国在签署《世界卫生条例》时所做的保留声明中，明确提出"该条例的规定不产生在司法上可以强制执行的私权"。鉴于以违反该条例提出的赔偿请求根本无法得到司法强制执行，联邦法院没有理由受理这些诉讼请求。

最近一起密西西比州起诉状，主张因行为违反该州的消费者保护法、反垄断

法而提出赔偿请求及罚金请求。但是，如前所述，被指控主体都不是商业主体，根本不从事口罩和其他个人防护用品的生产、购买及出口销售，所以，诉讼请求与被诉主体之间没有关联性，所谓囤积个人防护用品、哄抬价格、限制生产和销售等指控不具真实性，不能构成诉因。对于缺乏诉因的诉讼请求，联邦法院不能受理。

综上，根据国家行为原则，每个主权国家必须尊重其他主权国家的独立，一国法院不得对他国政府在其自己领土内的行为进行判决。根据国家主权豁免原则以及美国的司法判例，美国法院不得将外国国家及其权利作为管辖权的对象。此外，已提交登记的诉状缺乏法律逻辑性和实证性，罗列、堆砌有选择性的媒体报道、个人采访、报刊文章等"传闻"证据，不具备证据效力。依据美国法律和司法判例，美国法院对这些诉讼没有管辖权，应当驳回、撤销这些起诉。

三、制定一部"确认例外的"国家主权豁免法[1]

车丕照[2]

美国的新冠肺炎疫情自暴发以来因持续恶化而一直受到世人关注。与此同时，美国的一些个人、组织甚至政府机构就疫情而对中国国家提起的多桩诉讼，则在恶化中美两国间的正常关系。少数美国人背离国家主权豁免规则的蛮横行径，也再次引发我们对我国的国家主权豁免立法的思考。

（一）我国为什么需要一部国家主权豁免法

从国家主权原则和平等者之间无管辖权原则可以得出这样一项结论，即一个国家的法院不能对另一国家及其财产行使管辖权，这就是通常所说的国家主权豁免。"坚持国家及其财产豁免这一国际法原则，只不过是使一个国家及其财产免受另一个国家法院管辖和执行，防止一个国家对其他主权国家滥用自己的司法权来干涉和侵犯后者的主权与利益，而并非表明国家在国际民事法律关系中可以不受法律约束，也并非实质上消灭国家在法律上理应承担的义务。"[3]

国家主权豁免在历史上曾作为一项公认的国际法规则而得到普遍的遵守。1812 年美国联邦最高法院就"斯库诺交易号诉麦克法登案"（The Schooner Exchange v. McFaddon & Others）所作判决[4]，以及英国、德国、法国和比利时等国家的法院在 19 世纪初所作出的一系列判决均遵循了这一原则，并使该项原则逐步被其他国家所接受从而成为一项习惯国际法规则。

后来，由于国家参与通常属于私人经营范围的事项逐渐增多，一些国家开始主张对国家主权豁免规则的适用予以限制，出现了国家主权豁免问题上的绝对主义和限制主义的分歧。1976 年，美国国会通过了《外国主权豁免法》。该法虽首先肯定了主权国家享有管辖豁免，但大量地列举了外国国家不享有主权豁免的例

---

① 本文为司法部 2020 年度法治建设与法学理论研究部级重点科研项目《国家豁免立法的域外借鉴与规范建议》（课题编号：20SFB1010）的阶段性成果。

② 车丕照，清华大学法学院教授，清华大学国际争端解决研究院研究员。

③ 黄进：《国家及其财产豁免问题刍议》，《政治与法律》，1985 年第 6 期，第 49 页。

④ 11 U. S.（7 Cranch）116 at 136—137（1812）.

外情况，如从事商业活动以及由于侵权行为而产生损害赔偿请求权等。随后，英国、加拿大、新加坡等国也相继通过立法转向了限制国家主权豁免的立场，从而出现了国家主权豁免规则的"裂变"，从单一的主权豁免规则分裂出"绝对豁免"规则和"限制豁免"规则。

1977年12月19日，联合国大会通过决议，建议国际法委员会着手研究国家及其财产管辖豁免的法律。随后，国际法委员会于1988年和1991年相继通过了《国家及其财产管辖豁免条款草案》的一读和二读。2000年，第55届联大通过决议成立特设委员会讨论该条款草案。2004年3月，特委会就《联合国国家及其财产管辖豁免公约》（The United Nations Convention on Jurisdictional Immunities of States and their Property，以下简称《公约》）草案达成一致。2004年12月2日，第59届联大通过了该《公约》，并向各国开放签署。《公约》在确认一国及其财产依《公约》之规定在另一国法院享有司法管辖豁免和财产执行豁免的权利的同时，也明确规定，一国在因《公约》所列事项而引发的诉讼中，不得向另一国原应管辖的法院援引管辖豁免。

我国自1949年以来先后制定了若干与国家豁免相关的法律法规和法律文件，包括2005年10月25日全国人大常委会通过的《中华人民共和国外国中央银行财产司法强制措施豁免法》（以下简称《外国央行财产豁免法》）、2007年5月22日最高人民法院发布的《关于人民法院受理涉及特权与豁免的民事案件有关问题的通知》[1] 以及2011年8月26日全国人大常委会通过的《关于〈中华人民共和国香港特别行政区基本法〉第十三条第一款和第十九条的解释》（以下简称《香港基本法解释》）等。[2] 但是，从上述法律文件的名称即可看出，它们都不是有关国家主权豁免的完整立法，其作用范围都相当有限。"这种立法状况远远落后于我国对外交往的实际需要，并使我国法院在处理涉及国家及其财产的诉讼案件上无法可依，在不断发展的国际交往中处于被动的地位。"[3] 因此，我国应制定一部完整的国家主权豁免法。制定这样一部法律的必要性可概括为以下几点。

---

① 该《通知》建立了涉及特权与豁免的案件建立报告制度。在中国享有特权与豁免的主体为被告或第三人向人民法院起诉的民事案件，人民法院应在决定受理之前，报请本辖区高级人民法院审查；高级人民法院同意受理的，应当将其审查意见报最高人民法院。在最高人民法院答复前，一律暂不受理。

② 其他一些涉及国家主权豁免的立法包括1986年9月5日全国人民代表大会常务委员会制定的《中华人民共和国外交特权与豁免条例》、1990年10月30日全国人民代表大会常务委员会制定的《中华人民共和国领事特权与豁免条例》以及《中华人民共和国民事诉讼法》中就享有外交特权与豁免的外国人、外国组织或者国际组织提起的民事诉讼的相关规定等。

③ 黄进、杜焕芳：《国家及其财产管辖豁免立法的新发展》，《法学家》，2005年第6期，第13页。

首先，我国对外交往的增多要求制定一部国家主权豁免法。随着我国对外交往的增多，以国家为主体或以国家财产为标的的纠纷会逐渐增多。为了保护国家和国民的利益，亟须制定一部国家主权豁免法。对内，可以为我国法院审理相关案件提供法律依据；对外，可以明确我国在主权豁免问题上的立场，求得相关纠纷的妥善解决。

其次，国际社会需要知晓我国在国家主权豁免问题上的明确立场。虽然通常认为我国坚持的是"主权绝对豁免"的立场，但这并不是一个准确的概括。从我国的国家实践来看，我们从来没有主张毫无限制或毫无例外的国家及国家财产的豁免。我国所坚持的立场其实是"有例外"的主权豁免立场。在我国签署了《联合国国家及其财产管辖豁免公约》和刚果（金）案件结案之后，① 我们尤其有必要通过立法将我国在主权豁免问题上的立场准确地传达给国际社会。

再次，依法治国的理念要求主权豁免问题从"外交解决"转向"法律解决"。以往我国在处理与主权豁免相关的国际纠纷时，主要通过外交渠道。"外交解决"虽然通常可以达到公平解决纠纷的目的，但成本高、不确定性高，也无法为此后相关事件的解决提供可预见的依据。《中共中央关于全面推进依法治国若干重大问题的决定》要求全面推进依法治国，要求加强涉外法律工作。适应对外开放不断深化，完善涉外法律法规体系，促进构建开放型经济新体制。积极参与国际规则制定，推动依法处理涉外经济、社会事务，增强我国在国际法律事务中的话语权和影响力，运用法律手段维护我国主权、安全、发展利益。这意味着要更多地通过法律程序（而不是或不仅是行政程序）来解决有关主权豁免的问题。

---

① 2008 年 5 月 16 日，FG 半球联营有限责任公司在香港起诉刚果（金），并且把中铁公司及其几家子公司作为共同被告，申请强制执行在法国和瑞士作出的针对刚果（金）的仲裁判决，要求法庭发出禁令，禁止中铁公司付款给刚果（金），而用作抵债。刚果（金）作出声明称法院在此案上没有司法管辖权，因为刚果（金）享有国家豁免权。2008 年 12 月，一审判决认定案涉交易不具有"商业"性质；香港法院对 FG 公司诉刚果（金）的请求没有管辖权。FG 公司遂提起上诉。在此期间，中国外交部驻香港特派员公署向香港上诉法院发出两封信，强调中华人民共和国长期坚持绝对豁免立场，香港法院在国家豁免问题上要保持与中华人民共和国政府的立场一致。香港高等法院上诉法庭于 2010 年 2 月 10 日作出判决，认定香港在国家豁免立场上采取普通法的做法，实行限制豁免原则。认定中铁公司与刚果（金）之间的协议系商业行为，支持了 FG 公司的上诉。2011 年 3 月香港最高法院开庭审理该案。2011 年 8 月 26 日，全国人大常委会就《中华人民共和国香港特别行政区基本法》相关条款作出了解释，认定香港法院有责任适用或实施中央政府决定采取的国家豁免规则或政策。2011 年 9 月 8 日，香港终审法院作出终局判决，判定香港法院对刚果（金）无司法管辖权。在该案处理过程中，中国政府几次申明中国所持绝对豁免的立场没有改变。

此外，及早制定我国的主权豁免法是"争取全球经济治理制度性权力"的需要。在2014年12月5日中共中央政治局进行第十九次集体学习时，习近平同志提出要"积极参与国际经贸规则制定、争取全球经济治理制度性权力的重要平台"，并要求"在国际规则制定中发出更多中国声音、注入更多中国元素，维护和拓展我国发展利益。""争取全球经济治理制度性权力"应该是指就全球治理获得制度设计方面的话语权或优势，主导或引导国际经济新规则的制定。在国家主权豁免问题上，我们需要通过国内立法来准确表达我国的立场和诉求，并以国内立法对相关国际规则的完善给予积极影响。

最后，制定一部国家主权豁免法也是我国应对法律斗争的需要。已有学者指出："制定《外国国家豁免法》是反制外国政府、加强涉外法律斗争的需要。改革开放以来，美国等国家已受理多起以中国政府、领导人为被告的诉讼，而中国并没有对等反制的立法，导致中国在涉外法律斗争中缺少国家豁免例外的工具、抓手和经验。"[1] 在国际社会中，国家间既有合作也有冲突。国家间的冲突经常表现为法律冲突。虽然国家法不能作为确立国际关系的法律依据，但却可以成为国际习惯法的存在证明，并可做国家之间博弈的工具。以此次疫情中出现的西方国家少数人滥诉我国国家的情况为例，在我国缺少有关国家豁免的立法的情况下，在与西方的博弈过程中，我们就会处于比较被动的地位，缺少牵制和制约对方的法律工具。

（二）我国应制定一部什么样的国家主权豁免法

制定我国的国家主权豁免法首先要面对的问题就是要明确我们在"绝对豁免"和"限制豁免"之间要作出什么样的选择。在回答这一问题之前，我们需要对我国现行的相关立法与实践加以梳理。

尽管我国在国家主权豁免方面的立场通常被贴上"绝对豁免"的标签，但事实上，"绝对豁免"并非我国一贯的立场。

我国于2005年制定的《外国央行财产豁免法》显然是采取了限制豁免的立场。该法第一条规定："中华人民共和国对外国中央银行财产给予财产保全和执行的司法强制措施的豁免；但是，外国中央银行或者其所属国政府书面放弃豁免的或者指定用于财产保全和执行的财产除外。"该条前半句说明了对外国央行财产给予豁免的原则，后半句则规定了对"指定用于财产保全和执行的财产"不

---

① 李庆明：《美国新冠疫情诬告滥诉的违法性分析》，《法律适用》，2020年第21期，第68页。

予豁免的例外，体现了限制豁免的立场。时任外交部副部长的武大伟于 2005 年 8 月 23 日在第十届全国人民代表大会常务委员会第十七次会议上作《关于提请审议对在华外国中央银行财产给予司法强制措施豁免的议案的说明》时，明确指出："目前，国际上给予主权国家及其财产以豁免，已普遍从最初的绝对豁免转为对主权国家及其财产实行相对豁免，即有限豁免。比如主权国家用于商业交易的财产不予豁免，对主权国家承诺放弃或者指定用于财产保全等的财产也不给予豁免。草案根据有限豁免的原则……"[1] 可见，无论是从《外国央行财产豁免法》的条文本身去理解，还是参考外交部的议案说明，该项立法都表明了我国在外国央行财产的管辖豁免方面选择了限制豁免主义。

我国全国人大常委会于 2011 年所作《中华人民共和国香港特别行政区基本法》解释主要是确定在国家豁免规则或政策问题上中央政府和香港特别行政区的关系，没有直接说明我国中央政府在国家豁免方面的具体立场。但是全国人大法工委副主任李飞于 2011 年 8 月 24 日作关于《全国人民代表大会常务委员会关于〈中华人民共和国香港特别行政区基本法〉第十三条第一款和第十九条的解释（草案）》的说明时，对我国采取的国家豁免的立场做了明确概括："我国坚持奉行国家豁免这一维护国家间关系正常发展的重要法律原则，即我国法院不管辖、实践中也从未处理以外国国家为被告或针对外国国家财产的案件；同时，我国也不接受外国法院对以我国国家为被告或针对我国国家财产的案件享有管辖权。我国采取的这种国家豁免立场，通常被称为'绝对豁免'。"[2] 依据该说明的表述，在国家主权豁免问题上，我国政府坚持绝对豁免主义。

从相关实践看，在外国法院审理的以我国中央政府、政府部门或地方政府为被告的案件中，包括 1979 年"湖广铁路债券案"、1985 年"美国空难家属诉中国民航总局案"、2003 年"仰融案"、2005 年"莫里斯诉中华人民共和国案"等，我国政府均主张了国家豁免。例如，就"湖广铁路债券案"，我国外交部在向美国国务院提交的备忘录中指出："中国政府曾多次照会美国国务院，提出交涉，申明中国根据国际法，享有主权豁免，不受任何外国法院审判；……国家主权豁免是国际法的一项重要原则，其根据是《联合国宪章》所确认的国家主权平等的原则。中国作为一个主权国家无可非议地享有司法豁免权。美国地方法院对一个主权国家作为被告的诉讼，行使管辖权，作出缺席判决甚至以强制执行其

---

① 武大伟：《关于提请审议对在华外国中央银行财产给予司法强制措施豁免的议案的说明》，《中华人民共和国全国人民代表大会常务委员会公报》2005 年第 7 期。

② 《香港特区基本法第 13 条第 1 款和第 19 条解释的说明》，中国政府网，2011 年 8 月 27 日，http://www.gov.cn/jrzg/2011-8/27/content_1934211.htm。

判决相威胁，完全违反国家主权平等的国际法原则，违反《联合国宪章》。对于这种将美国国内法强加于中国，损害中国主权、损害中国民族尊严的行为，中国政府坚决拒绝。如果美方无视国际法，强制执行上述判决，扣押中国在美国的财产，中国政府保留采取相应措施的权利。"① 在"仰融案"中，辽宁省政府主张无论是适用美国《外国主权豁免法》第1605节（a）（2）条的商业活动例外还是第1605节（a）（3）条的征收例外，都因为缺乏对事管辖权而提议驳回起诉。② 在"莫里斯诉中华人民共和国案"中，中国政府以其享有主权豁免并且美国《外国主权豁免法》所列举的例外均不适用为由主张驳回起诉。③

在《公约》起草过程中，我国代表就国家主权豁免的立场选择问题多次表达了我国的立场。首先，我国政府认为"管辖豁免是一项得到国家实践支持的国际法基本原则，已有充分一致的意见。"④ 其次，在管辖豁免方面，虽然我国在实践中坚持绝对豁免的原则立场，但是国家豁免制度作为一个涉及国家主权和国际关系的重要问题，中国在国际经济交往发展的前提下本着维护国际关系的和谐与稳定的理念可以接受将来在该问题上采用限制豁免论。我国代表强调"我们原则上并不反对就国家管辖豁免原则规定一些'例外'条款，……然而，值得注意的是，这些'例外'条款应当作为国家管辖豁免原则的补充，而不能使之成为该原则本身的否定……国家豁免从来就不是所谓'绝对'的。因为，国家完全可以通过明示或默示的同意而自愿接受外国法院的管辖，或者由于双方同意采取其他解决纠纷的途径，而不需要司法解决。"⑤ 再次，在执行豁免方面，中国仍然坚持绝对豁免论，即国家财产除国家明示放弃外不得扣押或执行，放弃管辖豁免不等于放弃执行豁免。⑥

综上所述，尽管我国一贯坚持国家主权豁免原则，但我国并不认为国家及其财产总是享有管辖豁免。基于我国以往的实践，并考虑到国际社会的现实情况，我国未来的国家主权豁免法应定位为"确认例外的国家主权豁免法"，从而放弃

① 见《中华人民共和国外交部备忘录（一九八三年二月二日）》。

② See Yang Rong, et al., v. Liaoning Province Government, a subdivision of the People's Republic of China, United States Court of Appeals, District of Columbia Circuit, 452 F. 3d 883, 371 U. S. App. D. C. 507.

③ See Marvin L. Morris, Jr., v. the People's Republic of China, et al., United States District Court, S. D. New York, 478 F. Supp. 2d 561.

④ 《黄嘉华在第三十九届联大第六委员会关于国际法委员会报告的发言（1984年11月9日）》，载中国国际法学会主编：《中国国际法年刊（1985）》，中国对外翻译出版公司1985年版，第642页。

⑤ 同④，第642—643页。

⑥ 《中国代表在第四十八届联大六委关于〈国家及其财产的管辖豁免〉条款草案的发言（1993年11月15日）》，载中国国际法学会主编：《中国国际法年刊（1994）》，中国对外翻译出版公司1996年版，第433页。

我国对自己的"绝对豁免"的认定。提出"确认例外的国家主权豁免法"的主要理由在于以下几点。

第一，"有例外的豁免"或"有限制的豁免"的合理性已逐渐被国际社会所接受。我国代表在《公约》谈判过程中多次肯定"限制豁免"具有"合理的内核"。相反，采取"绝对豁免"的立场则可能会使我国处于被动地位。如同有学者所指出的那样："一国采用绝对豁免的原则等于授柄于人，减少了主张者自身的操控性。这种论断的机理在于：在当今国际法尚无统一的豁免规范的前提下，国家豁免主要是各国立场与态度的问题，而不是一个国际习惯的问题。如果我们不将国家豁免视为一项习惯国际法的规范，而是看成各国分别的、具有约束力的规则，就不难看出，国家在决定主权豁免的限制和范围方面具有很大的自由。"①

第二，我国以往的实践其实也一直是"有例外的豁免"，而非"绝对豁免"。首先，我国的一些立法，如《外国央行财产豁免法》，采用的就是"限制豁免主义"。该法在规定："中华人民共和国对外国中央银行财产给予财产保全和执行的司法强制措施的豁免；但是，外国中央银行或者其所属国政府书面放弃豁免的或者指定用于财产保全和执行的财产除外"的同时，还规定了"对等原则"，即："外国不给予中华人民共和国中央银行或者中华人民共和国特别行政区金融管理机构的财产以豁免，或者所给予的豁免低于本法的规定的，中华人民共和国根据对等原则办理。"这也意味着我国政府保留对外国央行财产不予豁免的权力，也是一种"有例外"的豁免。其次，依据我国所缔结或参加的公约（如《国际油污损害民事责任公约》和《联合国海洋法公约》），我国放弃了某些国有财产的豁免。再次，对于国家所有企业经营的国家财产，我国并不主张豁免。最后，我国在一些具体的对外交易中，通过协议放弃了主张豁免的权利。

第三，确立主权豁免原则适用的"例外"不会损害我国国家主权。国家主权是主权豁免的基础；与此同时，国家主权也是国家管辖权的基础。两者具有此消彼长的关系。承认主权豁免必然限制国家管辖权，而限制主权豁免则必然扩大国家的管辖权。在我国立法确立"有例外的主权豁免"立场之后，我国国家及其财产获得外国法院"豁免"的范围会有所收缩，相应地，我国法院行使管辖权的范围则会得以扩展。

第四，在社会主义市场经济体制下，我国国家及国家直接经营的国家财产受

① 何志鹏：《主权豁免的中国立场》，《政法论坛》，2015年第3期，第77页。

到外国法院管辖的机会变小，确认管辖的例外不会带来太大的不利变化。国家之间的国际关系不会涉及国内法院的管辖问题。因此，与主权豁免相关的只是国家与他国国民之间的关系。在国家与他国国民的关系中，属于国家行使主权性权力的，仍享有豁免权，美国等国家的立法以及美国法院就仰融案件的判决可作为佐证；属于商事交易关系的比重很小，因为我国以国家名义与外国国民从事商业交往的情况极为有限。而且，国家出资由企业经营的财产，严格说来不能称作"国家财产"。对于国有企业，国家是出资者。依据《中华人民共和国公司法》。国家出资所形成的财产应界定为公司的财产，国家对公司财产没有所有权，国家所拥有的是公司的股权。因此，对国家具有股权的中国公司的诉讼，不应认定为对中国国家财产的诉讼。

第五，"确认例外的国家主权豁免法"的称谓可以避开"绝对豁免"与"限制豁免"的争执。所谓"确认例外的国家主权豁免法"是指："在明确国家及其财产享有豁免的原则下，明确不适用国家及其财产豁免的具体情形。"这样一种定位，可以避开"绝对豁免"和"限制豁免"之争，有助于缓解我国从"绝对豁免"转向"限制豁免"的突兀和可能由此带来的尴尬。既然我国此前可以自主地确定或接受主权豁免的例外，我国自然也可以通过国内立法来明确或扩大主权豁免例外的范围。因此，我国的主权豁免立法定位为"确认例外的国家主权豁免法"，并不构成立场的根本转变或重大转变。未来的立法只是将我国以前所承认的豁免例外的范围明确下来，并同时将某些以前未加明确的豁免例外也确定下来。

（三）我国制定国家主权豁免法应坚持哪些原则

在明确我国的国家主权豁免法应定位为"确认例外的国家主权豁免法"的同时，我国的国家主权豁免法还应该坚持以下几项原则。

1. 与《公约》相一致原则

我国政府已经签署了《公约》，但我国的全国人大常委会尚未批准该《公约》，该《公约》也没有正式生效。依据《维也纳条约法公约》的规定，如果条约已对一国生效，则"凡有效之条约对其各当事国有拘束力，必须由各该国善意履行。"为了不使国内法的规定成为履行条约义务的障碍，应使国内立法尽量与条约内容保持一致。而且，《公约》历经多年谈判，吸收了多国的立法经验，也反映了我国政府立场，因此，我国的国家主权豁免法与《公约》保持一致具有现实的基础。

《公约》在确认一国及其财产在另一国法院享有司法管辖豁免和财产执行豁免的权利的同时，也明确规定，一国在因《公约》所列事项而引发的诉讼中，不得向另一国原应管辖的法院援引管辖豁免。所列事项包括：商业交易，雇佣合同，人身伤害和财产损害，财产的所有、占有和使用，知识产权和工业产权，参加公司或其他集体机构，国家拥有和经营的船舶。《公约》同时还规定，一国如以国际协定、书面合同或在法院发表的声明或在特定诉讼中提出的书面函件等方式明示同意另一国法院对某一事项或案件行使管辖，就不得在该法院就该事项或案件提起的诉讼中援引管辖豁免。上述内容在我国的国家主权豁免法中都应该有相应的规定，并尽量避免冲突。

还需要注意的是，依据《维也纳条约法公约》的规定，如果一国签署某条约但尚未批准条约，而该条约已经生效，则该签署国"负有义务不得采取任何足以妨碍条约目的及宗旨之行动"。因此，"《公约》一旦生效，中国无须采取进一步行动，自动承担'不得采取任何足以妨碍条约目的及宗旨之行动'的国际法义务。"[①]

2. 反映特别利益关切原则

我国的国家主权豁免法在尽量与《公约》保持一致的同时，还应该反映我国对某些特别利益的关切，表达我们的特别立场。

(1) 关于商业交易的判断标准问题

国家主权豁免例外的重要情形之一是"商业交易"的例外，而如何判断一项行为是否为商业交易却是一个有争议的问题。许多国家认为，判断一项行为是否属于"商业交易"的标准是行为的"性质"，而不是行为的"目的"；而我国政府在《公约》谈判中则提出，不应将"性质"作为唯一标准，应兼顾行为的"性质"与"目的"。在1993年第四十八届联合国大会第六委员会会议上，我国代表指出："把合同或交易的目的也作为确定管辖豁免的标准，反映了国际生活中一个早已存在的现实。国家签订的合同可能属于商业活动，也可能是国家行使其主权权利的表现。把合同或交易的性质作为确定管辖豁免的唯一标准是不合理的。"[②] 在随后的一些场合，我国政府代表都重申了这一立场，即判断一项交易是否属于商业交易，毫无疑问应首先考虑该项交易的性质。但是，将交易目的作为判断国家交易行为是否具有非商业性质的辅助手段也是必要的，此举并非为了

---

① 孙昂：《国家豁免案件的法律适用问题研究》，《国际法研究》，2021年第2期，第7页。

② 《中国代表在第四十八届联大六委关于〈国家及其财产的管辖豁免〉条款草案的发言（1993年11月15日）》，载中国国际法学会主编：《中国国际法年刊（1994）》，中国对外翻译出版公司1996年版，第433页。

扩大国家享有的司法管辖豁免权范围，而是为了避免和解决由于各国法律制度的不同而产生的法律冲突。① 经过各国的讨论和协商，最终提交各国开放签署的《公约》文本中对于商业交易的判断标准大体上采取了我国政府的观点，其规定："在确定一项合同或交易是否为第 1 款（c）项所述的'商业交易'时，应主要参考该合同或交易的性质，但如果合同或交易的当事方已达成一致，或者根据法院地国的实践，合同或交易的目的与确定其非商业性质有关，则其目的也应予以考虑。"②

尽管如此，我国在制定国家主权豁免法时，仍须就"商业交易"的判断标准的表述加以斟酌。这不仅是因为《公约》用语有较大弹性，还因为美国关于"商业交易"的判断标准始终坚持"性质"标准。

（2）关于国有企业的豁免问题

国有企业虽然通常都是具有独立法人资格的公司，但是其财产来自国家，因此，在国有企业是否享有国家财产豁免的问题上一直存在争议。

在《公约》的起草过程中，我国政府代表就国企问题表明了中国的立场。

首先，我国政府认为具有独立法人资格的公司不享有司法管辖豁免。在1984年第三十九届联合国大会第六委员会上，我国代表指出："现在许多国家……从事国际商业和其他民事活动，主要是通过具有独立法人资格的公司或法人进行的。它们在这类活动中，如果同对方发生法律纠纷，并不主张管辖豁免，即既可作为原告向法院起诉，又可作为被告出庭应诉。……我国具有独立法人资格的公司和企业，也不主张或要求享有司法管辖豁免。"③

其次，我国主张在争端诉讼中应区分国家与国有企业，使国家免于在国有企业与外国人之间因商业合同引起的争端诉讼中在外国法庭出庭。在1993年第四十八届联合国大会第六委员会会议上，我国代表特别指出："将国家和国有企业之间在管辖豁免问题上的法律地位加以明确区别的规定，对于维护国家主权原则具有十分重要的意义。这种企业和实体以其独立的法人资格从事商业活动，并不

---

① 参见《中国代表在第四十九届联大六委关于〈国家及其财产的管辖豁免公约〉的发言（1994 年11 月11 日）》，载中国国际法学会主编：《中国国际法年刊（1994）》，中国对外翻译出版公司 1996 年版，第 469 页；高燕平：《联大六委 1997 年工作情况》，载中国国际法学会主编：《中国国际法年刊（1997）》，法律出版社 1999 年版，第 427—428 页；石午虹：《第 55 届联大法律委员会会议》，载中国国际法学会主编：《中国国际法年刊（2000/2001）》，法律出版社 2005 年版，第 439 页。

② 《联合国国家及其财产管辖豁免公约》第二条第二款。

③ 参见《黄嘉华在第三十九届联大第六委员会关于国际法委员会报告的发言（一九八四年十一月九日）》，载中国国际法学会主编：《中国国际法年刊（1985）》，中国对外翻译出版公司 1985 年版，第643 页。

代表国家，不论从法理角度还是从事实方面都不能被认为是国家机构的组成部分。因此，它们从事商业交易所引起的诉讼不应牵连它们的国籍国，该国籍国所享有的管辖豁免不应受到任何影响。反之，国家从事商业活动所引起的诉讼也不应该波及这些企业。这些规定有助于防止在外国法院对有关企业的国籍国滥用司法程序的事件发生，也有利于具有独立法人地位的国有企业从事正常的商业交易，使国际关系包括经贸关系得以正常发展。"①

在一些涉及国有企业的诉讼中，我国政府也多次申明，国有企业是独立的法人，应当对其自身的行为负责，与国家无关。例如，在"中国马牌烟花案"中，司法部曾于1996年7月1日复函美国法院："中华人民共和国作为主权国家，根据国际法享有国家主权豁免，不受任何外国法院的管辖，依照中国法律成立的公司是中国法人，在其核准和登记的范围内独立享有民事权利和承担民事义务。您请求送达的司法文书将中华人民共和国列为被告之一，是不符合国际法关于国家主权豁免原则的，也不符合中国的法律。根据《关于向国外送达民事或商事司法文书和司法外文书公约》第十三条的规定，不予安排送达。"②

《公约》的相关条文与我国政府表达的立场一致。依据《公约》第2条第1款（b）（三）规定，"国家"是指："国家机构、部门或其他实体，但须它们有权行使并且实际在行使国家的主权权力。"《公约》第10条第3款规定："当国家企业或国家所设其他实体具有独立的法人资格，并有能力：（a）起诉或被诉；和（b）获得、拥有或占有和处置财产，包括国家授权其经营或管理的财产，其卷入与其从事的商业交易有关的诉讼时，该国享有的管辖豁免不应受影响。"据此，如果国有企业有独立法人资格、能独立参与诉讼，并有独立财产承担法律责任时，国家便不对企业与商业交易有关的行为负责。

目前，一些西方国家经常故意混淆我国国有企业的身份，将我国的国有企业认定为"公共机构"。虽然这一认定可能导致国企在外国法院具有了免受管辖的资格，却可能在反补贴、反倾销等领域使我国处于不利地位。因此，在未来的国家主权豁免立法中，必须对国有企业地位或身份加以准确定位，并注意管辖豁免与其他相关法律制度的协调。

---

① 《中国代表在第四十八届联大六委关于〈国家及其财产的管辖豁免〉条款草案的发言（1993年11月15日）》，载中国国际法学会主编：《中国国际法年刊（1994）》，中国对外翻译出版公司1996年版，第433页。

② 中华人民共和国司法部《致美国南卡罗来纳州哥伦比亚地区联邦法院书记官琼·P. 波帕奥斯基先生（Jon P. Popowski）的信函》，文号：S96278，1996年7月1日，转引自何培华：《历史"重演"，结局迥异："中国马牌"烟花在美国爆炸伤害案述评》，载《国际经济法论丛》2000年第3卷，第491页。

3. 对等原则

对等原则是指可以采取与对方国家同样的做法来对待对方国家，即使是与法律的一般规定不同。例如，如果对方国家在某种情形下对我国国家及其财产不予管辖豁免，我国也将在相同情形下对对方国家及其财产行使管辖，即使依照法律规定本不应该行使管辖权。

实行对等原则具有国际法上的依据。由于国家主权豁免并非强行法，因此，"一国有权依据对等原则对外国国家决定是否给予管辖豁免。如果某一外国国家在特定情形下对一国不给予管辖豁免，则一国在相同情形下对该外国国家也可对等地不给予管辖豁免。"① 尽管美国 1976 年《外国主权豁免法》、英国 1978 年《国家豁免法》和加拿大 1982 年《外国国家在加拿大法院豁免法》中都没有对等原则的规定，但这并不妨碍这些国家在法律适用过程中实施对等原则，至少可以将其作为一个报复手段。

我国的《外国央行财产豁免法》第三条规定："外国不给予中华人民共和国中央银行或者中华人民共和国特别行政区金融管理机构的财产以豁免，或者所给予的豁免低于本法的规定的，中华人民共和国根据对等原则办理。"可见我国对在国家豁免问题上适用对等原则早就给予重视。

在相关的司法实践中，我国政府也多次表达了适用对等原则的立场。例如，就"中国、中央两航空公司案"，我国政务院总理周恩来于 1949 年 12 月 3 日发表严正声明提到："两航空公司留在香港的资财，只有我中央人民政府和我中央人民政府委托的人员，才有权处置，决不容许任何人以任何手段侵犯、移动或损坏……如两航空公司留港资财，被非法侵犯、移动或损坏情事，则香港政府必须负完全责任，并将引起相应的后果。"② 这里所说的"引起相应的后果"即指我国可能采取的相应的报复措施。事实也是如此。在英国上议院于 1952 年 7 月 28 日就该案宣判后仅半个月，我国政府就征用了上海英资英联船厂及马勒机器造船厂的全部财产。③ 针对香港高等法院同年 10 月 8 日将中国航空公司所属 31 架飞机及其他财产判给"美国民用航空公司"的非法行为，中国政府于 11 月 20 日征用了上海英资电车公司、自来水公司、煤气公司以及上海、天津和武汉的英资隆

---

① 王欣濛、徐树：《对等原则在国家豁免领域的适用》，《武汉大学学报》（哲学社会科学版），2015 年第 6 期，第 128 页。

② 《中华人民共和国对外关系文件集》第 1 集，世界知识出版社 1958 年版，第 88 页。

③ 参见王海虹：《国家豁免问题研究》，中国政法大学博士学位论文 2006 年 3 月，第 131 页。

茂洋行的全部财产。① 在"湖广铁路债券案"中，我国外交部在向美国国务院提交备忘录中也明确提出："如果美方无视国际法，强制执行上述判决，扣押中国在美国的财产，中国政府保留采取相应措施的权利。"②

适用对等原则不仅有助于公平地解决相关纠纷，也可为我国处理管辖豁免问题提供一个灵活有效的工具。

①　龚刃韧：《国家豁免问题的比较研究——当代国际公法、国际私法和国际经济法的一个共同课题》（第二版），北京大学出版社 2005 年版，第 121 页。

②　《中华人民共和国外交部备忘录（一九八三年二月二日）》。

四、新冠肺炎疫情下可能发生的诉讼分析及应对建议①

赵春蕾 整理

随着新冠肺炎疫情在全球蔓延，世界上众多国家的社会、经济和政治局势受到重大冲击。在此背景下，陆续出现"甩锅"中国和世界卫生组织的言论，以及向中国提起诉讼的意图和滥诉行为。

例如，在美国有近十起向中国政府及其部门就应对新冠肺炎疫情的政府行为提起的集团诉讼，指控中方未能遏制新冠病毒并使之扩散至全球，引发人员伤亡和其他损害；在英国，有私人组织声称中国未履行其在《国际卫生条例》下的义务，特别是就可能构成国际公共卫生紧急事件及时通知世界卫生组织的义务，从而游说英国政府向国际法院起诉中国；在印度，两个非政府组织——印度国际私法协会和全印律师协会向联合国人权理事会提出申诉，认为中国在疫情出现初期掩盖信息，没有及时向世界卫生组织通报、向各国分享信息，违反了《世界人权宣言》《经济、社会和文化权利国际公约》《国际卫生条例》，给国际社会造成了损失，甚至声称中国秘密发展大规模杀伤性生物武器而造成人类灾难；在尼日利亚，一个律师团体公开声称，要向国际法院提起诉讼，向中国索赔 2000 亿美元，并将诉状寄送至我驻该国大使馆。因此，清华大学法学院国际争端研究院组织各位老师开展了关于新冠疫情产生的法律问题和中国的应对建议的讨论会，以期分析可能发生的诉讼，为中国政府作出适当的应对举措提供参考。

---

① 新冠肺炎疫情在全球的蔓延导致世界上众多国家的社会、经济和政治局势受到重大冲击。在此背景下，陆续出现"甩锅"中国和世界卫生组织的言论，以及向中国提起诉讼的意图和行为。清华大学国际争端研究院于 2020 年 3 月 21 日召开线上研讨会。参会人员包括：清华大学国际争端研究院院长张月姣教授、清华大学法学院院长申卫星教授、车丕照教授、贾兵兵教授、张新军教授、周晓燕研究员、冯雪薇研究员、赵春蕾博士及行政助理付晨。此份报告以 3 月 21 日研讨会为基础，从管辖和实体两个角度对可能发生的诉讼进行了法律分析，并将其他相关问题纳入考虑，提出了中国的应对建议，以期为中国政府作出适当的应对举措提供参考。赵春蕾博士对会议进行记录并整理了该报告。

（一）可能发生的诉讼分析

基于已经发生的情况，对于可能发生的诉讼，可从管辖权和实体责任两个方面进行分析和作出抗辩。

1. 管辖抗辩

根据公开的信息，潜在的诉讼程序主要存在于国际法院、联合国人权理事会和外国国内法院。下文将分别对这三种可能进行分析。

（1）国际法院

根据《国际法院规约》第三十六条，国家接受法院管辖的方式有以下几种：①自愿管辖，当事国经协商订立特别协定同意将其争端提交至法院，包括事前约定和事后同意接受管辖；②协定管辖，即争端各方同为某条约缔约国，而该条约规定当缔约方对条约的解释或适用发生争端，某一缔约国可将该争端提交至国际法院；③强制管辖，缔约国根据《国际法院规约》选择作出单方声明，授权国际法院享有对其争端的当然管辖权；④自裁管辖，即国际法院可以根据诉讼请求及各方关于管辖权的主张，自行作出管辖权裁定。因此，国际法院只有在当事国同意接受其管辖时才有权审理有关案件，即国际法院的管辖权必须基于国家同意，不论是来自条约、特别约定，还是单方声明。我国从未与任何国家订立特别协定将与此次新冠疫情相关的争端提交至国际法院或者国际仲裁，也未作出任何赋予国际法院管辖权的单方声明，故需要审查的是中国所缔结的国际条约中是否赋予了国际法院解决相关争端的管辖权。

《世界卫生组织组织法》第七十五条规定，在协商或者世界卫生大会无法解决时，"除当事国另有协议解决方法外，应依国际法院规约之法规，因解释或适用本组织法而起之争端或问题提交国际法院"。需要注意，对该条的接受不存在保留的可能，中国签署《世界卫生组织组织法》即接受了国际法院的管辖权。但是，该条已明确表明，提交国际法院需以协商或世界卫生大会无法解决争端为前提。更重要的是，相关争端须因解释或适用该组织法而引起；若争端不属此范围则国际法院无管辖权。纵观《世界卫生组织组织法》条文，可以看到，该法主要为世界卫生组织机构和成员规定了宪章性框架，而不涉及《国际卫生条例》下任何实体权利义务。在这个问题上，有学者探讨了依据对该法第一条（宪章宗旨）、第三十七条（影响秘书长和世界卫生组织工作人员判断）、第六十三条

（通报统计数据）等条款的违反将中国诉至国际法院的可能性，[1] 但相关论证在逻辑上存在漏洞，易于驳斥。现存对中国违反其国际义务的指责主要指向《国际卫生条例》，但该条例并未提供强制争端解决机制。《国际卫生条例》第五十六条规定，"如两个或两个以上缔约国之间就本条例的解释或执行发生争端，有关缔约国应首先通过谈判或其自行选择的任何其他的和平方式寻求解决，包括斡旋、调停或和解"，如果这些方式未能解决争端，"有关缔约国可商定将争端提交总干事"或者如果有书面协议可以提交仲裁，该仲裁是终局的。国际法院并不在因执行《国际卫生条例》产生的争端可寻求的争端解决机制之列。因此，以中国违反《国际卫生条例》下的实体义务为诉因、依据《世界卫生组织组织法》第七十五条将案件交至国际法院是存在困难的。换句话说，《世界卫生组织组织法》和《国际卫生条例》下的两个争议解决条款是独立的。《国际卫生条例》中没有追责条款，且设定了非诉的争端解决方式，表明缔约国没有采用对抗模式解决该条例下争议或对疫情追责的意图。尽管第五十六条争议解决方式包括了通过书面仲裁协议约定仲裁，但至今为止尚未有国家签订了该类仲裁协议，也没有发生过追究国际卫生事件责任的情形。实际上，基于疫情的发生追究有关国家责任的赔偿诉讼违背了《国际卫生条例》的目的和宗旨。可以说，《世界卫生组织组织法》和《国际卫生条例》的目的与宗旨不同，各自的争议解决条款都是缔约国意思的表示，适用范围不能相互取代。因此，第七十五条只适用于《世界卫生组织组织法》，而第五十六条适用于《国际卫生条例》。

但也有观点认为，《世界卫生组织组织法》和《国际卫生条例》间存在着不可分割的关系。《国际卫生条例》第三条第二款规定，该条例的执行应以《联合国宪章》和《世界卫生组织组织法》为指导。此外，根据《国际卫生条例》第五十六条第四款，该条例"不应侵害可能作为任何国际协议缔约国而寻求其他政府间组织或根据任何国际协议建立的争端解决机制的缔约国的权利"。所以，有的观点认为依据《世界卫生组织组织法》第七十五条建立的国际法院的管辖权有可能追究执行《国际卫生条例》不当行为的责任。

因此，核心问题在于《世界卫生组织组织法》第七十五条和《国际卫生条例》第五十六条的关系。以上两种观点均有一定的逻辑论据，因此，我国在抗辩国际法院管辖权时应从正反两方面做好准备。如果，国际法院就对此案的管辖权进行初步审理，就有可能启动诉讼程序。一旦程序启动，建议中国政府在该程序

---

[1] 例如，Peter Tzeng, Taking China to the International Court of Justice over COVID-19, EJIL: Talk! Blog of the European Journal of International Law, see: https://www.ejiltalk.org/taking-china-to-the-international-court-of-justice-over-covid-19/, last visited on 5 May 2020.

中及时对管辖权进行抗辩。根据《国际法院规则》第七十九条的初步反对程序，国际法院可以依据其管辖权和可受理案件标准拒绝受理。①

（2）联合国人权理事会

依据《联合国人权理事会的体制建设》的第5/1号决议，用尽国内救济途径是受理任何申诉的前提，而两个印度非政府组织已提出的申诉并没有显示其已穷尽了国内救济途径。与此同时，侵犯人权的申诉来文必须"以事实说明所指控的侵权行为，包括据称遭到侵犯的权利"且"依据的不完全是大众传媒的报道"。然而，已提出的申诉中的许多关键指控基本上依据国际媒体的报道。② 与此同时，人权理事会申诉程序针对的是"存在一贯严重侵犯人权并已得到可靠证实的情况"。2019年12月，新冠肺炎疫情在中国局部发生，中国人民本身就是新冠肺炎的受害者。新冠肺炎疫情的暴发属于国际关注的突发公共卫生事件。世界卫生组织多次强调，中国为抗击新冠肺炎疫情作出了巨大牺牲和贡献，中国采取的各项措施为世界各国抗击新冠肺炎疫情赢得了时间。因此，依据常识即可判断中国不"存在一贯严重侵犯人权并已得到可靠证实的情况"。此外，即便人权理事会申诉程序受理了该项申诉，根据第5/1号决议的规定，人权理事会也无权在申诉案件中作出要求所涉国家赔偿受害人的实体性决定。

（3）外国国内法院

由"平等者之间无管辖权"的古老法谚发展形成的国家主权豁免是国际法的一项基本原则，早已被各国普遍接受。国家之间平等，相互尊重主权是国际法的一项重要原则。外国法院无权审理对中国政府的起诉。已知将中国政府及其部

---

① 此前，国际法院在"刚果（金）诉卢旺达案"中作出过该类决定。在该案中，刚果民主共和国寻求确定国际法院对《世界卫生组织组织法》第七十五条的管辖权。刚果民主共和国主张，卢旺达违反了《世界卫生组织组织法》第1条和第2条的规定，而这两条分别涉及世界卫生组织的目标和职能。

国际法院认为，刚果民主共和国自1961年2月24日以来一直是《世界卫生组织组织法》的缔约方，卢旺达自1962年11月7日以来一直是该组织的成员国，因此这两个国家都是该组织的成员。国际法院还注意到，《世界卫生组织组织法》第七十五条规定，根据《世界卫生组织组织法》规定的条件，国际法院对"关于该文书的解释或适用的任何问题或争议"具有管辖权。该条规定，问题或争议必须具体涉及《世界卫生组织组织法》的解释或适用。国际法院认为，刚果民主共和国没有显示出它自己和卢旺达对《世界卫生组织组织法》的解释或适用存在相反意见的问题，也没有表明它与该国在这一问题上存在争议。国际法院进一步注意到，即使刚果民主共和国已证明存在属于《世界卫生组织组织法》第七十五条范围内的问题或争端，但无论如何也没有证明该条款设立的其他前提条件已得到满足，即它试图通过与卢旺达谈判解决该问题或争端，或世界卫生大会未能解决该问题或争端。

法院根据上述结论认为，《世界卫生组织组织法》第七十五条不能在本案中确定国际法院对其有管辖权。

② 例如，有关中国隐瞒信息的指控，信息来源于《纽约时报》（*The New York Times*）、《华盛顿邮报》（*The Washington Post*）；指控中国发展生化武器的事实则来源于《经济时报》（*Economic Times*）的报道。

门诉至外国国内法院的情形主要存在于美国，故此处的分析以此为基础。

根据美国1976年《外国主权豁免法》，外国政府享有美国法院民事管辖的豁免权，联邦法院仅在适用例外的情况下才对外国政府拥有管辖权。可适用的例外包括第1605节（a）（2）条规定的与美国有充分联系的商业活动和第1605节（a）（5）条规定的侵权行为。关于前者，相关诉讼中提及的中国政府采取的措施明显不属于商业活动，更不必说与美国有充分联系。后者要求行为是"在美国发生的、由被告或被告的任何官员或雇员在其任职或受雇范围内行事时的侵权作为或不作为，造成人身伤害或死亡或财产损害或损失"。中国政府的抗疫行为显然不是侵权也未发生在美国。[①] 美国明尼苏达州检察官在州法院起诉中国政府时，指控武汉病毒研究所制造和泄漏新冠病毒，符合恐怖主义例外。武汉病毒研究所所长已经澄清武汉病毒研究所没有研究出新冠病毒更没有泄漏问题。病毒的来源是一个科学问题，世界的科学家在研究并且驳回病毒是人工制造的阴谋论。新冠病毒来自大自然。所以关于支持恐怖主义的例外也不适用于中国的抗疫行为。

在已经提出的诉讼中，中国政府并非唯一被诉方，中国共产党、武汉病毒研究所和中国科学院等非政府主体也已被一并列入。关于这些主体是否因不属于外国政府而无法享受主权豁免的问题，有学者认为，根据美国法院以往案例，作为执政党的共产党适用主权豁免；此外，根据中国政府职能设置，中国科学院是中国国务院直属事业单位，可作为政府的一部分而享有豁免权。

尽管依据美国现行《外国主权豁免法》可以进行管辖权抗辩，但据报道，美国一些议员、律师甚至政府官员正在积极推动修改该法案，从而使得美国法院对新冠病毒传染追责索赔具有管辖权。这样的先例曾发生在"9·11"事件之后，美国修改《外国主权豁免法》，增加恐怖主义作为主权豁免的例外，并依据该法修正案对沙特政府起诉索赔。所以，必须高度关注美国的立法动态。

2. **实体抗辩**

《国家对国际不法行为的责任条款草案》第二条规定，"一国国际不法行为在下列情况下发生：（a）由作为或不作为构成的行为依国际法归于该国；并且（b）该行为构成对该国国际义务的违背"。据此，下文将从中国是否违反了其国际义务和各国因疫情遭受的损失与中国行为之间的因果关系两方面进行分析。

（1）中国是否违反其国际义务

①关于《国际卫生条例》

---

① 值得注意的是，该法案对"酌情决定行为"的管辖权没有例外。

《国际卫生条例》第六、七、九条规定了缔约国向世界卫生组织通报可能构成国际关注的突发公共卫生事件的所有情形的义务以及信息分享义务。从科学角度来讲，从出现病例、诊断、流行病调查、病毒分析到认定可能构成国际关注的突发公共卫生事件，是一个通过对病例逐步进行科学论证的过程。由于新冠肺炎属于新发传染病，根据《国际卫生条例》附件二，任何国家在通报时需要考虑四个因素：严重的公共卫生影响、不寻常或意外的事件、国际传播的严重危险和有限制国际旅行或贸易的严重危险。而对这四个标准的考虑，都必须基于事实调查和科学分析。此外，在判断中国的通报是否及时、准确的问题上，应以疫情初期的技术手段为基础，而不能以事后的标准采取与判断其他各国在已经知道病毒性质后的通报情况相同的判断基础。可以说，只要中国不存在故意瞒报、误报，就足以达到相关条文规定的目的，即帮助世界卫生组织作出与疫情有关的决定。

根据 2020 年 4 月 2 日外交部发言人在例行记者会上发布的信息，可以看出中国并没有隐瞒信息或延迟通报：2019 年 12 月 27 日，湖北省中西医结合医院呼吸与重症医学科主任张继先首先上报了她接诊的 3 个可疑病例；12 月 29 日，湖北和武汉相关疾控中心和医院开展了流行病学调查；12 月 30 日，武汉卫健委发布了《关于做好不明原因肺炎救治工作的紧急通知》；12 月 31 日，国家卫健委专家组抵达武汉开展现场调查；2020 年 1 月 3 日，中国开始正式向世界卫生组织以及包括美国在内的各国及时主动通报信息；1 月 8 日，疫情病原得到了初步确定；1 月 11 日，中国疾控中心将 5 条新冠病毒全基因组序列上传网站，同全球和世界卫生组织共享数据；1 月 23 日，中国政府采取了关闭离汉通道等空前全面、严格、彻底的措施。因此可以说，中国已做到了认真履行《国际卫生条例》的义务，及时向世界卫生组织通报新冠病毒可能构成国际关注的突发公共卫生事件的情况，并分享了相关信息。

虽然如此，因国际法院法官个人的看法不同，也可能出现多数国际法院法官裁定国际法院有管辖权而受理此案，并对提交的某一个或者某几个具体条款作出法律解释。此时，依据国际法院对条款的司法解释，即可判定中国（或者其他缔约国）是否及时通报了信息。若按照国际法院对某条款的解释和中国提交信息的事实，个别国家能够认定中国违反了该条款，这将在国际舆论上给中国政府造成压力和名誉损失。[①] 更重要的是，《国际卫生条例》第五十七条第一款规定，该条例与其他相关国际条例应该解释为一致，而其他相关国际条例包括《世界贸易

---

① 若是世界卫生组织与缔约国就《国际卫生条例》条款的解释出现了争议（特别是当世界卫生组织被其他国家施压以后），根据《国际卫生条例》第五十六条第五款，应当将这个争议提交世界卫生大会来决定该条款的含义。

组织法》下的《实施卫生与植物卫生措施协定》。据此，如果有证据证明，新冠病毒作为一种致病有机体通过中间宿主的食物进入了人的身体而传染，则属于《实施卫生与植物卫生措施协定》所管辖的人类卫生措施之一。防范这种传染对于国民的生命健康造成风险的责任在于国民所属的世界贸易组织成员国政府，而不在于首次出现该种传染病的成员国。为此，《实施卫生与植物卫生措施协定》规定了成员国政府可以采取对传染源的载体（是否为穿山甲尚待证明）进行国际贸易限制（例如动物及肉制品贸易的进口禁止）来保护国民的生命健康不受传染病威胁。因此，根据《实施卫生与植物卫生措施协定》的相关规定，保护公民健康之责在于本国政府，而非他国。因此，即使根据国际法院或者世界卫生大会作出的对《国际卫生条例》相关条款的解释，可以认为中国有未恰当履行其国际义务之处，《国际卫生条例》和《实施卫生与植物卫生措施协定》一样，都没有将传染病暴发造成的损失归责于传染病发起国政府的法律依据。与此同时，他国的通报同样应该被世界卫生组织审查，并作出违规与否的结论。

因此，依据国际条约，仅仅是通报行为不合乎规范并不导致损害赔偿的条约义务。此外，按照《国际法院规约》第三十八条，要认定存在"传染病起源国应当赔偿他国因传染病扩散造成的本国生命财产损失"的国际习惯法规则，则必须有证据证明具有这样的"国家实践"（state practice）和"法律确信"（opinion juris）。迄今为止，尚未有对传染病起源国家追偿的"国家实践"，也没有提出过任何国家因此承担赔偿损失的国际法责任，当然更没有表明这是出于该国相信这是一条国际法义务的官方声明。因此，并不存在这样的国际法规则，也就不能证明中国违反了它而构成国际不法行为。而按照《国家对国际不法行为的责任条款草案》的规定，没有国际不法行为就没有追偿的依据。

综上，无责任无赔偿。另外，假如经调查，有事实证据证明存在违反《禁止细菌（生物）及毒素武器的发展、生产及储存以及销毁这类武器的公约》的情形，则须依据该公约的相关规定执行。①

②关于国际人权公约

《世界人权宣言》《经济、社会和文化权利国际公约》规定了各国公民享有

---

① 《禁止细菌（生物）及毒素武器的发展、生产及储存以及销毁这类武器的公约》第六条规定，"一、本公约任何缔约国如发现任何其他缔约国的行为违反由本公约各项条款所产生的义务时，得向联合国安全理事会提出控诉。这种控诉应包括能证实控诉成立的一切可能证据和提请安全理事会予以审议的要求。二、本公约各缔约国承诺，在安全理事会按照《联合国宪章》条款根据其所收到的控诉而发起进行的任何调查中，给予合作。安全理事会应将调查结果通知本公约各缔约国"。

健康权。因为《世界人权宣言》不具有严格意义上的法律约束力，因此，与指控相关的国际人权公约主要是《经济、社会和文化权利国际公约》第十二条关于预防、治疗和控制传染病的规定。根据该条，一国在"预防、治疗和控制传染病、地方病、职业病和其他的疾病"方面的义务是：①要求对行为方面的健康关注建立预防和教育计划，改善健康的社会要素；②得到治疗的权利，包括在事故、流行病和类似健康危险的情况下，建立一套应急的医疗保健制度，以及在紧急情况下提供救灾和人道主义援助；③控制疾病，指各国单独或共同努力，特别是提供相关技术、使用和改善分类的流行病监督和数据收集工作，执行和加强免疫计划，和其他传染病的控制计划。现实中，一国应承担保障健康权的义务，但其没有能力也没有义务做到避免任何传染病的发生和蔓延。换句话说，不能把出现任何传染病疫情造成的损失，都视为是早期发生疫情的缔约国违反了义务。新冠肺炎属于新发传染病，其传染速度之快，造成人体损伤之严重是空前的，发生这种疫情是不可抗力。中国政府和医疗机构对病毒和疫情防控的认识是一个不断加深的过程。就此而言，《经济、社会和文化权利国际公约》第二条第一款规定，每一缔约国家承担尽最大能力个别采取步骤或经由国际援助和合作，特别是经济和技术方面的援助和合作，采取步骤，以便用一切适当的方法，尤其包括用立法方法，逐渐达到本公约中所承认的权利的充分实现。联合国经济、社会和文化权利委员会指出，第二条第一款所反映的主要义务是采取步骤，其规定的逐步实现的概念等于承认在短时期内一般无法充分实现所有的经济、社会和文化权利。对于防治和控制新发传染病疫情而言，尤其如此。在疫情出现之后，只要一国尽最大能力防治和控制传染病疫情，保障患者得到及时有效的救治，就不能视为违反了《经济、社会和文化权利国际公约》规定的义务。

在新冠肺炎疫情发生后，中国积极落实《经济、社会和文化权利国际公约》第二条第一款和第十二条规定的国家义务，尽最大能力开展新冠肺炎治疗方案和药物联合攻关，在短时间内建造了多座收治患者的专门医院，患者治疗费用由国家承担，充分保障患者健康权实现的可用性、可负担性、可接受性和高质量，做到了应治尽治。

③关于《实施卫生与植物卫生措施协定》

依据《实施卫生与植物卫生措施协定》，我国已采取的所有措施均具有正当性。依据该协定附件 B，为了保证人体健康不受致病有机体的威胁而采取的措施构成实施卫生与植物检疫措施。在此方面，任一主权国有权依据国际标准或采纳更高的标准来制定保护措施，只要其事前进行了以科学依据为基础的风险评估、不构成不同国家间的歧视并且不对贸易造成过分限制。由此也可以得出，采取措施保护一国公民身体健康的责任在于主权国自身，而非他国。

（2）因果关系

即便中国在疫情发生初期存在所谓的履行通知义务方面的瑕疵，该通知瑕疵与其他国家因自身应对迟延或疏忽所造成的损害后果没有因果关系。实际上，已有例如《科学》杂志众多报道指出，中国的防控举措成功打破了病毒传播链，为其他国家采取措施争取了宝贵时间。中国不但向任何需要的国家提供了充分数据来对抗疫情，还于2020年2月与世界卫生组织关于COVID-19的诊断和治疗发布了联合报告。然而令人遗憾的是，大多数国家并未遵从中国和世界卫生组织专家的建议。在中国出现疫情之后的两个月内，一些国家迟迟没有采取有效措施控制疫情，导致疫情在该国短时间内迅速失控。例如，美国并未采取全国性的检测，其食物药品管理署仅在两个月后美国第一例新冠肺炎确认后才向监测机构作出批准；意大利在其第一个病例通报后的数周才采取行动；英国政府则在起初提出了极具争议的"群体性免疫"的抗疫策略。近日，著名医学杂志《柳叶刀》主编在英国广播公司（BBC）的节目上也明确指出，"中国传递的信息非常清晰，可是我们浪费了整个2月份，这简直就是一场国家丑闻"。① 此外，世界卫生组织获得信息的来源不仅有中国政府，还有其他国家和机构等渠道。

可以说，真正存在因果关系的是某些国家政府所采取的不当应对措施与本国疫情的蔓延和损失的扩大。所以，这些国家政府应当为其应对措施失误承担责任，而不是甩锅给中国。

（3）国际不法行为责任的例外抗辩

如上所述，我国采取的应对措施不存在违反条约义务的主观故意和客观事实，相关措施和他国疫情损失之间没有直接的因果关系。退一万步讲，即使我国在早期通报上存在瑕疵，也可以依据《国家对国际不法行为的责任条款草案》中关于不法行为的例外，如不可抗力、危难和危急情况，进行充分有效的抗辩。

（4）国内法院诉讼的实体抗辩

建议外交部根据中国的抗疫事实，对美国关于中国隐瞒新冠肺炎疫情、武汉病毒研究所泄漏病毒、中国不支持世界卫生组织调查等主要指控进行反驳，具体可从中国采取的抗疫措施、履行及时通报与分享信息义务的行为完全符合《国际卫生条例》的义务要求进行论证。

---

① 另一方面，一些立即采取措施的国家，例如新加坡和韩国，则从中国分享的疫情信息中获益。

（二）应对建议

可以说，因新冠肺炎疫情暴发导致的损失而意图"甩锅"中国的诉讼是典型的滥用程序和权利。有的诉讼建议甚至明确说，"即使这一法律上的挑战是失败的，在例如国际法院的公共平台提起诉讼本身仍是一项重大的政治胜利"。[①]因此，这些滥诉是恶意用法律手段来掩盖其阴险的政治目的，而非出于公平正义。然而，境外渲染的"中国责任论"并不会在短时间内偃旗息鼓；相反，在今后相当长的一段时间内，可能会有越来越多的国家相继参与，手段和途径也会越来越多。

谎言说一千遍有可能变成真理。若我们不及时澄清和反驳，不及时作出有效应对，我国的国际形象将受到极大的负面影响，海外人员和财产安全也将受到严重威胁。面对国外多种路径及手段的操作，我国需要多角度、全方位应对。为此，我们应当在综合利用国家资源的同时，充分发挥民间力量，坚持底线思维，全面准备、积极应对、及时出击，打好这场以疫情为导火索的法律战。具体而言，我们提出以下建议，供相关部门参考：

1. 有效抗辩国际诉讼

如上文所述，对于可能出现的国际诉讼，建议最高人民法院、外交部、司法部、卫健委等单位组成联合工作组进行管辖权抗辩的准备，包括请熟悉《国际卫生条例》和《世界卫生组织组织法》的律师和专家撰写并提交国际法院无管辖权的抗辩法律文件。建议全力阻止外国法院立案，进入实体审理，而应全力打好管辖权抗辩。

在从法律层面进行论证分析的同时，应当指出，此次疫情是自然原因导致的，并非人为。尽管疫情造成的损害巨大，但并非所有的损害都要有承担责任的主体。除非有证据证明此次的病毒是人工合成，否则如同地震、海啸等不可抗力事件造成的损害一样，没有理由让首先报告疫情的国家承担责任。要求中国为新冠肺炎疫情的国际蔓延承担赔偿责任，没有国际法依据，违背科学常识，超越了各国共同坚守的法律和道德底线。在人类历史上，也从未发生过因传染病的国际流行而要求某国承担赔偿责任的情形。如果中国作为首个报告疫情的国家须为新

---

① Peter Tzeng, Taking China to the International Court of Justice over COVID-19, EJIL: Talk! Blog of the European Journal of International Law, 见 https://www.ejiltalk.org/taking-china-to-the-international-court-of-justice-over-covid-19/, 最后访问日期：2020 年 5 月 5 日。

冠病毒造成的损失担责，那么是否美国应为次贷危机引发的世界金融危机、艾滋病和甲型 H1N1 流感的暴发担责呢？是否苏丹和刚果（金）应当为埃博拉病毒的暴发赔偿呢？病毒无国界，疫情的暴发具有相当大的随机性和偶然性。不管疫情首先在哪国暴发，其均无法律责任。新冠病毒是全人类的共同敌人，在此危难时刻，各国应团结一致，通力合作；如果无理责难他国，玩"甩锅游戏"，没有国家会因此真正受益。

2. 审慎应对外国法院诉讼

尽管依据现行美国国内法，中国政府享有管辖豁免权，但考虑到美国媒体、议员以及法官的政治倾向，美国个别法院恶意受理这类案件是有可能的。此时面对的问题将是中国政府是否应当出庭进行管辖权抗辩。在这一点上，出庭抗辩对防止相关案件进入实体审理有一定的作用，但也可能引发案件暴发的蝴蝶效应。届时，在美国国内法院起诉的每个案件中都出庭抗辩将成为耗时耗力的过程，且无法保证每一个案件的抗辩均可成功。此外，美国法院对中国共产党、武汉病毒研究所和中国科学院等主体可能主张具有管辖权。因此在应对美国法院起诉时，应考虑到其真实目的。我们应依据《中华人民共和国宪法》和《中华人民共和国中央人民政府组织法》，坚持将中国科学院和武汉病毒研究所按照《中华人民共和国国务院组织法》认定为国务院直属事业单位，享受国家主权豁免，因而美国法院对这三个被诉方都无管辖权。建议外交部和中国科学院提供关于这两个主体法律地位的法律意见。

如果决定不出庭应诉，则应从法律技术角度详细研究不应诉如何行使抗辩权的问题，例如，如何递交抗辩材料，能否由第三方出庭抗辩，如何准备"法庭之友"意见，如何阻止或延缓外国法院诉讼文件的送达，降低不出庭应诉对判决结果的影响等。此外，可考虑将滥诉人列入黑名单，追究其诬告的法律责任，采取一定的惩戒手段。

3. 密切跟踪美国修改立法

除诉讼之外，必须跟踪美国国会的最新立法动向。目前已有部分共和党议员请求国会修改美国《外国主权豁免法》，针对此次新冠肺炎疫情索赔诉讼排除中国的主权豁免，从而为美国法院判令中国承担赔偿责任扫清法律上的障碍。更为严重的是，这一修改很可能具有溯及既往的效力。鉴于部分美国政治势力正处心积虑将新冠肺炎疫情损失的责任"甩锅"中国，有必要对此类修法议案保持高度关注。与此同时，建议通过媒体和官方渠道进行及时、严肃的政治和外交交涉，表明我国坚守国际法、维护国家主权的坚定立场；此类法案的通过将对中美关系造成彻底性的伤害，也会对世界秩序和国际法治造成极其严重的负面影响。

如果美国法院在诉讼中或者美国通过修改其立法否定了中国政府的主权豁免，我们应做好与美国交涉的准备，可以将此作为一个国际法问题提出，乃至提交联合国或国际法院就这一主权豁免问题作出裁判。

4. 及时出版中国抗疫白皮书

建议政府尽快发布中国抗击疫情白皮书，[①] 以坦诚、开放、透明的态度，将新冠肺炎疫情在中国发展的情况和中国政府对内对外采取的措施予以全面披露，以事实为依据批驳对中国的诬陷抹黑。此份白皮书发布后，建议立即动员国内、国际各种力量，发动一场声势浩大的舆论战。动员各种媒体紧随白皮书的发表，从不同的角度发音。建议影视部门尽快推出抗疫纪录片，再现我国抗疫决策和实施的全过程。

此份白皮书的意义重大，其不仅是对事实的记录和陈述，更要产生维护我国国际形象的积极效果。在未来可能发生的诉讼程序中也可作为"法庭之友"提交裁判机构。

5. 恰当实施国际贸易监管

在国际贸易方面，可以灵活实施进出口贸易监管，根据需要加大进出口货物监管力度，严格特殊进出口产品的标准。此方面措施可能涉及《实施卫生与植物卫生措施协定》和《技术性贸易壁垒协定》的相关规定。依据这两项协定，世界贸易组织成员有权利为保护人类、动物和植物的生命健康而采取风险防范和控制措施，但这些措施必须公正合理、非歧视性地实施，同时不能成为变相的贸易限制措施。

6. 妥善处理国际投资纠纷

在国际投资方面，各国为应对疫情已采取的管控措施很可能对境内的外国投资者利益造成损害，投资者可能根据国际投资协定来寻求救济，诉求赔偿。主权国家有权为保护本国公共卫生健康而采取相应的疫情应对措施，但面对未来可能发生的国际投资仲裁风险，建议研究探讨国家免责抗辩事由。在该类诉讼中可依据的免责事由主要包括国际投资协定中的例外条款和不可抗力。关于前者，一般例外条款允许东道国基于保护本国的公共健康而采取必要的措施，即使违反了投资条约义务而对外国投资者的利益造成损害，也可以排除国家行为的违法性并免除国家赔偿责任。中国对外签订的处于生效状态的投资协定和贸易协定中，大部

---

① 截至 2020 年 3 月 21 日，中国政府尚未发布中国抗击疫情白皮书。

分未包含此类一般例外条款。因此，在今后修订原协定和签订新的投资条约时，建议纳入一般例外条款以应对未来可能发生的诉讼。关于后者，依据《国家对国际不法行为的责任条款草案》第二十三条，可援引不可抗力来免除行为国的行为违法性。此外，我国在采取相关措施时应以"必要"为限度，遵从正当程序，不歧视不同国家的投资者。在某一措施不再为保护公共健康所必须时，及时更改或停止该措施。

7. 加强保护海外财产安全

尽管依据美国现行主权豁免法，中国政府享有管辖豁免和财产不受强制执行措施的保护，但需警惕美国以及与其关系密切的国家执行美国法院的判决而导致中国在海外的资产受损的可能。对此建议：①中国人民银行加强主权债务管理，对持有美国国债的风险进行评估；②国有商业银行对其海外资产安全进行评估，做好相应的应对预案；③国资委督促拥有海外投资项目的中央和地方的国有企业对投资项目进行风险管控，保障国有资产安全；④商务部、发改委对"一带一路"项目及贷款进行风险评估和管控。

8. 发挥法律工作者的作用

建议我国各有关部门，特别是最高人民法院、外交部、司法部、卫健委以及中宣部等密切合作，对当前形势保持密切关注，积极做好充分准备，全力打好这次法律战。与此同时，建议有关部门组织国际法学会、国际私法学会、各高校和研究机构的学者开展国家主权豁免、国际公共卫生紧急事件的法律问题、应对国外诉讼等问题的研究，为可能的诉讼提供法理和抗辩支持。鼓励学者使用多种语言撰写文章发表在国内外期刊杂志上或通过各种媒体进行传播。此外，司法部和中华全国律师协会可组织相关律师事务所的涉外律师积极研究国外诉讼的法律程序和技术细节，做好应对国外恶意诉讼的准备。

我国作为世界卫生组织的创始成员国，① 深入参加了《国际卫生条例》《世界卫生组织组织法》的起草，因此建议卫健委收集这两份法律文件的谈判资料，特别是关于《世界卫生组织组织法》第七十五条规定适用的有关争议的历史资料。

9. 加紧制定中国《外国主权豁免法》

考虑到我国法律体系在《外国主权豁免法》方面的缺失，建议加快制定我

---

① United Nations World Health Organization Interim Commission, Proceedings and Final Acts of the international Health Conference, p. 115.

国的《外国主权豁免法》。建议在该法中纳入国际公认的主权豁免原则和规则，例如国内法院对外国主权豁免的范围、商业活动例外、在其领土内的侵权活动例外等，同时保留根据对等原则实施反制的可能性等。

10. 整合力量，做好部门间的规划和分工

目前关心新冠肺炎疫情引发的法律问题的法律工作者很多，但是存在工作重复和信息不沟通的现象。因此，建议国家出面整合力量，做好各部门的详细规划和分工，有规划地组织应对。例如，建议由中央政法委、最高法院总协调，由中宣部负责对外宣传；由外交部组织应对国际诉讼；由司法部负责协调，由卫健委介绍我国抗疫措施和执行《国际卫生条例》以及《世界卫生组织组织法》的情况，专家学者律师参与研究，确保在各国起诉的案件都有熟悉当地法律的高级律师深度介入跟踪，及时应对，并有针对性地收集国外应对措施不利，对我国政府与公民造成损失的事实，从而证明其损害与我国无关并为我国的反制措施提供证据。

第二篇

补贴与反补贴规则专题研究

一、补贴与反补贴规则的新发展综述

管　健[①]

（一）引言

中国一直以来都是世界各国发起反倾销调查最主要的被调查对象，很多年来，中国的应诉企业一直是反倾销中"替代国价格方法"的受害者。即使《中国加入世界贸易组织议定书》第 15 条中的相关替代国条款于 2016 年 12 月到期，部分世界贸易组织成员，特别是美国、欧盟和日本等发达经济体仍然拒不承认中国的市场经济地位，并在针对中国的反倾销调查中沿用或变相沿用"替代国价格方法"。与此同时，自 2006 年 11 月美国商务部对来自中国的铜版纸发起反补贴调查以来，中国继成为反倾销调查最主要目标国之后，日渐成为世界贸易组织成员发起反补贴调查的最主要被调查对象。以美国为代表的反补贴调查发起方在诸多反补贴法律问题上针对中国采取歧视性的做法，经常给中国应诉企业计算出高额的反补贴税率。尽管如此，美国和欧盟等 WTO 成员认为现行的 WTO 反补贴规则无法完全约束中国，拟在多边层面推动对 WTO 反补贴规则的改革，同时通过单边反补贴国内立法和实践等方式来抢夺制定补贴与反补贴规则制订的话语权。总体来看，中国在 WTO 补贴与反补贴规则方面可能面临着越来越多的挑战。

（二）现状与新发展

1. 可诉性补贴三要素的核心法律争议

根据 WTO《补贴与反补贴措施协定》，一个可诉性补贴需要具备三个法律要素：一是财政资助，二是授予利益，三是专向性。围绕这三个要素，WTO 成员之间都曾发生过激烈的法律争议。

（1）公共机构问题

根据《补贴与反补贴措施协定》第 1.1（a）（1）条的规定，财政资助是指

由政府或任何公共机构提供的直接或间接的资金或债务转移、免税，以及提供除一般基础设施外的货物或服务。在《补贴与反补贴措施协定》中，政府或公共机构被统称为"政府"，但是对于什么是公共机构并没有给出明确的定义。在反补贴调查过程中，美国和欧盟等 WTO 成员以中国的国有商业银行和国有企业受中国政府控制为主要理由将它们视同为公共机构，并将国有商业银行发放贷款和国有企业销售货物的行为认定为财政资助行为，并进一步认定为补贴。

针对公共机构问题，中国政府于 2008 年 9 月对美国提出磋商请求。在"中国诉美国反倾销补贴措施案"（DS379）中，专家组发布报告全面支持了美国将中国国有银行和国有企业视同为公共机构的做法，专家组这一裁定的基础是将公共机构解释为"任何政府控制的实体"①。嗣后，中国政府向上诉机构提起上诉，2011 年 3 月，上诉机构发布报告推翻了专家组对"公共机构"这一术语的解释，认为公共机构应该是"一个拥有、行使和被授予政府职权的实体"。② 上诉机构继续在该案中完成了分析并裁定，美国商务部基于政府所有权将特定中国国有企业向涉案企业提供原材料的行为构成"公共机构"的做法违反了 WTO《补贴与反补贴措施协定》第 1.1（a）（1）条；但是上诉机构支持了美国商务部将中国国有银行提供贷款的行为构成"公共机构"的认定。上诉机构在该案进一步解释，如果"一个政府对一个实体及其行为行使有意义的控制（meaningful control），可能在特定情况下作为该实体拥有政府职权和运作该职权以履行政府职能的证据"。③

美国利用上诉机构关于"有意义的控制"的解释，在执行包括 DS379 案和 DS437 案（"中国诉美国反补贴措施案"）在内的裁决过程中，通过论证党和政府与国有企业的关系，认为中国政府对国有企业形成有意义的控制，从而再次认定国有企业构成公共机构。在美国执行完 DS437 案的裁决之后，中国再次于 2016 年 5 月提起 DS437 案执行之诉，但是可能迫于近年来国企改革中强调的党对国有企业的领导的现实情况，中国在 DS437 案的执行之诉中并未挑战美国对国有企业构成公共机构的认定，可能是因为在执行之诉中与美国辩论党和政府与国有企业的关系可能会太敏感。中国在 DS437 案的执行之诉中提出了一个新的法律解释，即在特定的政府功能与特定的财政资助行为之间应当存在一定程度或性质

---

① Panel Report, US—Anti-Dumping and Countervailing Duties (China), WT/DS379/R, para. 8.80.

② Appellate Body Report, US—Anti-Dumping and Countervailing Duties (China), WT/DS379/AB/R, para. 317.

③ Appellate Body Report, US—Anti-Dumping and Countervailing Duties (China), WT/DS379/AB/R, para. 318.

上的联系。① 也就是说，在认定一个国有企业是否构成公共机构时，还要考虑其提供财政资助的行为本身是否是履行政府职能的行为。如果不是，比如国有企业在市场上销售原材料是一个商业行为，并不是履行政府职能的行为，就不能把该国有企业认定为公共机构并进而将销售原材料视为财政资助行为。

中国的这一"清晰的逻辑联系（clear logical connection）"的法律标准指向了一个更广泛的问题，即在公共机构的分析中，是应当注重于一个具体的行为，还是着眼于被调查企业的一般特征。上诉机构认为，正如政府的任何"作为或不作为"可被视为可归因于成员的措施一样，公共机构的任何作为或不作为都可直接归因于成员，而不论该作为或不作为本身的性质如何。事实上，一旦确定某实体是公共机构，则就《补贴与反补贴措施协定》第1.1（a）（1）条的目的而言，该实体的"所有行为"应归于有关成员。因此上诉机构否定了中国在DS437案执行之诉中的主张。换句话说，只要认定党和政府对一个国有企业拥有"有意义的控制"，该国有企业就构成公共机构，进而该国有企业从事的任何行为，只要落入《补贴与反补贴措施协定》第1.1（a）（1）条的范围，都属于财政资助。即使国有企业从事的所谓"财政资助"行为不是为了履行政府职能，也不能反过来推翻该国有企业构成"公共机构"的判断。目前，在美国对华反补贴调查过程中，美国继续将中国的国有企业认定为公共机构。鉴于上诉机构已经停摆的现状，中国也未再就公共机构问题提起新的诉讼。

综上所述，虽然中国在DS379案中赢得了关于国有企业公共机构问题的法律解释，但是上诉机构针对该法律解释的进一步的关于"有意义的控制"的说明给美国执行上诉机构裁决留下了很大的口子。美国在执行相关裁决过程中，通过论证党和政府与国有企业的关系，证明党和政府对中国国有企业存在"有意义的控制"，并再次认定国有企业构成公共机构。可能由于在WTO争端解决过程中论证党和政府与国有企业的关系在政治上太敏感，中国在DS437案的执行之诉中提出了特定的政府功能与特定的财政资助行为之间应当存在清晰的逻辑联系的法律解释，但是并没有被上诉机构采纳。鉴于中国可能很难在WTO争端解决机制下去辩论党和政府是否对国有企业形成"有意义的控制"，加上中国关于财政资助行为必须与履行政府职能存在联系的法律解释并未被上诉机构采纳，中国在国有企业被认定为"公共机构"问题上已经很难在争端解决机制下挑战美国的做法。

---

① Panel Report, US—Countervailing Measures（China）（Article 21.5），WT/DS437/RW.

在 2020 年 1 月 14 日于华盛顿发表的《美国、欧盟、日本贸易部长三方会议联合声明》中，三国部长一致认为上诉机构在多份报告中对"公共机构"的解释损害了 WTO 补贴规则的有效性。在确定某一实体为公共机构时，没有必要认定该实体"拥有、行使和被授予政府职权"。部长们同意以此为基础继续开展工作以明确"公共机构"的定义。换句话说，即使美国已经在争端解决机制下赢得了诉讼，但是美国还是希望在未来 WTO 改革过程中针对公共机构问题提出新的更宽松的标准，比如只要构成股权上的控制即可，而无须去证明"拥有、行使和被授予政府职权"。

（2）外部基准问题

《补贴与反补贴措施协定》第 1.1（a）（1）条规定了四种财政资助的方式，特别是第（iii）种情况，政府提供除一般基础设施外的货物或服务，或购买货物。在反补贴调查实践中，美国商务部基于将中国的国有企业认定为公共机构，从而进一步将被调查企业从此类国有企业购买的生产投入认定为一个上述第（iii）种情况所列举的财政资助行为。为了依据第 1.1（b）条确定此类财政资助行为是否授予了利益，美国商务部在参考第 14（d）条的关于计算接受者所获得的利益的指南，计算被调查企业的在此补贴项目所获得的补贴金额。在实际计算过程中，美国商务部通常会认为相关生产投入的国内价格因为中国政府的干预而被扭曲，因此不适宜用作计算利益的基准，需要依据其他外部基准，比较国际市场的价格来计算中国被调查企业所获得的补贴金额，并依此征收高额的反补贴税。在反补贴实践中，这一补贴项目通常是被调查的中国企业被最终认定的所有补贴幅度中贡献最多的。

第一，早在"中国诉美国反倾销反补贴措施案"（DS379）中，中国就对美国在涉及生产投入的补贴项目中，在什么情况下调查机关可以使用外部基准提出挑战，但是在该案中，上诉机构认为，"鉴于有关政府作为货物供应商的主要作用的证据，并考虑到其他因素的证据，美国商务部可以根据《补贴与反补贴措施协定》第 14（d）条的规定，确定私人价格是扭曲的，不能用作评估报酬充足性的基准"。[①] 在"中国诉美国反补贴措施案"（DS437）中，中美双方再次对调查机关在什么情况下可以使用外部发生争议。但是原审专家组，简单援引了上诉机构在 DS379 案中的结论，支持了美国在相关调查中拒绝使用中国国内的私营企业的价格作为利益计算基准的做法。

在 DS437 案的上诉过程中，上诉机构在全面总结"印度诉美国碳钢案"相

---

① Appellate Body Report, US—Anti-Dumping and Countervailing Duties (China), paras. 456.

关法律解释，特别是在调查机关在什么情况下可以拒绝使用国内价格，转而使用外部基准问题上，上诉机构首先强调了《补贴与反补贴措施协定》协议第14（d）条下的调查的市场导向，并发现第14（d）条范围内的"现行市场状况""由被普遍接受的经济活动领域的特征组成，供求力量在其中相互作用，决定市场价格"。①

第二，调查当局有责任进行必要的分析，以便根据申请人和被诉人在反补贴调查中提供的信息确定拟议的基准价格是否由市场决定，以便确定将它们可用于评估报酬是否不充分。调查机构在进行必要的分析以达到适当的利益基准时必须做的事情将根据案件的情况、被审查的市场的特征以及申诉人和被诉人提供的信息的性质、数量和质量而有所不同，包括调查当局寻求的这种额外信息，以便它可以根据记录上的积极证据作出确定。在所有情况下，在确定适当的基准时，调查当局必须在其决定中解释其结论的依据。②

第三，虽然首要的基准，也就是为达到《补贴与反补贴措施协定》协议第14（d）条的目的确定基准的分析起点，是私营供应商在供应国的公平交易中销售相同或类似商品的价格，但是这并不表示抽象地说，不同来源的可以依靠这些价格达到适当的基准的国内价格之间存在一个等级关系。这是因为"根据第14（d）条，某一价格是否可用于利益基准的问题不取决于其来源，而是该价格是不是反映供应国当前市场状况的由市场决定的价格"。虽然私营价格可以作为一个分析第14（d）条的起点，但是这并不表示调查机关无须分析与政府相关的实体提供的价格，以判定它们是不是由市场决定并且也可以构成适当的基准。③

第四，虽然国内市场的价格通常应该被考虑用于确定适当的比较基准，但是在某些情况下，使用国内价格可能并不合适，例如，政府是相关货物的唯一供应商，这些货物的国内价格不是由市场决定的。在此种情况下，政府在提供财政资助方面的作用（可能）非常重要，以至于它有效地确定了私人供应商销售相同或类似商品的价格，从而使第14条所设想的比较成为循环。④

第五，在进行必要的分析以确定国内价格是否被扭曲时，可能会要求调查机构审查相关市场的各个方面。虽然政府作为市场供应商的主导作用使价格有可能被扭曲，但国内价格的扭曲必须基于每项反补贴税调查背后的特定事实。在"中

① Appellate Body Report, US—Countervailing Measures (China), para. 4.46.
② Appellate Body Report, US—Countervailing Measures (China), para. 4.47.
③ Appellate Body Report, US—Countervailing Measures (China), paras. 4.48—4.49.
④ Appellate Body Report, US—Countervailing Measures (China), para. 4.50.

国诉美国反倾销和反补贴措施案"中，上诉机构已经指出调查机关不能仅基于政府是相关货物占支配地位的供应商，而拒绝考虑其他除政府市场份额之外的证据。因此不应该将政府的支配地位等同于价格扭曲，两者之间的关系不需要证据来证明。因此，根据相关情况，可以要求调查机构审查相关市场的结构，包括在该市场经营的实体的类型，它们各自的市场份额以及任何进入壁垒。它还可能需要评估在该市场上经营的实体的行为，以确定政府本身或通过政府相关实体采取行动是否施加市场力量，从而扭曲国内价格。①

第六，上诉机构强调，允许调查当局拒绝国内价格的是价格扭曲，而不是作为商品提供者的政府本身是主要供应商的事实。上诉机构解释，价格扭曲必须在个案基础上确定，调查当局不能仅仅基于政府是主要供应商的调查结果来认定价格扭曲，也不能拒绝考虑与政府市场份额以外的因素有关的证据。②因此，可以要求调查当局审查相关市场的竞争条件，以评估政府是否正在影响任何与政府有关的实体或私人实体的定价行为。调查机构为达成适当基准而必须进行的具体类型的分析，将根据案件的情况、被审查的市场的特征以及申请人和被诉人提供的信息的性质、数量和质量而有所不同，包括调查机构可能寻求的其他信息，以便根据记录上的肯定证据作出判断。在任何及所有情况下，在达成适当的基准时，调查当局必须为其确定结论的依据提供合理和充分的解释。一旦调查机构适当地确定并解释国内价格被扭曲，就有理由根据第 14（d）条采用替代基准进行利益分析。③

基于以上法律解释，上诉机构推翻专家组在本案关于是否可以使用外部基准的裁决结论，因为专家组未能逐案分析美国商务部是否适当审查了相关国内价格是否由市场决定或被政府干预扭曲④，上诉机构在完成分析的基础上认定美国商务部在相关争议调查中使用外部基准违反了第 14（d）条和第 1.1（b）条的规定，因为在所有争议案件中，美国商务部都简单认定因为政府通过政府所有的实体在相关货物市场的显著或占支配地位的存在，因此直接拒绝使用国内价格作为基准，未能解释这些价格是否由市场决定或这些价格被政府扭曲。

基于 DS437 案上诉机构的裁决，美国发起第 129 节调查，并向中国政府发放了基准问题（Benchmark Questionnaire），以调查相关投入行业的结构，以及有关调查期间适用于投入市场的所有行业法律、计划和政策的信息。美国商务部还要

---

① Appellate Body Report, US—Countervailing Measures (China), paras. 4.51—4.52.

② Appellate Body Report, US—Countervailing Measures (China), para. 4.59.

③ Appellate Body Report, US—Countervailing Measures (China), para. 4.62.

④ Appellate Body Report, US—Countervailing Measures (China), para. 4.79.

求提供有关调查期间对相关投入的任何出口限制以及市场进入和退出障碍的信息。此外，美国商务部要求提供关于任何国内或外国投资限制以及货物的任何其他"市场状况、趋势和发展"的信息。①中国政府回答了其中的三份问卷，但是没有回答与光伏产品相关的基准问卷。

美国为此发布了两个备忘录，与钢铁产品相关的基准备忘录和所有与四个争议调查相关的产品的支持性基准备忘录。基准备忘录侧重于"总体上讲中国国家投资企业的性质和作用，以及中国政府在钢铁行业中的作用"。报告还审查了"中国政府在国家投资含糊不清和钢铁市场中的作用对在中国为这些商品提供市场的任何私营实体的影响，以及这些实体的价格被扭曲的程度"。②基准备忘录基于中国的产业政策、中国政府在公司决策层面的干预、中国国家投资企业的软预算约束、来自非国有部门有限竞争等得出结论，鉴于这种以政府密集干预和控制为特征的经营环境，中国的国家投资企业并不是真正的商业行为者，因为他们不一定要遵循在一个真正竞争的市场中所期望的条件。③因此国家投资企业的价格不是由市场决定的。另外，由于国家投资企业在市场上所占据的大量份额、出口限制以及对外资的限制等，"民营生产商将别无选择，只能追随中国钢铁业的主导地位。"因此，它的结论是，根据第129条诉讼程序中的记录，所有国内私营价格都被扭曲了。④

支持性基准备忘录侧重于所讨论的四种投入产品。它发现记录中没有包含进行特定投入市场分析所需的信息。因此，美国商务部借助于每次调查中可获得的事实来确定相关投入产品的价格是否由"市场决定"。⑤

就光伏产品而言，中国政府没有回答问卷，因此美国商务部基于"可获得事实"认定，中国政府对中国太阳能级多晶硅工业的参与极大地扭曲了该行业的价格，使得国内行业没有潜在的基准可以根据《补贴与反补贴措施协定》被认为是"基于市场的"。⑥就其他三个钢铁相关产品而言，由于中国政府提供的信息不完整，美国商务部决定将基准备忘录中的相关的结论适用到支持性备忘录。

中国再次就美国商务部拒绝使用中国国内价格作为基准提起执行之诉。专家

---

① Panel Report, US—Countervailing Measures (China) (Article 21.5), para. 7.181.
② Panel Report, US—Countervailing Measures (China) (Article 21.5), para. 7.185.
③ Panel Report, US—Countervailing Measures (China) (Article 21.5), para. 7.187.
④ Panel Report, US—Countervailing Measures (China) (Article 21.5), para. 7.191.
⑤ Panel Report, US—Countervailing Measures (China) (Article 21.5), para. 7.185.
⑥ Panel Report, US—Countervailing Measures (China) (Article 21.5), para. 7.194.

组首先注意到：基准备忘录中收集和总结的信息侧重于政府对整个中国经济和整个钢铁行业的干预，而不是相关的具体投入市场。支持性基准备忘录仅提及在相关调查期间讨论对这三种产品的出口限制时所涉及的具体投入市场。它还确认了美国商务部认为没有必要对相关投入的具体市场进行详细分析。①

专家组澄清，有必要对供应国的市场进行分析，以确定是否可以将特定的国内价格作为适当的基准。虽然，调查机构可以根据案件的情况，对有关产品进行不同水平层面的详细市场分析。我们在《补贴与反补贴措施协定》第14（d）条或先前的争议中看不到任何会妨碍调查当局对供应国国内价格是否可以作为适当基准的基础性问题采取更广泛的方法。然而，我们记得确定某些投入的价格不是由市场决定的，必须基于积极的证据，并得到合理和充分的解释。调查当局必须进行具体案例分析，"包括要求对相关事实进行足够充足的调查，并以记录上的确凿证据为依据作出决定"。②

专家组认为，重要的是，拒绝将国内价格作为基准的决定必须得到合理和充分的解释，说明政府干预如何扭曲相关投入的价格。如果只有政府对经济进行广泛干预的证据，没有证据表明对有关商品的价格有直接影响，也没有充分解释有关商品的价格是如何因此而被扭曲的，不足以证明确定所涉货物没有"市场决定"价格的理由，而该价格可用于确定政府提供的货物的报酬是否足够。政府干预市场必然导致有关商品价格扭曲的假设也不足以支持有关投入的国内价格可能被拒绝作为基准的结论。调查机构必须解释政府对市场的干预如何导致相关投入的国内价格偏离市场决定的价格。③

专家组在对相关第129节调查的材料进行分析后认为，四个有争议的第129条诉讼程序的记录和美国的论据清楚地表明，美国商务部认为没有必要证明中国政府的行动如何影响所涉投入的国内价格。美国商务部甚至没有试图对其确定的四个产品的国内价格进行合理和充分的解释，因为这些投入的中国国内市场的政府普遍干预，从而扭曲了价格，因此不是由市场决定的。相反，美国商务部概述了政府对相关市场的参与，并仅在此基础上确定不能使用相关投入的国内价格来评估价格的充分性。因此，我们发现美国商务部未能解释政府对市场的干预如何导致有关投入的国内价格偏离市场决定的价格。另外，除光伏产品案外，在其他三起与钢铁产品相关的调查中，中国政府和被调查企业还提交了中国国内与钢铁产品价格相关的材料，但是美国商务部未予以考虑。因此，专家组判定商务部在

---

① Panel Report, US—Countervailing Measures（China）（Article 21.5）, para. 7.200.
② Panel Report, US—Countervailing Measures（China）（Article 21.5）, paras. 7.202—7.203.
③ Panel Report, US—Countervailing Measures（China）（Article 21.5）, para. 7.205.

这里讨论的三个诉讼中，鉴于摆在它面前的证据，商务部未能充分解释其拒绝中国国内价格的原因，因此我们不能得出结论，认为它的决定是一个合理和客观的调查当局可以达成的决定。①

在本案的上诉过程中，上诉机构认为，在选择适当的利益基准时，第 14 （d）条下的核心调查是政府干预是否导致价格扭曲，从而有理由诉诸国外价格，或者私营企业和/或政府相关实体的国内价格是否由市场决定，因此可以作为确定利益存在的基础。因此，允许调查当局拒绝国内价格的是政府干预市场导致的价格扭曲的发现，而不是政府干预市场本身。②上诉机构同意专家组的观点，即在没有证据表明政府干预对价格有直接影响的情况下（这本身可能表明存在价格扭曲），调查当局可能需要更详细的分析和解释。然而，我们强调，调查当局应对其在每一案件中的价格扭曲调查结果的依据提供合理和充分的解释，无论其调查结果是否基于政府干预对国内价格的直接或间接影响的证据。上诉机构也同意专家组的结论，即调查机构必须解释政府对市场的干预是如何导致相关投入的国内价格偏离市场决定的。③上诉机构在详细分析了专家组的论证过程后，全面支持了专家组的结论。

（3）专向性问题

专向性，是指授予机关在其管辖范围内将补贴专向授予"某些企业"，包括一个企业或产业或一组企业或产业。《补贴与反补贴措施协定》第 2 条总共有四款，分别规定了法律上的专向性、事实上的专向性、区域上的专向性和拟制的专向性。法律上的专向性是指授予机关或其运作所根据的立法将补贴的获得明确限于某些企业。事实上的专向性上是指虽然一补贴不具有法律上的专向性，但是有理由认为补贴可能事实上属于专向性补贴。区域上的专向性是指授予机关将补贴限于其管辖范围内指定地理区域的某些企业。拟制的专向性是指《补贴与反补贴措施协定》第 3 条所规定的所有禁止性补贴均推定具有专向性。专家组在"巴西诉美国棉花案"中认为，从专向性的字面含义来看，它只是一个一般性的概念，专向性或宽或窄并不受制于一个严格的数量定义，只能个案分析。但是，如果一个补贴可以在一国经济中充分地、广泛地可获得，而不是使特定有限的生产者或产品获益，那么该补贴可能不再具有专向性。④

上诉机构在"中国诉美国反补贴措施案"中指出，关于专向性的分析聚集

① Panel Report, US—Countervailing Measures (China) (Article 21.5), para. 7.220.
② Appellate Body Report, US—Countervailing Measures (China) (Article 21.5), para. 5.141.
③ Appellate Body Report, US—Countervailing Measures (China) (Article 21.5), paras. 5.159—5.160.
④ Panel Report, US—Upland Cotton, para. 7.1143.

于补贴的可获得性是否限于一特定类别的补贴接受者，即《补贴与反补贴措施协定》第2.1条中的"某些企业"。①上诉机构在"中国诉美国反补贴措施案"中解释认为，"某些企业"是指已知或特定的（known and particularized），虽然可能不是明确列出的（explicitly identified），一个企业或产业，或一类企业或产业。上诉机构同意这一概念可能涉及"一定程度的边缘的不确定性"（a certain amount of indeterminacy at the edges），并且关于一定数量的企业或产业是否构成"某些企业"也只能个案分析。②

就事实上的专向性而言，《补贴与反补贴措施协定》第2.1（c）规定调查机关可以考虑的因素包括：有限数量的某些企业使用补贴计划、某些企业主要使用补贴、给予某些企业不成比例的大量补贴以及授予机关在作出给予补贴的决定时行使决定权的方式。在认定事实上的专向性时，调查机关应考虑授予机关管辖范围内经济活动的多样性程度及已经实施补贴计划的时间长度。

关于认定事实上的专向性的第一个因素，"有限数量的某些企业使用补贴计划"（use of a subsidy programme by a limited number of certain enterprises），或者反补贴调查实践中的"使用者专向性"问题，在 US—Carbon Steel（India）案中，印度主张"某些"（a limited number of）的用语表明在认定使用者专向性问题上，只有当"某些企业"中一部分使用该补贴项目时，才可以认定为存在专向性。专家组和上诉机构均不同意此观点。上诉机构认为，对第一个因素的分析应聚焦于补贴项目的使用者的数量是否有限。虽然该短语"有限数量的某些企业使用补贴计划"可以被解释为对补贴项目的使用限于一定数量的企业，并且这些企业构成更大范围的"某些企业"的一部分，但是上诉机构认为，在认定事实上的专向性时，将"有限数量"一语解读为反映了使用补贴项目的"某些企业"的数量性要求更高，因此"某些企业"的含义本身并不包含精确的识别或数量认定。因此，对短语"有限数量的某些企业使用补贴计划"的适当解释应该是"有限数量"表达了"某些企业"在数量上是有限的或限定的，即有限数量的企业或产业构成了"某些企业"使用了补贴项目，并不要求这一有限数量代表了更大范围的"某些企业"的一部分。③

印度还主张当一个补贴构成《补贴与反补贴措施协定》第1.1（a）（1）（iii）条中的政府提供货物，那么这个补贴将必然由经济中的一小部分所使用，从而成为补贴"某些企业"。上诉机构认为，就提供货物而言，当用于生产投入

① Appellate Body Report, US—Countervailing Measures（China）, para. 4.164.

② Appellate Body Report, US—Anti-Dumping and Countervailing Duties（China）, para. 373.

③ Appellate Body Report, US—Carbon Steel（India）, paras. 4.371—4.379.

的货物只被限定范围内的一组实体和/或企业使用时，那认定存在专向性的可能性非常高。但是，上诉机构并不认为任何一个关于提供货物的补贴项目，因为货物固有的特性所导致的有限性，必然可以得出专向性的结论。① 例如，政府提供某些自然资源，比如石油、天然气、水，可能并不导致存在专向性，因为它们可能被无限数量的企业所使用。②

关于认定事实上的专向性的第二个和第三个因素，"某些企业主要使用补贴"和"给予某些企业不成比例的大量补贴"，专家组在"美国诉欧盟大型民航客机补贴案"中指出，"某些企业主要使用（补贴方案）"可以简单地理解为补贴方案主要或大部分被某些企业使用的情况。③该专家组还进一步对"不成比例的大量"进行解释，当某件事情"不成比例（disproportionate）"时，就可以被认为是"比例失调（lacking proportion）"。"比例"一词的通常含义包括"一定比例、部分、份额，特别是相对于整体而言""相对的数额或数量"和"事物在大小、数额、数量等方面的比较关系或比率"。这些定义表明，在评估补贴金额是否"不成比例的大量"时，必须进行的调查将涉及确定有争议的补贴金额与其他"整体"之间的关系，并确定这种关系是否表明补贴金额大于达到比例所需的金额——即不成比例。④

关于事实上的专向性，专家组在"土耳其诉美国特定钢管产品案"确认补贴计划实施的时间长短、经济多样化的程度也是两个强制性因素，因此，每当调查当局作出事实上的具体决定时，都必须考虑到这两个因素。这并不取决于诉讼中的利害关系方是否提出了这两个因素的相关性。⑤ 就这两个要素而言，专家组在"美国诉欧盟大型民航客机补贴案"中指出，"当一项补贴计划在一个只由几个行业组成的经济体中运作时，这些行业可能是补贴计划的主要受益者这一事实不一定显示出'主要使用'。相反，这些行业对补贴计划的使用可能只是反映了授予当局管辖范围内经济活动的有限多样化"。并且，"在一个相对较新的补贴方案的背景下，某些企业使用补贴方案不一定意味着'主要使用'，因为该方案尚未运作足够长的时间来了解其对一国经济的全面影响"。⑥

在美国对华反补贴调查实践中，对于涉案企业低价从国有企业购买原材料的

---

① Appellate Body Report, US—Carbon Steel (India), para. 4.393.

② Panel Report, US—Softwood Lumber IV, para. 7.116.

③ Panel Report, EC and certain member States—Large Civil Aircraft, para. 7.974.

④ Panel Report, EC and certain member States—Large Civil Aircraft, para. 7.961.

⑤ Panel Report, US—Pipes and Tubes (Turkey), para. 7.165.

⑥ Panel Report, EC and certain member States—Large Civil Aircraft, paras. 7.975—7.976.

补贴项目，美国商务部通常是基于使用者的有限性认定存在专向性。比如，因为热轧钢产品的使用者是有限的，所以低价从国有企业购买原材料的补贴项目具有专向性。然而，热轧钢产品的使用者本身具有极大的广泛性和高度的不确定性，依此认定专向性实际上是大大地宽松了专向性的认定标准。但是，由于上诉机构已经在相关案件中作出了不利的解释和裁定，中国企业在低价获取原材料这个补贴项目的专向性问题上，也总是频频遭遇不利裁决。

2. 美欧单边反补贴立法与实践新动态

（1）给予领土外的补贴

根据现行的《补贴与反补贴措施协定》，进口国只能对一国政府在其领土内给予其企业的补贴进行调查并采取措施，但是欧盟的最新做法将反补贴调查适用于"一带一路"与中国有产能合作的国家。2020 年 6 月 15 日，欧盟委员会发布公告，对原产于中国和埃及的玻璃纤维织物作出反补贴肯定性终裁，决定对埃及涉案产品征收 10.9% 反补贴税，对中国涉案产品征收 17.0% 至 30.7% 的反补贴税[①]。在该案中，欧盟首次将中国公司在埃及设立的子公司从中国政府或国有母公司所获得的补贴认定为可诉补贴。调查认为在 2012 年和 2016 年巨石埃及公司从中国国家开发银行和进出口银行等"公共机构"获得了优于埃及金融市场条件的总额为 2 亿美元的低息贷款；2014 年至 2018 年期间，巨石（中国）公司向巨石埃及公司提供了总额为 2.6 亿美元一系列公司间贷款，这些钱大部分来自中资银行优惠融资，并用于巨石埃及公司的制造业活动；巨石埃及公司还获得来自中国出口信用保险公司低于其经营成本的出口信用保险，这一补贴是出口导向的，已经构成专向性要求。简言之，在本案中，欧委会认为：①埃及政府"承认利用"来自中国公共机构提供的财政资助，以自己的名义在苏伊士运河经济区内对涉案企业提供该财政资助；②"承认并利用"由中国公共机构提供的资金支持，采用"外部基准价格"，计算认定构成获益；③"承认并采用"中国与埃及的合作协议，将苏伊士运河经济区认定为"海外投资区域"，构成了埃及政府管辖内的"区域性"优惠资金支持，具有专向性。总之，欧委会认为，有证据表明，埃及政府接受并利用中国政府支持苏伊士运河经济区的承诺，向区内玻璃纤维织物生产者提供优惠资金支持。这一最新案件裁决所作出的认定方式一旦推广，意味着我国的产业政策或补贴政策不仅将在国内市场产生影响，

---

① Case AS656-Glass fibre fabrics（certain woven and/or stitched），European Commission，available at https：//trade. ec. europa. eu/tdi/case_details. cfm? id＝2398&sta＝21&page＝2&c_order_dir＝Down，visited on August 23, 2020.

还会延伸至第三国市场和东道国市场。此举也被认为是欧盟打压我国在"一带一路"产能合作和多元化市场开拓战略的重要措施，可能在今后案件调查中被继续适用。

在对"领土"定义和范围的讨论上①，共有三个问题被提出。在第一个讨论上，中国政府认为：首先，欧委会不能从法律上调查与本案关系密切的中方行为，即中资银行涉嫌向在埃及运营的公司提供资金。根据 WTO《补贴与反补贴措施协定》第1.1（a）条，只有在 WTO 成员领土内的政府或公共机构提供财政资助的情况下，才存在补贴。因此，中国政府认为任何所谓由在中国运营的金融机构向第三国玻璃纤维织物生产商／出口商直接转移资金的行为，"都不能归因于中国，也不能被认为是中国政府提供的财政资助"。其次，《补贴与反补贴措施协定》第1.1（a）（1）条的上下文，如《补贴与反补贴措施协定》第14条关于利益计算的规定和第25.2条关于通知要求的规定，都包含了受益方应位于补贴的 WTO 成员领土内；同样，《中国加入世界贸易组织议定书》第10条也要求通知任何"在其领土内给予或维持的补贴"。最后，中国认为《补贴与反补贴措施协定》的谈判历程表明，政府在其领土以外的支付的款项不在该协定的涵盖范围之内。对此，欧盟委员会认为，这些意见是针对"根据《补贴与反补贴措施协定》，中国政府是否须为出口至 WTO 第三成员的海外生产货物提供补贴的问题负责"进行回应，但未回应在具体情况下，出口国政府是否应根据《补贴与反补贴措施协定》为本国制造的产品的利益积极寻求、承认和采用此类补贴而承担责任。因此，欧委会有权核查提供给巨石（中国）公司和巨石埃及公司的资源是否符合《欧盟反倾销基本条例》（以下简称《基本条例》）第2、3和4条意义上的中国政府给予的可抵消补贴。在第二个讨论中，埃及政府强调了国际法中的主权原则，其认为只有当该行为可归属于一国家的主权权力时，该行为才能被归因于该国。因此，中国实体的行为只能归因于中国，不能归因于埃及政府。在2020年3月18日的听证会上，埃及政府列举了一个国家的军事力量在另一个国家同意下驻扎在另一个国家领土上的例子。埃及政府认为，受邀武装力量的任何行动都只能归因于受邀国，但不会触发东道国的责任。对此，欧盟委员会驳回了

---

① COMMISSION IMPLEMENTING REGULATION （EU） 2020/776 of 12 June 2020 imposing definitive countervailing duties on imports of certain woven and/or stitched glass fibre fabrics originating in the People's Republic of China and Egypt and amending Commission Implementing Regulation （EU） 2020/492 imposing definitive anti-dumping duties on imports of certain woven and/or stitched glass fibre fabrics originating in the People's Republic of China and Egypt, available at https：//eur‐lex.europa.eu/legal‐content/EN/TXT/PDF/？ uri = CELEX：32020R0776&from=HR, visited on March 22, 2021.

这一主张。欧委会认为，《联合国宪章》第二条第一款规定的国际法主权平等原则禁止一国违背领土国意愿在另一国领土上行使权力。但是，各国可以自由授权另一国在其领土内采取行动。因此，被邀请国在东道国领土上的行动可能归于东道国。同时国际法也承认，如果被邀请国的行为损害第三国，则被邀请国的行动将可能被认为归属于东道国的责任，甚至可能导致东道国面临被制裁。最后，在第三个讨论中，埃及政府和中国政府认为，根据欧盟《基本条例》，没有将中国政府的行为归于埃及的空间。《基本条例》第2（b）条规定："'政府'是指原产国或出口国境内的政府或任何公共机构。"因此对于"政府"的定义明确与该国的领土相联系。对此，欧盟委员会认为《基本条例》第2（b）条并没有涉及政府可在其领土上授权并承认其为自己的行动这一单独问题。正如"公共机构"的概念，"政府"的概念也可以根据其背景、目标和目的来解释。因此，可归于原产国或出口国政府的行动不仅可以是直接来自该政府的行动，也可以是可归于该政府的行动。《基本条例》第3（1）（a）条在提到政府"提供"财政资助时的措辞进一步证实了这一点。虽然《基本条例》确实"必须尽可能参照《补贴与反补贴措施协定》的相应条款进行解释"，但这些条款并不能反对由另一个国家提供财政资助，并由领土政府承认和采纳为自己的财政资助的主张。

（2）外国补贴

不论是现行 WTO 反补贴规则还是 WTO 成员国内法都只规范一国政府补贴其领土内的企业，并不涉及一国政府补贴其在东道国投资的企业。但是，2020 年 6 月 17 日，欧盟委员会颁布了《关于在外国补贴方面创造公平竞争环境的白皮书》（以下简称白皮书），提出了针对"外国补贴"的新规则，以填补这一规则漏洞①。白皮书认为当前外国补贴已对欧盟内部市场竞争造成负面影响，出现了"监管空白"。这些补贴为并购欧盟企业提供了资金便利，直接支持了企业在欧盟市场运营，以及为企业参与欧盟的公共采购提供支持。白皮书建议欧盟从三个方面加强对扭曲欧盟内部市场的外国补贴的监管和规范，一是给予经济主体的市场运营的补贴。这是针对提供给在欧盟设立或活动的企业的，造成欧盟内部市场扭曲的补贴。如果有证据表明外国补贴可能扭曲欧盟内部市场的运作，调查机关可以对此进行调查并采取救济措施，包括向第三国支付获得的财务利益、撤销资产投资、禁止某些投资等。二是支持并购欧盟标的补贴。这是专门针对为并购欧盟标的而提供的补贴，以确保收购人在并购欧盟标的时不会获得不公平的优势。

---

① WHITE PAPER on levelling the playing field as regards foreign subsidies, European Commission, available at https：// ec. europa. eu/competition/international/overview/foreign_subsidies_white_paper. pdf, visited on August 23, 2020.

为此潜在的收购人需要进行事前的通报，未经通报进行并购的可以会面临罚金或解除交易的处罚。并购人可以提供承诺以救济外国补贴造成的扭曲，调查机关也可以采取一些结构性的救济措施，比如禁止投资并购等。三是支持参与欧盟公共采购的补贴。这是为了保证欧盟公共采购领域的公平竞争，专门针对扭曲公共采购的外国补贴。白皮书要求投标企业须将接受的政府资金上报招标部门，然后由招标部门和监管机构审查是否存在外国补贴以及对公共采购的影响，并且招标或监管机构有权在一定条件下将获得外国补贴的投标企业从公共采购中排除。从上述内容可以发现，白皮书拟设立的补贴规则不再局限于传统的货物贸易，还扩展到服务和投资领域。另外，白皮书规定如果有证据表明外国补贴可能扭曲欧盟内部市场运作，调查机关可以要求投资人向第三国支付所得利益、撤销投资、禁止并购等。获得外国补贴收购人需要进行事前通报，未经通报进行并购的，将被处以罚金或被解除交易。投标企业须将接受政府资金的情况上报招标部门，然后由招标部门和监管机构审查是否存在外国补贴以及对公共采购的影响，招标或监管机构有权在一定条件下将获得外国补贴的投标企业从公共采购中排除。

　　白皮书目前仍在评论阶段，虽然没有专门提到中国，但是其规则的内容和定位最终将主要指向并适用于中国企业或来自中国的投资。首先，白皮书中关于补贴的定义与中国密切相关。比如，白皮书中提到推定存在扭曲欧盟内部市场的补贴包括政府债务担保、给僵尸企业的补贴等；在考虑其他补贴是否会产生市场扭曲时要考虑产能过剩等因素；如果将政府提供货物或服务之类的补贴（特别是从国有企业购买原材料所获得的补贴）也考虑进去的话，未来可能受影响的必然是中国。其次，欧盟现行的反补贴调查的适用对象主要是中国也决定了未来这一针对"外国补贴"的新规则也将必然主要针对中国。据统计，欧盟正在生效的反补贴措施中40%以上都是针对来自中国的产品。虽然中国并不是欧盟最大的投资来源国，但是与欧盟的其他主要投资来源国美国、加拿大和日本等国相比，欧盟反补贴措施实际上是不成比例地适用于中国。因此可以预见未来这一针对外国补贴的新规则也必然主要适用于中国。第三，欧盟有在法律文字上搞无差别待遇，在实际适用中搞国别歧视的先例。比如在中国入世议定书第15条相关内容到期后，欧盟就对其反倾销规则进行修改，表面上这一修订不针对任何国家，但是在反倾销调查实践中只针对中国适用歧视性的非标准方法。

　　（3）汇率补贴

　　特朗普政府长期以来一直关注主要贸易伙伴的汇率操纵行为以及由此造成的贸易不平衡问题。通常认定一国是否存在汇率操纵一直是美国财政部的工作，并被外界认为是一项政治决定，而非技术认定。2019 年美国财政部曾将中国列为汇率操纵国，但在中美第一阶段经贸协议签署的前几天，美国财政部取消了中国汇率操纵国标签①。然而，美国商务部始终没有放弃在贸易救济中将汇率低估作为一项新工具纳入反补贴调查。2020 年 2 月 4 日美国公布了《关于反补贴利益及专向性规定的修订》，对反补贴的利益计算及专向性规定进行修订②。新规主要包括两项内容，一是在《反倾销反补贴条例》第 502 条（19 CFR 351.502）新增第（c）款，规定"从国际上购买或向国际销售的企业（即一经济体内货物贸易领域的企业）可以在专向性判断中组成'一组'企业"；二是在《反倾销反补贴条例》中新增第 528 条（19 CFR 351.528），明确美国商务部在检视因汇率低估导致的潜在补贴时，如何认定和计算"利益"，为美国商务部计算由兑换被低估的货币导致的补贴利益提供指引。法案自 2020 年 4 月 6 日起生效，适用于生效后发起的反补贴调查或复审案件。这意味着汇率低估作为补贴项目在美国从此有法可依，美国商务部未来可以据此对汇率低估项目采取反补贴措施，作为针对特定国家（特别是中国）的政策性工具。2020 年 6 月 26 日，美国公司倍得福（Bedford Industries, Inc.）向美国商务部和美国国际贸易委员会提出申请，要求对来自中国的扎带产品启动反倾销和反补贴调查，并提出了关于人民币低估补贴指控③。2020 年 11 月 24 日，美国商务部公布对华扎带反补贴案初裁结果④。在初裁中，美国商务部以中国政府合作不足、中国企业未应诉为由，通过不利事实推定的方式裁定中国涉案企业补贴幅度为 122.5%。其中针对人民币汇率方面，美国商务部依据美国财政部的报告，作出"人民币汇率低估"的裁定，并直接借用了美国在以往对华反补贴案件中贷款项目的最高税率 10.54%的补贴幅度。

---

① US Says China Is No Longer a Currency Manipulator, the New York Times, available at https://www.nytimes.com/2020/01/13/us/politics/treasury-china-currency-manipulator-trade.html, visited on August 23, 2020.

② Modification of Regulations Regarding Benefit and Specificity in Countervailing Duty Proceedings, Federal Register, available at https://www.federalregister.gov/documents/2020/02/04/2020-02097/modification-of-regulations-regarding-benefit-and-specificity-in-countervailing-duty-proceedings, visited on August 23, 2020.

③ Twist Ties From the People's Republic of China: Initiation of Countervailing Duty Investigation, Federal Register, available at https://www.federalregister.gov/documents/2020/07/27/2020-16232/twist-ties-from-the-peoples-republic-of-china-initiation-of-countervailing-duty-investigation, visited on August 23, 2020.

④ Decision Memorandum for the Affirmative Preliminary Determination of the Countervailing Duty Investigation of Twist Ties from the People's Republic of China, available at https://enforcement.trade.gov/frn/summary/prc/2020-26452-1.pdf, visited on March 22, 2021.

2021 年 2 月 17 日，美国商务部对来自中国的扎带反补贴调查作出肯定性终裁[①]，并决定暂不对人民币汇率低估补贴问题作出认定，而是推迟到对该措施进行第一次行政复审时继续调查。由于未将汇率低估项目纳入补贴幅度计算，终裁中的补贴幅度相比初裁下降了 10.54%，为 111.96%。在终裁报告中，美国商务部称，鉴于对中国扎带反倾销调查因缺少必要数量的应诉方已无法再次延期，而反补贴调查期间必须与该产品的反倾销调查相协调，进而导致商务部可用于调查的时间非常有限。而对货币低估进行利益分析需要考虑多个方面的因素，专向性分析也十分复杂，加上对于人民币汇率低估调查缺乏先例，因此，商务部需要有更多的时间和证据作出最终认定。这是美国反补贴规则修订生效以来，美国公司首次申请对中国货币低估适用反补贴措施，是继越南轮胎反补贴调查案之后的第二起关于货币低估补贴的案件。美国对中国扎带反倾销和反补贴的调查值得我国政府和产业界重视和积极应对，调查结果可能对以后调查认定产生示范性效果。

（4）非商业支持

非商业支持规则（non-commercial assistance）是美国在原 TPP 中的首创并被 CPTPP 全部继承，在 USMCA（《美国—墨西哥—加拿大协定》）中该规则被进一步细化和调整。非商业支持规则的总体法律框架与现行 WTO 协定中的补贴规则极其相似，与补贴规则的所有制中立不同，非商业支持是专门针对国有企业的约束性规则。CPTPP 和 USMCA 协定中的非商业支持规则不允许一方通过给予国有企业的非商业支持对另一方的利益造成不利影响或对另一方的国内产业造成损害，涉及的法律要件包括：非商业支持、不利影响和损害、因果关系。CPTPP 第 17.1 条对非商业支持定义为凭借国有企业的政府所有权或控制而给予国有企业的援助。援助包括两种形式，一是直接的资金转移或潜在资金或债务的转移，包括拨款或债务宽免、贷款、贷款担保或其他形式的优惠融资，以及与私营投资者通常的投资做法（包括提供风险资本）不一致的权益资本；二是比该企业商业条件下可获得的更优惠的除一般基础设施外的货物或服务。另外，给予援助的主体既包括该国政府也包括该国的国营和国有企业。该条还列举了如何认定"凭借国有企业的政府所有权或控制"的四种情形，包括明确将援助限定于其国有企业；援助主要由该缔约方的国有企业使用；国有企业不成比例地获得大量援助；以及给予援助的方式有利于国有企业。USMCA 中第 22.1 条将非商业支持定义为限于特定企业的支持，并进一步对"支持""特定企业"和"限于特定企业"进

---

① Final Determinations in Antidumping and Countervailing Duty Investigations of Certain Twist Ties from China, available at https：//www. trade. gov/faq/final-determinations-antidumping-and-countervailing-duty-investigation-certain-twist-ties-china, visited on March 22, 2021.

行定义。"支持"的定义与 CPTPP 相似，但是比 CPTPP 多了一款关于比商业条件更优惠方式采购货物（不含服务）。对于"特定企业"，USMCA 定义为一个或一组企业或产业。USMCA 中关于"限于特定企业"的定义与 CPTPP 中的"凭借国有企业的政府所有权或控制"的定义相近似，比 CPTPP 多了一种情形，即向有限数量的企业提供支持。与 CPTPP 相比，USMCA 最大的变化是将禁止性的"非商业支持"拟制为"限定于特定企业"。

虽然非商业支持规则有很多《补贴与反补贴措施协定》的影子，但是与之相比，非商业支持规则有以下几个显著的特点：第一，非商业支持的认定似乎只有两个法律要件，即援助行为与专向性，而并不要求得到非商业支持的国有企业获得利益。第二，该规则所约束的对象不仅是缔约方的政府的非商业支持行为，而且也包括缔约方国营和国有企业给予其他国有企业的非商业支持行为，从而直接省略了《补贴与反补贴措施规则》中关于如何认定公共机构的争议。第三，该规则不仅涉及非商业支持对货物贸易的影响，而且包括了对服务贸易的影响。第四，该规则不仅约束一国政府或国有国营企业给予其国内国有企业的非商业支持，而约束一国政府或国有国营企业给予其在其他缔约方领土内的涵盖投资的非商业支持。中国是以公有制为主体，强调要把国有企业做强做优做大，因此政府对企业的资金拨付、融资支持或股权投资都是不可避免的存在。这些行为可能不可避免地落入 CPTPP 的非商业支持规则规制的范围。另外，在中国企业走出去的大背景下，这一规则中关于对涵盖投资的非商业支持将直接冲击中国国有企业的海外投资行为。

3. 美欧补贴与反补贴规则改革的新诉求

2020 年 1 月 14 日，美国、欧盟和日本在华盛顿举行三方会谈，并在会后发布第七份联合声明①。声明公布了三方在产业补贴问题上六个方面的详细主张和原则立场，其中有三个方面涉及产能过剩：一是对于已经造成产能过剩的补贴将被视为禁止性补贴；二是对可能造成或正在产生大规模产能的补贴，适用举证责任倒置规则；三是产能过剩这一事实将构成《补贴与反补贴措施协定》所规定的严重侵害情形之一。另外，针对僵尸企业，西方国家在美欧日的第七次三方声明中提出扩大禁止性补贴的范围。比如，在无可靠重组计划的情况下，对资不抵债或困难企业提供的补贴以及某些直接的债务免除。在《美国—墨西哥—加拿大

---

① Joint Statement of the Trilateral Meeting of the Trade Ministers of Japan, the United States and the European Union, available at https：//ustr. gov/about－us/policy－offices/press－office/press－releases/2020/january/joint－statement－trilateral－meeting－trade－ministers－japan－united－states－and－european－union, visited on August 22, 2020.

协定》也针对僵尸企业设立禁止性非商业支持规则①，比如，一个国营或国有企业给信用不佳的国有企业提供贷款或贷款担保；一缔约方或该缔约方的国营或国有企业，给一个破产或处于破产边缘并且在合理时间内无可信的重组计划的国有企业提供非商业支持；一缔约方或该缔约方的国营或国有企业，以与私营投资者通常做法不符的方式，将一个国有企业的债务转为股份。

2021年3月1日，美国贸易代表办公室向美国国会提交拜登政府首个贸易政策文件——《2021年贸易政策议程》②，阐述了拜登政府九大贸易政策重点和对华贸易政策六项关注，以及加强盟友合作的四个领域。在对华贸易政策方面，《2021年贸易政策议程》特别指出，将利用一切可利用的手段，应对中国包括在诸多行业产能过剩、利用不公平补贴和偏好进口替代的产业政策，以及出口补贴（包括出口融资）等损害美国工人和企业利益的不公平贸易做法。此外，《2021年贸易政策议程》在加强盟友合作部分还特别强调，拜登政府将寻求与盟友共同合作，以解决钢铁、铝、光纤、太阳能等行业的工业产能过剩造成的全球市场扭曲问题。

4. 扩大禁止性补贴的范围

补贴作为应对市场失灵和解决经济发展不平衡问题的重要手段，被各国政府所广泛应用。为了解决部分补贴对国际贸易产生的扭曲作用，乌拉圭回合将《补贴与反补贴措施协定》中的补贴分为三类，即禁止性补贴、可诉性补贴与不可诉性补贴。对于禁止性补贴，各成员方既不应授予，也不应维持。

在第七次美日欧三方联合声明中，三方贸易部长就扩大禁止性补贴的范围达成共识，将政府对产业和企业的"国内支持"扩大为"过度的大额补贴"、"扭曲产能"的"严重侵害威胁"，并认为应在《补贴与反补贴措施协定》中加入"无限担保""对产能过剩的部门或行业中无法从独立商业来源获得长期融资或投资的企业进行的补贴"和"特定的直接债务免除"，以及在产能过剩部分提到的"在无可靠重组计划的情况下，对资不抵债或濒临破产的企业进行的补贴"等，作为无条件禁止性补贴的条款。此外，作为反向通报的惩罚性后果，对于一成员未通报的补贴，如遭到其他成员反向通报，将视同禁止性补贴，除非提供补

---

①　The United States-Mexico-Canada Agreement, available at https：//usmca.com/, visited on August 22, 2020.

②　2021 Trade Policy Agenda, United States Trade Representative, available at https：//ustr.gov/sites/default/files/files/reports/2021/2021% 20Trade% 20Agenda/Online% 20PDF% 202021% 20Trade% 20Policy% 20Agenda%20and%202020%20Annual%20Report.pdf, visited on March 22, 2021.

贴的成员在规定时间内以书面形式提供所要求的信息。[①]

除在美日欧三方联合声明中表明态度外，欧盟于 2018 年 6 月发布的关于 WTO 现代化的提案中明确，目前《补贴与反补贴措施协定》中的可诉性补贴并无法有效管理许多严重扭曲国际贸易的补贴行为，导致在多个经济部门造成产能过剩泛滥的补贴。鉴于此，应当扩大禁止性补贴的清单，或者设立一种与《补贴与反补贴措施协定》第 6.1 条（现已失效）相似的关于严重侵害的可予以反驳的推定。[②] 此外，2021 年 2 月 18 日，欧盟发布贸易政策审议文件《开放、可持续和更加强硬的贸易政策》，该文件也明确提出应制定严格的产业补贴规则，提高补贴透明度，纳入更多的禁止性补贴和推定有害的补贴类别。[③]

5. 补贴透明度

2020 年 1 月 14 日，美日欧第七份三方联合声明就加强 WTO 现行产业补贴规则的方式达成一致，并指出《补贴与反补贴措施协定》的修改应包括扩大禁止性补贴的种类，强化通知的义务，明确补贴的外部基准适用及公共机构的定义等。另外，《美欧日联合声明》和欧盟《WTO 的现代化：欧盟的未来方案》[④] 均认为，现行的补贴规则存在不足，WTO 成员未能有效遵守补贴的通报规则，补贴透明度较低，而现行的 WTO 补贴规则不足以制止或救济最有害的补贴，因此建议提高透明度和加强补贴通报。

2020 年 12 月 30 日，中欧领导人通过视频会议的方式共同宣布完成《中欧投资协定》（EU-China Comprehensive Agreement on Investment）的谈判工作，标志了中国与欧盟在跨境投资领域的合作将迈入新的篇章。在补贴透明度部分，《中欧投资协定》将补贴透明度义务从货物贸易扩大至服务贸易，对我国中央政府、地方政府、国有企业在履行通报义务、出台支持服务业发展优惠政策措施方面提出了更高的合规要求。根据欧盟公布的协定文本[⑤]，补贴的透明度义务得到了进

---

① Joint Statement of the Trilateral Meeting of the Trade Ministers of Japan, the United States and the European Union, available at https：//ustr. gov/about-us/policy-offices/press-office/press-releases/2020/january/joint-statement-trilateral-meeting-trade-ministers-japan-united-states-and-european-union, visited on August 22, 2020.

② Concept paper, available at https：//trade. ec. europa. eu/doclib/docs/2018/september/tradoc_157331. pdf, visited on August 22, 2020.

③ An open, sustainable and assertive trade policy, available at https：//ec. europa. eu/commission/presscorner/detail/en/qanda_21_645, visited on August 22, 2020.

④ WTO Modernisation - Introduction to Future EU Proposals, available at http：//trade. ec. europa. eu/doclib/docs/2018/september/tradoc_157331. pdf, visited on March 22, 2021.

⑤ EU—China Comprehensive Agreement on Investment, available at https：//trade. ec. europa. eu/doclib/press/index. cfm? id=2237, visited on March 22, 2021.

一步加强。中国加入世贸组织时，有关补贴的透明度义务主要体现在货物贸易层面。在中欧投资协定中，中国承诺了包括海洋运输服务在内的九大服务业领域遵守补贴通报的义务，且在上述服务业领域，如果一方认为另一方提供的补贴对协定项下的投资者权益产生或可能产生负面影响，则可以书面形式表达关注，并要求对此进行磋商以解决相关问题。若一方在磋商中要求另一方提供额外信息，另一方则要在 90 天内作出回应。

2021 年 2 月 18 日，欧委会在向欧洲议会和欧盟理事会等机构提交的通信文件中，以附件形式发布了《世贸组织改革：建立可持续和有效的多边贸易体制》[①] 的报告，进一步阐述欧盟对 WTO 改革的建议，其中一项重要内容就是主张制定"竞争中立"（competitive neutrality）规则，包括产业补贴、国有企业、强制技术转让等内容。文件指出，为实现某些合法目标，可能需要进行公共干预，WTO 应该允许一成员经济中存在不同程度的公有制。因此，问题的关键不在于国家在经济中的角色，而是如何有效应对具有负面溢出效应、扭曲市场竞争、限制市场准入以及影响全球市场的国家干预。欧盟建议 WTO：第一，应制定严格的产业补贴规则，提高补贴透明度，纳入更多的禁止性补贴和推定有害的补贴类别；应该充分考虑绿箱补贴（即为支持合法公共目标且对贸易仅产生微小扭曲作用的补贴），特别是具有透明度并遵守规则的环境补贴和研发补贴。第二，应制定国有企业新规，使国有企业的商业活动符合在自由贸易和投资协定中已达成共识的相关纪律，约束其市场扭曲行为。第三，制定其他相关规则，包括禁止强制技术转让、确保国内监管透明度、促进竞争等方面的规定。

（三）结语

总体来说，反补贴规则和实践正往越来越不利于中国的方向发展，而且中国在反补贴"规则"的运用和解释层面所遭遇的挑战要大于中国的实际补贴"做法"。特别是在西方发达国家对华反补贴调查中，针对中国企业的反补贴规则的歧视性解释和适用往往导致针对中国企业裁定出远高于实际补贴金额的反补贴税。尽管如此，西方国家仍然希望进一步泛化反补贴的概念和实际运用，并将其延伸到对中国经济体制的否定。

当前国际经贸规则正面临深刻重构，在这些规则中补贴和国有企业规则势必

[①] Trade Policy Review—An Open, Sustainable and Assertive Trade Policy, available at https：// trade. ec. europa. eu/doclib/docs/2021/february/tradoc_159439. pdf, visited on March 22, 2021.

成为中国与西方发达国家争议的焦点，中国如何应对将决定未来中国参与和塑造国际经贸新规则的力度和深度。在这一过程中，简单的抵制和拒绝很可能会导致中国在国际经贸规则重构中被边缘化，只有全面审视自身的问题，全面把握反补贴规则的新趋势和新变化，客观分析反补贴新规则的利与弊，冷静采取相应的应对策略和措施，才可以保证中国在国际经贸规则重构中的话语权，尽最大可能争取符合中国利益的规则演变。

二、WTO 补贴规则的现状、回顾和改革展望

肖　瑾　周小琪[①]

近年来，中国将部分 WTO 成员涉及国有企业的反补贴调查措施诉至 WTO 争端解决程序，力图获得于我有利的规则解释。上诉机构和专家组在此类案件中作出的一系列裁决澄清和发展了 WTO 补贴规则。与此同时，以 CPTPP 为首的一系列区域性贸易协定也提出了高标准的补贴纪律，在未来可能成为多边补贴纪律发展的方向。我们将在本文中概述 WTO 补贴规则的演变和现状，并以 CPTPP 国有企业章节为例展望 WTO 补贴规则未来的可能改革方向。

（一）WTO 补贴规则的现状和回顾

在 WTO 规则下，各成员所采取的补贴措施通过《补贴与反补贴措施协定》加以规制。《补贴与反补贴措施协定》禁止成员采取出口补贴或进口替代补贴，或通过采取补贴措施对其他成员国内企业的货物贸易造成不利影响。一项符合《补贴与反补贴措施协定》对"补贴"定义的措施需满足以下三个要件：①该措施需授予一项财政资助；②相应财政资助应由"政府"或"公共机构"给予；③相应措施应当具有专向性。

1. "政府"或"公共机构"

根据《补贴与反补贴措施协定》第 1.1 条（a）款（1）项，在受到政府委托或指示的私营机构之外，只有 WTO 成员的"政府"或"公共机构"所给予的财政资助才可能构成补贴。《补贴与反补贴措施协定》本身并未定义何种实体可能构成"公共机构"，该概念的具体内涵由 WTO 上诉机构在一系列争端解决案例中逐步澄清。其中重要的问题为：国有企业在多大程度上应被视为"公共机构"，从而导致其日常经营活动受到补贴规则的规制。

2. "政府控制"标准——韩国—商用船舶案（DS273）

本案涉及欧盟就韩国政府通过各大金融机构向造船业提供的数项补贴措施所

---

① 肖瑾、周小琪，北京市金杜律师事务所律师。

提出的诉请，包括韩国进出口银行（KEXIM）、韩国资产管理公司（KAMCO）、韩国发展银行（KDB）和韩国工业银行（IBK）。专家组认为，"公共机构"是受到政府或其他公共机构控制的实体，相应金融机构由韩国政府和其他公共机构100%控股，并且韩国政府通过人事任命、审核企业年度计划等方式控制了这些金融机构，因此这些金融机构均构成"公共机构"。①欧共体和韩国均未对专家组的裁决提出上诉。

韩国—商用船舶案是 WTO 专家组第一次对"公共机构"的含义作出解释。根据该案专家组提出的法律解释，任何受政府或其他公共机构控制的实体均属于"公共机构"。这一标准将导致所有政府控股的国有企业均被视为公共机构。该标准在后续案件中得到了 WTO 上诉机构的修正。

3."拥有或行使政府职权"标准——美国—反倾销和反补贴案（DS379）

美国—反倾销和反补贴案涉及美国商务部对进口中国产品发起的数项反补贴调查。在这些调查中，美国商务部基于或主要基于政府控股这一因素将中国的国有企业或国有商业银行认定为"公共机构"，进而认定国有企业向下游企业销售的原材料和国有商业银行发放的贷款构成"补贴"。② 中国对美国商务部的这一裁定发起了挑战。

与韩国—商用船舶案类似，本案专家组继续将"公共机构"解释为"任何由政府控制的实体"③，并基于这一法律标准认定美国商务部关于国有企业和国有商业银行构成"公共机构"的裁定不存在错误。④ 中国对此提出了上诉，上诉机构最终推翻了专家组的法律解释。上诉机构认为，仅仅是政府对某一实体享有多数股权，并不足以证明该实体构成"公共机构"。⑤ 相反，上诉机构认定"公共机构"应当被解释为"拥有、行使或被授予了政府职权"的实体。⑥ 调查机关可以通过多种证据证明某一实体满足该标准。在某些情况下，政府对某一实体行使的"有意义的控制"也可作为该实体拥有、行使或被授予了政府职权的证据。⑦

基于这一法律标准，对于所谓的"国有企业低价提供原材料"项目，上诉

---

① 韩国—商用船舶案，专家组报告，第 7.50—7.56 段。
② 美国—反倾销和反补贴措施案，专家组报告，第 8.99 段，第 8.116—8.123 段。
③ 美国—反倾销和反补贴措施案，专家组报告，第 8.94 段。
④ 美国—反倾销和反补贴措施案，专家组报告，第 8.138 段，第 8.143 段。
⑤ 美国—反倾销和反补贴措施案，上诉机构报告，第 318 段。
⑥ 美国—反倾销和反补贴措施案，上诉机构报告，第 317 段。
⑦ 美国—反倾销和反补贴措施案，上诉机构报告，第 318 段。

机构认为美国商务部在反补贴调查中只考虑了中国国有企业由政府多数持股的相关证据，而未考虑这些国有企业的其他特征，因此认定这些国有企业构成"公共机构"存在错误。① 但是，对于中国的国有商业银行而言，上诉机构注意到美国商务部在政府控股因素之外还考虑了其他证据，包括中国的银行业几乎完全由政府控制、《商业银行法》第34条要求商业银行在国家产业政策指导下开展贷款业务，以及中国商业银行缺乏风险管理和分析能力等。② 上诉机构认为，这些证据可以证明国有商业银行受到了中国政府的有意义的控制，并代表政府行使了政府职权。因此美国商务部认定中国的国有商业银行构成"公共机构"并不存在错误。③

该案是我国政府在WTO争端解决机制下作为起诉方取得的关键性胜利。上诉机构第一次为"公共机构"确立了明确的法律标准，即"拥有、行使或被授予了政府职权"的实体，并裁定美国商务部将国有企业直接视为补贴发放主体的做法违反了世贸规则。该案判决不仅限制了美国商务部滥用反补贴措施的做法，更是在多边规则层面上纠正了美国政府对于中国国有企业的"所有制偏见"，具有重大的规则和制度意义。但与此同时，上诉机构在确立"公共机构"的明确法律标准时也留下了一道口子，即指出政府对某一实体行使的"有意义的控制"也可作为该实体拥有、行使或被授予了政府职权的证据。这一道口子也为后续涉及国有企业提供补贴的WTO案件带来了争议空间。

4. "拥有或行使政府职权"标准的后续发展——美国—反补贴措施案执行之诉（DS437-21.5）

美国—反补贴措施案执行之诉是有关"公共机构"问题的最新WTO争端解决案例，也是中国试图发展"拥有或行使政府职权"标准的进一步尝试。

在本案原始程序的专家组阶段，中国挑战了美国商务部在反补贴调查中有关中国原材料生产企业构成"公共机构"的裁定。专家组适用了上诉机构在DS379案中提出的法律标准，认定美国商务部仅依据政府持股因素即认定涉案原材料生产企业构成"公共机构"，违反了《补贴与反补贴措施协定》第1条（a）款（1）项的规定。④ 美国未对该裁决提起上诉。

但是，在本案的执行程序中，美国商务部出具了一份公共机构备忘录，认定

---

① 美国—反倾销和反补贴措施案，上诉机构报告，第346—347段。
② 美国—反倾销和反补贴措施案，上诉机构报告，第349段。
③ 美国—反倾销和反补贴措施案，上诉机构报告，第355—356段。
④ 美国—反补贴措施案，专家组报告，第7.73段。

中国宪法和法律授予了中国政府"维护社会主义市场经济"的目标，中国政府和中国共产党通过有意义地控制国有企业，行使了实现这一目标的政府职权。①由此，美国商务部将中国企业分为三类：

①第一类企业为政府全资或控股的国有企业，这些企业均构成"公共机构"；

②第二类企业为政府持股并落入产业规划的企业，在有额外证据证明这些企业被用于"维护社会主义市场经济"时，这些企业也可构成"公共机构"；

③第三类企业为政府不持股或几乎不持股的企业，在有额外证据证明中国共产党或中国政府在企业党委、董事会或管理层中占据重要地位时，这些企业也可视个案被认定为"公共机构"。②

基于公共机构备忘录的结论，美国在执行程序中维持了涉案原材料企业全部构成"公共机构"的裁定。③

中国在 DS437 案的执行之诉中挑战了美国商务部的上述裁定。中国提出，在认定某一实体构成"公共机构"时，调查机关必须证明该实体提供的财政资助和其行使的"政府职权"之间存在关联。美国商务部声称涉案企业行使了"维护社会主义市场经济"的政府职权，但并未证明涉案企业提供原材料的行为与该政府职权之间存在联系，因此其公共机构裁定存在错误。④

但是，执行专家组并未接受中国的主张。执行专家组认为，《补贴与反补贴措施协定》第 1 条（a）款（1）项和上诉机构在以往案件中对"公共机构"的解读并不要求调查机关在所有情形下都要在相关实体的财政资助和其行使的"政府职权"之间建立起联系⑤，相反，"公共机构"和"政府职权"的类别应是多种多样的。基于这一法律标准，执行专家组认定美国商务部的公共机构裁定并不存在错误。上诉机构同样支持了执行专家组的观点，认为认定公共机构的重点应当放在某一实体本身的性质及其与政府的关系，而不在于该实体的具体行为。一旦该实体被认定为构成公共机构，则其所有行为都应归责于政府，而不论其行为和政府职权之间是否存在关联。⑥

此外，上诉机构的一名成员在本案中对多数裁决出具了匿名的反对意见。这位成员声称，上诉机构一直以来将公共机构解释为"拥有、行使或被授予了政府

---

① 美国—反补贴措施案（第 21.5 条），专家组报告，第 7.46 段。
② 美国—反补贴措施案（第 21.5 条），专家组报告，第 7.49 段。
③ 美国—反补贴措施案（第 21.5 条），专家组报告，第 7.57 段、7.61 段、7.63 段。
④ 美国—反补贴措施案（第 21.5 条），专家组报告，第 7.7 段。
⑤ 美国—反补贴措施案（第 21.5 条），专家组报告，第 7.36 段。
⑥ 美国—反补贴措施案（第 21.5 条），上诉机构报告，第 5.100 段。

职权的实体"存在错误，并提出公共机构应被重新解读为"政府可控制该实体和/或其行为以提供财务价值"。考虑到公共机构的具体形式在各国之间存在诸多差异，这位成员认为上诉机构不应在此标准之外再行阐释公共机构的内涵，而应给予各国调查机关认定公共机构的自由裁量权。①

上诉机构在美国—反补贴措施案执行之诉中的多数意见代表了公共机构问题最新的法律标准。在本案中，中方虽然试图进一步在通过 DS379 案的基础上提高公共机构的标准，要求调查机关证明公共机构"拥有、行使或被赋予"的政府职权和涉案的财政资助之间应存在联系，但这一尝试并未成功。根据本案的裁决，各国调查机关只需证明某一实体拥有、行使或被赋予了"政府职权"，即可证明其构成公共机构，同时，上诉机构的裁决还为"政府职权"的概念留出了宽泛的空间。这一法律标准为其他 WTO 成员的调查机关将中国国有企业认定为"公共机构"创造了空间。

5. 利益基准

《补贴与反补贴措施协定》第 1 条（b）款规定，补贴应"授予一项利益"。在此基础上，《补贴与反补贴措施协定》第 14 条规定了补贴利益金额的计算方法。针对政府向企业提供货物或服务的情形，第 14 条（d）款规定："政府提供货物或服务或购买货物不得视为授予利益，除非提供所得低于适当的报酬，或购买所付高于适当的报酬。报酬是否适当应与所涉货物或服务在提供国或购买国现行市场情况相比较后确定。"

换言之，根据第 14 条（d）款，在政府提供货物或服务时，调查机关应采用该货物或服务的国内市场价格作为比较基准，以判断政府提供的货物或服务是否授予了一项利益。随之而来的一个问题是，调查机关能否基于一国国内市场的价格受到政府干预存在"扭曲"而拒绝适用国内市场价格，选用外部市场价格作为比较基准。这也是 WTO 成员在一系列争端解决案件中的争议焦点。

6. 美国—软木案 IV（DS257）

美国—软木案 IV 涉及美国商务部对加拿大进口软木产品进行的反补贴调查。在涉案反补贴调查中，美国商务部认为加拿大当地政府向企业提供的伐木权属于一项"政府提供货物"形式的财政资助。由于加拿大国内伐木权市场存在的严重扭曲现象，美国商务部认为加拿大国内市场价格不应作为比较基准，并采用美国与加拿大接壤的边境地区的伐木权价格作为外部基准计算利益。加拿大对美国

---

① 美国—反补贴措施案（第 21.5 条），上诉机构报告，第 5.248 段。

商务部有关外部基准的裁定提起了挑战。

专家组认为，《补贴与反补贴措施协定》第 14 条（d）款在该案中仅允许调查机关适用国内价格作为比较基准，而不允许使用外部基准计算利益。[①] 上诉机构推翻了这一解读，并指出《补贴与反补贴措施协定》第 14 条（d）款要求将政府提供所得报酬与所在国市场情况"相比较（in relation to）"的表述仅要求调查机关使用的比较基准与所在国的国内市场价格存在关联，而并不排除可使用所在国私营企业价格之外的价格作为比较基准。

上诉机构进一步提出，虽然第 14 条（d）款并不要求国内市场完全不存在扭曲现象；但如果政府是国内市场的"主要提供者"（predominant supplier），这一情况可能导致市场中其他私营企业的价格受到扭曲，与政府价格趋同。在这种情况下，如果调查机关继续将国内价格与政府价格相比较，将导致补贴金额畸低甚至为零的"循环"结果，进而使得利益的判断失去意义。因此，在这种情况下调查机关可以弃用国内价格，采用国外市场的交易价格（即外部基准）判断是否存在利益。[②]

美国—软木案 IV 是上诉机构首次允许调查机关在存在市场扭曲的情况下引入外部基准计算利益。虽然上诉机构在该案中的裁决是在加拿大政府的木材销售占据加拿大全国市场约 90%的特殊背景下作出的，[③] 但该解释也为调查机关在反补贴调查中基于"市场扭曲"现象适用外部基准打开了方便之门。在后续的争端解决案例中，对于调查机关在何种情况下可以基于"市场扭曲"适用外部利益基准，则成为 WTO 成员的争议焦点。

7. 美国—反倾销和反补贴措施案（DS379）

在美国—反倾销和反补贴措施案中，美国商务部基于国有企业占中国钢铁原材料市场的主要份额这一事实认定中国的钢铁原材料价格存在扭曲，并适用外部基准。上诉机构指出，政府是货物的"主要提供者"这一事实本身并不能构成调查机关拒绝采用国内价格的充分理由。调查机关应当在个案中考察政府作为主要提供者的身份是否导致了"市场扭曲"的结果，且只有在存在"市场扭曲"的情况下，调查机关才可适用外部基准。[④] 但是，在规则适用层面，由于国内原材料市场中国有企业的占比达到 96.1%，上诉机构认为政府很有可能对市场价格起到决定作用，因此，虽然美国商务部对于其他有关原材料证据仅进行了较为简

---

① 美国—软木案 IV，专家组报告，第 7.51 段，第 7.65 段。
② 美国—软木案 IV，上诉机构报告，第 93 段，第 100—101 段。
③ 美国—软木案 IV，专家组报告，第 7.61 段。
④ 美国—反倾销和反补贴措施案，上诉机构报告，第 446 段。

略的审查，但上诉机构仍然认为其适用外部基准并不违反《补贴与反补贴措施协定》。[①]

8. 美国—反补贴措施案执行之诉（DS437-21.5）

在美国—反补贴措施案的国内第 129 节执行程序中，美国商务部认定中国国内的原材料市场存在扭曲，并采用外部基准衡量国有企业提供原材料所获得的报酬。中国在该案的执行之诉中从两方面挑战美国商务部的裁决。在法律标准层面，中国提出只在政府名义上或事实上决定市场价格时，调查机关才可认定存在"市场扭曲"并引入外部基准，具体又仅包括三种情况：一是政府为市场上某种货物的唯一提供者；二是政府使用行政手段决定市场价格；三是政府行使市场支配力，导致市场价格与政府价格趋同。在事实认定层面，中国提出美国商务部未能证明政府干预和原材料价格扭曲之间存在联系。

专家组和上诉机构驳回了中国的第一点诉请，认为存在市场扭曲而导致调查机关需适用外部基准的情形不只限于政府决定市场价格的情形，[②] 但支持了中国的第二点诉请，专家组和上诉机构认为，调查机关只有在认定政府干预造成了"价格扭曲"的情况下，才可适用外部基准判断补贴利益金额。而美国商务部并未证明中国经济中广泛存在的政府干预如何导致钢铁原材料价格的扭曲。特别是，中国在应诉过程中提供了大量的经济数据，证明中国的钢铁原材料价格以市场为基准，但美国商务部并未在裁决中对这些证据作出充分的回应。[③]

上诉机构在美国—反倾销和反补贴案和美国—反补贴案执行之诉两起案件中的裁决进一步澄清了基于"市场扭曲"适用外部利益基准的标准：调查机关不能基于国有企业作为市场主要参与者而直接推定存在市场扭曲现象，也不能依据某国广泛存在的政府干预而认定存在市场扭曲。相反，调查机关必须针对具体的货物或服务市场，确定政府干预是否在该市场中导致了价格扭曲的结果，并充分考虑应诉方提交的数据。基于这一标准，适用外部利益基准在未来的案件中可能将成为复杂的事实问题。

9. 专向性

补贴措施需满足的最后一项要件是专向性。普惠性质的补贴并不受到 WTO 补贴纪律的规制。对于禁止性补贴（出口补贴和进口替代补贴），《补贴与反补

---

① 美国—反倾销和反补贴措施案，上诉机构报告，第 455—458 段。
② 美国—反补贴措施案（第 21.5 条），专家组报告，第 7.168 段；上诉机构报告，第 5.147 段。
③ 美国—反补贴措施案（第 21.5 条），专家组报告，第 7.219 段，第 7.223 段；上诉机构报告，第 5.197—5.203 段。

贴措施协定》允许推定其具有专向性，而对于可诉性补贴，起诉方需证明其具备法律上或事实上的专向性。

根据《补贴与反补贴措施协定》第 2 条（a）款，法律上的专向性指授予机关通过立法"将补贴的获得明确限于某些企业"。即使一项补贴不具备法律的专向性，也可能具有事实上的专向性。根据第 2 条第（c）款，在认定存在事实上的专向性时，可以考虑的因素包括：有限数量的某些企业使用补贴计划、某些企业主要使用补贴、给予某些企业不成比例的大量补贴，以及授予机关在作出给予补贴的决定时行使决定权的方式。

在涉及上游企业提供原材料的反补贴调查中，调查机关基于"有限数量的某些企业使用补贴计划"认定事实专向性，是一种较为常见的情况。对于此类案件，主要的争议焦点在于如何认定一项"补贴计划"。

10. 美国—反补贴措施案（DS437）

在美国—反补贴措施案的专家组阶段，中国主张，美国商务部仅基于购买使用原材料的下游企业数量有限即认定原材料补贴具有"事实上的专向性"，而未能认定存在一项提供原材料的"补贴计划"。[①] 专家组认为，虽然调查机关基于"有限数量的某些企业使用补贴计划"而认定事实专向性需要证明存在一项补贴计划，但"补贴计划"的形式是多种多样的。国有企业提供下游原材料的"系统性活动，或一系列活动"同样可以构成补贴计划。基于此，专家组驳回了中国有关"补贴计划"的诉请，但基于其他理由认定美国商务部的专向性裁决违反《补贴与反补贴措施协定》。[②]

中国对专家组的裁决提起了上诉。上诉机构同意专家组的法律解释，认为"系统性的一系列活动，授予利益的财政资助通过这一系列活动向企业发放"可以证明存在一项"补贴计划"。[③] 但是，由于专家组并未就美国商务部的专向性裁决进行具体讨论，上诉机构推翻了专家组的裁决，但未完成法律分析。[④]

上诉机构在美国—反补贴措施案中的裁决确认了，存在一项"补贴计划"是基于有限数量企业获得补贴而认定事实专向性的前提。但是，"补贴计划"不仅限于在法规文件中明文规定的补贴计划，授予机关发放补贴的一系列活动同样可能构成"补贴计划"存在的证据。在本案的执行阶段，如何基于事实证据认定"补贴计划"则成为双方争议的焦点。

---

① 美国—反补贴措施案，专家组报告，第 7.208 段。
② 美国—反补贴措施案，专家组报告，第 7.240—7.243 段；第 7.258 段。
③ 美国—反补贴措施案，上诉机构报告，第 4.143 段，第 4.149 段。
④ 美国—反补贴措施案，上诉机构报告，第 4.156 段。

11. 美国—反补贴措施案执行之诉（DS437-21.5）

在美国—反补贴措施案的国内第 129 节执行程序中，美国商务部出具了一份"原材料专向性备忘录"，基于原材料生产企业向被调查企业销售原材料的交易次数认定中国政府在涉案调查中"系统性"地提供了补贴。中方在执行之诉中对该裁决提出挑战，认为根据上诉机构在原始程序中的裁决，只有一系列提供"授予了利益的财政资助"的行为才可证明存在补贴计划。美国商务部仅依赖了调查期间的各项独立交易，而未证明这些交易构成"一系列"授予补贴的"系统性行为"。

本案上诉机构认为，上游企业向下游重复提供原材料的行为不足以作为存在一项补贴计划的证据。确定"补贴计划"的关键在于是否存在一系列"系统性"的行为，以证明补贴是作为一项"计划"或"方案"的一部分提供的。美国商务部仅依赖了有关原材料交易次数的证据，而未能分析关于原材料交易次数的证据如何支持其关于补贴的提供具有"系统性"的结论，因此其专向性裁决不符合《补贴与反补贴措施协定》。[①] 另一方面，上诉机构也澄清，其裁决并不要求调查机关证明"一项仅由补贴行为构成的系统性计划，在该计划下政府每次提供的原材料都构成一项补贴"。

美国在上诉阶段还提出，专家组在审查美国商务部是否分析了补贴行为的"系统性"时，应当考虑美国商务部"公共机构"和"利益基准"裁决中的其他证据，例如原材料生产商均被认定为"公共机构"，以及涉案原材料均被"产业计划"覆盖。[②] 对此，上诉机构指出，调查机关应当在裁决中为其结论提供合理和充分的解释。在调查机关未提供解释的情况下，专家组不能主动以在案的其他证据补足调查机关的说理。

通过美国—反补贴措施案的执行程序，上诉机构进一步确认了，调查机关证明存在一项"补贴计划"，必须说明在案证据构成一系列系统性的行为。仅基于政府提供货物或服务的交易次数不足以认定补贴具备事实专向性。在未来的反补贴调查中，如何基于事实证据认定补贴提供的"系统性"，可能会成为 WTO 成员争议的重点问题。

（二）　补贴规则的展望

近年来，以 CPTPP 为代表的新一代国际经贸协定也创设了新的补贴纪律，

---

① 美国—反补贴措施案（第21.5条），上诉机构报告，第5.233段，第5.236段。
② 美国—反补贴措施案（第21.5条），上诉机构报告，第5.234段。

例如，CPTPP 国有企业章节要求缔约方政府和国有企业遵守有关"非商业援助"相关规则，包括避免通过非商业援助对另一缔约方造成损害或不利影响。这些规则发展了现有的 WTO 补贴规则，一定程度上也可能为多边补贴规则未来的演变提供方向。

1. "非商业援助"的定义

CPTPP 创设了"非商业援助"概念。根据 CPTPP 第 17.1 条的定义，"非商业援助"指"仅因政府对国有企业的所有权或控制而对国有企业提供的援助"。具体而言，"援助"类似于 WTO《补贴与反补贴措施协定》中的财政资助概念，但只包括以下两种类型：①资金的直接转移，或资金或债务的潜在转移；① ②与商业条件相比更为优惠的货物或服务，但一般基础设施除外。"仅因政府对国有企业的所有权或控制"则类似于 WTO 补贴纪律中的专向性概念，具体指以下四种情况：①将援助明确限于缔约方的国有企业；②提供的援助主要由缔约方的国有企业使用；③不成比例地把大量援助提供给缔约方的国有企业；④在行使自由裁量权提供援助时偏惠国有企业。

与 WTO 补贴纪律下只有政府和"公共机构"才能成为补贴的提供者相比，CPTPP 不仅禁止缔约方自身通过向国有企业提供非商业援助，对另一缔约方的利益造成不利影响；还要求缔约方保证其国家企业和国有企业不得通过向国有企业提供非商业援助，对另一缔约方的利益造成不利影响。换言之，所有由国家企业和国有企业提供的非商业援助均落入 CPTPP 限制的范畴。

2. "不利影响"和"损害"

（1）"不利影响"

CPTPP 第 17.6.1 条和第 17.6.2 条规定了缔约方在"不利影响"方面承担的两类义务。根据第 17.6.1 条，缔约方自身不得直接或间接通过向国有企业提供非商业援助，对另一缔约方的利益造成不利影响。其中，"间接"提供的非商业援助包括缔约方委托或指示非国有企业提供的非商业援助。根据第 17.6.2 条，缔约方应保证其国家企业和国有企业不得通过向国有企业提供非商业援助，对另一缔约方的利益造成不利影响。

此外，第 17.6.1 条和第 17.6.2 条均规定，只有"针对"（with respect to）特定事项提供的非商业援助才受到不利影响类规则的限制，具体包括以下三类：①国有企业生产和销售货物；②国有企业从该缔约方境内向另一缔约方提供服务

---

① 具体包括：赠款或债务减免，较商业可获条件更为优惠的贷款、贷款担保或其他形式融资，与私营投资者的投资惯例（包括风险投资）不一致的权益资本。

（类似于"跨境提供"模式）①；③国有企业通过另一缔约方或其他缔约方境内作为涵盖投资的企业，在另一缔约方境内提供服务（类似于"商业存在"模式）。因此，在 CPTPP 下，非商业援助所造成不利影响的范畴要广于 WTO 补贴纪律，除了货物领域之外，还包括部分②服务贸易领域。

第 17.7 条进一步规定了"不利影响"的具体认定方式。具体而言，在货物领域和服务领域，"不利影响"均包括"替代和阻碍"和"价格效应"两种类型。与 WTO 补贴纪律类似，"替代和阻碍"被定义为包括相对市场份额发生了不利于同类产品和服务的显著变动的情形③。"价格效应"则包括显著的价格消减、价格抑制、价格压低和销售损失。但是，不利影响所发生的地域范围因货物和服务贸易而有所区别。就货物的生产销售而言，不利影响可能发生在全球范围内的任何一个市场，包括接受援助的国有企业所在的本国市场、另一缔约方市场，以及非缔约方市场。而对于服务贸易而言，不利影响只能发生在另一缔约方的市场。

（2）"损害"

根据 CPTPP 第 17.6.3 条，损害类规则只要求缔约方承担一种类型的义务，即：当缔约方的国有企业是另一缔约方境内的涵盖投资时，该缔约方直接或间接地针对该国有企业在另一缔约方境内的货物生产和销售提供了非商业援助，且另一缔约方的国内产业也在其境内生产和销售同类④产品。在此情况下，第 17.6.3 条禁止缔约方通过非商业援助对另一缔约方的国内产业⑤造成"损害"。换言之，缔约方在损害方面的义务仅限于缔约方直接针对该缔约方在境外投资设立的国有企业的货物生产和销售提供的非商业援助，而且也不涉及通过国家企业或国有企

---

① 但是，根据第 17.7.6 条，对国有企业的原始投资，或者某一缔约方获取主要在其领土内提供服务的企业的控股权益的行为，不应被视为在"跨境提供"服务方面造成了不利影响。尽管如此，此种服务本身仍可能构成非商业援助。

② CPTPP 第 10 章所规定的另外两种服务贸易模式（"境外消费"和"自然人移动"）未被包括在内。

③ 根据第 17.7.2 条，此种显著变动具体包括：（1）缔约方国有企业货物或服务的市场份额显著提高；（2）缔约方国有企业货物或服务的市场份额不变，但如无非商业性援助，其份额本应显著下降；（3）缔约方国有企业货物或服务的市场份额下降，但是下降速率显著低于如无非商业性援助的情况。相应的变化必须在适当代表期内可充分表明所涉货物或服务市场发展的清晰趋势，通常情况下，这个适当代表期为一年。

④ 但是，当损害以实质阻碍国内产业建立的方式呈现时，国内产业应该被理解为还没有生产和销售同类货物。然而在这种情形中，必须有证据证明，潜在的国内生产商已经进行了大量投入以便开始同类货物的生产和销售。

⑤ "国内产业"指同类货物的国内生产者总体，或其同类货物的集体产量占同类货物国内生产总量主要部分的国内生产商，而不包括上述所指的接受非商业援助的作为涵盖投资的国有企业。

业提供的非商业援助。

第 17.8.1 条将"损害"分为三种类型：①对国内产业的实质损害；②对国内产业的实质损害威胁；以及③对建立国内产业的实质阻碍。第 17.8.2 条和第 17.8.3 条进一步规定，认定实质损害应当基于肯定性证据，考虑对国内产业产量和价格的影响，并对所有的相关经济因素进行客观审查，包括产出量、销售量、市场份额、利润、生产力、投资收益率等。

3. 例外条款

CPTPP 在设置了超出 WTO 补贴纪律的非商业援助规则的同时，也允许缔约方根据自身的发展水平和经济体制针对部分国有企业的经营活动作出例外安排。具体而言，适用于非商业援助纪律的例外条款主要包括三类：①门槛例外；②地方国有企业例外；以及③附件四不符措施例外。

（1）门槛例外

根据 CPTPP 第 17.3.5 条，如果某一国有企业在过去三个会计年度的任何一年从商业活动中获得的年收入不超过根据协定附件 17-A 所列公式计算得出的一个特定门槛值，则该实体将不需遵守协定主要义务的规范，包括第 17.6 条有关非商业援助的规则。根据附件 17-A，在 CPTPP 生效时，该门槛例外将覆盖所有年营业收入在 2 亿特别提款权（约为 19.4 亿元人民币）以下的国有企业和指定垄断实体，同时该门槛将基于特别提款权货币篮子内币种的通货膨胀率，每三年进行一次调整。

此外，CPTPP 缔约方还有一定空间就门槛例外的具体条件进行协商。例如，根据协定第 17.13.5 条脚注 35 的补充规定，在协定生效后的五年内，马来西亚、越南和文莱在过去三年中任何一年从商业活动中获取的营业收入低于 5 亿元特别提款权（即约 48.5 亿元人民币）的国有企业，均不需遵守协定的数项主要纪律，包括第非商业援助有关规则。

（2）地方国有企业例外

CPTPP 第 17.9.2 条规定了适用于缔约方地方层级国有企业和指定垄断实体的例外。"地方国有企业"是指由中央以下层级的政府所有或控制的国有企业。根据该条款，缔约方可在协定附件 17-D 中就包括非商业援助规则在内的协定主要义务①列出不适用于中央以下级别国有企业和指定垄断实体的具体条款。换言之，对于某一缔约方，其在附件 17-D 中列出的条款对于其全部的地方国有企业

---

① 具体包括协定第 17.4 条（非歧视和商业考虑）、第 17.5 条（法院和行政管理机构）、第 17.6 条（不符合商业考虑的支持）和第 17.10 条（透明度）义务。

和指定垄断实体而言均不适用。

（3）附件四不符措施例外

根据 CPTPP 第 17.9.1 条，缔约方还可以在附件四"国有企业与指定垄断的不符措施"中列举不受到协定第 17.4 条（非歧视和商业考虑）和第 17.6 条（不符合商业考虑的支持）约束的国有企业和指定垄断及其具体活动。这就赋予了缔约方通过不符措施清单灵活排除部分国有企业承担重要职能、实现政策目标等经营活动的空间。

CPTPP 缔约方通过附件四排除的国有企业经营活动主要集中在电信、能源、国防、交通、政策性金融、视听服务等领域。举例而言，马来西亚即在附件四中针对马来西亚国家公司规定，马来西亚可向该实体提供非商业援助以补偿该实体在马来西亚境内实施石油和天然气领域外具有社会影响和经济发展目标的政府委托项目，或资助企业以低于市场的价格向特定群体销售天然气和副产品，此类活动不被视为违反协定第 17.6.1 条禁止缔约方通过非商业援助造成不利影响的要求。

（三）结语

在近年来的一系列争端解决案例中，WTO 上诉机构和专家组逐步澄清和发展了《补贴与反补贴措施协定》的有关条款，尤其在公共机构、利益基准、专向性等问题上有了新的发展和突破。同时，以 CPTPP 为代表的区域经贸协定又提出了高标准的补贴规则方案。鉴于区域性贸易协定可能成为未来多边补贴规则的发展方向。我们建议中方积极参与到新一代补贴规则的制定中，提出中国的解决方案，力图形成于我有利的规则。

三、关于外部基准问题的法律分析

周晓燕　廖　鸣　于治国①

本文讨论的外部基准问题重点关注反补贴调查中确定补贴利益的标准问题。根据世贸组织《补贴与反补贴措施协定》的规定，通常补贴和反补贴调查需要认定财政资助、获得利益和专向性三个因素的存在，才能确定部分企业获得了出口国政府提供的补贴。而在判断出口企业是否从补贴中获得利益时，通常需要将其收到的财政资助与其国内的市场基准进行比较才能确定。因此，从字面意义上理解，外部基准就是出口国之外的市场或非市场的基准。《补贴与反补贴措施协定》并没有明确规定外部基准的概念。

实践中，部分世贸成员通过适用外部基准来影响补贴利益计算，人为造成了反补贴税率的高低，引起众多争议。特别是多年来国外对华反补贴调查中，滥用外部基准一直是突出性问题和破坏性因素，导致不合理的畸高反补贴税率。

（一）"外部基准"问题的提出

外部基准相关规则是由世贸组织争端解决上诉机构通过对协定的解释而构造的应用规则。《补贴与反补贴措施协定》本身并没有关于外部基准的规定。由于上诉机构对世贸规则解释的权威作用，外部基准成为世贸成员实践中经常适用的规则。

1.《补贴与反补贴措施协定》

《补贴与反补贴措施协定》第14条规定了计算补贴利益的规则。其中第（d）款规定，当政府提供货物或服务时，利益金额应当参考提供或购买相关货

---

① 周晓燕，清华大学国际争端解决研究院兼职研究员，国际发展法组织顾问，商务部贸易救济调查局（原进出口公平贸易局）原局长。

廖鸣，泰和泰（北京）律师事务所合伙人，北京仲裁委员会/北京国际仲裁中心（BAC/BAIC）、香港国际仲裁中心（HKIAC）、韩国国际商事仲裁院（KCAB）、中非国际仲裁中心（CAJAC）等多家国内外仲裁机构仲裁员、法律专家，商务部贸易救济调查局原副处长。

于治国，北京市中伦律师事务所合伙人，美国乔治城大学国际经济法中心研究员，天津仲裁委员会仲裁员。

物或服务的国家的现行市场条件确定。①

该款的规定有两个重点：第一，货物或服务的提供或购买国，通常是以提供国即出口国的现行市场条件作为基准；第二，该基准是判断补贴利益是否存在的参考。从规则条文看，没有提及外部基准的问题，但"参考"这一措辞提供了解释空间。

2. 规则的形成

世贸组织争端解决上诉机构在审理美国软木（四）案时，首次涉及反补贴调查中的外部基准问题。通过解释《补贴与反补贴措施协定》第 14 条（d）款的规定，上诉机构认为，在特定情况下调查机关可以在计算补贴利益时，放弃出口国国内市场价格作为计算基准，而采用包括国外市场价格在内的经调整后的价格作为基准，即可以采用外部基准。

通过该案，上诉机构首次认可适用外部基准的做法。在其后一些争端解决案件中，专家组、上诉机构在此基础上不断补充程序性和实体性的要求，从而在世贸组织框架下形成了关于外部基准的规则。

但是通过世贸组织争端解决案件确立的规则，同样对外部基站的适用提出了严格的要求。一方面，要求调查机关阐明由政府介入市场而导致的价格扭曲效果，而不仅仅是说明政府及其有关组织参与了市场供求；另一方面，外部基准必须与出口国现行市场的整体条件相关联，而不能仅仅是市场条件个别的、局部的或短期的反映。

3. 相关的案例

实践中，美国等世贸组织成员在反补贴调查中适用外部基准，曾引起了众多争议。在世贸组织争端解决机制下，先后有多个案件涉及外部基准的问题。专家组报告和上诉机构裁决分别对反补贴中的外部基准问题进行了分析、解释和澄清，从而逐渐形成了世贸组织关于外部基准的一些规则。

（1）加拿大诉美国软木（四）案（DS257）

美加软木案初始于美国和加拿大之间贸易救济调查引发的一系列争端，是历史上最著名、最复杂的世贸争端之一。该案澄清和确立了贸易救济领域的众多规则，外部基准相关规则即是其中之一。该案的专家组报告和上诉机构报告分别于

---

① The Agreement on Subsidies and Countervailing Measures（"SCM Agreement"）, Art. 14（d）The adequacy of remuneration shall be determined in relation to prevailing market conditions for the good or service in question in the country of provision or purchase（including price, quality, availability, marketability, transportation and other conditions of purchase or sale）.

2003 年 8 月和 2004 年 1 月发布。

软木案中的焦点问题之一即是加拿大是否通过低价出售其林木采伐权而授予了加拿大林木加工企业补贴利益。美国在其反补贴调查中认为，由于加拿大政府控制了绝大多数林地，其林木采伐权的售价严重影响了加拿大国内林木的价格。由于加拿大设定的采伐权价格偏低，导致加拿大国内林木加工企业能够以低于合理价格的方式获得林木，因此加拿大政府通过林木采伐权专向性地提供了财政资助，而加拿大企业则通过低价购买获得了补贴利益。加拿大则认为，采伐权的出售，是加拿大考虑木材价格、就业需要和林木可持续管理等多种因素设定的价格，并不是提供给下游林木加工企业的补贴。①

二者立场的迥异源自两国对林地管理制度的区别。在加拿大，94% 的林地归国家或地方政府所有，私人只占有 6% 的林地；绝大多数林业资源属于国家；私人企业获得林木需要向政府缴费购买。而在美国林地多归私有，因此林木价格由市场供求决定。价格形成方式的不同，是美加争议的原因。

美国软木（四）案第一次触及了反补贴利益计算中的基准问题。在美国发起的反补贴调查中，美国商务部认为由于政府在林木采伐和供应中的绝对优势地位，加拿大国内林木价格并不是市场形成的价格，不能作为基准用于计算补贴金额。因此，美国商务部适用了经过调整的美国国内的林木价格作为基准，用于确定加拿大企业获得的补贴利益。

在专家组阶段，加拿大主张美国在确定利益金额时采用了加拿大之外的外部基准，不符合《补贴与反补贴措施协定》第 14 条（d）款规定的出口国国内现行市场价格的规定。专家组支持了加方的主张，认为美国以加拿大国内市场价格扭曲为由使用美国价格的做法，不符合第 14 条（d）款的规定。②

在上诉阶段，上诉机构撤销了专家组的上述认定，并对第 14 条（d）款进行了解释，认为调查机关不一定必须使用出口国内私人交易市场的价格作为判断补贴利益的基准。③

首先，（d）款仅要求采用基准与市场条件"相关"。条文中使用了 in relation to，只能说明规则要求基准必须与出口国现行市场条件相关。因此成员国可以采

---

① Forest land ownership, https：//www. nrcan. gc. ca/our‐natural‐resources/forests‐forestry/sustainable‐forest‐management/forest‐land‐ownership/17495（Last access, March 10 2021）.

② Panel Report, United States‐Final Countervailing Duty Determination with Respect to Certain Softwood Lumber from Canada, WTO Doc. WT/DS257/R.

③ Appellate Body Report, United States‐Final Countervailing Duty Determination with Respect to Certain Softwood Lumber from Canada, WTO Doc. WT/DS257/R.

用出口国市场交易价格之外的标准，只要该标准与现行市场条件"有关"即可。这是上诉机构解释该条款所走出的巨大的一步。从此，成员国在进行反补贴调查时，只要能说明其计算利益时所采用的基准"与出口国现行市场条件有关"，就可以采用，而不再强调采用的基准应当是以出口国国内市场价格作为标准。

其次，上诉机构正面确认了外部基准的可适用性。上诉裁决中列举了三种成员国可以拒绝采用出口国国内基准的情形。第一，政府是市场中特定产品的唯一供应商。第二，政府通过行政等手段，管控了特定产品的国内市场价格。第三，由于政府在特定产品市场中的主导作用，私人市场不可避免地受到政府提供产品的干扰，其价格被政府行为所扭曲。在本案中，由于加拿大政府在林木供应中的绝对主导地位，加拿大林木价格实质上由政府掌握，其他小部分的私人供应方仅仅是价格的跟随者，没有决定价格的能力。

第三，上诉机构提供了利益计算基准的备用方案。上诉裁决提出在出口国内市场价格不能作为利益确定基准时，可以采用两种备用的方案。其一，以国际市场价格为基础，经过适当调整后作为利益计算的基准。其二，以出口国内相关产品的生产成本为基础，确定利益计算的基准。并且如果采用上述备用的基准，调查机关有义务说明其采用的基准与出口国现行市场条件"相关联"。

至此，上诉机构在软木（四）案裁决中第一次确认了外部基准的适用，同时提出了在补贴利益计算时如何适用外部基准的程序性和实体性要求。

（2）中国诉美国反倾销和反补贴措施案（DS379）

该案也是世贸组织争端解决中关于贸易救济的标志性案件之一。在该案中，中国挑战了美国商务部在反补贴调查中将中国提供土地使用权认定为提供补贴的做法，其中也包括使用泰国土地价格作为外部基准计算补贴利益的做法。该案的专家组报告和上诉机构报告分别于2010年10月和2011年3月发布。

专家组支持了美国的观点和做法。首先，支持了美国提出的出口国没有土地市场的意见。美国在对所有权结构和土地市场状况的分析后，认为出口国政府是唯一的土地所有者和供应方；土地一级市场由政府完全控制，二级市场由于一级市场的影响而出现扭曲，出口国土地价格并非根据市场原则确定。专家组认为调查机关依据土地所有权、使用和流通方式等事实作出的上述结论，有其法律和事实基础。

其次，专家组支持了使用外部基准的做法。在使用外部基准的问题上，专家组根据美国软木（四）案上诉机构的裁决认为，《补贴与反补贴措施协定》第14条（d）款并没有排除使用外部基准计算补贴利益的可能。本案中若不选择外部基准，调查机关将没有适当的基准计算补贴利益。同时，以泰国作为参照确定外部基准，是调查机关可行的选择。以泰国土地价格为基础，经过调整得出出口国未扭曲的国内土地价格，是一个人为、事后和假设的调整过程；美国调查机关考虑了多种因素选择泰国作为参考国，并进行了相关调整，努力反映出口国现行的土地市场条件。

最后，专家组以中方没有证明美方违反第 14 条（d）款义务为由，支持了美国的主张。在随后的上诉程序中，中国亦未就此问题提出上诉。

（3）印度诉美国热扎碳钢反补贴措施案（DS436）

在该案中，印度就美国发起的反补贴调查提起了世贸组织争端解决请求。其中，美国调查机关认定印度政府提供的铁、煤等自然资源采矿权构成了直接提供货物的补贴，并采用外部基准计算印度企业通过煤和铁获得的补贴利益。该案的专家组报告和上诉机构报告分别于 2014 年 7 月和 2014 年 12 月发布。

在印度，政府拥有全部矿产资源的所有权；企业则需要通过向政府付费获得煤矿和铁矿采矿权并取得矿产资源。美国调查机关认为印度政府通过低价出租铁矿和煤矿提供了补贴，使钢铁企业获得了低价的煤和铁生产钢铁产品。在计算补贴利益时，美国调查机关采用了印度从澳大利亚和巴西进口的铁矿石价格以及从澳大利亚进口的煤炭价格作为补贴计算的基准。

上诉机构对本案中外部基准的使用问题进行了分析。首先，印度政府出售的采矿权利使企业可以直接获得煤铁资源，效果上等同于政府直接提供了煤铁资源产品。[1] 其次，美国调查机关在对铁矿石补贴利益的计算中采用了印度自澳大利亚和巴西进口铁矿石的价格作为外部基准。上诉机构认为根据美国软木（四）案上诉报告对《补贴与反补贴措施协定》第 14 条（d）款的解释，本案中印度政府是铁矿和煤矿的主要供应方，因此调查机关有权利拒绝采用其国内市场价格作为比较补贴利益的基准，并且可以采用其他可选择的基准计算利益金额。但是在评估印度国内市场价格是否能作为适当的比较基准时，调查机关不应当仅仅考虑私人之间的交易价格，也应当考虑按照市场规则运作的国有企业的价格。[2] 并且即使国有企业的目的并非利润最大化而是寻求公共政策目标，其价格也并不必然是非市场价格，也应当纳入对出口国现行市场条件的考察中。[3]

上诉机构进一步指出，"特定价格能否用于作为第 14 条（d）款的基准，取

---

① Appellate Body Report, United States-Countervailing Measures on Certain Hot-Rolled Carbon Steel Flat Products from India, WTO Doc. WT/DS436/AB/R.

② Ibid, para, 4.151.

③ Ibid, para, 4.170.

决于其是否是由市场决定的价格，并反映了补贴提供国内现行的市场条件"。①

因此该案中上诉机构进一步发展了美国软木（四）案中的外部基准的规则，对出口国国内市场能否构成恰当的基准提出了诸多的考虑因素。

（4）印尼诉美国特定进口铜版纸反倾销和反补贴措施案（DS491）

美国在对印尼发起的铜版纸反补贴调查中，认为印尼政府通过低价提供原木向纸张企业提供了补贴利益；并且以印尼政府掌控原木生产，印尼国内没有市场化的原木价格为由，使用马来西亚原木价格为外部基准确定印尼纸张企业获得的补贴利益。该案专家组报告于2017年12月发布。

在世贸组织争端解决程序中，专家组就美国拒绝使用印尼国内市场价格作为基准进行了详细分析。首先，印尼政府掌控了绝大多数的原木资源。在印尼国内，99%的林地为国有，企业通过缴纳林地特许使用费用获得原木资源。根据印尼原木市场结构，以及林地特许使用费确定方式等事实，专家组认同美国调查机关作出的结论，即印尼国内没有市场决定的原木价格。基于此，专家组根据美国软木（四）案上诉机构的逻辑，认为美国调查机关可以拒绝国有供应占主导的市场价格作为计算补贴利益的基准。

（5）中国诉美国反补贴措施案（DS437）

该案系中美在世贸组织争端中就反补贴的又一次重大交锋，历经专家组、上诉机构、执行专家组、执行上诉机构程序，相应报告分别于2014年7月、2014年12月、2018年3月、2019年7月发布。

在该案中，中方主张，适用"外部基准"必须满足两个条件。第一个条件，调查机关必须证明在美国软木（四）案上诉机构报告中规定的可以拒绝采用出口国国内基准的三种情形：一是政府是市场上货物的唯一提供者；二是政府用行政手段决定了市场价格；三是政府行使支配权导致政府提供货物的价格与市场的价格趋同。第二个条件，调查机关必须证明政府对市场的干预导致国内价格的扭曲。上诉机构虽然否定了中方关于《补贴与反补贴措施协定》第14条（d）款不能将国有企业作为政府货物提供者的解释本身（as such），但支持了中方对专家组关于肯定美方对华12起反补贴调查（as applied）适用"外部基准"的上诉挑战。在其中4起调查中，上诉机构认为美方仅以国有企业是唯一货物提供方得到中国相关市场被"扭曲"的做法与《补贴与反补贴措施协定》第14条（d）款的合理解释不符；② 调查机关必须证明政府干预导致国内价格扭曲才能使用

---

① Ibid, para, 4.154.

② Appellate Body Report, para 4.51, United States—Countervailing Duty Measures on Certain Products from China, WT/DS437/AB/R.

"外部基准"。关于如何判断正常商业市场还是市场"扭曲"，上诉机构认为应审查"第14条（d）款下的普遍市场状况是否由通常可以接受的经济活动组成，供方力量和需方力量相互作用决定市场价格"。① 在之后该案的执行之诉裁决中，上诉机构进一步明确：为达到第14条（d）款规定的适当基准，调查机关必须进行的具体类型的分析，必须确定并充分解释政府干预实际导致价格扭曲的原因，包括直接影响的证据和间接影响的证据；同时，在政府干预的这种间接影响和价格扭曲之间建立联系可能需要更详细的分析和解释。②

这些裁决进一步确认和发展了上诉机构在美国软木（四）案作出的认定，特别是《补贴与反补贴措施协定》第14条（d）款并没有排除使用"外部基准"计算补贴利益的可能性；在适用"外部基准"前提条件方面，作为争端案件起诉方的中国、印尼、印度与作为被诉方的美国进行了激烈交锋。总体看，世贸组织专家组和上诉机构认为"外部基准"的适用须以出口国国内相关货物市场价格被"扭曲"为条件。在个案中，认定正常市场或者"扭曲"市场应参考供需方经济行为进行分析，单以政府提供货物占据市场主导地位并不足以证明"外部基准"适用的必要性，在出口方可以证明其国内市场存在商业基准，没有价格"扭曲"时，调查机关有义务使用出口国国内"内部基准"，而非适用"外部基准"。

（二）世贸组织规则谈判中"外部基准"的博弈

1. 乌拉圭回合规则谈判

由于《补贴与反补贴措施协定》中并没有明文规定外部基准，因此只能从其他相关的条款中一窥缔约各方的态度。

在乌拉圭回合规则谈判中，缔约方在考虑《补贴与反补贴措施协定》第14条时，还曾经引入（e）款：

当政府是某种产品或服务的唯一的供给方或需求方时，则提供或购买该产品或服务并不能构成企业的补贴收益，除非政府有区别地对待不同的用户或供应商。③

该款是根据美国代表团的提案，经讨论后被规则谈判主席纳入乌拉圭回合规

---

① Ibid, para, 4.46.

② Ibid, para, 6.7.

③ Negotiating Group on Subsidies and Countervailing Measures: Draft Text by the Chairman, GATT Doc. MTN/GNG/NG10/W/38/Rev. 2, https://docs.wto.org/gattdocs/q/UR/GNGNG10/W38R2.PDF.

则谈判的主席案文中。其后经墨西哥提案进行了修改和限制，即仅在出口国领域内对不同用户或供应商的区别性对待才构成补贴利益。[①]

通过对这段谈判历史的回顾，可以发现在乌拉圭回合规则谈判中缔约方可能至少在两点问题上达成了共识。

首先，政府提供或购买产品或服务是一种缔约方广泛认识到的普遍的经济现象。土地、矿产和动植物资源等，在很多 GATT 缔约方内都是政府掌控的国有资源，由政府直接或通过国有企业等组织代表国家提供给国民。国民从政府获得这些资源并不自动和必然构成政府提供的补贴，并从中获益。

其次，对于利益获取的衡量应当基于出口国国内的情况。如果将第 14 条（d）款和（e）款结合看，当政府作为产品或服务的提供方和购买方时，只有其有区别地对待不同的用户或供应商，才有可能使用户或供应商获得补贴利益。一旦确定了存在补贴利益，进而根据（d）款的规定，利益金额应当根据供应或购买产品或服务的现行国内市场条件决定。因此，从这个角度看，缔约方在乌拉圭回合谈判中设想的补贴利益，都是从出口国国内的角度出发考虑是否构成了补贴利益，以及利益的数额应当如何计算。

虽然（e）款最终并未成为正式的规则，但从规则谈判历史文本中仍然可以推测，外部基准并不在乌拉圭回合规则谈判的方案中，缔约方当时也没有形成外部基准的概念。

2. 多哈回合规则谈判

在上诉机构对软木争端案件后，美国、欧盟在世贸组织力推将"外部基准"正式纳入《补贴与反补贴措施协定》。在 2005 年启动的多哈回合规则谈判中，"外部基准"问题成为各方关注的焦点问题之一。

两稿主席案文[②]均将在第 14 条"以接受者所获利益计算补贴的金额"项下的（d）款纳入"外部基准"规则，"如果政府提供的货物或服务的价格水平受到管制，（生产商支付）报酬的充分性应根据提供国货物或服务以不受管制的价格出售时的现行市场条件确定，并根据质量、可获得性、适销性、运输和其他条件进行调整出售。如果没有不受管制的价格，或者由于政府在市场上作为相同或者类似商品或者服务提供者的主导作用而扭曲了本应不受管制的价格，报酬的充分性可以参照这些商品或者服务的出口价格确定，或者按照供应国以外的市场确

---

①　Stewart T P, The GATT Uruguay Round：a negotiating history（1986-1992）［M］// GATT Uruguay Round：A Negotiating History 1986-1994.（Springer Netherlands，1993）501—503.

②　Draft Consolidated Chair Texts of the AD and SCM Agreements，30 November 2007，TN/RL/W/213.

定的价格，根据质量、可用性、适销性、运输和其他销售条件进行调整"。规则谈判主席案文首次在世贸组织多边规则中引入了所谓"外部基准"，设定可以使用其他国家价格或国际价格来计算补贴额的考虑条件主要为：生产商的定价受到扭曲或者存在政府管制价格，从而使价格不能合理反映无补贴情况下的正常商业价格。

谈判过程中，世贸组织成员对"外部基准"问题争议很大，以上主席案文公布后，成员主要有三类意见。

第一类，包括中国、印度在内的部分发展中成员，以及沙特等对"价格管制"概念尤其敏感的成员，对"外部基准"纳入明确表达反对或者保留意见，认为"外部基准"忽视了成员经济发展水平和发展模式差异、管制价格条文引入模糊概念可能导致措施滥用、管制价格专项性反向认定欠缺法理基础、"外部基准"的使用将产生双重救济问题。这部分成员担心：草案表述将为一个成员国的调查当局提供机会，并可能创造空间，使其能够通过定价机制直接干预其他成员的经济和社会发展行政和决策，将大大削弱绝大多数发展中成员继续推进市场经济改革的信心。

第二类，加拿大、澳大利亚、日本、巴西基本认同2008年第二稿案文可作为进一步谈判的基础，同时表达了对案文扩大调查机关自由裁量权、对管制价格扭曲市场的效应不能推定而需要证明、案文来源的美加木材案中外部基准的适用仅具有个案意义等方面的关注。韩国、阿根廷、埃及认为管制价格问题客观存在，但成员对该问题的认识存在重大分歧，因此主张该问题需要成员方进行深入讨论。

第三类，作为规则修改推手的美欧，对主席修订案文的表述仍不满意，要求进一步扩大外部基准的适用条件，包括私营市场的缺失、政府法规或者政策可能扭曲市场、政府在市场中处于支配性地位，同时增加未被扭曲的出口价格作为外部基准的标准。另外，美方建议灵活考虑管制价格和"外部基准"的法条位置，不一定置于14条（d）款下，甚至可以作为反补贴适用的原则（chapeau）。

因为各方立场分歧太大，谈判主席没有公布第三稿《补贴与反补贴措施协定》修订建议案文。

（三）"外部基准"对中国的影响

1. 对中国的特殊规定以及中方立场

不论在多哈回合规则谈判中，还是在前述引用的诉美方争端案件中，中方的立场是避免使"外部基准"问题形成多边协定中的特殊规则。

（1）"外部基准"对华适用的特殊特定

从 2004 我国遭遇第一起反补贴调查以来，全球反补贴调查超过半数针对中国。反补贴措施直接限制政府运用财政手段实现经济社会发展的目标，甚至成为一些国家挑战、改变我国经济制度、经济政策的手段。"外部基准"的使用，扩大了调查机关的自由裁量权，很容易导致规则滥用。从应对调查的角度看，这无疑是不利的。尤其不利的是，适用"外部基准"对华存在歧视性规定。《中国加入世界贸易组织议定书》第 15 条（b）款规定，在对中国进行反补贴调查中，"考虑到中国国内现有情况和条件并非总能用作适当基准这一可能性"，在计算补贴利益时如果遇有"特殊困难"，则进口成员可以使用"外部基准"方法（类似于反倾销中的"替代国"做法）计算补贴税率，并且该条款没有规定终止期限。目前《补贴与反补贴措施协定》没有明确规定使用"外部基准"，但依据世贸组织争端解决机构的裁决，世贸组织反补贴规则没有排除调查机关使用"外部基准"的可能性，但适用"外部基准"有严格的条件和标准。《中国加入世界贸易组织议定书》第 15 条（b）款则明确允许使用外部基准，且降低了"外部基准"的适用条件和标准。这一不利规则更增加了中方应对国外反补贴调查的困难。

如果美欧力推的"外部基准"新增条款被纳入《补贴与反补贴措施协定》，使用"外部基准"则在多边规则中完全合法化。那么，不仅目前没有承认中国市场经济地位的国家可以使用，那些已经承诺弃用《中国加入世界贸易组织议定书》第 15 条的国家也可以在反补贴调查中使用"外部基准"。

（2）"外部基准"适用与"双重救济"

对中国因"非市场经济地位"问题而采用"外部基准"的做法与其他世贸成员相互之间采用外部基准的实践显著不同，具有特殊危害性。一是国外调查机关可以在中国国内具有相关市场数据的情形下仍适用"外部基准"，而在其他成员间适用"外部基准"完全是因为被调查一方国内没有相关市场数据。例如在美加软木争端案中，美国使用"外部基准"是因为加拿大国内没有相关数据，而美国在对华铜版纸反补贴案中，在中国国内存在商业银行贷款利率的情况下，美调查机关仍采用其他国家贷款利率作为"外部基准"。二是近年来中国频繁遭遇国外对同一产品的"双反"调查。部分成员在对华"双反"调查时反倾销中的国内销售、反补贴中的国内可比市场价格同时使用替代国做法，导致"双重计算"和"双重救济"问题。在中国诉美 4 起反倾销和反补贴措施案（DS379）中，上诉机构和专家组认为，在反倾销调查中，美国对于中国非市场经济企业的正常价值的使用生产要素法（构造正常价值），使用中国出口企业的投入品（原材料、电力、劳动等）单位耗费量，乘以该替代的投入品/要素价格，构造出正常价值中的制造成本部分；另一方面，在反补贴调查中，一些补贴项目使用外部基准，根据非市场经济方法计算的反倾销税可以"补救"或"抵消"国内补贴，只要这种补贴有助于降低出口价格，换言之，补贴利益被计算在倾销幅度里。因此，同时征收基于非市场经济方法计算的反倾销税和反补贴税可能导致补贴被多次计算，即产生双重救济问题。同时，DS379 案上诉机构报告关于"双重救济"的结论，不依赖于反补贴调查中的"外部基准"使用。但"外部基准"在反补贴中的使用，人为提高补贴税率，无疑扩大了"双重救济"的程度。

2. 美欧对华反补贴滥用"外部基准"

针对中国的反补贴调查中，美欧等少数世贸组织成员认为中国是非市场经济体制（非市场导向），政府干预经济，导致市场价格扭曲，并滥用"外部基准"计算我国企业的补贴利益。比如，计算优惠贷款补贴税率，先将所有中国国有商业银行认定为公共机构，所发放的商业贷款被认定为政策性优惠贷款，以中国不存在商业化利率为由，采用境外替代国利率作为基准，而替代国经常选取政治风险较高、利率较高的国家，这样就能计算出较高的补贴率。再比如计算原材料和投入能源补贴利率，采用外部基准，用中国企业向国有供应商采购的价格与境外市场基准价格的差额计算补贴率，选定的境外基准价格通常比国内价格高 20% 以上，计算出较高的补贴率。以上提供优惠贷款、低价提供原材料和投入能源等补贴项目在美国对华反补贴调查中经常被人为裁出本来不存在的税率，或者人为提高税率。

（1）美国近期调查使用"外部基准"的做法

根据美国《联邦法规汇编》19 CFR 351.511（a）（2）（i）—（iii）规定，在衡量"低价提供产品或货物"项目的补贴幅度时，选择的比较基准包括三个梯度，即（1）被调查国国内的实际交易价；（2）世界市场价格；（3）评估政府价格是否符合市场经济规则。在选择适用时有顺序要求，只有当前者不符合要求的情况下，才可选择下一梯度的基准价格。

在 2020 年关于三氯异氰尿酸反补贴案第四次行政复审中（Chlorinated Isocyanurates，以下简称尿酸反补贴案或者该案），美国商务部（调查机关）新增了一个能源项目的调查，即"低价提供天然气"项目。该案中，中方提供了相应的国家统计局公布的国内生产及消耗数据，以及海关总署官网公布的进口数据，但是美国商务部仍认为中国政府在答卷中提供的信息不足，无法分析市场多样性、中国政府在天然气定价方面的影响控制作用，以及中国天然气进口量大到足以忽视国内天然气的生产市场。最后，美国商务部认定中国政府没有尽最大努力配合调查，适用了不利事实推定规则（Adverse Facts Available，AFA），推定中国天然气市场存在扭曲，因此第一梯度的国内市场价格不适用。关于第二梯度价格，美国商务部认为在该案中应是通过管道运输到中国的天然气进口价格。以此标准判定申请人和应诉企业提交的数据均不符合要求，无法证明是通过管道运输且与应诉企业采购使用的为同一种类天然气的价格信息，因此第二梯度价格也不适用。美国商务部在该案最终选择了申请人提交的国际能源署公布的巴西最大天然气生产公司 Petrobras 的价格作为第三梯度的外部基准价格，计算出了中国两应诉生产企业在天然气项目的补贴幅度。中国应诉企业提交的第一梯度、第二梯度的价格信息都可以证明在天然气项目下根本不存在补贴幅度，但美国商务部使用第三梯度价格，人为"创造"出了补贴幅度。

考虑到美国在之前世贸组织争端案件中的做法被挑战，美国商务部在尿酸反补贴案没有以国有企业占主导和中国天然气市场被扭曲直接画等号，而是通过对应诉的中国政府和中国企业施加不合理的提交资料负担，以应诉方提交材料不全面为由适用 AFA，规避适用第一梯队"国内基准"的义务，最终使用"外部基准"裁出补贴幅度。实践中，美国在多数对华反补贴调查中，均按照上述方式使用"外部基准"。

（2）欧盟对华反补贴使用"外部基准"的实践

在欧盟近期对华的 4 起反补贴调查案（热轧板卷、卡客车轮胎、电动自行车、玻璃纤维）中，裁出高税率的补贴项目均集中在优惠贷款、低价提供土地、低价提供能源，最高单项税率高达 48.66%。欧盟在以上补贴项目调查、裁决中全部使用"外部基准"。与美国的做法不同，欧盟在反补贴中适用低税原则，如果损害幅度低于补贴税率，最终按照损害幅度征收反补贴税。在上述案件中，欧盟对我企业均按照损害幅度征税，最终征税税率均低于计算出的补贴税率。因为欧盟在反倾销和反补贴调查中既采用了替代国，也采用了外部基准，最终按照损害幅度征税可以避免被质疑和挑战"双重救济"。

（3）"外部基准"适用的中国实践

中国的反补贴调查以严格遵守世贸组织相关规则为原则，在补贴利益计算问题上一般使用被调查国国内价格为比较基准。随着世贸组织争端机构在一系列案件中对"外部基准"问题裁决的公布，中国的反补贴调查也在根据具体案情体现世贸组织争端裁决的意见。在 2010 年公告裁决的对美国产白羽肉鸡反补贴调查中，为了确定美国产玉米和豆粕提供的补贴利益，采用了经调整后的阿根廷出口到美国的玉米和豆粕价格作为基准。中国调查机关在该案中发现美国国内的玉米和豆粕受到了政府补贴的影响，其价格明显低于未受补贴时的应然价格水平。因此，美国国内玉米和豆粕的市场价格，不能作为适当的基础用于估量白羽肉鸡企业收到的补贴利益。中国调查机关在考察了美国之外的玉米和豆粕主要产地后发现，阿根廷在国际上是与美国地位相当的玉米和豆粕产地，且阿政府没有向其国内生产的玉米和豆粕提供补贴。因此阿根廷出产的玉米和豆粕价格，代表了未受补贴影响的玉米和豆粕的现行市场价格。在此基础上，为了使外部基准反映美国国内正常的市场条件，调查机关还对阿出口美国的玉米和大豆价格进行了调整，扣减了国际运输等费用，得到了与美国市场条件相适应的玉米和大豆价格作为计算补贴利益的基准。①

这是中国在反补贴实践中第一次采用外部基准。在随后美国对该案提出的世贸组织争端中，美国并未挑战中国使用"外部基准"的做法，相当于承认了中国在本案中"外部基准"做法的合法性。

（四）结论和建议

基于以上对"外部基准"规则发展变化以及世贸成员相关实践的分析，可以认为外部基准已经事实上成为反补贴调查中确定补贴利益和反补贴税率的一项应用规则。鉴于"外部基准"对反补贴税率的直接作用，以及对我国企业利益可能造成的负面影响，建议在将来多边规则谈判和反补贴个案应对中加强规则研究、磋商谈判力度，以更好地维护我国企业利益。

首先，在多边规则谈判中继续坚持"外部基准"不能作为一般规则普遍适用的定性，适用必须有前提条件，反对"外部基准"适用的简单化甚至滥用。外部基准只能作为特定情况下的特殊规则，只有在出口国国内没有基准价格或国内价格不能反映现行的市场条件时，才可以有条件地适用"外部基准"。

其次，应当按照世贸组织争端解决机构相关裁决确立的原则，加严外部基准适用的纪律。强调要以政府及其组织介入市场，影响供求关系导致价格扭曲作为外部基准适用的前置性条件，要求调查机关必须对认定价格扭曲进行公正、客观、合理的分析。再次，外部基准必须与出口国市场条件相关联。根据《补贴与反补贴措施协定》的规定，确定补贴利益的基准必须与出口国的现行市场条件相关联。作为其例外规则的外部基准，也应当严格遵循存在该种联系的原则，防止人为、任意地选择不恰当的外部基准。

---

① 商务部，原产于美国的进口白羽肉鸡产品反补贴调查的最终裁定（2010-08-30），第66—71页。

再次，坚持外部基准必须与出口国市场条件相关联。根据《补贴与反补贴措施协定》的规定，确定补贴利益的基准必须与出口国的现行市场条件相关联。适用外部基准，也应当严格遵循存在该种联系的原则，防止人为、任意地选择不恰当的外部基准。

最后，"外部基准"的规则谈判也要考虑其适用的统一性，不应再有"例外的例外"。虽然《中国加入世界贸易组织议定书》第15条同意其他成员在针对中国产品进行反补贴调查时可以适用外部基准。但是，如果外部基准问题能够通过多边谈判成为世贸成文规则的一部分，则该议定书中关于外部基准的特殊规则不应当继续存在，应当通过谈判形成统一规则，不能在外部基准问题上建立世贸组织规则的"例外的例外"。

对于"外部基准"议题的规则谈判，美欧的规则设想和做法将严重影响发展中成员的利益，甚至是一些发达成员的经济和发展模式。比如，天然气属于各国的重要资源，通过政府或其控股的国有企业来负责掌握本国天然气资源是各国通例。因此，在外部基准议题上，世贸组织成员也有天然的同盟军。

在反补贴实践中，目前对华反补贴措施仍以美欧等少数发达国家为主，个别发展中国家的少数案例亦多沿袭或者借鉴美欧的做法。在对外交涉中，需适当考虑加严"外部基准"适用的一般规则与打掉对华歧视性规则的关系。同时，中国也应该坚持规则权利，在对外反补贴调查中根据个案情况适用外部基准相关规则，保障国内产业的合法权益。

四、反补贴调查中公共机构的认定

王雪华①

在反补贴调查中，"公共机构"作为提供补贴的主体，是认定存在补贴行为的前提。但"公共机构"的概念和认定标准在《补贴与反补贴措施协定》（以下简称《SCM 协定》）中无明确表述，导致各国调查机关对公共机构认定标准不一，而国有企业或国有商业银行由于其在所有制上的特殊性，在反补贴调查中常常被认定属于公共机构，这导致国有企业、国有商业银行的正常商业经营行为受到严重阻碍。

我国国有企业在我国加入世界贸易组织（WTO）之时就受到各成员国的广泛关注。我国《中国加入世界贸易组织工作组织报告书》载明，"考虑到中国国有和国家投资企业在中国经济中所发挥的作用，一些工作组成员对此类企业在有关货物和服务的购买和销售的决定和活动方面继续受到政府影响和指导表示关注"，而中国代表则承诺，"中国将保证所有国有和国家投资企业仅依据商业考虑进行购买和销售，如价格、质量、可销售性和可获性，并确认其他 WTO 成员的企业将拥有在非歧视的条款和条件基础上，与这些企业在销售和购买方面进行竞争的充分机会。"②

入世以来，我国谨守入世承诺。然而，随着我国经济高速发展，美国等国家罔顾多边规则，频繁对我国发起贸易救济调查。据统计，截至 2020 年，中国是全球贸易救济第一大被诉国。中国作为贸易救济被诉国共涉案 2020 起，约占全球贸易救济案件的四分之一。③ 在针对中国的贸易救济案件中，中国国有企业常常被美国等国家认为是造成所谓"市场扭曲"的原因，中国国有企业、国有商业银行在多起案件中被调查机关认定为属于《SCM 协定》项下的公共机构，国有企业、国有商业银行的正常商业行为也因此被认定为补贴行为。为维护中国企业的合法权益，中国尝试在多边争端解决机制（WTO）中明确公共机构的认定

---

① 王雪华，北京市环中律师事务所律师。

② 中国政府网：《中国加入工作组报告书》，http://www.gov.cn/gongbao/content/2002/content_63361.htm，访问时间：2021 年 4 月 23 日。

③ 陈曦：《WTO 补贴改革背景下中国贸易救济应对研究》，扬州大学学报（人文社会科学版）2020 年 7 月底 24 卷第 4 期。

标准，并将公共机构和国有企业区分开来。我国在 DS379 案件①中关于公共机构认定标准的胜利为我国捍卫我国企业的合法权益提供了正当依据。

然而，公共机构的认定标准之争远远没有结束，国有企业、国有商业银行和公共机构问题仍然是美国等国家在贸易谈判中关注的重点。在新一轮的国际经贸规则改革中，以美国为代表的西方国家仍然试图利用 DS379 案中上诉机构裁决留下的解释空间扩大公共机构的范围，并通过多边、双边谈判针对国有企业设置新的特殊规则，限制我国经济的进一步发展，我国仍需思考如何对此予以应对。②

（一）DS379 案件中"公共机构"的认定简述

DS379 案件的源起是美国商务部对中国标准钢管、矩形钢管、复合编织袋、非公路用轮胎发起反补贴、反倾销调查，并将中国国有企业、国有商业银行的商业交易认定为政府补贴行为。在上述案件中，美国商务部认定中国国有企业、国有商业银行属于公共机构，中方不同意美国商务部的认定，因此在 WTO 提起磋商请求，尝试通过 WTO 争端解决机制维护自身的合法权益。

DS379 案件中，关于公共机构问题主要有四个争议焦点：公共机构的含义、所有制与公共机构认定标准的关系、实体作为公共机构是否需要政府的委托或暗示，以及《国家对国际不法行为责任条款草案》（ILCDA）的适用问题。中方、美方、专家组、上诉机构分别就前述争议焦点发表了不同的意见。

关于公共机构的含义，中国认为，"公共机构"是被授予政府职权、履行政府职能的实体。美国则认为，"公共机构"与私营机构对应，公共机构指的是国有机构。专家组认为，公共机构包括政府所有或控制的那些提供货物或服务的公司，公共机构是政府控制的任何实体，支持了美国的观点。上诉机构则认为，履行政府职能，或被赋予并行使政府权力的事实，是政府与公共机构的共同核心。③

关于所有制与公共机构认定标准的关系，中国认为，在未证明国有企业或国有商业银行被政府授权和行使政府权力之前，国有企业、国有商业银行应当被视为私营机构。美国认为，如果一个实体为国家所有，其可以被认定为公共机构。

---

① 中国诉"美国对中国部分产品征收反倾销及反补贴税案"（案号 WT/DS379）United States—Definitive Anti-Dumping and Countervailing Duties on Certain Products from China（WT/DS379）。

② 时业伟：《WTO 补贴协定中"公共机构"认定标准研究——以 DS379 案为例》，《比较法研究》2016 年第 6 期。

③ 张玉卿：《一场充满政治硝烟的贸易争端——对"公共机构"的辩论与裁决》，《WTO 热点问题与案例精选》，中国商务出版社 2018 年 1 月第 1 版。

专家组同意美国的观点并认为，政府控制的实体是公共机构。公共机构含义的确定应参考 public sector 和 private enterprises 这两个词，其中 public sector 指的是国家控制的经济行业，private enterprises 是指私有或不受国家控制的商业组织，因此，所有制与公共机构的认定高度相关。上诉机构并未同意美国或专家组的主张，提出了"实质控制"标准。所有制不构成政府实质控制企业的证据。公共机构应具有某些政府的特性，是"拥有、行使或被赋予政府权力的实体"。但同时，上诉机构也承认，所有制对于政府控制起到潜在的决定作用。①

关于实体作为公共机构是否需要政府的委托或指示，中国认为，必须证明国有企业或国有商业银行受到政府的委托和指示，才可以将该等主体视为公共机构。美国认为，公共机构是政府控制的实体，政府控制主要体现在所有制。专家组不同意中国的观点，认为不应当对公共机构进行狭义解释，将政府所有或控制的企业排除在外。上诉机构认为，履行政府职能，或被赋予并行使政府权力，是政府与公共机构的共同核心，一旦实体被认定为公共机构，就无须再做"委托"或"指示"的检验。②

关于 ILCDA 的适用，中国主张 ILCDA 第 4、5、8 条属于习惯国际法规则或法律的一般原则，应当被用于公共机构的解释。美国认为，ILCDA 不属于解释公共机构的相关国际法律规则，《SCM 协定》依据国际法而言是特别规则，ILCDA 与《SCM 协定》的适用不具有关联性。专家组认为，从法律地位角度讲，ILCDA 不属于《维也纳条约法公约》项下的相关国际法律规则，其对于《SCM 协定》的解释仅起到补充作用，不应当被用于解释《SCM 协定》。上诉机构从三个层次讨论了 ILCDA 是否应当适用的问题：（1）草案是否属于国际法规则；（2）草案是否与该案相关；（3）草案是否可用于本案当事人之间的关系。最终，上诉机构认定，适用《SCM 协定》第 1.1（a）（1）条时，可以考虑 ILCDA 关于归因规则的条文。③

DS379 案件中，上诉机构最终认定，政府所有制本身不属于政府实质性控制企业的证据，在缺乏其他证据的情况下，不能单独作为确定一个实体被赋予政府权力、履行政府职能的基础，进而推翻了美国商务部在标准钢管、矩形钢管、复合编织袋、非公路用轮胎案中对中国国有企业属于公共机构的认定。但上诉机构

①　时业伟：《WTO 补贴协定中"公共机构"认定标准研究——以 DS379 案为例》，《比较法研究》2016 年第 6 期。

②　张玉卿：《一场充满政治硝烟的贸易争端——对"公共机构"的辩论与裁决》，《WTO 热点问题与案例精选》，中国商务出版社 2018 年 1 月第 1 版。

③　同①。

最终支持了在中国非公路用轮胎案中国有商业银行属于公共机构的认定。①

（二）WTO 争端解决实践中"公共机构"的认定标准

对于如何界定《SCM 协定》下的"公共机构"，在 WTO 争端解决实践和各成员的反补贴调查实践中，不同案件中出现了不同的认定方法，并围绕这些方法展开了激烈的争论。实践中常见的认定标准包括：②

1. 政府控制说

政府控制说主要判断政府是否控制该实体，但具体控制的程度又没有固定标准。所以，与之相配合适用的有两种方法：

其一，是除政府拥有企业的所有权外还考察其他因素认定政府控制。美国商务部通常采用该方法对来自市场经济国家的产品进行反补贴调查，并会同时结合荷兰鲜花反补贴案所确定的"五要素分析法"。"五要素分析法"的考虑要素包括：（1）政府所有权；（2）政府官员在该实体的董事会中担任董事；（3）政府对该实体行为的控制；（4）该实体对政府政策或利益的追求；（5）该实体是否由法律创设。③

另一种，则是仅以"股份大多数所有"一个要素就认定构成政府控制。美国对华反补贴调查和 DS379 案的专家组就倾向于这一方法。DS379 案的专家组引用了"政府控制说"来界定国有企业和"公共机构"的关系，认为"公共机构"是受国家控制的实体，且与所有权问题高度相关。但其上诉机构驳回专家组的认定，认为在确定"公共机构"的含义时，确认私营机构的概念同样重要，进而审查了 private 这个单词在词典中的含义，其定义包括"关于服务、商业等：由个体而非国家或公共机构提供或所有的"以及"关于人：未任职于公共机构或官方机构"。基于此，上诉机构认为区分这两个词的关键在于实施权力或控制的主体不同。审查过程中首先要判断公共机构是否拥有委托或指示的职能，才能进一步判断是否存在私营机构接受这样的委托或指示，进而判断是否存在财政资助。

再次，DS379 案的上诉机构认为，有些遵从市场规则的商业行为，如购买货

---

① 张玉卿：《一场充满政治硝烟的贸易争端——对"公共机构"的辩论与裁决》，《WTO 热点问题与案例精选》，中国商务出版社 2018 年 1 月第 1 版。

② Ru Ding,"'Public Body'or Not: Chinese State-Owned Enterprises", *Journal of World Trade*, 2014（1）：167—189.

③ 陈卫东：《中美围绕国有企业的补贴提供者身份之争：以 WTO 相关案例为重点》，《当代法学》2017 年第 3 期。

物、贷款等，无论是政府还是企业都可以行使。而有些职能的行使则具有政府属性，如放弃税收。并且，某种给予财政资助的方式更多地是由政府还是企业采取，与确定《SCM 协定》意义上的公共机构似乎没有太大的关系。因此，上诉机构认为"公共机构"意味着被授予了某种政府权力的实体，或者行使某种政府职权的实体。

2. 政府职能说

政府职能说认为如果涉案实体履行了政府角色的职能，那么其就构成"公共机构"。该理论的主要依据有：①从《SCM 协定》文本来看，（狭义）政府和公共机构都被称为"政府"。这表明"政府"概念吸收了"公共机构"，以至于可以被称为"政府"。两者之间的此种密切联系表明，公共机构必须履行典型的政府职能。②此理论能够更好地实现《SCM 协定》的目的和宗旨，即在约束扭曲性补贴与约束反补贴措施之间达到平衡。反对者则认为，政府职能理论错误地理解了《SCM 协定》的文本，这一方法会为 WTO 成员规避公共机构制度提供便利，而且政府职能并不是一个清晰的概念。

中国在 DS379 案中就坚持这一方法，主张公共机构是指为了履行政府职能而行使由政府赋予的权力的实体。如果特定案件中的证据证明，政府拥有的实体正在行使委托的权力履行政府职能，认定该实体是公共机构就是适当的。但中国政府的主张实质上不仅要求公共机构行使政府职能，而且要求其拥有政府权力。上诉机构没有采用这一标准，而采取的是政府权力说，认为政府权力是判定一个实体是否是公共机构的实质性标准和关键因素。政府权力不仅仅是指"规范、控制、监督或约束他人行为的权力"，"政府直接或通过政府建立、拥有、控制、管理、经营或资助的实体行使或执行许多职能或责任，远远超出'规范、控制、监督或以其他方式约束他人行为'的范畴"。政府职能与政府权力有着极为密切的联系：政府职能是形成政府权力的基础，行使政府权力是为了履行政府职能，通过观察一个实体是否履行了政府职能可反推该实体是否拥有政府权力。

3. 政府权力说

政府权力说是通过判断涉案实体是否"拥有、行使或被赋予政府权力"来认定其是否为公共机构。这一方法强调，反补贴调查机构仅仅凭政府拥有企业多数股权不足以认定企业为补贴提供者，而是需要综合考虑，特别需要着重考察企业与政府的关系、企业是否被赋予政府权力。DS379 案的专家组采纳了政府控制理论，认为公共机构是指"受到政府控制的任何实体"。上诉机构推翻了这一裁决，认为公共机构必须是拥有、行使或被赋予政府权力的实体，但如有证据表明政府对一个实体及其行为进行有意义控制（meaningful control），在某些情况下可作为相关实体拥有政府权力并履行政府职能时行使这种权力的证据。最终认定 DS379 案涉及的国有商业银行为公共机构，但涉案国有企业不是公共机构。

政府权力说具体可能考察的因素包括：（1）法律、法规等明文授予该机构权力；（2）有证据表明该实体经政府授权，持续且系统地行使政府职能；（3）有证据表明政府对该实体具有"有意义的控制"，基于政府"有意义的控制"，该实体充当行使政府权力的作用①。"有意义的控制"这一因素是 2014 年印度诉美国碳钢 DS436 案②与中国诉美国反补贴税 DS437 案的上诉机构最先引入，用以综合考虑公共机构是否"拥有、行使或被赋予政府权力"③。

DS436 案直接涉及并回应了"有意义的控制"问题。在对来自印度的碳钢板产品的反补贴调查和复审中，美国商务部认定国家矿业发展公司（NMDC）是《SCM 协定》第 1 条意义上的公共机构。印度认为，美国商务部的裁定不适当地集中于印度政府在国家矿业发展公司的股权，而未能考察该公司是否满足了履行政府功能和实施政府权力的基本标准，从而违反了《SCM 协定》第 1 条。而美国反驳认为，公共机构是指被政府控制，以至于政府能将其资源当作政府自己的资源来使用的实体。专家组否定了印度的诉求。上诉机构在重申第 1.1（a）（1）条中的公共机构是指"拥有、实施或被赋予政府权力的实体"的同时，指出涉案实体的行为是否为公共机构的行为必须在个案基础上就具体情况而定，应着重相关实体的核心特征和功能、该实体与政府的关系以及被调查的实体经营所在国的现行法律和经济环境。不应将"是否拥有、实施或被赋予政府权力"这一"实质性法律标准"与确立一实体是否为公共机构所要求的"证据性标准"混淆。某特定行为是否为公共机构的行为的决定"必须通过评估该实体的核心特征以及其与政府的关系"来作出，而且"必须着重于与该实体是否被赋予或实施政府权力的问题相关的证据"。尽管美国商务部审查了作为控制的形式特征的证据，例如印度政府在国家矿业发展公司中的所有权利益以及印度政府指定和任命董事的权力，但其不是"一实体是拥有、实施或被赋予政府权力的公共机构"裁定的充分依据。因此，上诉机构认为，美国商务部未能对认定国家矿业发展公司是公共

①　Ru Ding，"'Public Body' or Not：Chinese State-Owned Enterprises"，*Journal of World Trade*，2014（1）：167—189.

②　印度诉美国"对印度特定热轧碳钢板产品的反补贴措施案"（案号 WT/DS436）United States—Countervailing Measures on Hot-Rolled Carbon Steel Flat Products from India（WT/DS436）.

③　Ru Ding，"'Public Body' or Not：Chinese State-Owned Enterprises"，*Journal of World Trade*，2014（1）：178—179.

机构的理由提供合理的充分的解释，因而认定美国与《SCM 协定》第 1 条不符。

DS437 案的专家组认为财政资助和政府行为的关系应从两方面分析，一是相关政府职能的识别，二是政府职能和引起财政资助的实体行为。"有意义的控制"不同于"正式控制"，判断政府对实体构成"有意义的控制"，需要考虑许多因素，如政府投资的国有企业具有政府职能；且需要提供支持调查结论的相关证据。在某些特定的事实背景下，调查机关通过综合考虑各种潜在因素，能逐步确认存在"有意义的控制"。美国商务部在评估时考察了"相关实体的核心属性、其与政府之间的关系，以及其在本国法律、经济环境方面占据的优势"，这些都被认定为是合理的相关因素。但仅根据政府拥有所有权或控制某实体，在没有其他证据的情况下，确定该实体为"公共机构"是不充分的。中方不仅将"公共机构"方面取得的胜诉成果扩大到更多的反补贴措施，还成功证明美国商务部在多起反补贴措施中认定"专向补贴"和"补贴利益"的做法同样违反了《SCM 协定》。

4. 公共政策目的说

公共政策目的说认为，应根据一个实体的活动目的来认定公共机构，而非仅依据实体的行为来判断。此观点从亚里士多德和西塞罗的哲学理论中寻求目的理论的合理性，并认为从目的论出发能够夯实公共机构术语的概念基础。[1] 也有学者认为公共政策目的说实质上是政府权力说在具体实践中一项的补充测试[2]。在公共机构分析中进行公共政策目的测试，似乎是从 DS379 案上诉机构的政府权力理论中得出的一种合理解释。如果涉案实体的活动目的、目标是为了公共政策，那么其行为背后的公共政策目的也符合其"拥有、行使或被赋予政府权力"的特点。换言之，即使不把公共政策目的作为单独的认定标准，由于政府权力说明确表示不能仅依据涉案实体的所有权或者活动来判断其公共机构的性质，WTO 专家组和上诉机构也会重点审查涉案实体行为是不是为了公共政策目的。

反对此种方法的观点认为：公共政策目的的标志应当是该实体的利益，而不是该实体给予财政支持的状态。具体而言，如果一个实体的交易长期低于市场价格，违反市场利益最大化的规则，那么可以推断该实体经营目的不是营利，而是有其他目的。如果该实体同时为国有企业，那么可以得出其具有公共政策目的。但事实上，这种"利益"测试是《SCM 协定》第 1.1（b）条项下判断补贴措施所采用的标准，在认定公共机构这一步就采用这一测试是不合理的，会使公共机

---

① 胡建国，刘柒：《美国对华反补贴中"公共机构"的泛化及法律规制》，《法学》2019 年第 10 期。

② Ru Ding, "'Public Body' or Not: Chinese State-Owned Enterprises", *Journal of World Trade*, 2014 (1)：167—189.

构的判断与"利益"测试混淆，给调查机构造成极大的负担。例如 DS397 案的上诉机构在适用政府权力的方法时就并未采用此类公共政策目的测试。

DS379、DS436、DS437 三个案件牢固确立了公共机构认定的政府权力标准。现有的判例法也初步明确了政府权力与所有权、有意义控制的关系，前者是实体标准，后两者只具有证据意义。但是，政府权力标准仍然留下了诸多待解的问题：（1）上诉机构一定程度上确认了"有意义控制""履行政府职能"等事实的证据地位，实际上肯定了"有意义控制"与"政府权力"之间存在某种程度的内在联系，但其并未明确这一联系的具体程度，也未确立最终的证明标准和这些证据的证明效力。[1]（2）重要概念的法律标准仍然含糊。例如，什么是政府权力？怎么才能确定某一实体是否拥有、实施或被赋予政府权力？在反补贴调查中，是否可以仅以中国政府指定或任命大型国有企业的董事，或者国有企业遵循政府政策决定，就得出国有企业受到有意义的控制，从而"拥有、实施或被赋予政府权力"的结论？如果不是，应该考察什么样的其他因素？某些功能或行为通常在相关 WTO 成员的国内法中被归为政府性的是否应该作为相关考虑因素？[2]上述实质要素的含义和认定标准始终未予以明确。这些问题若处理不好，又会导致 WTO 的某些成员国比如美国，重新回到控制理论的老路。

在 DS436、DS437 案败诉之后，美国商务部在执行两案裁决时继续将中国涉案国有企业认定为"公共机构"。其在执行 DS437 案的裁决时，识别出非常宽泛的政府职能"维护和支持社会主义市场经济"，美方最终认为，中国企业会在三种情况下被认定为"公共机构"：一是由政府"全部控股"或"多数控股"的国有企业；二是适用于政府产业计划的国有企业；三是处于政府"有效控制"下的国有企业。据此认定涉案国有企业为"公共机构"。随着美方对"公共机构"认定标准的变化，美国商务部认为针对 DS379 涉案企业的反补贴税率仍需继续适用，并且根据《乌拉圭回合协议法案》第 129 条，向中国提出的一些"事实问题"并未得到充分的解答，这导致美国商务部采用了"可获得事实"而不是中国企业提供的具体信息，还提出了 WTO 专家组或上诉机构尚未明确处理过的法律问题：即一旦根据某项（非常宽泛的）政府职能认定国有企业是"公共机构"，是否该国有企业实施的任何行为都可归因于国家？据以认定国有企业是"公共机构"的政府职能是否必须与声称的国有企业财政资助行为存在必然联系？声称的国有企业财政资助行为是否必须是履行该项政府职能的结果？最终使

---

[1]　胡建国，刘柒：《美国对华反补贴中"公共机构"的泛化及法律规制》，《法学》2019 年第 10 期。

[2]　陈卫东：《中美围绕国有企业的补贴提供者身份之争：以 WTO 相关案例为重点》，《当代法学》2017 年第 3 期。

得重新制定的部分反补贴税率不降反增，如对淄博艾福迪塑料包装有限公司生产的复合编织袋征收的反补贴税率从调查前的29.54%上升到了83.34%，对山东龙兴塑胶制品有限公司生产的复合编织袋征收的反补贴税率从调查前的352.82%上升到了406.62%。[1]

（三）新一轮经贸规则改革中的公共机构议题

尽管在DS379案中，我国主张的"公共机构"的认定标准得到了WTO上诉机构的支持，但在公共机构的认定标准方面，调查机关对"拥有、行使或被赋予政府权力的实体"仍然有较大的解释空间。同时，WTO上诉机构尽管并未支持美国以所有制为基础的认定标准，但也认可所有制"的确起潜在的决定作用"。因此，在DS379案后，美国等国家的反补贴调查机关仍然在继续利用各项证据"灵活"解释公共机构的认定标准。

在国内层面，美国商务部先后发表《反补贴案件中中国共产党公共机构认定备忘录》《公共机构分析备忘录》《中国银行与信托公司备忘录》等，对于不同类型的中国企业在什么情形下构成公共机构进行阐述。[2] 在针对中国非涂布纸发起的反补贴调查中，美国商务部认为，"从公开信息可以知晓，中国法律规定，无论是私营、国内还是外商投资企业中，都必须建立党组织，该等组织对于公司事务有控制力。"进一步而言，美国商务部根据其作出的《公共机构分析备忘录》认定，大多数中国的国企属于"拥有、行使或被赋予政府权力的实体"，美国商务部认为，中国政府基于对这些实体所进行的"有意义的控制"，通过这些实体来实现社会主义经济目标、资源分配以及维护国有经济的主体地位。[3]

国际层面，美国则通过美日欧联合声明、推动WTO规则改革等，尝试在新一轮国际经贸规则改革中针对中国模式设置特别规则。[4] 自2017年以来，美国、欧盟、日本三方举行了七次部长级别的会议，先后发表了七轮联合声明，尝试推进针对国有企业带来的"市场扭曲"和"不公平竞争"开启新规则谈判。七份

---

① 时业伟：《WTO补贴协定中"公共机构"认定标准研究》，《比较法研究》2016年第6期。

② 余盛兴、林敏、王乐、陈梵：《反补贴调查中"公共机构"认定的困境——以WTO规则和美国实践为视角》，《上海法学研究》集刊（2020年第18卷总第42卷）——海华永泰律师事务所文集。

③ United States Department of Commerce, "Issues and Decision Memorandum for the Final Affirmative Countervailing Duty Determination in the Countervailing Duty Investigation of Certain Uncoated Paper from the People's Republic of China", C-570-023, 2016年1月8日。

④ 余莹：《大国产业竞争视阈下美欧推动的国际产业补贴新规则——中国的立场与对策》，《中国流通经济》2020年第34卷第1期。

联合声明中，三方针对公共机构议题达成的一致意见主要包括四个方面，第一，很多补贴由国有企业提供，将国有企业纳入公共机构十分重要;① 第二，公共机构和国有企业存在市场扭曲行为，应当更好地解决这种扭曲行为，国有企业是某些国家驱动的经济体系的骨干和鲜明特征，国家决定性地支配和影响经济;② 第三，应当制定有效的规则来解决国有企业扭曲市场的行为和对抗特别有害的补贴实践，例如国有银行的放贷与公司的资信不符，还基于隐性的政府担保;③ 第四，应当重构公共机构的认定标准，上诉机构报告中对公共机构的解释损害了WTO 现行补贴规则的有效性。在确定某一实体是公共机构时不必认定该实体"拥有、行使或被授予政府权力"。④

　　2018 年 7 月 11 日，美方向 WTO 提交一份《中国破坏贸易的经济模式》意见书，在该报告中，美国指出，中国自入市以来就在不断进行改革，然而对于中国而言，经济改革意味着完善政府和党对于经济的控制，以及增强国有经济，特别是国有企业的发展。只要中国仍然坚持这一路线，其做法对于 WTO 的影响将必然是负面的。⑤

　　① USTR，"Joint Statement of the Trilateral Meeting of the Trade Ministers of Japan，the United States and the European Union"，https：//ustr. gov/about−us/policy−offices/press−office/press−releases/2020/january/joint−statement−trilateral−meeting−trade−ministers−japan−united−states−and−european−union。中文翻译引自国际贸易法评论微信公众号：《美欧日三方联合声明（七）华盛顿 2020 年 1 月 14 日》，https：//mp. weixin. qq. com/s/EKaXVYSozb1Y0Ds5BVhsMA，访问时间：2021 年 4 月 23 日。

　　② USTR，"Joint Statement of the Trilateral Meeting of the Trade Ministers of Japan，the United States and the European Union"，https：//ustr. gov/about−us/policy−offices/press−office/press−releases/2019/may/joint−state−ment−trilateral−meeting? from = groupmessage&isappinstalled = 0，中文翻译引自国际贸易法评论微信公众号：《美欧日三方联合声明（三）巴黎 2018 年 5 月 31 日》，https：//mp. weixin. qq. com/s/ZtsJ8qhOilOsz2g1−Gk6jA，访问时间：2021 年 4 月 23 日。

　　③ USTR，"Joint Statement of the Trilateral Meeting of the Trade Ministers of Japan，the United States and the European Union"，https：//ustr. gov/about−us/policy−offices/press−office/press−releases/2018/september/joint−statement−trilateral，中文翻译引自国际贸易法评论微信公众号：《美欧日三方联合声明（四）纽约 2018 年 9 月 25 日》，https：//mp. weixin. qq. com/s/OM8iU88ySpRW7rPsLqdJwQ，访问时间：2021 年 4 月 23 日。

　　④ USTR，"Joint Statement of the Trilateral Meeting of the Trade Ministers of Japan，the United States and the European Union"，https：//ustr. gov/about−us/policy−offices/press−office/press−releases/2020/january/joint−statement−trilateral−meeting−trade−ministers−japan−united−states−and−european−union，中文翻译引自国际贸易法评论微信公众号：《美欧日三方联合声明（七）华盛顿 2020 年 1 月 14 日》，https：//mp. weixin. qq. com/s/EKaXVYSozb1Y0Ds5BVhsMA，访问时间：2021 年 4 月 23 日。

　　⑤ WTO，"CHINA'S TRADE − DISRUPTIVE ECONOMIC MODEL" WT/GC/W/745，https：//docs. wto. org/dol2fe/Pages/SS/directdoc. aspx? filename = q：/WT/GC/W745. pdf&Open = True，访问时间：2021 年 4 月 23 日。

（四）针对公共机构概念不断宽泛化的应对建议

在国际层面，我国应当积极参与国际经贸规则改革谈判，维护多边贸易体制，据理力争，维护我国和我国企业的合法权益。面对美国等国家频繁针对我国发起反倾销、反补贴调查，我国应当完善现行贸易救济法律法规体系，就各类针对我国频繁发动的贸易救济案件制定应对策略。

在国内层面，我国应当进一步深化国有企业改革，明确国有企业的功能界定与分类，实现国有企业的自主经营、自负盈亏。我国在加入世界贸易组织时已经承诺，"中国正在进一步推进国有企业改革，建立现代企业制度。"实际上，我国也一直在履行承诺，深化国有企业改革。2015 年 12 月 29 日，国资委、财政部和发改委发布《关于国有企业功能界定与分类的指导意见》，明确国有企业的功能界定与分类是新形势下深化国有企业改革的重要内容。明确要准确界定不同国有企业功能，有针对性地推进国有企业改革。该方案根据主营业务、核心业务范围，将国有企业分为商业类、公益类。商业类国有企业实行商业化运作，独立自主开展生产经营活动，加大公司制股份制改革力度，加快完善现代企业制度。公益类国有企业也要积极引入市场机制，鼓励非国有企业参与经营。[1] 在此基础上，我国应当不断完善国有企业分类改革，对于商业类国有企业，应塑造其"商业性""中性"投资者身份，不再对此类企业采用政策性优惠贷款、债转股等频繁受到美国等国家反对的补贴政策。[2]

---

[1] 李本、唐宇琛：《国有企业的"公共机构"身份厘清及相应立法完善——以推动我国尽快加入〈政府采购协定〉为切入点》，《国际贸易》2020 年第 5 期。

[2] 余莹：《大国产业竞争视阈下美欧推动的国际产业补贴新规则——中国的立场与对策》，《中国流通经济》2020 年第 34 卷第 1 期。

五、DS379 案之后"公共机构"问题的发展和演进

李　晖[①]

"公共机构"是反补贴调查中的核心问题，补贴提供主体"公共机构"的认定直接决定补贴成立与否，影响着反补贴措施的适用范围和税率水平。美国对华反补贴调查中，调查机关裁量空间最大、政策色彩最突出、双方争议最多的焦点之一，就是关于国有企业"公共机构"的认定问题。DS379 案以来，美国以扩大化的方式变相执行上诉机构裁决，同时有意利用 WTO 改革推翻上诉机构裁决、重建新规则。作为美国反补贴调查的主要目标国[②]，"公共机构"问题对于维护我国的产业利益和规则利益都具有重要现实意义。因此，有必要系统梳理并深入研究多双边法律规则、WTO 争端解决裁决、美国反补贴调查实践做法和 WTO 改革规则谈判发展趋势，并寻求解决之策，从根本上改变美国滥用反补贴措施的现状。

（一）关于"公共机构"的规则

1. 世贸组织"公共机构"规则

WTO《补贴与反补贴措施协定》（以下简称《SCM 协定》）第 1.1 条规定了"补贴"的三个要素：其形式为存在财政资助（financial contribution），其效果为该财政资助使受益人获得利益（benefit），其提供的主体为政府（government）、公共机构（public body），以及受政府和公共机构委托或指示（entrusts or directs）的私营机构（private body）。就提供补贴的三类主体而言，《SCM 协定》通篇并未就其概念进行严格界定。

纵观 GATT 和 WTO 规则的发展历程，没有资料显示"公共机构"这一术语的具体内涵或规制意图。20 世纪 70 年代末的《解释和适用〈关税及贸易总协定〉第六条、第十六条和第二十三条的协议》（即东京回合《补贴守则》）谈判

---

①　李晖，中国政法大学博士生。

②　根据 WTO 统计数据，1995 年 1 月 1 日至 2020 年 6 月 30 日，美国共对外发起 277 起反补贴调查，其中对中国发起 97 起，占比 35%。

中，出现了"公共机构"的概念，同时最后的版本中也包含了该概念。"公共机构"首先出现在 1979 年 3 月 29 日《补贴守则》的草案中。在该草案第七条"补贴的通报"中的脚注对需要通报的补贴的范围作出解释，规定："在本协议中，术语'补贴'应包含一签约国领土内的任何政府或任何公共机构授予的补贴"。

在乌拉圭回合的《补贴与反补贴措施协定》谈判中，最初的草案中没有"公共机构"一词，但在 1990 年 9 月 4 日散发的第二份草案中加入了"公共机构"的概念，使之成为与政府、私营机构并列的补贴主体。但是，乌拉圭回合谈判资料记载中，也没有出现对"公共机构"的定义和具体讨论。

2. 美国反补贴"公共机构"规则

美国关于补贴和反补贴的法律规则早于《SCM 协定》的规定。美国目前反补贴调查的主要法律依据为《1930 年关税法》第四部分《反补贴和反倾销税》。该法第一部分（Part I）第 1671 节（a）条"一般规则"中，将提供补贴的主体规定为"一国政府（government）或一国境内的任何公共实体（public entity）①"，但并未界定这两类主体的概念。原文为："若主管机构确定，一国政府或一国境内的任何公共实体（public entity）直接或间接地对进口到美国或为了进口到美国而销售（或可能销售）的商品的有关制造、生产或出口环节提供可抵消的补贴……"

同时，美国法规将提供补贴的主体统称为"职权机构（authority）"。上述法规"一般规则"的第 1677 节（5）项规定：就本款和第（5A）和（5B）款而言，"职权机构"一词是指一国的政府或该国境内的任何公共实体。

可以说，美国反补贴税法中的"公共实体（public entity）"，与《SCM 协定》第 1.1（a）（1）条中的"公共机构"在功能上是对等的②，二者并无实质不同。美国反补贴法中并未明确"公共实体（public entity）"的内涵和外延。对于这一概念的解释和应用，体现在美国商务部反补贴调查和裁定中。

---

① Tariff Act of 1930: Subtitle IV Countervailing and Antidumping Duties § 1671. Countervailing duties imposed (a) General rule If- (1) the administering authority determines that the government of a country or any public entity within the territory of a country is providing, directly or indirectly, a countervailable subsidy with respect to the manufacture, production, or export of a class of kind of merchandise imported, or sold (or likely to be sold) for importation, into the United States, and...

② See United States—Anti-dumping and Countervailing Duties on Certain Products from China, WT/DS379/R, para. 8.99.

（二）美国早期反补贴"公共机构"调查实践和 WTO 裁决

对美国商务部在对"公共机构"实践中的认定方法进行总结，以 DS379 案裁决作为"划时代"的标志，可以分为两个显著的阶段，一个阶段是在 DS379 案裁决之前，采取以政府所有权或控制权（在部分案件中体现为"五要素测试法"）为标准的分析方法；一个阶段是在 DS379 案之后，采取以广义政府职能加政府控制为标准的分析方法。

1. DS379 案裁决前美国调查实践

DS379 案裁决之前，在美国反补贴调查实践中，美国商务部在认定一实体是否为"公共机构"时通常采取两种方法：

第一种为所有权方法，遵循"多数股权原则"，即"公共机构"的主要判断标准是"政府持有多数股权"。美国商务部认为，若政府持有实体的全部或大部分股权，就可控制该实体，使其经营行为体现政府意志，因此将该实体直接视为公共机构。此方法源于美国 1998 年反补贴联邦法规的解释性序言，美国在调查中首选此方法。

第二种方法为"五要素测试法（Five-Factor Test）"，即当没有政府通过所有权控制实体的明确证据时（如政府在实体中未持有绝对多数股权），美国商务部考察五个要素以判定该实体是否为公共机构。这五要素为：（1）政府所有权；（2）政府在该实体董事会的存在；（3）政府对该实体活动的控制；（4）该实体对政府政策或利益的追求实现；和（5）该实体是否依法成立。① 此五个要素在很大程度上与实体的所有权和政府控制相关。美国商务部认为，如果有证据表明政府所有权意味着政府控制，就没有必要对相关实体进行五要素测试。②

此方法源于 1987 年荷兰鲜切鲜花案③和 1992 年加拿大纯镁和镁合金案④调

---

① United States—Definitive Anti-Dumping and Countervailing Duties on Certain Products from China（WT/DS379/R），Para. 8.18. "…（i）government ownership；（ii）the government's presence on the entity's board of directors；（iii）the government's control over the entity's activities；（iv）the entity's pursuit of governmental policies or interests；and（v）whether the entity is created by statute."

② See United States—Anti-dumping and Countervailing Duties on Certain Products from China，WT/DS379/R，paras. 8.37-8.39.

③ 1987 investigation of Fresh Cut Flowers from the Netherlands. USITC PUBLICATION 1956，MARCH 1987 https：//www. usitc. gov/publications/701_731/pub1956. pdf.

④ 1992 investigation of Pure Magnesium and Alloy Magnesium from Canada. USITC PUBLICATION 2550，AUGUST 1992 https：//www. usitc. gov/publications/701_731/pub2550. pdf.

查。这两个案件均早于《SCM 协定》中"公共机构"和"委托和指示"（entrusts and directs）表述的出现。在荷兰鲜切鲜花案中，相关实体的政府所有权是 50%，没有达到多数所有权，因此有必要调查其他的因素以认定该实体是否为公共机构。此外，美国在韩国铜版纸案调查（2007）①、韩国半导体案调查和复审（2003、2006）② 以及南非扁平热轧钢案调查（2001）③ 中也使用了此方法。

在 DS379 案抗辩中，虽然美国承认在多起调查中使用了"五要素测试法"，但也同时辩称，在其他案件中美国商务部也采用过不同的方法，即主要分析所有权和控制权的方法，例如 2006 年的印度热轧钢板调查④。可以看出，美国调查的核心在于政府控制权，政府所有权是能够体现政府控制权的明确、直接的证据；若没有明确证据的时候，"五要素测试法"体现了衡量政府控制权存在的多项要素指标。

2. DS379 案对美国调查做法的裁决

（1）DS379 案概况

在美国对华反补贴调查中，涉及"公共机构"认定的补贴项目主要为两大类：一类为优惠贷款项目，即将向涉案企业（即被调查产品的生产企业）提供贷款的国有商业银行认定为公共机构，通过利用外部基准可以发现涉案企业从国有银行获得贷款的条件（如利率等）优于市场上的可比商业贷款条件，因此此类银行向涉案企业提供的贷款为优惠贷款。另一类为低价提供原材料项目，即将向涉案企业提供原材料的供应商认定为公共机构，而涉案企业从这些原材料供应商采购原材料时的价格低于市场上的可比产品价格（多利用外部基准对比），因此政府通过国有企业向涉案企业低价提供原材料。

自 2006 年 11 月美国对中国铜版纸发起首起反倾销、反补贴调查（即双反调查）⑤ 后，2007 年 7 月至 8 月，美国连续对中国的标准钢管、轻壁矩形钢管、复

---

① Coated Free Sheet Paper from the Republic of Korea, 72 Fed. Reg. 60639（Dep't of Commerce Oct. 25, 2007）（final determination）.

② Dynamic Random Access Memory Semiconductors from the Republic of Korea, 71 Fed. Reg. 14, 174（Dep't of Commerce March 21, 2006）（final results）；Dynamic Random Access Memory Semiconductors From the Republic of Korea, 68 Fed. Reg. 37122（Dep't of Commerce July 23, 2003）（final determination）.

③ Certain Hot-Rolled Carbon Steel Flat Products from South Africa, 66 Fed. Reg. 50412（Dep't of Commerce Oct. 3, 2001）（final determination）.

④ Certain Hot-Rolled Carbon Steel Flat Products from India, 71 Fed. Reg. 1512, 1516（Dep't of Commerce Jan. 10, 2006）（preliminary determination；unchanged in final）.

⑤ 该案由美国商务部于 2006 年 11 月 20 日立案，2007 年 10 月 18 日作出反倾销和反补贴终裁；美国国际贸易委员会于 2007 年 11 月 20 日作出损害终裁，认定被调查产品未对国内产业造成损害。因此，该案最终以无损害结案，未采取征税措施。

合编织袋和非公路用轮胎产品发起双反调查①，裁定倾销和补贴幅度②，并采取征税措施。在上述调查中，美国商务部裁定，国有企业原材料生产商为"公共机构"，中国政府通过国有企业生产商以低于合理对价的价格向涉案产品标准钢管、矩形钢管、复合编织袋和非公路用轮胎的生产商提供原材料③，构成提供财政资助，并向这些生产商提供了利益且这些补贴具有专向性。在这四起案件调查中，美国商务部主要依据政府在国有企业的所有权信息，根据"政府持有多数股权原则"裁定国有企业原材料生产商为"公共机构"。此外，美国商务部还裁定向被调查生产商提供贷款的国有商业银行为"公共机构"，其以贷款的形式提供了财政资助。

中国政府认为，在上述四起双反调查中美国商务部采取了诸多违规调查方法并最终采取了反倾销、反补贴征税措施，对中国涉案企业出口利益造成了严重影响。为维护中国企业的合法权益，中国政府于 2008 年 9 月 19 日启动了 WTO 争端解决机制程序（即 DS379 案），就公共机构、双重救济等问题提出主张。2010 年 10 月 22 日，DSB 发布专家组报告④，认为"公共机构"是"任何政府控制的实体（any entity controlled by the government）"⑤，而政府所有权是与政府控制高度相关，并具有潜在决定性意义的证据，因此支持美国商务部在调查中作出的国有企业和国有商业银行构成公共机构的裁定。中方于 2010 年 12 月 1 日就此提起上诉。2011 年 3 月 11 日，上诉机构发布裁决报告⑥，推翻了专家组的上述裁决，指出"公共机构"是"拥有、行使或被授予政府职权的实体（an entity that possesses, exercises or is vested with governmental authority）"，政府所有权本身不足

---

① 以上调查全称分别为 Countervailing Duty Investigation of Circular Welded Carbon Quality Steel Pipe from the People's Republic of China, Countervailing Duty Investigation of Light-Walled Rectangular Pipe and Tube from the People's Republic of China, Countervailing Duty Investigation of Laminated Woven Sacks from the People's Republic of China, Countervailing Duty Investigation of Certain New Pneumatic Off-the-Road Tires From the People's Republic of China.

② 标准钢管案中倾销幅度为 69.2%~85.55%，补贴幅度为 29.62%~616.83%；矩形钢管案中倾销幅度为 249.12%~264.64%，补贴幅度为 2.17%~200.58%；复合编织袋案中倾销幅度为 64.28%~91.73%，补贴幅度为 29.54%~352.82%；非公路用轮胎案中倾销幅度为 5.25%~210.48%，补贴幅度为 2.45%~14.00%。

③ 如标准钢管和矩形钢管的原材料热轧钢，复合编织袋的原材料聚丙烯，非公路用轮胎的原材料天然和合成橡胶。

④ See United States—Anti-dumping and Countervailing Duties on Certain Products from China, WT/DS379/R。

⑤ See United States—Anti-dumping and Countervailing Duties on Certain Products from China, WT/DS379/R, para. 8.79.

⑥ Appellate Body Report: United States—definitive anti-dumping and countervailing duties on certain products from China, WT/DS379AB/R, 11 March 2011.

以证明政府对实体的有意义控制，也无法证明该实体被授权行使政府职能，因此认定美国商务部依据政府持有多数股权原则将中国国有企业认定为"公共机构"的做法与《SCM 协定》不符①。

DS379 案是中国第一起在 WTO 层面挑战美国贸易救济违规做法并取得实质性胜利的案例，也是 WTO 争端解决机制首次对"公共机构"这一决定了《SCM 协定》适用范围的关键概念作出解释，具有重要意义。随后，上诉机构在美国对印度反补贴措施争端（DS436 案）中，再次重申了对"公共机构"的定性标准，并进一步限缩了美国商务部的自由裁量空间。

（2）上诉机构关于国有企业和国有商业银行"公共机构"的裁决

通过对"公共机构"运用文义解释、条款目的和宗旨解释等方法，上诉机构认为，"公共机构"的概念与"政府"的概念具有某些共同特征，《SCM 协定》第1.1（a）（1）条项下的"公共机构"必须是拥有、行使或者被授予政府职权的实体。当然，由于个案情况不同，在确定某些行为是否属于公共机构的行为时，调查机关应对相关实体的核心特点及其与狭义政府的关系进行恰当评估。在评估中，应确定实体与狭义政府的共性及关系，尤其考虑该实体是否代表政府行使职权。某些情况下如果法律规范或其他法律文件明确对所涉实体予以授权，则可能直接判断该实体为公共机构；在缺少明确法律授权时，实体与狭义的政府之间仅有正式联系（股权）本身不足以认定拥有政府职权，若该实体被授权行使政府职能、特别是以持续、系统的方式行使政府职权，该实体也可能为公共机构。上诉机构还认为，政府正在对某一实体及其行为进行有意义控制的证据，可能在某些情况下能够证明相关实体拥有政府授权并行使政府职能。也就是说，在某些情况下，若存在关于政府控制的多重正式指标以及此类控制已被有意义地行使的证据，那么这样的证据可能会支持该实体正在行使政府授权的推定。②

关于国有原材料生产企业是否为"公共机构"的问题，上诉机构裁定美国商务部的做法不符合《SCM 协定》。上诉机构指出，在判定涉案国有企业是公共机构还是私营机构时，要判定其行为是否为公共机构的行为，必须评估该实体的核心特点及其与狭义政府的关系，且此评估必须关注与该实体是否被授予或行使政府职权相关的证据。美国商务部根据政府持有多数股权的事实裁定相关国有原

---

① 但上诉机构也同时认为，美国商务部在国有商业银行的调查中考虑了所有权以外的因素，美国商务部基于国有商业银行代表中国政府行使政府职能的证据作出国有商业银行构成"公共机构"的裁决是有据可依的。

② See United States—Anti-dumping and Countervailing Duties on Certain Products from China, WT/DS379/AB/R, paras. 317—319.

材料生产企业为公共机构，但是，政府所有权本身不足以证明政府对实体的有意义控制、也无法证明该实体被授权行使政府职能，因此此类证据本身无法支持实体为公共机构的认定。①

关于国有商业银行是否为"公共机构"的问题，上诉机构裁定支持了美国商务部将国有商业银行认定为公共机构的裁定。上诉机构指出，在国有商业银行的调查中，美国商务部的分析比国有原材料生产企业的分析更为广泛，在依赖所有权和控制的信息之外还考虑了其他因素，如中国《商业银行法》、中国银行《全球招股说明书》等，证明商业银行在贷款时需要考虑政府宏观经济政策。美国商务部详细讨论了国有商业银行与中国政府的关系，包括国有商业银行在履行职责时受到政府有意义的控制，考虑了能够证明国有商业银行被要求支持中国产业政策的在案证据，因此美国商务部关于国有商业银行构成"公共机构"的裁决是有据可依的。②

值得注意的是，美国商务部在对待国有原材料生产企业和国有商业银行的调查方法上存在一定差别，在对国有商业银行的调查中分析了所有权要素之外的其他要素来认定一实体是否代表中国政府行使政府职能，是否为公共机构，这一论证思路在 DS379 案中得到了上诉机构的认可，由此为日后美国调查方法的演变埋下了隐患。

（三）DS379 案之后美国的调查实践和 WTO 裁决

在 DS379 案之后，美国商务部通过国内执行 WTO 裁决程序（即 129 执行程序），对其在"公共机构"调查中不符合 WTO 规则的内容进行修正，由此衍生出了新的裁决逻辑和标准，即以广义政府职能加政府控制为标准，继续将国有企业认定为"公共机构"。此分析和结论集中体现在美国商务部《公共机构备忘录》中，并普遍性地适用于之后对中国企业的反补贴调查中。

1. 美国商务部《公共机构备忘录》

美国对 DS379 案上诉机构裁决的 129 执行程序：

美国执行世贸组织 DSB 裁决的主要法律依据为《乌拉圭回合协定法》（Uruguay Round Agreements Act, URAA）。URAA 对执行 DSB 裁决的行政行为规定了

---

① See United States—Anti-dumping and Countervailing Duties on Certain Products from China, WT/DS379/AB/R, paras. 345—347.

② See United States—Anti-dumping and Countervailing Duties on Certain Products from China, WT/DS379/AB/R, paras. 350, 355.

具体要求，第 123（g）节规定了一般意义上的行政行为，第 129 节专门针对 WTO 贸易救济案件裁决的执行规定了具体的授权与程序。为执行美国作为败诉方的 WTO 裁决，美国商务部和国际贸易委员会根据此规定重新进行调查并作出裁决。实践中将此程序称为"129 执行程序"。执行过程中，美国贸易代表办公室（USTR）对外负责与起诉方成员就执行事宜进行沟通，如关于合理执行期的磋商；对内负责协调美商务部和国际贸易委员会启动并开展重新调查工作，同时与国会保持沟通，接受国会的监督。

DS379 案上诉机构报告于 2011 年 3 月 25 日通过后，美国于 2011 年 4 月 21 日通知 DSB 将执行相关裁决与建议，并与中国商谈合理执行期。2011 年 8 月 15 日，美国贸易代表办公室（USTR）根据 URAA 第 129（b）条要求美国商务部作出裁决，确保商务部的调查不违反 DSB 的裁决与建议。2011 年 8 月 16 日，美国商务部启动 129 执行程序，对 DS379 案涉及的标准钢管、矩形钢管、复合编织袋进行重新调查。调查中，美国商务部向中国政府和涉及争议的 12 家中国企业发出《公共机构调查问卷》。《公共机构调查问卷》中提出的问题包括关于中国产业政策和目标的一般性问题、中国产业计划下的行业和企业分类，以及中国政府与"原材料生产商附录"中提到的原材料生产商之间的关系。在"原材料生产商附录"中，美国商务部针对向被调查企业提供原材料的企业提出具体问题，收集关于这些原材料生产企业的公司组织、所有权和决策的各方面的信息。2012 年 5 月 18 日，美国商务部发布初步裁决①，并就公共机构认定问题单独作出分析备忘录——《公共机构备忘录》②。2012 年 7 月美国商务部作出终裁。

2. 美国商务部《公共机构备忘录》内容

《公共机构备忘录》中，美国商务部从两大逻辑层次审查了以下关键问题：

①关于"政府职能"（government function）

美国商务部指出，上诉机构指出《SCM 协定》第 1.1（a）（1）条中的公共机构为"拥有、行使或被授予政府职权"的实体，而且"政府的核心是享有有效权力，并通过实施法律授予的权力调节、控制或监督个体或限制其行为"。因

---

① See Preliminary Section 129 Determination Regarding Public Bodies in the Countervailing Duty Investigation of Certain New Pneumatic Off-the-Road Tires from the People's Republic of China; Definitive Anti-Dumping and Countervailing Duties on Certain Products from China（WTO DS 379），May 18, 2012.

② See Section 129 Determination of the Countervailing Duty Investigation of Circular Welded Carbon Quality Steel Pipe; Light-Walled Rectangular Pipe and Tube; Laminated Woven Sacks; and Off-the-Road Tires from the People's Republic of China: An Analysis of Public Bodies in the People's Republic of China in Accordance with the WTO Appellate Body's Findings in WTO DS379, dated May 18, 2012.

此，在进行公共机构分析时一个重要的要求是确定"什么样的职能或行为是一成员法律体系下一般归类为具有政府性质的职能或行为"。经审查，美国商务部认为中国政府①有《宪法》和其他法律②授权的法定职能，即维护国有经济占主导地位的社会主义市场经济；而且，法律授权政府以国家投资企业（State-invested Enterprise，SIE）③为手段或工具实现此职能；此外，中国政府还通过制定各种产业政策维护社会主义市场经济。在产业政策的影响下，政府通过行政手段影响产业内竞争、确保国有企业执行产业政策，并主导资源配置。因此，美国商务部认为中国政府对经济，特别是国有经济决策进行监督和控制，符合上诉机构所称的政府职能。

②关于企业是否拥有、行使或被授予政府职权履行政府职能

美国商务部第二步考察的是相关实体是否"拥有、行使或被授予政府职权"以行使政府职能，即维护社会主义市场经济。关于此问题，美国商务部将 DS379 上诉机构的报告解读为需要确定三类证据：法律指示（legal instruments），实体的行为，政府是否对实体实施有意义的控制。在此基础上，美国商务部进行了两个层面的分析：

第一层，关于所有权：美国商务部强调，政府所有权仍是分析公共机构的重要因素。尽管上诉机构在裁决中指出"政府所有权本身不足以证明政府对实体的有意义控制，也无法证明该实体被授权行使政府职能"，但是，上诉机构并未表示所有权与此无关，而"不足以"说明政府所有权能够作为判断公共机构的部分证据。而且，美国商务部发现中国政府在一些战略和重要领域保持高度控股或全部国有。

第二层，关于政府的有意义控制：美国商务部认为，上诉机构要求提供"存在关于政府控制的多重正式指标以及此类控制已被有意义地行使的证据"，因此，美国商务部在审查政府控制时考察了 5 项指标，重点关注了政府对整体经济和对国有企业的控制，并分析了控制的广度和深度。这 5 项指标是：①国有经济和行

---

① 美国商务部指出，《公共机构备忘录》中的"中国政府"包括狭义的政府机构（部委等）和中国共产党组织。美国商务部在《公共机构备忘录》的附件《中国共产党备忘录》中单独分析了中国共产党与"公共机构"的关系，从法律和事实方面考察了中国共产党在中国经济和管理体制中的作用和角色，认为中国共产党和中国政府部门是共同构成反补贴法框架下"中国政府"的重要组成部分。See The relevance of the Chinese Communist Party for the limited purpose of determining whether particular enterprises should be considered to be "public bodies" within the context of a countervailing duty investigation，May 18, 2012.

② 包括《公司法》、2007 年《物权法》、2008 年《企业国有资产法》等。

③ 美国商务部在《公共机构备忘录》中使用了"国家投资企业"（State-invested Enterprise，SIE）的概念，并专门指出"国家投资企业"为中国政府拥有股权的企业（无论股权大小），在对"公共机构"调查的背景下，此概念通常与"国有企业"（State-owned Enterprise，SOE）含义相同。

业政策的主导作用；②政府对竞争的管理；③国资委对国有企业的监管；④政府对国有领域人员任命的控制，以及利用此控制确保产业政策的实现；⑤通过企业内的党组织和党员对企业实施有意义的控制，且此类企业包括国有和私营企业。

③《公共机构备忘录》结论①和影响

根据上述分析，美国商务部认为，至少一定类型的中国国有企业应被视为反补贴法下的公共机构，同时有一些类型的中国企业在特定情况下可被视为公共机构。据此，美国商务部衍生出了广义政府职能加政府控制的审查标准，确立了三种可被视为"公共机构"的企业类型。

第一类，国有独资和国有控股企业，即"政府拥有完全的或控制性的所有权"，这类企业都被认定为公共机构。美国商务部认为，在中国以国有企业为核心的政策体系下，政府对特定领域的国有企业实施了有意义的控制，并且这种控制允许政府将这些国有企业作为工具，以实现维持国有经济占主导作用和维护社会主义市场经济的政府目标。例如，政府通过五年计划和产业政策对国有企业提出特殊要求，国有企业有遵守产业政策指向的法定义务，国资委直接监管国有企业的运营和投资计划，根据产业政策目标监督和指导产业内兼并重组，国资委对企业董事会和管理层进行人事任免等。这些企业构成了中国的国家部门，政府有责任维护这些企业。

第二类，政府持有相当比例的所有权（significant ownership）的企业，且该企业服务于政府的产业政策，这里企业可以被视为公共机构。在这种情况下，美国商务部将根据这些企业是否被用于维护社会主义市场经济来判断其是不是公共机构。美国商务部认为，更新和发布产业政策（尤其是从中央到地方的五年规划）是中国政府主导产业发展、引导资源配置以维护社会主义市场经济的主要方式之一。对此类企业的认定基于个案情况，除股权外还对其他一些要素进行审查，如企业所在的行业是否从属于产业规划政策、政府任命管理层、董事会或管理层中有政府官员或共产党员、企业是否设有党组织及其起到什么作用，从而确定这类国有企业是否被政府用作维护社会主义市场经济的工具。

第三类，考虑到中国的体制和政策环境，对于政府拥有少量或没有正式所有权的企业（certain enterprises that have little or no formal government ownership），在美国商务部认定政府对该企业实行有效控制（meaningful control）时，也可以认定其为公共机构。对此类企业，需要在个案分析的基础上确定政府是否对企业实

---

① 参见美国商务部《公共机构备忘录》，Section 129 Determination（WTO/DS/379）Public Bodies Memorandum, May 18, 2012，第37—38页。

施了"有意义的控制",主要考察的内容包括企业的董事会、管理层中有明显的党或国家的参与;企业中党委的存在;某企业曾被私有化但与政府的关系依然存在,或该种私有化还有其他相关限制等。

此《公共机构备忘录》实质上对政府持有不同比例所有权的企业进行了分类归纳和认定,依据广义的政府职能和多个维度的所谓政府控制的考察指标,不仅将传统意义上政府持有完全或多数所有权的国有企业归入"公共机构",政府持有少量所有权的企业甚至也被纳入其中,极大地扩展了"公共机构"所涵盖的企业范围。更有甚者,美国商务部在此后针对中国的反补贴调查案件中,虽然仍旧继续发放公共机构调查问卷,索要大量体现上述因素的各方面信息,但多以政府或有关被调查企业答卷不完整为由,系统性地援引《公共机构备忘录》证据和结论,不合理地将被调查企业的国有原材料生产企业认定为"公共机构"。该备忘录的存在,使得美国商务部更易于对中国企业作出不合理认定,而中国企业从此背负了沉重的应诉负担,难以在案件中提供问卷索要的所有信息,即便能够提供,也难以反驳推翻《公共机构备忘录》的结论。

3. DS437 案执行之诉

关于上述《公共机构备忘录》中的分析思路是否违反 WTO 规则,中国在诉美反补贴措施争端 DS437 案执行之诉中,挑战了美国商务部通过公共机构调查问卷和《公共机构备忘录》认定公共机构的方法,并采取了法律本身之诉(as such)和法律适用之诉(as applied)并行的策略。

中国在执行程序中主张,调查机关在认定某一实体构成"公共机构"时,不仅需要证明该实体"拥有、行使或被授予了政府职权",还应证明该实体行使的"政府职权"和其提供的财政资助的"具体行为"之间存在联系。在法律本身之诉中,中方指出《公共机构备忘录》作为一项具有约束力的规则,违反了《SCM 协定》。法律适用之诉下,中方挑战了美国商务部应用《公共机构备忘录》在 12 个案件中的调查结论。

遗憾的是,执行专家组没有支持中方的观点,认为中方没有证明美国商务部调查的法律标准和证据标准违反《SCM 协定》。执行专家组认为,"公共机构"标准不要求调查机关在所确定的"政府职权"和具体行为之间建立起特定的联系。政府赋予公共机构职权的方式,以及各成员对何为"政府职权"的定义,均是多种多样的。因此,调查机关应在认定公共机构时采取具体问题具体分析的方法,整体考虑涉案实体的核心特点、与政府的关系,以及成员方国内的法律经济环境等证据,并给出合理充分的解释,而不应将对政府职权的界定局限于某一种情形。

上诉机构维持了执行专家组的裁决。上诉机构重申，认定公共机构的法律标准是相关实体是否"拥有、行使或被赋予了政府职权"。考察某一实体是否构成公共机构的重点在于该实体本身的性质，而不在于该实体的具体行为。因此，调查机关不需在"政府职权"和某一实体的财政资助具体行为之间建立联系，也不需要证明政府"有意义地控制"了某一实体的具体财政资助行为。依据这一法律标准，上诉机构裁定维持专家组原有的结论。

通过本案诉讼，DS379 案上诉机构关于公共机构的定性标准裁决虽然得以继续维持，但是，在认定方法和证据标准上，美国商务部《公共机构备忘录》的做法和逻辑未能被推翻，由此造成三方面影响：一是多边层面，短期内若再次通过 WTO 争端解决机制挑战美国在公共机构问题上的类似做法，将面临极大困难；二是单边层面，美国今后在对中国反补贴调查中继续沿用此做法，将更加缺乏有效外部约束，中国涉案企业和产业将面对系统性的不公平做法；三是根据《公共机构备忘录》内容，不仅承担社会职能或未行使"政府职权"的国有企业难以从"公共机构"中剥离，具有重要影响力的私营部门主体也可能被纳入。

（四）WTO 改革背景下关于"公共机构"的规则改革主张

2018 年以来，WTO 日益陷入危机，其权威性和有效性受到严峻挑战，各方围绕 WTO 改革展开激烈争论，提出各自关注焦点。目前，WTO 成员对 WTO 进行必要改革、维护已达成基本共识，但就具体改革路径、内容等意见不一。其中，以美国为代表的一些 WTO 成员积极推动加严产业补贴规则，其中涉及"公共机构"问题。

1. 美日欧三方声明关于"公共机构"的规则改革主张

自 2017 年 12 月 12 日美国、日本和欧盟三方贸易部长发布第一份联合声明以来，截至 2021 年，美日欧三方贸易部长共发布了七份联合声明，欲加强合作，建立产业补贴新规则。纵观这七份联合声明，从第三份声明起明确提出要讨论确定"公共机构"的内涵，明确提及关于"公共机构"规则改革方案的有两项。

（1）第三份联合声明①

2018 年 5 月 31 日，美欧日三方部长于巴黎公布第三份联合声明。该声明内容丰富，表达了对所谓第三国的"非市场导向政策"的关切，并讨论了正在采

---

① Joint Statement on Trilateral Meeting of the Trade Ministers of the United States, Japan, and the European Union.

取的行动以及可能在不久的将来采取的措施。声明指出，"部长们一致认为，有必要深化和加快有关产业补贴和国有企业可能的新规则的讨论，以促进我们的工人和企业更公平的竞争环境"。

声明附带 3 个附件，其中附件 1 为《为制定更强有力的产业补贴规定奠定基础》①。该附件导言部分指出："三方部长在前两次会讨论了由于大量市场扭曲补贴和国有企业造成的不公平竞争情况，同意采取多项初步联合行动来确定制定更严格的产业补贴规则的基础。三方认为，应该澄清和改进现行的世贸组织的产业补贴规则，以确保某些新兴发展中成员不会逃避其适用。"

附件第二部分的"目标"第二条为"需要更好的处理公共机构和国有企业"，具体内容如下：三方之间普遍趋于一致，即需要更好地解决公共机构和国有企业扭曲市场的行为。这些实体是某些国家驱动经济体的骨干和鲜明特征，通过它们该国决定性地支配和影响经济。因此，三方同意讨论确定一个实体应该被定性为"公共机构"的基础；如何解决那些没有被定性为公共机构的实体受国家影响的市场扭曲行为；以及建立公共机构和国有企业的额外义务和规则，包括提高透明度。

（2）第七份联合声明

2020 年 1 月 14 日，美欧日三方部长于华盛顿发布第七份联合声明。该声明重点聚焦加强 WTO 的现有产业补贴规则，从 6 个方面较为详细地提出了对 WTO《SCM 协定》的修改方案，其中第 6 项指出：

部长们注意到很多补贴是通过国家企业（State Enterprises）② 授予的，讨论了确保用"公共机构"这一术语规制这些补贴实体的重要性。部长们同意 WTO 上诉机构在多个报告中对"公共机构"的解读减损了 WTO 补贴规则的效力。为确定一个实体是否是公共机构，没有必要发现该实体"拥有、行使或被授予政府职权"。部长们同意在此基础上继续确立"公共机构"的定义。

（3）美日欧三方声明分析

纵观这七份联合声明，可以看出：

首先，三方声明关于"公共机构"的表述体现了鲜明的美国立场和主导。众所周知，自 DS379 案起，目前 WTO 争端解决机制关于"公共机构"问题的裁

---

① EU-JAPAN-US SCOPING PAPER: to define the basis for the development of stronger rules on industrial subsidies.

② 在七份联合声明中，并未严格区分或界定国家企业（State Enterprises）和国有企业（State-owned Enterprises），二者在多处混用，其中使用"国有企业"较多，基本可将二者等同。此处根据对声明整体意图和精神的理解，为尽可能扩大应约束的企业的范围，原文使用了"国家企业"。

决中，所有案件都是针对美国商务部反补贴调查的做法，起诉成员先后包括中国、印度、土耳其。DS379案上诉机构关于"公共机构"的划时代裁决，在一定程度上提高了调查机关的裁决标准和证据标准，限缩了美国调查机关的自由裁量权，使得美国难以简单、直接地将国有企业认定为公共机构。美国多次在WTO对此裁决表达不满，认为裁决"损害"了其依据WTO规则本应享有的"权利"。美国阻挠上诉机构成员遴选、杯葛上诉机构正常运行的理由之一，就是以此裁决为例，指责上诉机构在实体问题上"越权裁决"。

其次，"公共机构"规则是美欧日三方建立更严格的产业补贴和国有企业新规则的连接点。美欧日三方多次在声明中提及，欲针对所谓扭曲市场的产业补贴建立新规则，同时提出一些补贴行为是通过国有企业实施的。因此，为更好地约束国有企业行为，三方以"公共机构"关联补贴规则和国有企业规则。同时，由于认识到"公共机构"并不能涵盖所有国有企业，所以三方声明提出要解决那些"没有被定性为公共机构的实体受国家影响的市场扭曲行为"，要建立针对国有企业和公共机构的额外义务和规则。因此，以"公共机构"定性标准的澄清为起点，只有扩大"公共机构"的涵盖范围，才能从根本上实现规制更多国有企业的目的。

第三，美日欧三方尚未就如何界定"公共机构"达成一致意见。从第三份声明明确提出要讨论确定"公共机构"的内涵，到第七份声明指出当前"公共机构"规则存在的问题，三方虽然在不断协调，但目前达成的一致意见的内容仅有三点：一是认可探讨"公共机构"规则的重要意义在于规制提供补贴的国有企业；二是对WTO上诉机构对"公共机构"的解读提出质疑，甚至欲推翻对"公共机构"作出的定性裁决；三是三方需要继续就此问题进行讨论。很明显，三方关于"公共机构"如何认定这一最为关键的内容没有达成完全一致，且可能存在分歧。

2. 欧盟WTO改革方案中关于"公共机构"规则的主张

（1）欧盟2018年WTO现代化方案

欧洲理事会于2018年6月28至29日授权欧盟委员会推进WTO现代化，并公布了《WTO现代化——对欧盟未来提案的介绍》[①] 及三份具体的提案文件。其中第二份报告《欧盟未来建议之一——关于规则制定》[②] 中提出要"更好地处理国有企业（Better capture SOEs）"。

---

① WTO Modernisation: Introduction to Future EU Proposals.

② WTO Modernisation: Future EU Proposals on rulemaking.

欧盟指出，国有企业在一些国家中是国家决定性地管理和影响经济的手段，经常产生市场扭曲作用。但是，近年来国有企业的成长和影响在现行规则体制下还未受到任何处理市场扭曲行为的相应纪律的约束。欧盟认为，给予国有企业的补贴已由《SCM 协定》处理，与国家给予的任何其他补贴的处理方式相同。对于国有企业自身给予补贴的情况，《SCM 协定》通过"公共机构"的概念加以处理。但是此点的解释范围非常狭窄，从而使大量国有企业不受《SCM 协定》适用范围的管辖。欧盟因此建议澄清"公共机构"的构成，根据逐案分析（case by case）以明确一国家拥有的企业或一国家控制的企业是否行使政府职能或推行政府政策，以及如何评判一成员是否对所涉企业行使实际控制权。

此外，欧盟建议制定规则处理国有企业提供的其他市场扭曲作用的支持，这种支持作为推行政府经济政策的工具而非专注于企业自身的经济表现，其中特别包括关于国有企业中国家控制的水平和程度方面的透明度。

（2）欧盟 2021 年 WTO 改革政策文件

2021 年 2 月 18 日，欧委会在向欧洲议会和欧盟理事会等机构提交的文件《贸易政策审议：实行开放、可持续和果断有力的贸易政策》[1] 中，以附件形式发布了《世贸组织改革：建立可持续和有效的多边贸易体制》[2] 的报告，进一步阐述欧盟对 WTO 改革的建议，其中一项重要内容就是主张制定"竞争中立"（competitive neutrality）规则，防止政府干预扭曲竞争，将产业补贴、国有企业、强制技术转让等多项内容纳入其中，但未就"公共机构"规则提出具体主张。

文件指出[3]，世贸组织规则难以有效解决国家干预经济的负面溢出影响。当国家干预扭曲本国市场甚至全球市场竞争时，这显得尤为明显。而相关干预措施经常缺乏透明度，使问题进一步恶化。问题不在于国家自身的作用，世贸组织也接纳经济中蕴含不同程度的公共所有权，为实现合法目标或需求进行公共干预。问题在于有效反制在国内外竞争中偏袒本地公司、产品、服务，或限制市场准入，由此扭曲竞争、产生负面溢出效应甚至波及全球市场的干预措施。重度补贴对传统部门和新技术部门均会产生竞争扭曲效应，因此新的产业补贴规则对抵消重度补贴给国际贸易带来的负面影响至关重要。国有企业在许多国家中是国家发挥对经济决定性影响力的工具，有时也会带来市场扭曲效应。但是，尚未有相称的国有企业纪律来约束其市场扭曲行为。新的国有企业国际规则应关注国有企业商业活动行为，并与部分自贸协定、投资协定中已设定的国企纪律约束相符。

---

[1]　Trade Policy Review—An Open, Sustainable and Assertive Trade Policy.

[2]　Reforming the WTO: Towards a Sustainable and Effective Multilateral Trading System.

[3]　参见 Reforming the WTO: Towards a Sustainable and Effective Multilateral Trading System，第 9—10 页。

3. 欧盟观点分析

虽然欧盟是美欧日三方"小集团"中的重要成员之一，且就"公共机构"问题共同表达了前述声明内容，但是，欧盟显然有其不同于美国的思路和意图。

首先，欧盟对待上诉机构关于"公共机构"裁决的态度没有美国激烈和极端。欧盟支持要澄清"公共机构"的构成，但是，一是强调要进行"逐案分析"，并未笼统、一概而论地将国有企业都认定为"公共机构"；二是提出要明确"一国家拥有的企业或一国家控制的企业是否行使政府职能或推行政府政策，以及如何评判一成员是否对所涉企业行使实际控制权"，在实质上兼顾了上诉机构裁决的"政府职能"标准和美国始终坚持的"政府控制"标准。

其次，欧盟在处理"公共机构"规则的路径选择上出现重大变化。无论是三方声明还是欧盟 2018 年 WTO 现代化方案，都是在 WTO《SCM 协定》的基本框架下，探讨如何澄清或者明确"公共机构"的内涵和认定方式。而欧盟 2021 年 WTO 改革文件发生框架性的变化，拟以"竞争中立"规则囊括此前提出的碎片化的产业补贴、国有企业等相关规则改革，建立起独立的框架体系。这具有鲜明的欧盟特色，认可不同程度的公共所有权为实现合法目标或需求进行公共干预，契合了欧盟在规制盟内政府补贴行为时所采取的竞争法框架下的"国家援助"规则体系和路径。

最后，欧盟方案将参照部分自贸协定、投资协定，建立约束国有企业商业活动行为的新规则。当前 TPP、USMCA 和欧日 EPA 等区域贸易协定中，均设立了独立的国有企业规则章节，有关国有企业非商业援助的规则体系借鉴了《SCM 协定》的补贴规则体系，不仅天然地把国有企业作为了提供"补贴"的主体，而且采用政府所有权加控制权的标准，对什么是"国有企业"进行了明确界定。在此背景下，自然地解决了"公共机构"的界定问题。

4. 中国关于 WTO 改革建议文件中的主张

2019 年 5 月 13 日，WTO 散发中国提交的《中国关于世贸组织改革的建议文件》[①]。文件第四部分"增强多边贸易体制的包容性"提出，要坚持贸易和投资的公平竞争原则。该部分指出[②]，国有企业和其他各类企业在从事商业竞争时都应该是平等竞争的市场主体，但一些成员试图根据企业所有制的不同设立不同规则，比如不加区别地将所有国有企业都认定为《补贴与反补贴措施协定》中的"公共机构"，对国有企业设立额外的透明度和纪律规则，以及在外商投资安全

---

① China's Proposal on WTO Reform, WT/GC/W/773, 13 May 2019.

② 参见 China's Proposal on WTO Reform, WT/GC/W/773, 13 May 2019, Paras 2.35—2.37.

审查中歧视国有企业。这些做法不利于创造公平竞争的制度环境，如任由此类做法横行，未来还可能出现更多歧视性的规则。

为此，中方建议，应尊重成员各自的发展模式，增加多边贸易体制的包容性，促进贸易和投资的公平竞争。世贸组织应坚持公平竞争原则，确保不同所有制企业在进行商业活动时的公平竞争环境。在补贴相关纪律讨论中，不能借世贸组织改革对国有企业设立特殊的、歧视性的纪律。

（五）关于"公共机构"问题的思考

1. 多边规则的模糊性和原则性是造成调查实践滥用的重要原因

多边规则是各方谈判和妥协的结果，难以对所有事项都作出明确的规定和指引。"公共机构"的内涵和外延直接决定了《SCM 协定》对特定主体的适用范围，也直接影响着 WTO 成员反补贴调查的适用范围和反补贴措施水平的高低。如前所述，无论是《SCM 协定》文本本身还是谈判历史资料，都没有对"公共机构"的具体内涵作出明确界定，甚至没有体现清晰的指引。这为各 WTO 成员在实践中丰富和拓展、甚至歪曲和滥用规则留下了空间。

就 WTO 争端解决机制而言，DS379 案中上诉机构对于"公共机构"的定性解读"必须是拥有、行使或被授予政府职能的实体"，对澄清"公共机构"的内涵具有非常重要的意义，给出了原则性和方向性的指引，但这只是迈出了第一步，仍存在许多问题。从 WTO 规则和争端解决机制的裁决到现实中案件调查的具体操作之间存在很大的距离，美国商务部在实践中仍然拥有很大的自由裁量空间。

首先，如何将该标准付诸实践、如何在实践中适用这一标准，需要考察哪些因素从而确定什么样的机构是"拥有、行使或被授予政府职能的实体"，政府对国有企业的控制在什么情况下是"有意义的控制"（meaningful control），上诉机构并没有给出答案。其次，虽然上诉机构对"公共机构"的证据标准提出了要求，但也在裁决中对美国主张的"政府控制"论留下了接口，尤其是以举例的方式指出，如果一个政府对该实体及其行为是"有意义的控制"，就可以认定该实体拥有、行使或被授予政府职权，并进而将其认定为"公共机构"，这成为此后美国变相执行上诉机构裁决的一个重要依据。此外，美国商务部关于中国国有商业银行是公共机构的论证获得了专家组和上诉机构的认可，这使得美国 129 执行程序中的《公共机构备忘录》在此推论和举证体系的基础上越走越远。可以看出，在国有企业"公共机构"认定的问题上，WTO 规则和争端解决的约束显得力不从心。

2. 法律问题背后的政策考量和利益较量具有重要影响

在国际规则领域，法律问题从来都不是单纯的技术问题，其背后蕴含着深刻的政策考量和利益较量。从美国对中国最早的反补贴调查到今天，甚至从美国早年对多个国家的反补贴调查到今天，无论 WTO 争端解决机制裁决如何，美国商务部实质上始终坚持其"政府控制"理念这一主线，在对待公共机构的问题上始终贯彻其核心逻辑和标准。通过 129 执行程序，美国商务部虽然表面执行上诉机构的裁决，却在实际上虚化了上诉机构对"公共机构"审查所确立的高标准和要求，仍然回到了其原有的轨道上，"换汤不换药"。按照美国当前的做法，个人认为即便我国不采纳此前美国商务部和上诉机构援引的《商业银行法》第34 条的规定，相信美国商务部仍然有办法继续将国有商业银行认定为公共机构。美国对于多边规则的理解和运用，始终服务于其国内的利益和需求。

从 DS379 到 DS437、DS437 执行之诉，十几年来，中美之间围绕"公共机构"规则博弈的背后，是对国有企业行为是否以及如何进行约束的争论，更是两国不同经济体制之间的矛盾和冲突的体现。美国奉行自由主义市场经济，一贯反对政府干预和补贴，是目前 WTO 发起反补贴调查最多的成员①。随着中国入世后逐渐成为全球第一大贸易国和第二大经济体，近几年来美国对于我国以国有经济为支柱的发展模式不断挑战，《公共机构备忘录》就是对我经济体制进行抹黑的集中体现。在此背景下，利用 WTO 规则和国内法律，将中国国有企业认定为"公共机构"，从而对从国有企业购买原材料的中国出口企业征收高额反补贴税，成为美国打击中国企业的有力工具。更有甚者，美国商务部在反补贴案件中调查企业基层党组织和党员的存在，将经济问题和法律问题政治化。可以预见，在"公共机构"问题上美国不会手软，只会愈演愈烈。

3. WTO 改革背景下"公共机构"规则的发展道阻且长

如果说反补贴案件调查和征税措施是现有 WTO 规则和各 WTO 成员域内规则在实践中的运用，其威力限于当前规则的约束，那么，从根本上改变规则和标准，其影响将更为全面和深远。虽然 WTO 改革尚未正式启动，关于 WTO 改革的授权、议题、方式等也并未形成一致意见，但各成员方围绕多边治理和 WTO 新一轮规则制定话语权的较量已经展开。WTO 面临的危机之一就是规则谈判功能的弱化。美国、欧盟和日本不断通过发布三方声明的方式在国际场合进行造势，

---

① 根据 WTO 统计数据，自 1995 年 1 月 1 日至 2020 年 6 月 20 日，WTO 成员共发起 604 起反补贴调查，其中发起数量最多的前三个成员分别为美国（277 起）、欧盟（87 起）、加拿大（73 起）。

强化在 WTO 改革中所谓加严产业补贴规则和国有企业规则的重要性和必要性，将此问题与所谓"市场扭曲"挂钩，来势汹汹。美国、欧盟研究机构和学者也积极开展舆论造势①，发布研究报告和文章，呼应政府声明。

虽然如此，但"公共机构"规则的发展充满复杂性。首先，"公共机构"问题与 WTO 改革多项议题相互交织，既是现行《SCM 协定》的基础性概念，也是所谓加严产业补贴规则和国有企业规则的重要内容之一，更牵涉了当前争端解决机制上诉机构深陷危机的深层次原因，难以在短期内厘清。其次，历史上《SCM 协定》是以美国、欧盟、加拿大等为代表的少数发达成员主导下形成的，鲜明体现了其利益需求和规则话语权，然而，传统规则谈判方式在当今世界将面临诸多困难，美欧日主导的更加严格的补贴规则难以获得 WTO 成员的全体支持。是采取全体协商一致原则还是部分所谓"志同道合"者形成诸边协议模式，当前 WTO 围绕诸边谈判及其成果的法律效力展开了激烈争论，这也反映了发达成员欲主导 WTO 规则制定和力量日益强大的发展中成员规则话语权的上升。第三，如前所述，美欧日三方尚未就"公共机构"的规则方案形成共识；而且更值得注意的是，美国与欧盟之间的立场并不一致，新近发布的欧盟 WTO 政策文件鲜明地体现了欧盟欲将其盟内竞争法下的"国家援助"规则推向多边的政策导向。因此，就 WTO 改革规则谈判而言，我国在"公共机构"规则问题上尚有转圜空间，更需警惕的是诸边或区域规则谈判以及双边规则谈判。

入世以来，我国逐渐从多边规则的学习者、遵守者转向规则的运用者、创造者。无论是参与 WTO 多哈回合谈判还是 WTO 改革，无论是利用 WTO 争端解决机制捍卫自身的合法权益还是单边应对美国对我国频繁发起的反补贴调查，中国在实践中成长，在博弈中成熟，将以更加积极的姿态参与多边治理和规则制定。

---

① 这种舆论造势在学术界提前展开，例如，以 Mark Wu 为代表的美国学者提出中国的经济体制是独特的（sui generis），是 WTO 规则制定时没有预见到的，所以需要制定新的规则来针对中国的经济模式。Mark Wu, "The 'China, Inc.' Challenge to Global Trade Governance", 57 Harvard International Law Journal 1001 (2016).

六、美国反补贴调查汇率低估项目法律分析

彭 俊 管宇钿[①]

(一) 引言

2020 年 2 月 4 日，美国商务部发布《关于反补贴利益及专向性规定的修订》（下称修正法案或美国新规），并于同年 4 月 6 日生效。修正法案对反补贴的利益及专向性计算的相关规定进行了修订，以使得美国商务部可以在修正法案生效后，对汇率低估项目采取反补贴措施。

自该修正法案生效至今，美国已有多起反补贴调查案件涉及汇率低估补贴问题。该修正法案本身以及与之相关的实践引发了国际上广泛的争议和讨论。本文主要围绕以下四方面内容展开分析：

第一部分简要梳理美国汇率低估补贴规则的出台背景，阐述美国新规的制定缘由；

第二部分介绍美国新规的主要内容，即美国反补贴规则的修改之处；

第三部分主要结合越南轮胎和中国扎口丝两起对汇率低估补贴作出肯定性初裁的案件，总结美国政府在现有实践中如何落实新规规则；

第四部分则围绕世界贸易组织（World Trade Organization，下称 WTO）的相关规定，简要分析美国修正法案与 WTO 外汇与补贴规则的相符程度。

(二) 美国汇率低估项目法律实践历史

从历史来看，美国国内通过反补贴（或反倾销）措施对汇率低估进行救济的声音一直不绝于耳。在立法和实践领域，美国各类主体都曾对此问题进行过努力，但在修正法案出台之前，均未能成功。

---

① 彭俊、管宇钿，金诚同达律师事务所律师。

1. 立法层面

美国对解决汇率低估问题作出的最近一次尝试是在 10 年前。2010 年 9 月 29 日，美国众议院提交《货币改革促进公平贸易法案》，要求对某一向美国出口国家的货币对美元汇率在 18 个月内是否从根本上被低估作出判定，如果政府相关部门作出肯定终裁，将对相关国家输美商品征收反补贴或反倾销税。该法案于 2017 年 4 月 6 日被提交至美国国会，但是至今尚未通过。[①]

2. 实践层面

在实践中，美国申请人也曾试图在反补贴调查中将汇率低估主张为一种补贴的形式，进而通过征收反补贴税获得相应的救济。2010—2019 年间，美国申请人就发起了 5 起基于人民币汇率低估的反补贴调查。但除了一起未检索到立案信息外，其余案件均以申请人未能证明专向性或没有授予利益为由被美国商务部驳回。具体而言：

● 在 2019 年螺纹杆反补贴调查中，美国商务部认为申请人未能证明补贴的"授予利益"要件，因为申请人援引的美国财政部报告和 IMF 报告与其主张无关联性，且其中 IMF 报告也并非调查期的报告，缺乏证明力。

● 在 2011 年光伏反补贴调查中，美国商务部认为申请人未能证明补贴具有专向性，因为中国没有明确的关于汇率低估的法律，且部分不出口的企业和个人也可以获益于申请调查的项目。

● 在 2010 年铝挤压材反补贴调查中，美国商务部也以申请人没有提供足够的证据证明该补贴具有法律上的或事实上的出口专向性为由，拒绝了申请人提出的中国人民币存在汇率低估并构成一项"出口补贴"的主张。美国商务部认为有关汇率兑换的法律适用于所有中国的企业和个人，而且所有中国的企业或个人只要兑换外币就可以收到申请人指控的补贴。

● 在 2007 年非公路轮胎反补贴调查中，美国商务部也以举证不充分为由拒绝了申请人的申请。

（三）美国新规修订过程及主要内容

1. 新规修订过程

美国商务部在 2019 年 5 月 28 日发布了《反补贴利益及专向性规定的修订》

---

① 见 H. R. 2039—Currency Reform for Fair Trade Act，https：//www.congress.gov/bill/115th-congress/house-bill/2039，最后访问日期：2021 年 3 月 8 日。

的说明（下称新规起草说明），拟对当时现行的反补贴法规进行修改，以填补原《1930 年关税法》①和美国商务部现行反补贴规定的空白。新规起草说明希望对统一汇率兑换体系中以汇率低估形式提供的补贴下利益确定以及专向性判断中构成"一组企业"的情形进行规定，并邀请各方就提案提出评论意见。

截至 2019 年 6 月 27 日，共有 47 方对此提案提交了评论意见。包括美国商会、中国国际商会、金诚同达律师事务所、印度和巴西政府在内的 17 方持反对意见。反对意见主要质疑反补贴法并不是救济汇率低估的合理工具，美国商务部缺乏将汇率低估视为可救济的补贴的法律授权，汇率低估不构成"财政资助"，新增的专向性规定违反了美国法律和 WTO 规则，修正法案侵犯了 IMF 的裁量权。以美国国内企业、律所和智库为主的 30 方基本支持修正法案，并对补贴利益的计算等问题提出了具体的评论。

2020 年 2 月 4 日，美国商务部发布了此修正法案，对之前收到的评论意见进行了回应，并针对汇率低估项目对现行反补贴法规中有关利益及专向性条款作出了修改。

2. 新规主要内容

（1）新规内容一：新增关于汇率低估补贴项目的规定

美国新规的第一处修正体现为在《联邦法规汇编》第 19 编 351 章《反倾销反补贴条例》中新增了第 528 条（19 CFR 351. 528），为美国商务部计算因兑换被低估的货币所导致的补贴利益提供了明确的指引。

新增的第 528 条主要规定了两方面内容：一是作为利益授予方式的汇率低估项目的认定；二是汇率低估利益的计算。

①汇率低估项目的认定

19 CFR 351. 528（a）（1）条规定，美国商务部通常仅当一国的货币在相应的期间被低估时才会考虑在该国货币兑换美元时是否产生了利益。换言之，汇率低估的判断是分析是否存在利益的前提。

根据 19 CFR 351. 528（a）条的规定，美国商务部只有在同时满足以下两项条件的情况下，才会对汇率低估项目作出肯定性认定：

a. 被调查企业母国在相关期限内存在汇率低估情形

在判断是否存在汇率低估时，美国商务部通常会考虑一国实际有效汇率（real effective exchange rate，REER）与均衡实际有效汇率（equilibrium REER，能

---

① 根据美国商务部发布的《反补贴利益及专向性规定的修订》文件，《1930 年关税法》第 771（5）（E）节中所列授予利益情形并不是穷尽的，因此商务部可以通过立法，纳入新的利益情形。

够反映合理政策影响的中期外部平衡的实际有效汇率）之间的差异。

b. 存在导致汇率低估情形的政府行动

即该汇率低估情形可归因于被调查企业母国。且在判断是否存在此类政府行动时，美国商务部正常情况下不会考虑一独立央行或货币机构发布的货币或相关信贷政策。这一规定包含了两层含义：第一，被调查的政府行动可以包括诸如货币、信贷政策等被调查国作出的汇率相关措施；第二，如果一国央行或货币机构未能被认定为具有独立性，则所发布的货币或信贷政策同样可能被视为政府行动。同时，在评估政府汇率行动时，美国商务部可以考虑相关政府有关影响汇率的行动的透明度情况。

②汇率低估利益计算

根据 19 CFR 351. 528（b）条，一旦对汇率低估项目作出肯定性认定，美国商务部将通过检查以下两种汇率之间的差别，来判断利益是否存在及具体的数量：

a. 与均衡实际有效汇率一致的名义双边美元汇率，以及

b. 考虑了政府汇率行动影响有关的所有信息的、在相应的时间段内的实际名义双边美元汇率。

如果这两种汇率之间存在区别，则表明被调查企业因此被授予了利益，具体数额为被调查企业收到的本国货币数量与在不存在前述汇率差别的情况下该企业本应收到的本国货币数量的差额，简言之，在①、②两种汇率存在差别的情况下，利益通常等于企业因汇率低估而多收的本国货币数量。

（2）新规内容二：新增专向性款项，明确进出口企业构成"一组企业"

美国新规的第二处修正体现在《联邦法规汇编》第 19 编 351 章《反倾销反补贴条例》第 502 条（19 CFR 351. 502）有关国内补贴专向性的规定，即在原条款的基础上增加了（c）款，规定从国际上购买或向国际销售的企业（即一经济体内货物贸易领域的企业）可以在专向性判断中被视为"一组"企业。

上述修改可以说是美国商务部在吸取了以往实践中失败经验的基础上，填补了美国反补贴法律的空白：一方面，虽然《1930 年关税法》第 771（5A）（D）条规定，如果某一补贴被提供给"一组"企业或产业，则该补贴是具有专向性的，但该规定并未对"一组"这一概念加以界定；另一方面，在诸如上文提及的铝挤压材案等既往反补贴调查案件中，美国商务部数次以申请人未充分支持被调查企业所在国汇率低估是针对特定企业、产业或"组"而拒绝调查。尽管美国商务部曾在 2010 年发布的《政策公报 10.1》中补充规定国有企业可以构成《1930 年关税法》第 771（5A）（D）条的规定中的"一组"，但似乎在实践应用

中并未起到效果。因此，新增的专向性规定进一步扩大了用于认定专向性的补贴对象范围，使得所有提供给从事国际货物买卖的企业的补贴，或者进行国际货物买卖的企业为主要使用者的补贴，具有专向性；并作为一项适用于所有补贴项目的规则，将其规定在"国内补贴专向性"条款中，扫除了美国申请人在未来反补贴申请中证明专向性要件的主要障碍，避免了关于汇率低估补贴项目具有出口专向性的主张被美国商务部拒绝的风险。

（3）新规内容三：美国财政部在汇率低估补贴项目中的角色

除了上述两项实体内容的修正外，美国新规还对美国财政部在汇率低估项目中所起到的作用进行了明确。

这一补充体现在 19 CFR 351.528（c）条。根据该款规定，在适用新增有关汇率低估项目的规则时，美国商务部将请求美国财政部提供对汇率低估和相应的利益计算问题的评估和结论，表明美国商务部将尊重美国财政部在汇率低估问题上的专业性。但美国商务部在新规起草说明中也明确强调，尽管在一般情况下，美国商务部将尽可能遵守财政部作出的判断，但如果有充分的理由认为财政部的评估不当，美国商务部也可以摒弃财政部的评估与结论。[①] 这意味着美国商务部仍掌握着汇率低估补贴项目的认定与利益计算的最终决定权。

（四）美国新规的实践应用

自美国新规生效至本文完稿之时，已有六起反补贴调查案件涉及汇率低估项目。其中，以越南为汇率被调查国的有一起，即针对越南轮胎进口乘用车和轻卡轮胎的反补贴调查（下称越南轮胎案）；以中国为汇率被调查国的有五起，分别为针对中国扎口丝产品的反补贴调查（下称中国扎口丝案）、针对中国 R-125 五氟乙烷（R-125 Pentafluoroethane）的反补贴调查（下称中国 R-125 案）、针对来自中国的集装箱拖车底盘及其部件的反补贴调查（下称中国集装箱拖车底盘案），针对来自中国的移动式升降作业平台及其组件的反补贴调查（下称中国移动式作业平台案）以及针对中国手扶式扫雪机及其部件的反补贴调查（下称中国手扶扫雪机案）。

以上六起案件中，美国商务部已经对越南轮胎案和中国扎口丝案的汇率低估

---

① 见 Department of Commerce International Trade Administration, Proposed Modification of Regulations Regarding Benefit and Specificity in Countervailing Duty Proceedings, https://www.federalregister.gov/documents/2019/05/28/2019-11197/modification-of-regulations-regarding-benefit-and-specificity-in-countervailing-duty-proceedings，最后访问日期：2021 年 3 月 8 日。

项目作出肯定性初裁裁决①，其余四起案件，或尚未作出认定，或美国财政部均认定尽管存在汇率低估情形，但不可归因于政府行为。因此下文将以越南轮胎案和中国扎口丝案为例，对在汇率低估补贴问题上申请人的指控理由、美国商务部立案调查的考虑因素，以及最终对两国汇率低估补贴作出肯定性初裁的原因予以说明。

1. 美国汇率低估反补贴调查中的考虑因素

（1）申请书指控及立案理由

①财政资助

在越南轮胎案中，申请人和美国商务部均认为，越南国有银行和政府金融机构向轮胎生产商和出口商提供被低估的越南盾以换取美元，构成直接转移资金形式的财政资助。越南政府制定了政策以低估越南盾，其汇率管理方法使得私营实体也要遵从委托或指示，以政府严格控制的汇率提供货币。

在中国扎口丝案中，申请人指控称，出口企业通过国有或国有投资的银行兑换人民币的行为构成政府机构提供的直接财政资助。具体而言，中国政府严格控制美元对人民币的汇率并干预货币市场来保证中国出口商的竞争力并使其获得收益，通过制定严格的银行指导规则来管理外汇交易以及银行与使用外汇的客户之间的关系。私营主体为出口商兑换美元提供人民币时，这些主体受政府机构委托或指导，以政府严格控制的汇率提供货币，因此构成通过委托或指示提供财政资助。国有或国有投资银行以及其上述受中国政府委托或指导的私营实体构成"公共机构"。

中国政府反对称，由于货币兑换涉及两种不同货币的交换，因此不是资金的单向转移，不符合 WTO 中关于资金转移的认定，不构成直接资金转移。此外，中国的银行不是公共机构，也不受政府委托或指示履行政府职能；就算国有银行属于公共机构，这一主张本身也不能证明中国企业获得补贴。但是美国商务部认为，中国的国有银行构成公共机构，因此存在财政资助，准予立案。

②汇率低估形式的利益授予

在越南轮胎案中，申请人主张存在汇率低估形式的利益授予。其一，越南盾在调查期内被低估。IMF 估计越南盾在 2018 年的低估值为 8.4%，美国财政部报告也显示越南盾的汇率在 2019 年上半年依然被低估，且越南外汇政策缺乏透明度。其二，该案中存在导致汇率低估的越南政府行为。理由包括越南国家银行控

---

① 截至本文完稿之时，越南轮胎案和中国扎口丝案均已结案，其中，越南轮胎案对汇率低估补贴项目作出了肯定性裁决，而中国扎口丝案则决定将该问题延期到第一次复审中再做决定。

制汇率波动，以及越南政府的汇率行动的目的是保持越南商品在国际市场上的竞争力；且 IMF、世界银行和财政部均表明，由于越南政府对汇率的管理，越南的外部情况比应有的情况要强，因此存在利益，即符合均衡实际有效汇率的理论美元—越南盾汇率与调查期间实际美元—越南盾汇率之间的差额。美国商务部认可了申请人的上述指控理由。

在中国扎口丝案中，申请人首先指控称人民币在调查期内存在被低估的情形，具体理由包括：①2019 年财政部报告表明中国长期通过干预外汇市场和其他工具来低估货币；②2019 年和 2020 年财政部报告中，中国均在美国财政部汇率监控名单中；③2019 年 8 月和 9 月人民币对美元汇率再次下降，达到 11 年来最低；④美国对中国货物交易存在长期贸易逆差；⑤中国对货币市场的干预政策缺乏透明度。此外，申请人还列出诸项理由表示存在导致汇率低估的中国政府行为。申请人认为，中国人民银行通过每日固定汇率严格管控外汇交易体系导致了调查期内的人民币低估，同时，中国人民银行还通过直接干预外汇市场、影响离岸交易的人民币计价资产的利率、改变外汇衍生品交易的准备金要求等方式控制人民币汇率，这种行为为人民币在国际贸易中赢得竞争优势。同时，申请人指出扎口丝生产商兑得高于本应兑换的美元金额，即 2018 年中国存在与均衡 REER 汇率的负汇率差，且 2019 年人民币兑美元贬值与市场基础不符 。

中国政府认为不存在利益授予，因为均衡 REER 是一个过时且有争议的概念，其计算方法并不统一，使用均衡 REER 评估汇率是否被低估缺乏合理性。此外，申请人引用的美国财政部报告未包括中国干预外汇市场的具体证据，未提交均衡 REER 和 REER 的比较，也没有解释为什么中国企业能通过此项目获益。然而，美国商务部基于上述提到的 2019 年、2020 年财政部报告、2019 年人民币兑美元位于 11 年来最低点，以及 IMF 报告显示的 2018 年人民币汇率与 REER 之间存在差距的事实，认为存在利益授予，准予立案。

③专向性

在越南轮胎案中，美国商务部认可了申请人的指控，认为补贴具有事实上的专向性，因为 2019 年越南国际收支数据表明，越南货物出口商的出口额占全部外币供应的 87.9%，提供了绝大部分的外币，这些外币因政府货币低估而被兑换成额外的越南盾，使出口商受益。此外，因国际货物的买卖方为越南 2019 国际收支提供了净积极资助，因此其是越南被低估的货币补贴的主要使用者。

在中国扎口丝案中，申请人主张称 2019 年 89% 的人民币外汇供给用于货物出口，因此在国际上购买或销售货物的企业是货币低估补贴的主要使用者。中国政府认为其指控的补贴不具有专向性，一方面因为汇率低估项目本身缺乏法律专向性，另一方面因为申请人未证明事实专向性。具体而言，在事实专向性问题上，申请人没有证明计划或方案的存在，且中国企业从事进出口无须批准，不存在固定的从事进出口的一类企业；同时，中国政府认为"一组"企业的概念太过宽泛，不符合 WTO 规定；此外，申请人没有提供数据证明此类企业获得了不成比例的大量补贴，也未考虑 ASCM 和美国国内法中规定的国内经济活动的多元化程度以及补贴项目运营市场的情况。

尽管如此，美国商务部仍认定涉案补贴具有事实上的专向性，理由在于出口货物的中国公司提供了绝大部分的外币，这些外币因政府货币低估而被兑换成额外的人民币而受益。此外，国际货物的买卖方为中国 2019 年国际收支提供了净积极资助，因此其是中国被低估的货币补贴的主要使用者。

④汇率低估利益计算

$$补贴税率 = \frac{（REER-均衡\ REER）\times 被调查企业从银行兑换的外币总量}{被调查企业的销售总额}$$

（2）初裁认定

①财政资助

在越南轮胎案初裁中，美国商务部表示，越南国有商业银行的高级管理人员为政府和越南共产党的官员，且银行由国家控股，因此越南国有商业银行被视作政府官方，以直接资金转移的形式进行了财政资助。越南国家银行通过货币政策来调节外汇，并采取措施控制外汇市场上的交易。根据越南法规，被授权的信贷机构向其客户提供外汇兑换，其外汇汇率限于政府管制范围。故越南国家银行的行为属于政府委托或指导私人实体。基于上述理由，美国商务部认为越南政府机关或者公共机构在汇率低估项目下提供了财政资助。

在中国扎口丝案中，美国商务部类似地认为，中国人民银行和国家外汇管理局是中国处理外汇交易的主要机构，规定信贷机构从事外汇交易，中国的信贷机构主要为银行和金融公司。因此，将美元兑换成人民币的中国金融机构都可以被认定为政府机构。中国建设银行等银行为国有银行，由国家控股，因而构成公共机构。私人银行根据中国法律，执行政府政策导向贷款的责任，因此中国所有商业银行作为政府直接干预经济的政策工具。据此，美国商务部认定中国政府机关或者公共机构在汇率低估项目下同样提供了财政资助。

②专向性

在越南轮胎案中，美国商务部认为，根据国际货币基金组织的数据，越南通过商品出口、服务出口、各种形式的有价证券和直接投资以及从国外赚取的收入四个主要外汇渠道获得美元流入，其中商品出口占绝大部分。因此，在国际上购买或销售商品的企业是政府货币低估补贴的主要使用者。中国扎口丝案中美国商务部的论述与越南轮胎案相同。

③授予利益

在越南轮胎案中，美国商务部认为存在授予利益。首先，有效汇率（REER）和均衡实际有效汇率（均衡 REER）存在差距。根据美国财政部报告，越南盾在 2019 年被低估，REER 和均衡 REER 存在差距，转化为越南盾对美元的等值双边汇率的差额为 4.7%。其次，政府行为造成了汇率低估。根据 IMF 提供的越南政府在反补贴调查购买和出售外汇储备的数据，以及全球外汇储备评估框架方法中使用的数据结构，越南盾汇率低估全部归因于越南政府行为。

在中国扎口丝案中，美国商务部同样基于上述两个理由认为存在授予利益。一方面，商务部根据美国财政部报告认为，人民币在 2019 年被低估，REER 和均衡 REER 存在差距，转化为人民币对美元的等值双边汇率的差额为 5%。另一方面，根据美国财政部认定，中国政府的汇率调整行为缺乏透明度。中国政府没有披露对外汇市场的干预程度，也没有披露期汇率管理制度的其他关键特征，因而中国为汇率操纵国。因此，中国政府行为造成了汇率低估。

（3）评论

从上述梳理可以看出，在汇率低估补贴项目的立案方面，美国商务部基本认可申请人指控的理由，在财政资助、授予利益以及专向性三项补贴要件上主要考虑了以下所列各项因素；在初裁中，美国商务部在大部分考虑因素上也与立案理由保持了一致，但通过经济学模型以及其他官方数据，对各项因素的认定进行了细化。

越南轮胎案和中国扎口丝案反映出的美国反补贴调查中汇率低估项目立案方面的主要考虑因素具体如下：

- 财政资助

—国有银行或投资银行，以及受政府委托或指示的私营实体构成公共机构；

—上述实体向出口商提供外汇汇兑，因此构成资金的直接转移。

- 授予利益

存在汇率低估情形：

—被调查国存在汇率浮动；

—被调查国被 IMF 认定为存在汇率低估；

—被调查货币被列入美国财政部汇率操纵或汇率政策监控名单；

—被调查国汇率政策缺乏透明度。

汇率低估情形可归因于政府：

—央行不独立于政府；

—央行接受政府委托管理外汇汇率。

· 利益计算

企业收到的与 REER 和均衡 REER 差额对应的货币数量。

· 专向性

—兑换的被调查货币主要用于出口；

—国际货物买卖方为被调查货币发行国提供了净积极资助，构成汇率低估补贴的主要使用者。

2. 美国新规与 IMF 关于汇率低估的认定方式存在差异

作为主管货币汇率监察的重要国际金融机构，国际货币基金组织（International Monetary Fund，IMF）在评估成员方汇率情况方面自成体系。通过对比 IMF 的汇率评价方法和美国商务部对越南轮胎案、中国扎口丝案的初裁裁决，可以看出美国商务部与 IMF 在汇率低估情形的认定以及授予利益的计算方法上均存在一定差异。

（1）汇率低估情形的认定

如上文所述，美国商务部在认定被调查国是否存在汇率低估时，很大程度上依赖于美国财政部的评估报告，而从美国财政部在报告中的描述来看，其主要通过 GERAF 模型认定汇率低估情形的存在（越南轮胎案），但不排除当其认为汇率被调查国不适合适用 GERAF 模型时，采用其他方式评价该国的汇率情况（中国扎口丝案）。

而在 IMF 下，并没有专门的模型对汇率低估情形进行认定，而是综合考虑与外汇储备、国际收支、外汇汇率、外汇政策有关的诸多因素作出判断，其中：

· IMF 会考虑的外汇储备相关因素包括对外投资量和外汇储备量变化之间的对等情况以及储备金与（外储）充足性指标之间的比率。以 2018 年《IMF 协定》第 4 条磋商越南报告为例，在 2018 年越南报告中，IMF 在考虑对外投资量和外汇储备量变化之间的对等情况时发现，过去 10 年越南对外投资量减少了 10 个百分点，占 GDP 的 25%，而外汇储备则高达 GDP 的 35%；在储备金与（外储）充足性指标之间的比率上，2018 年越南的储备金占充足性指标的 76%。

· 在国际收支方面，IMF 会考虑经常账户状况以及财务账户余额情况。在 2018 年越南报告中，IMF 认为 2018 年越南的经常账户情况反映了一种双向、分段的经济（dual and segmented economy），即制造业呈贸易顺差，而非 FDI 领域则呈现出 GDP 8.3% 的贸易赤字；2018 年，越南的财务账户余额减少。

· 在外汇汇率方面，IMF 会考虑 REER 情况。在 2018 年越南报告中，IMF

估算 2018 年越南 REER 升高了 3.5%。

● 在外汇政策方面，IMF 会将被调查国外部情况与基本面和预估政策之间的差异进行比较，并据此认定 2018 年越南外部情况高于基本面和预估政策。

（2）汇率低估授予利益的计算

在汇率低估所授予利益的计算方面，美国商务部在反补贴调查实践中严格遵守了美国新规，考察了在 REER 和均衡 REER 存在差异的情况下，企业收到的差额对应的货币数量。为计算具体数额，美国商务部除了需要确定被调查国的 REER 外，还需要通过一定方式，选择一项适用于被调查国情况的均衡 REER 理论模型。但迄今为止，美国尚未对均衡 REER 的具体认定方法提供任何官方指引。

而在 IMF 方面，IMF 下设汇率问题顾问组（Consultative Group on Exchange Rate，CGER），作为汇率争端技术问题的官方机构。根据 2006 年 11 月出台的《CGER 汇率评价方法》（*Methodology for CGER Exchange Rate Assessments*），IMF 提出了一套系统性汇率评价方法，包括三种互相补充的方法：宏观经济平衡法（Macroeconomic Balance Approach，MBA）、简化均衡实际汇率法（Equilibrium Real Exchange Rate Approach，ERER）和外部可持续方法（External Sustainability Approach，ESA）。由此可见，IMF 并非基于单一方法对成员方汇率低估进行认定，因此，相较于美国采用的方法，通过 IMF 的汇率评价方法得出的汇率评估结果似乎更为平衡。

美国和 IMF 在汇率低估评价方法上的差异不仅仅是理论上的分歧，在实践中已经产生了不一致的结果。如美国财政部在为中国扎口丝案提供的汇率低估评估报告中即认为中国属于汇率操纵国，而从近年来 IMF 所做关于中国的《IMF 协定第 4 条磋商年度国别报告》来看，中国均未被 IMF 认定为存在汇率操纵情形。因此，美国商务部能否无视 IMF 在货币与外汇政策方面问题的权威性，凭借一己之力在国内实践中对其他主权国家的汇率问题作出认定，仍值得商榷与检验。

（五）美国新规的 WTO 规则相符性

美国新规与其后续实践招致了不少国际社会的抨击，如 IMF 即评价美国新规"给多边贸易和国际货币体系带来了重大风险"，认为与美国立法初衷相反，新规不仅无助于解决对部分国家货币政策的关切，还可能为其他国家效仿美国采取报复措施提供了条件，进而加剧贸易关系的紧张;① 又如对于中国扎口丝反补贴调查案，即便不考虑各方对于美国商务部初裁中关于汇率低估问题论证合理性的质疑，仅针对美国财政部在汇率低估评估与利益计算上摒弃了越南轮胎案中使用的 GERAF 模型这一事实，也可能违反了其作出的采取统一一致的框架进行评估的承诺。②

由于美国新规存在以上合法性和合理性上的争议，很可能为中国企业带来严重不利的影响，如上文所述，在新规生效不到一年的时间内，已有 4 起涉及汇率低估问题的反补贴调查的案件，其中 3 起都是针对人民币汇率低估的项目。尽管美国商务部在扎口丝案终裁③、R-125 案④、集装箱拖车底盘案⑤的反补贴调查中已经推迟了对人民币汇率低估补贴问题作出认定，但并未消除对美出口的中国企业被征收反补贴税的风险。由于中美两国同为 WTO 成员，因此可以通过考察美国新规是否符合 WTO 的既有规则，探求中方未来应对美国新规提供可能的抗辩思路。

考虑到美国新规将汇率问题纳入了传统的补贴规则，因此下文将主要从两个角度对美国新规的 WTO 相符性问题展开探讨：一是美国新规是否满足 WTO 中有关汇率问题的要求；二是作为一项补贴新规，修正法案是否符合 WTO 已经确立的补贴规则。

1. 美国新规与 WTO 汇率相关规则的合规性

WTO 规则中，与货币政策相关的要求主要反映在《关税与贸易总协定》（General Agreement on Tariffs and Trade, GATT）第 15 条 "外汇安排" 中。该条第 2 款要求 WTO 应与 IMF 就外汇安排问题进行协商，表明 WTO 与 IMF 对 "外汇安排" 具有相同的理解。根据《国际货币基金组织协定》（IMF 协定）第 4 条

---

① IMF, *United States of America: Staff Concluding Statement of the* 2020 *Article IV Mission*, para. 11. https://www.imf.org/en/News/Articles/2020/07/17/mcs-071720-united-states-of-america-staff-concluding-statement-of-the-2020-article-iv-mission, 最后访问日期：2021 年 3 月 8 日。

② Modification of Regulations Regarding Benefit and Specificity in Countervailing Duty Proceedings, https://www.federalregister.gov/documents/2019/05/28/2019-11197/modification-of-regulations-regarding-benefit-and-specificity-in-countervailing-duty-proceedings, 最后访问日期：2021 年 3 月 8 日。

③ Final Determinations in the Antidumping and Countervailing Duty Investigations of Certain Twist Ties from China, https://www.trade.gov/faq/final-determinations-antidumping-and-countervailing-duty-investigation-certain-twist-ties-china, 最后访问日期：2021 年 3 月 8 日。

④ USTIC Votes to Continue Investigations Concerning Pentafluoroethane（R-125）from China, https://www.usitc.gov/press_room/news_release/2021/er0225ll1728.htm, 最后访问日期：2021 年 3 月 8 日。

⑤ USTIC Votes to Continue Investigations Concerning Chassis and Subassemblies from China https://www.usitc.gov/press_room/news_release/2020/er0911ll1647.htm, 最后访问日期：2021 年 3 月 8 日。

第 3 款"对外汇安排的监督"的规定，IMF 有义务监督成员国的汇率政策。据此可以认为在 WTO 与 IMF 规则语境下，汇率政策属于外汇安排。如前文所述，修正法案下被调查的政府行动包括货币、信贷政策等被调查国作出的汇率相关措施，因此，修正法案中规定的"汇率相关政府行动"可以构成外汇安排，从这一角度而言，大体可以认为美国新规能够落入 GATT 第 15 条的调整范围。

（1）WTO 是否对贸易措施争议中的汇率问题享有管辖权

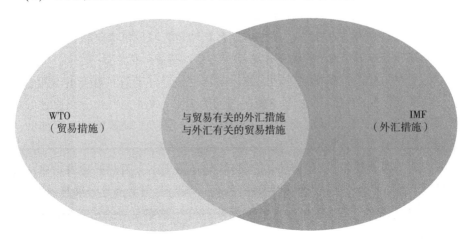

从性质而言，尽管美国新规涉及汇率认定问题，但由于其是将汇率问题作为补贴利益授予的形式之一，放在了补贴规则体系下加以规定，因此其实质上属于与汇率（外汇）有关的贸易措施。

在国际经贸法律体系下，贸易措施问题由 WTO 主管，包括外汇在内的货币措施问题由 IMF 主管，但当外汇问题与贸易问题牵扯在一起的时候，原本区分明确的管辖权即变得复杂起来。从 WTO 角度而言，争议焦点在于：WTO 是否对贸易措施争议中的外汇问题享有管辖权。如果答案是肯定的，则包括中国在内的被调查国可以在 WTO 下就美国新规提出违反之诉，且美国不能以 WTO 对此问题缺乏管辖权为由加以抗辩；而如果答案是否定的，则被调查国无法通过在 WTO 起诉美国新规而获得有效救济。

上述问题的主要 WTO 法律依据为 GATT 第 15 条第 1 款和第 2 款，其中，GATT 第 15 条第 1 款确立了 WTO 与 IMF 各自在外汇和贸易措施方面的主管权，并要求二者就对方主管领域方面的问题谋求合作①；第 2 款则规定 WTO 应就有关外汇安排的问题与 IMF 进行充分磋商，并有义务接受 IMF 关于外汇事实的调查结果，以及就 WTO 某成员国在外汇事项上所采取的行动是否符合 IMF 协定的认定。② 从案文的内容来看，两款规定并未对上述问题提供确切的答案。因此，就此问题，可能存在以下几种观点：

观点一：贸易措施争议中汇率问题的管辖权排他属于 WTO，即 WTO 有权直接对贸易争议中涉及的汇率等外汇问题作出认定，且无须向 IMF 寻求意见。

观点二：贸易措施争议中汇率问题的管辖权排他属于 IMF③，即该问题应由 IMF 进行处理，WTO 无权对此类争议作出判定。

观点三：WTO 与 IMF 均有管辖权，但二者管辖权的侧重点不同。

以上三种观点中，第三种观点得到了多数方的认同。一方面，从条款的措辞来看，GATT 明确了 WTO 对贸易措施争议的管辖权，因此，即使争议与外汇问题有关，但如果该争议本质仍为贸易措施问题，WTO 仍对该问题具有管辖权；同时，"谋求与 IMF 合作""协调的政策"等措辞也认可了 IMF 对贸易争议中外汇问题的介入；另一方面，《国际货币基金组织与世界贸易组织协议》（Agreement between the International Monetary Fund and the World Trade Organization）以及相关 WTO 缔约资料中也通过规定 WTO 与 IMF 应当就对方管辖的事项互相寻求意见，

---

① GATT Article 15.1：The CONTRACTING PARTIES shall seek co-operation with the International Monetary Fund to the end that the CONTRACTING PARTIES and the Fund may pursue a co-ordinated policy with regard to exchange questions within the jurisdiction of the Fund and questions of quantitative restrictions and other trade measures within the jurisdiction of the CONTRACTING PARTIES.

② GATT Article 15.2：In all cases in which the CONTRACTING PARTIES are called upon to consider or deal with problems concerning monetary reserves, balances of payments or foreign exchange arrangements, they shall consult fully with the International Monetary Fund. In such consultations, the CONTRACTING PARTIES shall accept all findings of statistical and other facts presented by the Fund relating to foreign exchange, monetary reserves and balances of payments, and shall accept the determination of the Fund as to whether action by a contracting party in exchange matters is in accordance with the Articles of Agreement of the International Monetary Fund.

③ 如 1953 年日内瓦讨论上形成的 GATT 分析指引（analytical index）中确定了 IMF 具有就外汇问题提供事实或发表意见的权能。参见 EPCT/A/PV/29, p. 47：it seems … that there is a real difference here between saying matters within the jurisdiction of the Fund, which relates … strictly to the powers the Fund has, whereas matters within the competence of the Fund are matters on which the Fund, by reason of the subject matter which it deals with, is competent to provide the facts or to express an opinion. As one might say in a Government department … which has certain legal powers in relation to a part of its field and no powers in another, certain things are within the jurisdiction of that government department, but a great many more are within its competence.

间接重申了 WTO 与 IMF 对各自主管领域问题的管辖权。①

尽管如此，但 GATT 第 15 条第 1、2 款及现有相关资料仍未能为以下两个问题提供实质性解答：

第一，WTO 与 IMF 关于外汇安排问题的协商要求是否具有强制性。在涉及这一问题的三起 WTO 案件②中，尽管专家组或上诉机构最终均就案涉外汇争议与 IMF 进行了协商③，但均在不同程度上回避了 WTO 是否有义务与 IMF 就外汇问题进行协商这一问题。

第二，如果 WTO 与 IMF 均有管辖权，如何划分二者的管辖权。按照上文的分析，IMF 与 WTO 的管辖权主要取决于争议措施的实质性质，具体而言，与外汇相关的贸易措施应由 WTO 主管，而与贸易相关的外汇措施则落入 IMF 的管辖范围。但对于如何判断措施的实质性质，现有资料并未提供明确的指引。

上述问题的不确定性可以在一定程度上说明，WTO 是否对作为一项外汇相关的贸易措施的美国新规具有管辖权，以及管辖权范围的大小仍具有较大的争辩空间。

（2）WTO 成员方是否有权通过贸易措施对汇率问题自行作出认定

如果依据 GATT 第 15 条第 2 款的规定，WTO 有义务就外汇安排问题与 IMF 进行协商，作为 WTO 成员方，美国是否有义务遵守这一规定，将是否存在汇率低估这一问题交由 IMF 决断，而非通过国内法自行对这一问题作出判定。

从相关规则和资料来看，这一问题同样缺乏确切的结论。

认为 WTO 成员方没有义务遵守 GATT 第 15 条第 2 款规定的理由可能在于该款对 WTO 成员方不具有约束力。GATT 第 15 条第 2 款的义务主体为"缔约方全体"（CONTRACTING PARTIES），并非 WTO 成员方。根据 GATT1994 第 2 条

---

① 如《IMF 与 WTO 协议》即要求 IMF 工作人员及 WTO 秘书处，分别就属于 WTO 协定下的义务和属于 IMF 协定下的义务与对方进行协商；又如 1984 年东京回合第 14 次会议上，GATT 缔约方全体确认 IMF 的工作中应当包含外汇市场的不稳定性对国际贸易的影响，双方应当就此问题进一步交换意见。

② 分别为 DS56 - *Argentina—Textiles and Apparel*、DS90 - *India - Quantitative Restrictions*，以及 DS302 - *Dominican Republic—Import and Sale of Cigarettes*.

③ 参见 WT/DS302//R，*Dominican Republic—Import and Sale of Cigarettes*，para. 7. 139，https：//docs. wto. org/dol2fe/Pages/SS/directdoc. aspx? filename＝Q：/WT/DS/302R. pdf&Open＝True，最后访问日期：2021 年 3 月 8 日；WT/DS90/R，*India—Quantitative Restrictions*，para. 5. 12，https：//docs. wto. org/dol2fe/Pages/SS/directdoc. aspx? filename＝Q：/WT/DS/90R. pdf&Open＝True，最后访问日期：2021 年 3 月 8 日。

（b）款规定，第 15 条中 CONTRACTING PARTIES 应理解为 WTO①；与之相对，contracting party 则指代 WTO 成员方②。同时，根据《马拉喀什建立世界贸易组织协定》（Marrakesh Agreement Establishing the World Trade Organization，WTO Agreement，下称 WTO 协定）第 8 条第 1 款，WTO 具有法人资格③，即 WTO 具有独立享有权利和承担义务的能力，因此，从义务主体来看，GATT 第 15 条第 2 款并不直接适用于 WTO 成员方。

　　然而，1954—1955 数量限制审议工作组下设的 GATT/IMF 关系特别小组报告则表明，两协定的共同缔约方政府应协调好 GATT 与 IMF 协定之间的关系，并采取相关行动。这似乎意味着，GATT 下关于外汇安排的规定同样适用于同样作为 IMF 成员的 WTO 成员方。若 GATT 第 15 条第 2 款确立了 IMF 对外汇问题的决定权，则 WTO 成员方应将贸易措施中所涉外汇问题交由 IMF 认定。在这一情况下，美国在反补贴程序中调查 WTO 成员方汇率低估，将侵犯 GATT 第 15 条第 2 款确立的 IMF 对汇率安排问题的管辖权。

　　2. 美国新规与 WTO 补贴相关规则的合规性

　　即便不考虑 WTO 对汇率问题的管辖权，作为一项补贴新规，美国修正法案也应当符合 WTO 已经确立的补贴规则。根据 WTO《补贴与反补贴措施协定》（《SCM 协定》），补贴需满足由政府或公共机构提供财政资助、授予利益以及专向性三项要件。对于美国新规能否构成符合《SCM 协定》规定的补贴，仍存在较大的讨论空间。出于篇幅原因，本文无法穷尽所有争议问题并展开深入分析，因此仅提出以下几项较为突出的问题以作思考：

----

① GATT1994 Article 2. Explanatory note：… （b）The references to the CONTRACTING PARTIES acting jointly in Articles XV：1, XV：2, XV：8, XXXVIII and the Notes Ad Article XII and XVIII；and in the provisions on special exchange agreements in Articles XV：2, XV：3, XV：6, XV：7 and XV：9 of GATT 1994 shall be deemed to be references to the WTO. The other functions that the provisions of GATT 1994 assign to the CONTRACT-ING PARTIES acting jointly shall be allocated by the Ministerial Conference.

② GATT1994 Article 2. Explanatory note：（a）The references to "contracting party" in the provisions of GATT 1994 shall be deemed to read "Member". The references to "less-developed contracting party" and "developed contracting party" shall be deemed to read "developing country Member" and "developed country Member". The references to "Executive Secretary" shall be deemed to read "Director-General of the WTO"…

③ Agreement Establishing the World Trade Organization, Article 8.1：1. The WTO shall have legal personali-ty, and shall be accorded by each of its Members such legal capacity as may be necessary for the exercise of its func-tions.

就财政资助而言，从越南轮胎案①和中国扎口丝案②的初裁裁决来看，汇率低估被认为属于"资金的直接转让"的方式提供的财政资助，因而落入《SCM协定》第1条第1款（i）项情形③。但从性质上来看，汇率低估似乎更可能构成货币交易，而非资金的直接转让。US—Large Civil Aircraft（2nd complaint）案、Japan—DRAMs（Korea）案和Korea—Commercial Vessels案中，上诉机构明确"资金的直接转让"包括"政府向接受者提供金钱、金融资源和/或金融债权的行为"④，由于汇率低估不可能属于提供金钱和金融债权，因此只有能够证明汇率低估属于提供金钱资源，才可能符合ASCM确定的财政资助。但因目前尚未有WTO案件对"金融资源"进行过定性，因此尚无法确定汇率低估能否构成金钱资源的提供。

就提供财政资助的主体而言，修正法案规定，只有存在导致汇率低估情形的政府行动时，美国商务部才可以认定汇率低估补贴项目。在越南轮胎案和中国扎口丝案的初裁裁决中，美国商务部均以越南和中国的国有商业银行受国家控股等原因，将其视为政府机构，并认定其以直接资金转移的形式提供了财政资助。但《SCM协定》的财政资助条款区分了政府与公共机构两类资助主体，在既往《SCM协定》判例中，仅就国有银行是否构成"公共机构"存在过争议，似乎难以直接将其等同于成员方政府。因此，美国商务部在越南轮胎和中国扎口丝两个案件中将国有银行与政府挂钩，明显偏离了《SCM协定》财政资助条款的规定。另外，即便能够将国有银行认定为公共机构，进而满足《SCM协定》财政资助

---

① Passenger Vehicle and Light Truck Tires From the Socialist Republic of Vietnam: Preliminary Affirmative Countervailing Duty Determination and Alignment of Final Determination With Final Antidumping Duty Determination, https://www. federalregister. gov/documents/2020/11/10/2020－24913/passenger－vehicle－and－light-truck-tires-from-the-socialist-republic-of-vietnam-preliminary, 最后访问日期：2021年3月8日。

② See Twist Ties China CVD Investigation Preliminary Decision Memorandum, https://enforcement. trade. gov/frn/summary/prc/2020-26452-1. pdf, 最后访问日期：2021年3月8日。

③ ASCM Article 1: Definition of Subsidy1. 1 For the purpose of this Agreement, a subsidy shall be deemed to exist if: （a）（1）there is a financial contribution by a government or any public body within the territory of a Member（referred to in this Agreement as "government"）, i. e. where:（i）a government practice involves a direct transfer of funds（e. g. grants, loans, and equity infusion）, potential direct transfers of funds or liabilities（e. g. loan guarantees）;...

④ See e. g. WT/DS353/AB/R, US—Large Civil Aircraft（2nd complaint）, paras. 614, 617. https://docs. wto. org/dol2fe/Pages/SS/directdoc. aspx? filename＝Q: /WT/DS/353ABR. pdf&Open＝True, 最后访问日期：2021年3月8日。

条款的要求，但由于《SCM协定》专向性条款中规定的补贴提供主体为"授予机关"①，修正法案也很可能无法满足专向性条款的主体要求。此外，在中国扎口丝案的初裁裁决中，美国商务部在论证汇率低估的政府归因性时，还将中国政府在汇率变动的行动上缺乏透明度作为认定理由之一，然而《SCM协定》中并不涉及对提供财政资助主体行动的透明度因素的考虑，因此美国商务部以中国政府的汇率行动缺乏透明度为由构建了政府行为与汇率低估情形之间的因果关系与WTO规则并不匹配。

就授予利益而言，从修正法案本身以及越南轮胎、中国扎口丝两个案件的初裁分析来看，判断汇率低估所授予的利益的基础为被调查国的实际有效汇率和均衡实际有效汇率之间的差距。但这一判定存在两项问题：其一，如上所述，均衡实际有效汇率属于理论的经济学概念，目前尚没有统一适用的标准和模型，因此，美国财政部使用的均衡实际有效汇率认定模型是否合理存在很大的不确定性；其二，在新规起草说明中，美国商务部表示财政部将以一致的框架进行汇率评估，而根据美国财政部在中国扎口丝案中提供的调查报告，其在分析人民币汇率是否存在低估时，并未采用越南轮胎案中使用的GERAF模型，而是通过对中国政府管理汇率的各种工具的可能影响做一个整体评估，直接估算出人民币汇率被低估的比率在5%左右②，表明了美国财政部在汇率低估认定方式上不具有一致性，这也可能导致在此基础上测算出的授予利益额度的可信性大打折扣。

就专向性而言，新增的专向性规定可能从以下两个方面使得专向性要件极易得到满足：其一，新增规定将"一组企业"的概念扩大至所有从事国际货物买卖的企业，或者进行国际货物买卖的、作为补贴主要使用者的企业，意味着即使不属于同一行业领域，但主要从事国际货物买卖的企业也可以被视为同一补贴的授予对象；其二，对于如何认定"补贴的主要使用者"，新规并未予以明确，在新规起草说明中，美国商务部强调须在个案的基础上对"主要使用者"进行判断③，使得美国商务部在此问题的认定上具有绝对的裁量空间，如中国扎口丝案

---

① ASCM Article 2：Specificity 2.1 In order to determine whether a subsidy, as defined in paragraph 1 of Article 1, is specific to an enterprise or industry or group of enterprises or industries (referred to in this Agreement as "certain enterprises") within the jurisdiction of the granting authority, the following principles shall apply：…

② Letter from Department of Treasury, https：//access. trade. gov/public/searchresults. aspx? btn = qs，最后访问日期：2021年3月8日。

③ See Department Of Commerce International Trade Administration, Proposed Modification of Regulations Regarding Benefit and Specificity in Countervailing Duty Proceedings, https：//www. federalregister. gov/documents/2019/05/28/2019-11197/modification-of-regulations-regarding-benefit-and-specificity-in-countervailing-duty-proceedings，最后访问日期：2021年3月8日。

中，美国商务部即根据国际货币基金组织和中国海关公布的加工贸易数据，以中国以商品出口为主要外汇渠道获得美元流入为由，认定在国际上购买或销售商品的企业是政府汇率低估补贴的主要使用者。① 上述两方面因素导致"专向性"要件形同虚设，使得汇率低估项目一旦成立就必然具有专向性。尽管《SCM 协定》专向性条款概括性地允许将提供给"一组企业"的补贴视为具有专向性，但相关 WTO 判例表明不能无限扩大专向性的范围，如 *US—Upland Cotton* 专家组即认为，当补贴的范围足够大时，其就不再具有专向性。②因此，美国新增专向性条款能否符合《SCM 协定》的专向性要求，取决于 DSB 如何划定专向性范围的界限。从新规目前的实践情况来看，在 WTO 下主张美国新规不符合 ASCM 专向性条款的要求仍有很大概率可以获得支持。

（六）结语

美国补贴新规允许美国贸易主管机关在反补贴调查中将汇率低估作为一项补贴利益进行认定，并扩大了国内补贴专向性的范围，允许将从国际上购买或向国际销售的企业视为专向性判断中的"一组"企业。新规的出台及其后续实践合理性的缺失使得 2019 年中美两国关于汇率操纵纷争的余波又起。在美国对华贸易政策趋于严格的背景下，中国可以通过何种方式有效应对美国的新动作，不仅涉及微观层面对企业利益的考虑，更包含了宏观层面对中国经贸发展方向的整体把控。上文提出的多边解决途径仅是一种可行的思考角度，中美两国能否在汇率和补贴问题上达成相对一致的意见，还需要通过分析与总结两国贸易政策的规律，寻找出可能达到的平衡点。

---

① Final Determinations in the Antidumping and Countervailing Duty Investigations of Certain Twist Ties from China, https：//www. trade. gov/faq/final-determinations-antidumping-and-countervailing-duty-investigation-certain-twist-ties-china，最后访问日期：2021 年 3 月 8 日。

② WT/DS267/R. , *US—Upland Cotton*, para. 7. 1142, https：//docs. wto. org/dol2fe/Pages/SS/directdoc. aspx? filename=Q：/WT/DS/267R. pdf&Open=True，最后访问日期：2021 年 3 月 8 日。

七、多边贸易体制中的补贴问题及欧盟 《白皮书》对 WTO 现有规则的冲击[①]

蒲凌尘[②]

欧盟、美国、日本针对补贴问题发表的联合声明，主要涉及三个核心问题：①如何解决 WTO 运行机制的欠缺，譬如争端解决机制，以及规则的不完善；②如何解决中国国有企业的竞争和补贴；③如何解决因中国的发展带来的经贸格局的变化，导致欧美日等的利益失衡。

归纳一句话，欧美日等认为，WTO 所构建的多边贸易体制不适合中国。

（一）美国的"单边主义"与"合纵主义"

美国前总统特朗普以极端的"单边主义"方式，将现有的多边贸易体制彻底击破，原因在于，美国的利益、规则的话语权、掌控全球贸易格局的主导地位，受到了冲击、挑战，甚至是削弱。

因此，特朗普采取"破局"现有的多边贸易体制，重新构建美国所希望的"棋局"，制定新的游戏规则，维护其核心利益，遏制中国的发展与崛起的战略意图昭然若揭。

然而，在全球化贸易格局中，美国所期望达到的维护核心利益、把控主导地位的意图并没有得到预想的效果。

拜登上任美国总统后，与特朗普在本质上没有差别，即遏制中国，维护美国的利益，把控主导地位。虽然拜登彻底摒弃了"单边主义"，但是他采用的方式很像中国战国时期的"合纵谋略"，聚合部分盟友，兼顾其利益与诉求，在规则设定层面划出清晰的"隔离带"，借势盟友，抗衡中国的发展。

因此，WTO 的改革、规则的完善、机制的运行，取决于美国实施的"合纵

---

① 本文是作者根据 2020 年 7 月 29 日，由清华大学国际争端解决研究院和中欧经贸咨询委员会联合举办的"补贴与反补贴规则研讨会"上的发言录音整理而成，在此次成稿时，增加了一些新的内容。本文观点不代表任何组织机构。

② 蒲凌尘，中伦律师事务所律师。

主义"是否到位，然后才能触动解决 WTO 的问题；如果和谐度达不到，共识达不到，主导地位达不到，势力达不到，那么规则的话语权力度也就不够，利益就得不到维护。

（二）中国经贸与产业发展带来的国际贸易格局变化

在过去的 30 年，笔者一直从事国际贸易、贸易政策等法律业务领域，代理中国出口企业应诉国外发起的反倾销、反补贴、保障措施调查，亲身经历了中国的产业和贸易的发展历程，也从中认识到为什么欧美等国家竭力遏制中国的崛起。

1. 中国产业与经贸发展的初期状况

在对外开放早期，中国出口主要以原料、简单加工、劳动密集型产业为特征，出口市场以美国、欧盟、日本为主。总体而言，产业链多处在低端，科技水平相对较低，呈现的态势是发达国家所倡导鼓励的产业供给链的分布、国际贸易的分工这样的格局，因此，对发达经济体形成了互补，没有呈现竞争模式的改变，以这种国际贸易格局而制定的规则，也符合并体现了发达国家的利益。

2. 中国制造业产业链的跨越

经过 30 多年的发展，尤其是自 2001 年加入 WTO 以来，我国的产业结构出现了非常大的变化，其中最为引人瞩目的是，中国的产业链实现了跨越，由低端走入中端，甚至在有些产业领域进入了高端产业链，与此同时，服务行业、金融行业也得到了显著提升。

更令人关注的是，中国的产业链跨越与欧美有着本质上的差异，第一，中国的产业链提升不是"架空式"的跨越，而是低、中、高端形成内在的连接，并非走向了中、高端，低端产业不存在了；第二，产业链的布局非常广泛，几乎涵盖了所有的领域；第三，科技水平得到长足提高。

3. 国际贸易格局的变化

中国产业的跳跃式发展，极大地刺激了对外贸易的发展，由此引发了传统国际贸易格局的变化，直接导致了竞争模式的改变、供给链的变化。而 1995 年"乌拉圭回合"谈判达成的全球贸易、产业治理的规则，难以应对中国带来的格局变化。

从国外发起的贸易救济调查可以窥见一斑，中国出口企业遇到的调查，从传统的发达国家市场扩延到全球所有的市场。涉的产业领域超出了以往以原材料、简单加工、纺织、轻工、低端设备为主的结构，竞争的态势不是聚焦在某几个领域，而是如排山倒海之势层层叠叠推进，使得国与国之间、区域与区域之间的经贸发展形成了你中有我，我中有你的交融态势。传统的产业供给链以区域地理的自然产业优势为发展的结构，使得发达与发展中国家的原有贸易格局受到了冲击。

譬如发达国家在发展中国家布局的产业供给链，与中国的产业形成了正面竞争。近几年东南亚、拉美、西亚区域发起的贸易救济调查，多数呈现的是中国出口产业与发达国家在当地投资的产业之间发生的竞争。与此同时，发展中国家和主要区域的产业也在不断地发展，也与中国的产业构成了竞争。

说到这里，我们不难理解美国为什么要"破局"，脱离"多边主义"，采取"单边主义"，而今又走向了"合纵主义"。

（三）欧盟出台《白皮书》的意图以及对现行规则的冲击①

欧美日等主要的 WTO 成员所关注的焦点问题之一，是中国的经贸体制、产业布局以及在发展过程中的国家补贴问题。欧美日认为，在竞争层面，中国的产业与经贸发展得益于中国的特有模式，即国家以市场为导向，运用调控手段，统筹资源配置，通过"五年规划"逐步更新产业结构，打造制造业的高端领域，加强产业的科技创新，淘汰落后的产业，在高、中、低产业链建造以科技为含量的整体产业结构，推动贸易发展。

欧美日等其他 WTO 的成员认为，WTO 的现有规则不能解决中国的特有体制与由此而引发的竞争模式。笔者将欧美日聚焦的核心问题，归纳为三点：

（1）规划市场经济对应自由市场经济的模式。

（2）国有资本对应私有资本的资源配置。

（3）国有企业对应私营企业的竞争。

基于上述三点的对应关系，欧美日等 WTO 的主要成员很自然将补贴与国有企业的问题提到首位。在他们的眼中，补贴源于中国的特有体制，正是因为统筹规划补贴与资源调配，国有企业得到大幅度的发展，促进了中国产业与经贸的发展，导致竞争模式的改变，引发国际贸易格局的变化。

---

① 2020 年 6 月 17 日，欧盟委员会发布了《关于在外国补贴方面创造公平竞争环境的白皮书》。

随着中国实力的增强，一定会影响多边规则的制定，中国的话语权也会得到提升。

1. WTO 的《补贴与反补贴措施协定》

从 WTO 的《补贴与反补贴措施协定》的题目可以看出，并非所有补贴都触犯协定的规定，因为补贴普遍存在于众多的 WTO 成员内。只有当补贴构成了协定的要件，进口国才能依据协定的规则予以调查，直至采取反补贴的措施。

欧盟、美国、日本、加拿大、澳大利亚等发达成员，同样对本国的产业予以补贴，尤其是在新产业领域。我们熟知的欧美之间在 WTO 的争端解决机制中所涉及的民用大飞机补贴争诉（DS353）、新能源产业（DS412—日本；DS426—欧盟），就是典型的案例。这些案件争诉的法律点几乎涉及协定的所有内容。可以这样说，众多的条款得到了澄清与解释，创立了先例，规制了补贴的纪律。反过来说，民用大飞机、新能源的争端案，也影响了其他 WTO 成员在发展本国高科技产业领域中的补贴"禁区"。

2. 欧盟《白皮书》在规则上的突破

欧盟在 WTO 的多边贸易体系中扮演着重要的角色。很多规则的修改、完善、调整，均出自欧盟之手。欧盟与美国采取的方式不尽相同：前者注重多边贸易体系的维护，在现有的规则层面上求得主导地位；后者注重我行我素，采取正面的，甚至是违背 WTO 规则的对抗做法（例如特朗普采取的措施）。

我们在分析解读欧盟的《白皮书》时，不能忽略欧美日等 WTO 成员针对WTO 的规则，尤其是补贴规则作出的数次联合声明。[①] 但是，声明中并没有具体化规则本身，只是提出关注。欧盟的《白皮书》将欧美日所关注的补贴、中国的经贸体制、中国的竞争模式完全汇总在欧盟的白皮书中，试图一揽子解决目前所关注的问题。

我们谈规则，读提案，解析白皮书，不能忽视历史的演变过程，也不能脱离我们所处的环境。

尽管《白皮书》尚未形成法律文本，但白皮书涵盖的内容非常广泛，改变规则的方向非常清晰。其中引人关注的是，《白皮书》将货物贸易的补贴问题，服务贸易、金融、投资等领域的补贴问题汇聚一体；另外，《白皮书》涉及的补

---

① 2020 年 1 月 14 日，欧美日三方发布联合声明："部长们注意到，许多补贴是通过国有企业提供的，他们讨论了确保将国有企业纳入'公共机构'范围的重要性。部长们一致认为，上诉机构报告中对'公共机构'的解释损害了 WTO 的现行补贴规则的有效性。在确定某一实体是否是公共机构时不必认定该实体'拥有、行使或被授予政府权力'。"三方认为，应在此基础上继续探讨"公共机构"的定义。

贴与反补贴的问题，超出了 WTO 的现有协定范畴，将补贴延伸到了 WTO 成员的境内，而不是传统意义上的边境货物贸易，因此，反补贴的举措将不仅仅局限于货物本身受到的补贴，而是将贸易、投资的行为延伸到了欧盟（成员）的境内。[①]

欧盟《白皮书》并没有明确指明立法的目的在于"规制"中国的竞争，字里行间对此表露无遗。在欧美日三方的联合声明里，已经表述了 WTO 的现有规则不能完全解决国际贸易格局的改变、中国竞争的态势以及中国产业的补贴问题。

3. 欧盟《白皮书》关注的核心问题与规则的创建

为了做实规则，欧盟在策略上分几步完成白皮书的颁布。

首先，欧盟在中国的特有经贸体制问题上，于 2017 年 12 月 20 日，颁布了 470 页的关于中国市场扭曲的报告，从中国的宪法，中国法律的体系，到中国的经济制度特征，作了非常详实地论证，然后，选择四大产业领域，钢铁、铝、化工、陶瓷，进一步具体论证中国所有的产业是在"市场扭曲"的条件状态下运作，这为欧盟在贸易救济法律和政策层面上，为修改欧盟自身法律与构建规则，做了铺垫。

第二步，欧盟颁布《外商直接投资审查条例》，将货物贸易延伸到了投资领域，预示到了中国的经贸发展，也会逐步深入欧盟的境内商业活动，完成对有形贸易的限制过渡到无形的、跨境贸易的规则构建。

第三步，欧盟在传统的 WTO 贸易救济调查法律体系中，纳入了"市场扭曲"的概念，同时兼容"补贴"的概念，形成极具特色的"双反合二为一的救济体系"。换言之，欧盟认为，针对中国出口企业实施的反倾销与反补贴调查程序中，虽然两个程序具有独立性，但也具有重叠性，即倾销也是补贴导致的，其根源在于中国"市场扭曲"，扭曲的根源在于政府调控、介入产业、实施补贴。

另一个规则上的突破是，欧盟对中国出口企业发起的反补贴调查中，中国企业在海外投资的行为也被认定为构成补贴，将补贴范围扩大到（中国原产地）境外。[②] 所以，欧盟在规则的设定上已经超越了 WTO 的现有规则，在传统的贸

[①] 《服务贸易总协定》（GATS）第 15 条规定了成员对于可能导致扭曲的服务贸易补贴应当进行磋商，以促成关于服务贸易补贴的多边规则形成，但是，与《白皮书》所要解决的问题不能完全对等，《白皮书》是要解决受到政府补贴的产业，在欧盟境内从事商业、投资、并购的行为。

[②] Commission Implementing Regulation（EU）2020/776, June 12, 2020. 欧委会在本案中将中国企业在埃及投资的项目认定为补贴，并对此发起原产于埃及的反补贴调查。

易救济调查法律体系中做了重大突破。①

第四步，《白皮书》试图从源头上解决中国的产业与经贸发展模式，先从市场是扭曲的入手，再将反补贴延伸到（中国）境外，最后将货物贸易扩展到投资目的国，限制金融、服务贸易的竞争。所以，"市场扭曲"是规则修改的源头，白皮书将"扭曲"涵盖到了所有的领域、涉及境外与欧盟境内的商业经营活动。②

从适用的范围来看，《白皮书》既含有 WTO 的补贴概念，同时也纳入了欧盟创建的补贴的新的概念，虽然《白皮书》还没有形成一个真正的法规，具体措施如何实施还不明朗，但是笔者认为，欧盟会利用这个《白皮书》在有限的多边的体系当中影响其他现有的 WTO 成员。

结合美国目前采用的"合纵主义"，欧盟积极创建新规则，必定会在未来的多边贸易体系中给中国带来极大的挑战，我们国家在未来规则的制定当中确实会遇到很大技术上和法律上的挑战。

（四）欧盟《白皮书》对中国产业与经贸发展带来的挑战

分析欧盟的对华贸易法律政策，需要综合审视：①贸易救济调查的规则改变带有聚焦式的目的，即限制具体产业的竞争；②中欧全面投资协定应与白皮书结合研读，因为欧盟的每一部法律的颁布，都围绕着一个核心的关注点：中国特有体制带来的竞争模式改变，以及这一改变带来的国际贸易格局的变化，直至规则话语权的掌控。

1. 资金支持风险

由于欧盟认定中国的金融机构属于"公共机构"，向中国企业进行资金支持，自然落入了《白皮书》中所界定的"外国补贴"，即"非欧盟国家的政府或任何公共机构提供的，使在法律上或事实上的单个企业/行业或一类企业/行业的受益人获益的财政支持"。

国有企业在对外投资资金的来源和流向方面，将是欧盟新规则攻击的重点。只要是国有企业，甚至是民营企业，其资金的来源是中国的金融机构所提供的（国开行、进出口银行等所有其他的相关金融机构）资金、贷款、赞助等，都将

---

① 请参见 WTO《补贴与反补贴措施协定》第一条款的法律规定。
② 《补贴与反补贴措施协定》是 WTO 协定附件 1A，《货物贸易多边协定》的组成部分，与 GATT 第 6 条，第 16 条共同适用于货物贸易中的补贴。

被认定为"国外补贴",从而受到未来欧盟法律措施的限制甚至罚款,禁止投资、并购。

2. 投资、并购、采购(投标)风险

《白皮书》提出了"三大模式"的制度框架,以对外国补贴导致的欧盟市场扭曲进行调查、评估并采取措施。

第一种模式一般性地适用于外国补贴导致欧盟市场(竞争)扭曲的情形,既适用于在欧盟境内设立机构的经营者,也适用于未在欧盟设立机构但是在欧盟市场开展业务的经营者。第二种模式针对收购、并购欧盟企业的受益于外国补贴企业。第三种模式针对政府采购中的受益于外国补贴企业。

在"三大模式"下的调查程序中,一个重要考量因素是,外国补贴是否导致了欧盟市场扭曲。在评估标准中,欧盟指出特定类型的补贴"可能导致欧盟市场的扭曲",具体包括:以出口融资形式提供的补贴;对经营困难的经营者提供的补贴(尤其是在缺乏重组方案的前提下,对无法从独立商业途径获得长期融资和投资的企业进行的补贴);政府为企业债务提供无限担保(不限担保数额、责任和时限);在一般措施外,以税务减免的形式提供的运营补贴;直接支持收购盟内企业的外国企业获得政府补贴。

3. 《白皮书》认定扭曲公平竞争的标准

《白皮书》试图解决的问题是:①创建规则,并逐步形成多国所能接受的规则;②如何解决因补贴导致的市场扭曲;③如何建立公平竞争的环境;④如何认定补贴——欧盟的创新概念。

除此以外,《白皮书》还列举了一系列(非穷尽的)评估标准,用以衡量是否造成了市场扭曲的指标,如补贴的数额、补贴接受方的规模大小、产能过剩情况、市场集中程度、市场行为、低价竞标以及市场活跃程度等。

接受的"补贴"数额越大,接收方经营规模越大,产能过剩越严重,市场集中程度越高,在市场中越活跃就越有可能被认定存在市场扭曲。

4. 《白皮书》与欧盟现有其他法规的互补

欧盟在投资、政府采购、竞争、补贴等领域有相关的法规予以规制,但是,《白皮书》一旦形成法律文本,将与相关的现行法规交替使用。

(1) 直接投资审查

欧盟《外商直接投资审查条例》是欧盟针对外国投资者在欧盟及其成员国进行直接投资时予以风险控制。成员国有权基于保护国家安全和公共秩序的考

虑，对外商直接投资进行评估、调查、批准、限制、禁止或撤销。[1]

但是，《外商直接投资审查条例》适用的范围仅限于国家安全和公共秩序是否会受到外商投资的损害，没有涉及外商投资者的资金是否来源于投资者本国的补贴。[2]《白皮书》将投资的性质（补贴）作出了明确的界定，即除了国家安全、公共秩序的考虑外，投资的来源是补贴的将会受到《白皮书》的制约。

（2）欧盟政府采购

欧盟第 2014/24 号《政府采购指令》并没有对参与政府采购竞标的经营者是否接受外国补贴设置特定的条件。虽然 2014/24 号指令规定，竞标人报价过低且无法提供原因，如果其获得了欧盟国家的援助（State Aid），该投标有可能被拒绝。

对于外国企业参与投标的经营者，需要证明外国的补贴是否导致招投标的可行性以及投标人的履约能力。欧盟国际政府采购机制（International Procurement Instrument）也仅仅是调整其他国家的政府采购市场的准入。

由此可见，《白皮书》涉及的是投标人的资金是否构成补贴，低价竞标，导致市场竞争的扭曲。

（五）应对建议

结合我们国家的国情以及其他 WTO 成员的关注，笔者提出如下建议：

（1）建议创建制定对国有企业经营、管理、竞争的专门法律体系，使得国有企业在竞争与经营过程中，与其他性质的企业没有本质上的差异。

（2）建议我们国家设置海外投资审核机制，这种审核机制并不是控制或限制中国企业的海外投资，需要中央与地方形成一个有效的审核机制，对投资的目的国、投资的项目、可行性研究、效益、投资的"补贴"问题做详尽的调研审核。

（3）建议相关政府部门建立"双向机制"，即合理地、科学地使用补贴，将补贴投放到创新、具有科技含量发展的领域企业；企业获取补贴前，应向主管部门提交相关的报告，论证财政资助的必要性和项目实现、开发的周期。

（4）建议政府在颁布相关补贴规定时，避免使用"定向企业""定向领域""定向项目"等字眼，将获取补贴的条件、标准予以普遍化，不要个体化。

---

① Article 2, Regulation (EU) 2019/452 of The European Parliament And of The Council of 19 March 2019 Establishing A Framework for The Screening of Foreign Direct Investment into the Union.

② Article 1, Ibid.

（5）建议政府针对国有金融机构的性质、法律、法规进行梳理，使之与其他国家的金融机构在发放贷款、资金资助时，避免落入"公共机构"。譬如，在中国涉及 WTO 的争端案件中，上诉机构认定中国的国有银行属于"公共机构"，因为相关的法律的总则明确提到为了实现"五年规划"等条文。

（六）结束语

中国的产业结构、经贸体制、国有企业、补贴等问题，将是欧美日和其他 WTO 成员所关注的核心问题。目前，美国处在积极打造盟友阵线的阶段，利用七国集团的影响力，运用"合纵谋略"，构建具有影响力的团体，同时在多边体系中加强美国的影响力。在这一切落到实处后，主要的 WTO 成员才能提出多边贸易体系中的具体改革方案，构建新规则。

但是，欧盟的《白皮书》已经在规则层面上设计了针对中国竞争的一整套方案，内外结合，将传统的货物贸易、服务贸易、投资等，扩展到了成员的境内和投资方的源头补贴。《白皮书》极有可能影响其他的 WTO 成员的内部立法，并作为多边规则谈判的基础。

八、《美墨加协定》的非商业援助规则浅析

——兼与 CPTPP 和《补贴与反补贴措施协定》比较

任　清[①]

引言

《美国—墨西哥—加拿大协定》（以下简称《美墨加协定》）于 2018 年 11 月 30 日签署（后于 2019 年 12 月 10 日修订），于 2020 年 7 月 1 日生效。[②] 该协定是对美国、墨西哥和加拿大三国于 1992 年签订的《北美自由贸易协定》的升级，被美国官方称为"21 世纪的高标准协定"[③] 和"最全面和最高标准的贸易协定"。[④]

《美墨加协定》正文的第 22 章题为"国有企业"，其被定位为该协定"抗击非市场经济做法"（Combatting Non-Market Practices）的规则的一部分。美国贸易代表办公室（USTR）称，"北美自由贸易协定只有在经济竞争建立在真正的市场基础上才能发挥作用"，《美墨加协定》针对"不公平的补贴和非市场的贸易做法"直接制定了规则，并对于美国未来与其他贸易伙伴的谈判"确立了重要的先例"。[⑤]

《美墨加协定》"国有企业"章的正文包括 15 个条款，此外还有 5 个附件。本文将从该协定对国有企业的定义出发，探讨该协定中非商业援助规则的主要内容，并将其与 WTO《补贴与反补贴措施协定》（以下简称《SCM 协定》）中的对应规则进行比较，在此基础上分析非商业援助规则对中国的影响和提出一些应对建议。

---

① 任清，北京市环球律师事务所合伙人，中国法学会世贸组织法研究会常务理事。

② 《美墨加协定》分为 A、B、C 三个部分，其中 A 部分为协定正文，包括序言和 34 个章节，B 部分为协定附件，C 部分为双边信函。协定全文见美国贸易代表办公室（USTR）网站：https://ustr.gov/trade-agreements/free-trade-agreements/united-states-mexico-canada-agreement/agreement-between。

③ 见 USTR 网站：https://ustr.gov/trade-agreements/free-trade-agreements/united-states-mexico-canada-agreement/fact-sheets/modernizing。

④ 见 USTR 网站：https://ustr.gov/sites/default/files/files/Press/fs/USMCA/USMCA-NME.pdf。

⑤ 见 USTR 网站：https://ustr.gov/sites/default/files/files/Press/fs/USMCA/USMCA-NME.pdf。

需要说明的是，《美墨加协定》的"国有企业"章系由《跨太平洋伙伴关系协定》（以下简称 TPP）的"国有企业"章为基础发展而来，而 TPP 的"国有企业"章也就是《全面与进步跨太平洋伙伴关系协定》（以下简称 CPTPP）的"国有企业"章。[①] 在中国"积极考虑加入" CPTPP[②] 的背景下，研究 CPTPP 的国有企业规则具有重要意义；而鉴于美国认为《美墨加协定》的国有企业规则"远超" TPP，[③] 为未来谈判确立了重要的先例，从长远看，研究《美墨加协定》的国有企业规则也很重要。因此，本文在探讨《美墨加协定》非商业援助规则时，将其与 TPP/CPTPP（以下统称 CPTPP）的对应规则进行比较。

（一）国有企业的定义

CPTPP 第 17.1 条对国有企业的定义为：国有企业是指如下企业：（a）主要从事商业活动；且（b）一缔约方在其中：（i）直接拥有 50% 以上的股份资本；（ii）通过所有者权益控制 50% 以上投票权的行使；或（iii）有权任命大多数董事会或其他同等管理机构成员。

《美墨加协定》第 22.1 条对国有企业的定义为："国有企业是指以商业活动为主的企业，且一缔约方：（a）直接或间接持有股本的 50% 以上；（b）直接或间接通过所有者权益控制 50% 以上投票权的行使；（c）通过任何其他所有者权益控制企业（包括间接或少数股权的）；或（d）有权任命大多数董事会或任何其他同等管理机构的成员。"

以上定义均由两部分组成：一是主要从事商业活动，二是国家的拥有或控制。但两个定义也存在重要区别。首先，《美墨加协定》将国家仅拥有少数股权但拥有控制权的企业也纳入国有企业的范围［即上一段引文中的（c）项］。根据该协定在脚注中的说明，如果国家有权决定或指示企业的重要事项（少数股东的保护性权利除外），则国家对该企业拥有控制权；国家是否拥有该等控制权需要在个案基础上考虑所有相关的法律和事实因素，包括国家是否有权决定或指示企业的开支或投资、发行新股或借债、重组或解散等。其次，《美墨加协定》将

---

① CPTPP 的全文见新西兰外交贸易部网站：https：//www.mfat.govt.nz/en/trade－trade－agreements/free-trade-agreements-in-force/comprehensive-and-progressive-agreement-for-trans-pacific-partner-ship-cptpp/comprehensive-and-progressive-agreement-for-trans-pacific-partnership-text-and-resources/。

② 参见李克强总理在 2021 年"两会"上所做的政府工作报告，http：//www.gov.cn/premier/2021－03/12/content_5592671.htm。

③ 见 USTR 网站：https：//ustr.gov/sites/default/files/files/Press/fs/USMCA/USMCA-NME.pdf。

国家间接拥有或控制的企业也纳入国有企业的范围。

因此，相比 CPTPP，《美墨加协定》大大扩大了国有企业的定义。

（二）非商业援助规则的主要内容

CPTPP 与《美墨加协定》针对国有企业主要确立了三大规则，分别是非商业援助，非歧视待遇和商业考虑，透明度。站在美国等方的角度，非商业援助制度解决了传统补贴规则的不足，成为针对国有企业量身定制的一套制度。

1. 非商业援助的定义

根据 CPTPP 第 17.1 条，非商业援助指国有企业凭借其政府所有权或控制权而获得的援助。简言之，非商业援助是国有企业因其国有企业身份而获得的援助。该条进一步对"援助"和"国有企业凭借其政府所有权或控制权"做了定义。其中，援助是指：（i）资金的直接转移或潜在的资金或债务的直接转移，如：赠款或债务减免，比该企业商业可获条件更优惠的贷款、贷款担保或其他形式的融资，或与私营投资者的投资惯例不相一致的权益资本；或者（ii）比该企业商业可获条件更优惠的除一般基础设施外的货物或服务。而"国有企业凭借其政府所有权或控制权"是指：（i）该缔约方或其任何国营企业或国有企业明确将援助限定于其任何国有企业；（ii）该缔约方或其任何国营企业或国有企业提供的援助主要由该缔约方的国有企业使用；（iii）该缔约方或其任何国营企业或国有企业将不成比例的大量援助提供给该缔约方的国有企业；或（iv）该缔约方或该缔约方的任何国营企业或国有企业在提供援助时，通过使用其自由裁量权对该缔约方的国有企业给予照顾。

根据《美墨加协定》第 22.1 条，非商业援助是指仅限于特定企业的援助。可见，非商业援助的接受人并不限于国有企业。该条进一步对"援助"和"限于特定企业"做了定义。其中，"援助"除了 CPTPP 中界定的第（i）项和第（ii）项外，新增了第（iii）项，即以比企业商业上可获得条件更优惠的条件购买货物。换言之，如果一国有企业从某企业购买货物时给予后者的价格等条件优于市场上的条件，则该国有企业将可能被认为向后者提供了援助。而"限于特定企业"系指该缔约方政府或其国营企业或国有企业：（i）明确将援助限定于特定企业；（ii）向数量有限的特定企业提供援助；（iii）提供主要由特定企业使用的援助；（iv）向特定企业提供不成比例的大量援助；或（v）在提供援助时，通过使用其自由裁量权对特定企业给予照顾。该条还进一步将第 22.6 条第 1~3 款规定的禁止性非商业援助（见下文）明确规定为"限于特定企业"的援助。

以上两个定义的最大区别在于,《美墨加协定》中接受非商业援助的主体的范围不限于国有企业。换言之,相比 CPTPP,《美墨加协定》更关注国有企业作为非商业援助的提供者(而非接受者)这一角色。此外,《美墨加协定》将国有企业以优惠条件从"特定企业"购买货物也作为向"特定企业"提供非商业援助的一种形式。

2. 禁止性的非商业援助

《美墨加协定》第 22.6 条第 1~3 款规定了禁止性的非商业援助。这是 CPTPP 所没有的。

其中,第 1 款禁止缔约方的国有企业向从事电力以外的货物的生产或销售的国有企业提供以下非商业援助:(a)对该缔约方资信不佳的国有企业提供的贷款或者贷款担保;(b)对该缔约方的破产或者濒临破产且没有制定可信重组方案的国有企业提供的非商业援助;或(c)与私人投资者的通常投资惯例不符的"债转股"。本款未禁止向从事服务业的国有企业提供非商业援助,也将向电力生产或销售企业提供的非商业援助排除在外。

第 2 款规定,缔约方政府不得直接或间接提供第 1 款中(b)项和(c)项所述的非商业性援助。

第 3 款规定,各缔约方应采取措施确保其国有企业遵守第 1 款的规定。

3. 造成不利影响或损害的非商业援助

《美墨加协定》第 22.6 条第 4~6 款要求一缔约方或其国有企业不得提供在货物贸易和服务贸易方面对其他缔约方造成不利影响的非商业援助,不得提供在境外投资领域对其他缔约方的国内产业造成损害的非商业援助。CPTPP 第 17.6 条第 1~3 款规定了相同的内容。

就货物贸易和服务贸易而言,缔约方政府不得直接或间接向该缔约方的任何国有企业提供下列方面的非商业援助,且应保证其国有企业不得通过向该缔约方的任何国有企业提供这些非商业援助,而对另一缔约方的利益造成不利影响:(a)该国有企业的货物生产和销售;(b)该国有企业自该缔约方的领土向另一缔约方的领土提供服务;(c)通过作为另一缔约方或第三缔约方领土内涵盖投资的企业向该另一缔约方的领土提供服务。其中,(a)项涉及货物贸易,(b)项涉及跨境提供服务,(c)项涉及以商业存在形式提供服务。

就境外投资而言,缔约方政府不得通过直接或间接向作为另一缔约方领土内涵盖投资的该缔约方任何国有企业提供以下非商业援助,而对另一缔约方的国内产业造成损害:(a)该非商业援助系向该国有企业在另一缔约方领土内的货物生产和销售提供，且（b）该另一缔约方的国内产业在该另一缔约方领土内生产和销售同类货物。

关于如何认定非商业援助是否造成了不利影响，CPTPP 第 17.7 条和《美墨加协定》第 22.7 条分别作出了具体规定，内容基本相同。以货物生产或销售为例，简言之，不利影响可能产生于以下情况：（a）在本国市场的替代，例如取代或阻碍从另一缔约方进口同类货物，或取代或阻碍在本国的外商投资企业生产的同类货物的销售；（b）在他国市场的替代，例如取代或阻碍他国从另一缔约方进口同类货物，或者取代或阻碍在他国境内的外商投资企业生产的同类货物在该国市场的销售；或者（c）价格方面的不利影响，例如在相同市场上造成价格大幅削减，或者在相同市场上存在显著价格抑制、价格压低或销售损失。

关于如何认定非商业援助是否造成了损害，CPTPP 第 17.8 条和《美墨加协定》第 22.8 条分别作出了具体规定，内容基本相同。"损害"一词应指对国内产业的实质损害、对国内产业的实质损害威胁或对建立该产业的实质阻碍。对实质性损害的认定应基于肯定性证据，并对相关因素进行客观审查，包括获得非商业援助的涵盖投资的产量、此类生产对国内产业生产和销售的同类货物的价格的影响，以及此类生产对生产同类货物的国内产业的影响（包括但不限于对产量、销售量、市场份额、利润、生产力、投资收益率等指标的评估）。

4. 与非商业援助有关的透明度规定

《美墨加协定》第 22.10 条和 CPTPP 第 17.10 条均为透明度条款，内容基本相同。《美墨加协定》第 22.10 条的第 4~7 款是与非商业援助直接有关的透明度规定。

第 4 款规定，应另一缔约方书面请求，一缔约方应迅速书面提供其采取或维持的规定向其国有企业提供非商业援助或任何股本（无论股权注入是否也构成非商业援助）的政策或项目的信息。本款似乎仅要求提供缔约方政府提供的非商业援助的信息，但结合第 5 款（b）项来看，就国有企业提供的非商业援助也需要提供信息。

第 5 款要求缔约方所提供信息必须足够具体，以便请求的缔约方理解政策或项目的运作，并对之及其对缔约方之间贸易和投资的影响或潜在影响开展评估。具体来说，所提供的信息应包括下列内容：（a）在该政策或项目下提供的非商业援助的形式（即赠款，贷款）；（b）提供非商业援助或者股权资本的政府机构、国营企业或国有企业的名称以及已经或者有资格接受非商业援助的国有企业名称；（c）提供非商业援助或股权注入的政策或计划的法律依据和政策目标；（d）就货物而言，单位金额或者如不可能时提供该非商业援助的总金额或年度预算金额；（e）就服务而言，该非商业援助的总金额或年度预算金额；（f）就以贷款或贷款担保形式提供非商业援助的政策或项目而言，贷款或贷款担保的金额，利率和收取的费用；（g）就以提供货物或服务形式提供非商业援助的政策或项目而言，收取的价格；（h）就以权益资本形式提供非商业援助的政策或项目而言，投资的金额，获得股份的数量及描述，以及就潜在投资决策开展的任何评估；（i）政策或项目的存续时间或其他任何所附时间期限；以及（j）可用以对非商业援助对缔约方间贸易和投资的影响进行评估的统计数据。

第6款规定，如当事一缔约方认为未采取或不维持第4款所述的任何政策或方案的，应及时以书面形式向请求方作出合理解释。

第7款规定，如对第5款的任何相关要点未在书面答复中回应，应在书面答复中就此作出说明。

5. 非商业援助的例外

《美墨加协定》第22.13条和CPTPP第17.13条分别规定了非商业援助的例外，内容基本相同。主要的例外包括：经济紧急状态例外，出口信贷等金融服务例外，"中小企业例外"等。

例如，国有企业提供的支持出口、进口或境外投资的金融服务，在（i）无意取代商业金融，或（ii）提供的条件不优于自商业市场上获得的类似金融服务的前提下，不应被视为造成不利影响的非商业援助。

"中小企业例外"则是指，若某一国有企业在前3个连续财务年度中的任何一年中自商业活动获得的年度收入低于规定的门槛金额，则非商业援助条款不适用于该国有企业。根据《美墨加协定》附件22-A，前述门槛金额的初始金额设定为1.75亿特别提款权，此后应每三年调整一次。

除以上之外，CPTPP第17.9条和《美墨加协定》第22.9条还均允许各缔约方以附件形式限缩非商业援助规则的适用范围。缔约方可以通过在CPTPP附件4减让表中列入某些不符活动，使得非商业援助规则不适用于该等不符活动。缔约方还可以通过将某些国有企业列入附件22-D（就CPTPP而言，为附件17-D），使得非商业援助规则（及透明度义务）不适用于该等国有企业。例如，墨西哥在附件22-D中就表明，第22.6条第1~3款（关于禁止性非商业援助）和第4、5款（关于造成不利影响的非商业援助）不适用于墨西哥的地区或地方政府拥有或控制的国有企业。

6. 非商业援助规则的监督实施

依据《美墨加协定》第22.12条，缔约各方将设立一个专门委员会，以审议包括非商业援助在内的国有企业规则的实施情况，并就相关问题进行磋商。CPTPP 第 17.12 条也有类似规定。

此外，如一缔约方认为另一缔约方采取的措施不符合"国有企业"章的规定或者另一缔约方未能履行"国有企业"章下的义务，前一缔约方可以启动《美墨加协定》第 31 章（就 CPTPP 而言，为第 28 章）下的争端解决程序，包括在磋商不能解决争议的情况下，要求成立专家组对争端进行审理并发布专家组报告。《美墨加协定》附件第 22-B 还专门规定了信息交换程序，以便起诉的一方可以获得与起诉相关的以其他方式无法容易获得的信息。

（三）非商业援助规则与 WTO 补贴规则的比较

非商业援助规则形成于 CPTPP 而发展于《美墨加协定》，WTO 协定以及其他自由贸易协定①中均不包含该规则。但非商业援助规则与 WTO《补贴与反补贴措施协定》的相关规则存在一定程度的相似性。

1. 非商业援助与补贴的构成要件

在《补贴与反补贴措施协定》下，补贴的构成要件包括提供主体、财政资助和授予利益。此外，《补贴与反补贴措施协定》仅约束具有专向性的补贴。非商业援助的构成要件在结构上与之相似，但在内容上存在区别。

（1）提供主体

从提供主体来看，《补贴与反补贴措施协定》规定了三类提供主体，即政府、公共机构或者得到授权或指示的私人机构。尽管在 WTO 争端解决实践中，国有企业有时也被认定为公共机构②，但是，采取反补贴措施的 WTO 成员需要以积极证据证明相关国有企业构成公共机构。而《美墨加协定》和 CPTPP 明确规定，不仅缔约方的政府，缔约方的国有企业也是非商业援助的提供主体。国有企业直接受到纪律约束。

（2）财政资助和援助的形式

《补贴与反补贴措施协定》规定的财政资助形式包括：直接资金转移（例如赠款、贷款和股权注入）、潜在的直接资金或债务转移（例如贷款担保）；政府

---

① 欧盟签订的一些自由贸易协定（例如《日本—欧盟经济伙伴关系协定》和《欧盟—加拿大全面经济贸易协定》）规定了非歧视待遇和商业考虑条款、透明度条款，但没有规定非商业援助条款。

② 例如在中国诉美国反倾销反补贴措施案（DS379）中，WTO 上诉机构认定，美国商务部将中国的国有商业银行认定为公共机构并不违反《补贴与反补贴措施协定》第 1 条，见该案上诉机构报告，第 353—356 段。

收入放弃；政府提供货物或一般基础设施之外的服务；政府购买货物；收入或价格支持。《美墨加协定》和 CPTPP 规定的援助形式包括：直接资金转移和潜在的直接资金或债务转移（例如赠款或债务豁免；贷款、贷款担保或其他类型的融资；股权注入）；提供货物或一般基础设施之外的服务；购买货物。除了政府收入放弃以及收入或价格支持两项外，二者基本相同。

（3）利益

《补贴与反补贴措施协定》第 1.1（b）条提及财政资助必须"授予一项利益"，第 14 条针对政府提供股本、贷款、贷款担保、货物或服务以及购买货物等情形规定了利益/补贴计算方法，同时也就规定了四类情形下如何认定利益。《美墨加协定》没有明确将授予利益作为非商业援助的构成要件，但其中也暗含利益授予。赠款或债务豁免本身就授予了利益。而对于贷款、贷款担保、提供货物、购买货物等，均规定条件优于商业上可以获得的条件方构成非商业援助。对于股权资本注入，也规定不符合私人投资者通常商业惯例的股本注入方构成非商业援助。

（4）专向性

《补贴与反补贴措施协定》第 2 条规定了产业专向性、企业专向性、地区专向性。《美墨加协定》将非商业援助限定为给予"特定企业"的援助，包括给予某些企业或某些产业的援助，即涵盖了企业专向性和产业专向性。CPTPP 则将非商业援助限定为给予国有企业的援助。

此外，《补贴与反补贴措施协定》第 3 条将禁止性补贴视为具有专向性，《美墨加协定》则将禁止性的非商业援助视为具有专向性。

2. 非商业援助和补贴的纪律

《补贴与反补贴措施协定》第 3 条将出口补贴和进口替代补贴规定为禁止性补贴，明确禁止各成员提供此类补贴。《美墨加协定》第 22.6 条第 1~3 款禁止向主要从事货物（电力除外）生产或销售的国有企业提供三类非商业援助，包括：不得向资信不佳国有企业提供贷款或贷款担保，不得向资不抵债或濒临资不抵债的国有企业提供非商业援助，不得实施不符合私人投资者通常投资惯例的"债转股"。

《补贴与反补贴措施协定》在禁止性补贴之外规定了可诉补贴，要求各成员提供此类补贴不得对其他成员的利益造成不利影响。《补贴与反补贴措施协定》第 5 条和第 6 条对于如何认定"不利影响"做了具体规定。如前所述，《美墨加协定》第 22.6 条第 4~6 款（CPTPP 第 17.6 条第 1~3 款）要求一缔约方或其国有企业不得提供在货物贸易和服务贸易方面对其他缔约方造成不利影响的非商业援助，不得提供在境外投资领域对其他缔约方的国内产业造成损害的非商业援助。

3. 对违规行为的救济

在《补贴与反补贴措施协定》下，WTO 成员可以对源自其他国家的进口产品发起反补贴调查并采取征收反补贴税等措施，也可以针对其他成员启动 WTO 争端解决程序。如前所述，《美墨加协定》和 CPTPP 也授权缔约方可以对其他缔约方违反非商业援助规则的行为启动争端解决程序；但这两个约定均未授权缔约方对其他缔约方的产品、服务或投资发起反非商业援助的调查。

4. 适用的领域

最后，《补贴与反补贴措施协定》仅规制与货物贸易有关的补贴。如前所述，《美墨加协定》和 CPTPP 的非商业援助规则不仅适用于货物生产和销售领域，还扩大到跨境提供服务和境外投资领域。

总的来说，非商业援助规则可以视为针对国有企业而对 WTO 补贴规则的重大发展。国有企业不管是作为提供方还是接受方，均受到非商业援助规则的约束。而且，非商业援助规则扩大了适用领域，回避了将《补贴与反补贴措施协定》适用于国有企业提供的援助所面临的补贴认定和采取救济措施方面的困难。

（四）对中国的影响和建议

1. 非商业援助规则对中国的影响

美国自身的国有企业很少，其推动创设非商业援助等国企规则旨在针对他国。根据经济发展与合作组织（OECD）2015 年发布的一项报告，美国目前有国有成分的企业仅有 17 家，雇佣 53 万人左右，而扣除因有美国财政部担保而账面价值为负的 10 家企业后，剩余 7 家企业的总账面价值仅为 326.68 亿美元。[1] 可见，国有企业在美国经济中的比重极小。

尽管中国目前并不是 CPTPP 或《美墨加协定》的缔约方，但一旦美国推动创设的非商业援助等国企规则成为国际主流规则甚至进入多边贸易体系，对中国将构成巨大挑战。而在中国考虑加入 CPTPP 的背景下，研判非商业援助等国企

---

[1] OECD, "The Size and Sectoral Distribution of State-Owned Enterprises," https://read.oecd-ilibrary.org/governance/the-size-and-sectoral-distribution-of-state-owned-enterprises_9789264280663-en#page77.

规则对中国的影响更具有紧迫性。

在中国，"国有企业地位重要、作用关键、不可替代，是党和国家的重要依靠力量"。① 而且，中国的国有企业数量众多、体量庞大。这两点决定了非商业援助规则可能对中国产生重大影响。中国的国有企业分为中央一级的国企和地方国企两类。中央一级的国企又分为：（1）国务院国资委履行出资人职责的企业（通常简称为中央企业），截至 2020 年 6 月 5 日共有 97 家，主要分布在能源资源、交通运输、通信、装备制造、钢铁等行业；②（2）财政部履行出资人职责的企业，主要是银行、保险、资产管理公司等国有金融企业，约 60 家；（3）国务院直接作为出资人的个别企业，如中国投资有限责任公司、中国中信集团有限公司。地方国企主要分为：（1）省、自治区和直辖市国资委履行出资人职责的国企，例如上海市国资委履行出资人职责的国有企业共有 40 余家，包括浦东发展银行、上汽集团、上海电气等；③（2）地级市国资委履行出资人职责的国企，例如烟台市国资委履行出资人职责的国有企业有 10 余家。④ 一些县和区也有国有企业。根据财政部的统计，全国国有及国有控股企业在 2020 年的营业总收入达 632867.7 亿元，利润总额达 34222.7 亿元。⑤

接受非商业援助规则，对中国的国有企业将产生多方面的影响。第一，国有企业作为接受主体，获得政府或其他国有企业的资本投入、债务减免、优惠贷款及其担保甚至从其他国有企业获得货物或服务等，均有可能构成非商业援助，从而受到约束。第二，国有企业作为提供主体，向其他企业（包括但不限于国有企业）投资、贷款或提供担保、提供货物或服务、购买货物等均有可能构成非商业援助，从而受到约束。第三，非援助规则除了规制境内国有企业外，还规制"走出去"在境外进行货物生产或销售或者提供服务的国有企业。第四，假设中国政府及其国有企业愿意接受非商业援助规则，由于中国国有企业数量众多、体量巨大加上非商业援助规则本身具有一定程度的模糊性，中国或将付出巨大的履约成本。

---

① 参见《习近平在东北三省考察并主持召开深入推进东北振兴座谈会》，http://www.gov.cn/xinwen/2018-09/28/content_5326563.htm。

② 国务院国资委网站：http://www.sasac.gov.cn/n2588035/n2641579/n2641645/index.html。

③ 上海市国资委网站：https://www.gzw.sh.gov.cn/shgzw_xwzx_xxpl/。

④ 烟台市国资委网站：http://gzw.yantai.gov.cn/col/col9289/index.html。

⑤ 中华人民共和国财政部网站：http://zcgls.mof.gov.cn/qiyeyunxingdongtai/202101/t20210126_3649676.htm。

2. 中国对非商业援助规则可采取的态度

美欧日之间对于国企规则存在较高程度的共识。日本是 CPTPP 的缔约方，欧盟签订的一些自由贸易协定也纳入了非歧视待遇和商业考虑规则，且美欧日三方多次发表联合声明称"担心其他国家将国有企业发展为'国家冠军企业'，破坏以市场导向的贸易，并指导这些国有企业控制全球市场……也对国有企业所拥有的非市场优势和非市场的国内行为日益关切"，并重申将致力采取有效措施以解决上述关切。[①]

在此背景下，中国完全无视非商业援助等规则似不现实。特别是中国已表示将考虑加入 CPTPP，则更应以积极态度面对非商业援助规则。在未来的相关谈判（例如加入 CPTPP 的谈判）中，中国政府可以从以下几方面探讨接受非商业援助规则。第一，关于定义条款，从"国有企业"和"非商业援助"的定义入手评估其涵盖范围及对中国的影响，并争取适当限缩其涵盖范围。第二，关于实体义务，评估禁止性非商业援助、造成不利影响或损害的商业援助以及透明度等规则对中国的影响，并探讨调整规则具体内容的可能性。第三，评估相关协定允许的例外是否能满足中国的需要，例如门槛金额是否应当调整等。第四，通过附件来限缩非商业援助规则的适用。以 CPTPP 为例，通过附件 17-D 将地方国企排除在非商业援助规则的适用范围之外，并通过在附件 4 减让表中列入不符活动以排除非商业援助规则及相关透明度规则对这些活动的适用。

在第四个方面，同为社会主义国家且国有企业在国民经济中占比较高[②]的越南的做法值得参考。除了利用附件 17-D 排除非商业援助规则对地方国企的适用外，越南在附件 4 减让表中就国企规则共保留了 14 项不符活动，包括：4 项水平的不符活动，分别涉及国有企业重组、某些价格管制、促进落后地区经济发展、促进中小企业发展；以及 10 项为特定企业或产业保留的不符活动，分别涉及越南石油和天然气集团及其子公司、越南电力公司及其子公司、越南国家煤炭矿业

---

① 美欧日三方贸易部长于 2019 年 5 月 23 日的联合声明，见 USTR 网站：https://ustr.gov/about-us/policy-offices/press-office/press-releases/2019/may/joint-statement-trilateral-meeting? from = groupmessage&isappinstalled=0。

② 根据越南国家统计局公布的数据，截止到 2017 年 1 月 1 日越南全国共有 2698 家国有企业，雇用了 128.62 万人，占企业雇佣总人数的 9.13%，见：General Statistics Office of Vietnam, "Result of the 2017 Economic Census-Part 1," https://www.gso.gov.vn/default_en.aspx? tabid = 515&idmid = 5&ItemID = 18974。根据东盟与中日韩宏观经济研究办公室（AMRO）编制的报告，在 2011 年和 2016 年之间国有企业贡献了越南 30% 左右的 GDP（名义）和 40% 左右的财政收入，见：AMRO, "AMRO Annual Consultation Report Vietnam-2017," https://www.amro-asia.org/wp-content/uploads/2018/04/AMRO-Annual-Consultation-Report-on-Vietnam-2017.pdf。

公司及其在相关领域子公司、越南国家投资公司及其子公司、越南开发银行等几家金融机构、越南国防领域的国有企业、越南航空公司等航运公司、越南船舶制造工业公司及相关领域子公司、越南国家咖啡公司以及越南新闻出版行业的国有企业。①

①　见 https：//www. mfat. govt. nz/assets/Trade – agreements/TPP/Annexes – ENGLISH/Annex – IV. – Viet – Nam. pdf。

第三篇

WTO 成立 25 周年回顾与专题研究

2020 年 10 月 19 日，清华大学法学院、清华大学国际争端解决研究院联合举办了世界贸易组织成立 25 周年法律研讨会。此次研讨会以线下线上相结合的方式开展，邀请到世界贸易组织的数位高官和资深专家，商务部主管 WTO 多边谈判和国际贸易争端解决的官员，以及国内国际 WTO 和投资与贸易领域的资深专家共同探讨当前 WTO 面临的主要问题。会议开幕式由清华大学法学院院长申卫星教授主持。会议直播累计观看人数一千余人。

清华大学副校长彭刚出席开幕式并致辞。他表示，当今全球发展面临许多深层次的挑战和矛盾，世界各国需要推动合作。今天的中国已经是服务世界的大国，中国的大学更要发挥作用，为社会贡献自己的力量。新冠肺炎疫情给世贸组织的改革与谈判带来许多新的挑战，也给长期以来以外向型发展为经济引擎的中国带来巨大挑战。彭刚表示，当下如何支持多边主义，稳定世界形势等许多课题仍有待解决，清华大学将不遗余力地支持国际争端解决研究院的相关研究，发挥高端智库的作用，促进未来 WTO 的谈判和改革。

世界贸易组织副总干事易小准在日内瓦以视频形式为开幕式致辞。他表示，在过去的 25 年间世界贸易取得了长足进步，多边贸易体制也在经历挑战，世界不可避免要在以规则为导向的多边主义和以实力为基础的单边主义之间作出选择。选择以实力为基础的单边主义意味着选择"丛林法则"，只有坚持以规则为导向的多边贸易体制才符合绝大多数国家利益。易小准指出，没有公平公正的多边贸易规则作为支撑就没有贸易，更没有争议解决机制。

开幕式结束后，进行了两场精彩的主旨演讲。第一场主题为 WTO 争议解决机制，由中国人民大学法学院韩立余教授主持。清华大学国际争端解决研究院院长张月姣教授首先向参会的嘉宾表示欢迎和感谢，之后发表了关于"恢复 WTO 上诉机构必要性紧迫性"的演讲；WTO 上诉机构成员赵宏女士在日内瓦通过线上视频参与了本次会议，从宪法性、制衡性、有效性等方面评价了 WTO 争端解决机制的优势和积极影响；中国驻 WTO 使团参赞陈雨松先生在日内瓦通过线上视频参会，介绍了美国对于上诉机构成员任命和履职的多次异议，以及美国对于上诉机构的工作提出批评的五个问题（不守 90 天结案期限、离任续审、作出咨询意见、越权审查以及擅自确定先例制度）等；复旦大学法学院张乃根教授发表了题为"WTO 晚近争端解决中安全例外条款解释问题"的演讲；最后，商务部条法司于方处长进行了关于"危机时代的世贸争端解决机制"的演讲。

第二场主题为服务贸易、投资以及知识产权若干问题，由清华大学国际争端解决研究院研究员冯雪薇女士主持。WTO 秘书处服务贸易司司长柴小林女士通过线上参会，演讲主题为"世贸组织谈判情况介绍：现状、挑战及未来"；中国人民大学法学院石静霞教授发表了题为"国家安全泛化视角下的抖音和微信行政令及相关诉讼"的演讲；商务部世贸司谈判副专员汪震先生对于中国服务业贸易发展概况、中国加入世界贸易组织以来开展的主要工作、中国建立起的全面常态化监督约束机制进行了数据精确、资料翔实的分析与说明；WTO 秘书处服务贸易司资深参赞张若思女士通过线上视频参与了本次会议，演讲的题目为"适用现行服务贸易规则所面临的技术性挑战"；最后 WTO 秘书处吴小平参赞进行了发言。

本次会议上，WTO 副总干事，WTO 争端解决、服务贸易、知识产权方面的高官，以及国内 WTO 法律研究资深专家等都分享了他们的最新研究成果，内容丰富全面，研究深入。与会人员反响热烈，一致认为这是一场中国纪念世界贸易组织成立 25 周年的高水平法律研讨会，会议反映出中国各界人士支持 WTO 以规则为基础的多边贸易体制，共同维护国际法治的坚定决心。

第一部分

WTO 争端解决机制

一、世贸组织争端解决机制25年
——辉煌、困境与出路

赵　宏[①]

2020年是世界贸易组织成立25周年。新冠疫情的肆虐，使得我们今天只能组织线上的纪念活动。在疫情蔓延的背景下，这个会议显得更加重要。我们从维护人类的公共健康、尽快恢复经济生活乃至多边贸易体制的各个方面深切感受到加强国际合作的重要性。今天重点围绕世贸组织的争端解决机制与诸位进行研讨。

（一）历史的辉煌

世贸组织争端解决机制是和平解决国际争端的重要机制创新，为维护和平繁荣的国际贸易秩序作出了重大贡献，被誉为多边贸易体制的"皇冠明珠"，是人类制度文明进步的重要成果。在25年的发展历程中，它取得的成就可圈可点。

1. 争端解决机制的制度性创新

国家间争端解决的模式走过了从战争到外交、从双边解决到第三方裁决、从个案裁决到机构仲裁、从一裁终裁到两级裁决。世贸组织建立的由专家组和上诉机构组成的争端解决机制是两级裁决制度的首创和范例。迄今它已成功运行25年，是全球正在运行的多边裁决机制中唯一具有上诉职能的争端解决机制。因此，世贸组织的争端解决机制是国际争端裁决机制一次重大的制度创新，具有历史的进步意义。纵观这个机制的设计及其运行，会发现其具有一些与众不同的特质。今天，我重点谈谈它所具有的多重内在制衡机制。

首先，世贸组织的最高权力机构部长级会议对争端机制机构（DSB）存在制衡，在一定意义上，世贸组织争端解决机构对专家组和上诉机构存在赋权和被赋权的关系，专家组和上诉机构隶属于争端解决机构并对其负责。无论世贸组织协定体系被认为具有宪法性还是契约性，争端解决机制都是部长级会议以及代行部长级会议职能的总理事会下的三大职能之一，即通常所称的世贸组织的三大支柱

---

① 赵宏，WTO上诉机构前法官、主席。

之一。依照马拉喀什协定，部长级会议（包括部长级会议闭会期间代行部长级会议的总理事会）有权对争端解决机构运行的规则进行修改，并对争端解决机制执行中出现的问题进行讨论并作出决定。负责世贸组织争端解决机制的最高权力和决策机构是世贸组织争端解决机构，它由全体世贸组织成员组成，每个月召开一次例会。个案专家组由争端解决机构设立，上诉机构成员的遴选和任命由争端解决机构进行。专家组和上诉机构关于争端案件的裁决报告旨在为争端解决机构解决世贸成员贸易争端提供裁决和建议（ruling and recommendation），专家组与上诉机构的报告须经争端解决机构通过方能生效。同时，由于常设上诉机构是《争端解决谅解备忘录》设立的专门负责上诉事务的机构，其具有条约赋予的一定的独立性。因此，我们说部长级会议对争端解决机构存在制衡，而从某种意义上，争端解决机构对专家组和上诉机构存在赋权和被赋权、隶属和被隶属的关系。

其次，其制衡机制体现在争端解决机构内部的决策机制。世贸组织争端解决机构针对不同的争端解决事务实行自动性（反向协商一致）和非自动性（正向协商一致）两种决策程序。对于专家组和上诉机构作出的关于争端案件的裁决报告，争端解决机构是通过反向协商一致通过的，即如果不是全体成员都反对，则报告将得以通过，这就是通常所说的裁决报告的自动通过机制；对于争端解决机构的会议日程、上诉机构成员的遴选和任命、专家组成员的名单库的提名和增补等事项，争端解决机构是通过正向协商一致予以通过的，即全体成员达成一致意见。目前的上诉机构危机就是由上诉机构成员遴选程序的非自动性决策程序引发的。世贸组织成员对上诉机构成员的遴选和任命通过正向协商一致决策程序具有控制力，对专家组名单的通过、争端解决机构会议议程也具有同样的控制力。因此，即使乌拉圭回合以后，专家组和上诉机构报告通过反向协商一致具有自动通过的效力，即通常所说的准司法效力，争端解决机构仍保留了对于其他争端解决事项的最高决策力，即世贸组织成员对除通过专家组和上诉机构报告以外的争端解决机制事项享有控制力，换句话说，在对上述事项协商无果的情况下，世贸成员可以行使一票否决权。

再次，专家组、上诉机构两级审理机制之间也存在着审议和被审议以及相互影响和制衡的关系。上诉机构对专家组报告中被上诉的法律事项具有纠错的职能。在相同法律问题上，后续专家组是否能够参照上诉机构在以往案件中所作出的裁决，也是世贸组织成员和国际贸易界普遍关注的问题。因此，客观来讲，上诉机构与专家组构成的两级审理机构之间存在着一定的相互影响和制衡的关系。

此外，在上诉机构和专家组与世贸组织秘书处的法律团队之间也存在着指导与被指导以及相互制衡和约束的关系。按照《争端解决谅解备忘录》的规定，世贸组织上诉机构秘书处的法律团队对上诉机构的工作提供法律协助，上诉机构对秘书处的法律团队的工作给予总的指导、在个案中给予具体的指示。世贸组织秘书处的规则司和法律司的法律团队对专家组的工作提供法律协助，专家组仅对协助他们工作的法律团队的个案工作给予指示。因此，上诉机构和专家组与协助他们工作的法律和秘书团队之间存在着指导、协作和相互监督，乃至相互制衡和约束的关系。

简言之，争端解决机制的设计和实际运行存在着多重制衡机制。客观上讲，世贸组织争端解决机制的团队工作及其所具有的内部制衡，有利于保障案件的公正裁决，其运转有其自身特性，值得深入研究。

2. 争端解决机制运转的高效性

WTO 争端解决机制以其运转的高效而著称，在解决世贸组织成员之间贸易争端的贡献方面成效突出。在受理案件数量、案件裁决时间、案件执行效率等方面，与其他争端解决机制相比，更是脱颖而出。现在案件受理数量已经有 600 多件，上诉机构报告通过了 164 份，专家组报告通过了 200 多份。迄今为止，没有一个世贸组织成员在争端解决会议上表示不执行专家组或上诉机构的裁决报告。在 25 年的实践中，除个别案件外，绝大部分案件得到了成员的全面履行或部分履行，执行率是比较高的。这表明了世贸组织成员对争端解决机制的信任和信心以及对和平解决国际争端的推崇和支持，也是成员对争端解决机制效用的积极评价。

3. 争端解决机制裁决的稳定性

过去 25 年来，世贸组织争端解决机制之所以运行成功、获得较高的声望，与争端解决机制基本保持了在相同法律问题上的裁决的一致性和稳定性是分不开的。世贸组织《争端解决谅解备忘录》——争端解决机制赖以运转的法律依据，其第 3.2 条明确规定，争端解决机制处于为多边贸易体制提供安全性和可预见性的核心地位。尽管专家组和上诉机构对案件的裁决是个案性质的，但同案同裁可谓世贸组织争端解决机制获得其信誉的重要保障。

（二）困境与危机

自 2017 年 6 月美国在争端解决机构例会上否决启动上诉机构成员的遴选程序以来，上诉机构就已深陷危机。直至 2019 年 12 月 10 日只有一位中国籍法官在任，即我本人，上诉机构事实上已经不能继续审案，只能维持一个法定机构日常运转所必需的工作。到 2020 年 11 月 30 日最后一名法官离任后，上诉机构陷入彻底停摆的困境。上诉机构危机至今仍未得到解决。拜登政府上台伊始已任命美籍华人凯瑟琳·戴担任美国贸易代表，目前美国仍未同意 120 多个世贸组织成员近三年来连续在争端解决例会上提出的启动上诉机构成员遴选程序的动议。危机还在延续。

如何看待当前的困境和危机？

争端解决机制面临的困境和危机是不容回避的问题。要走出困境，走向"希望之日"，世贸组织成员必须正视和面对这场危机。

首先，这是争端解决机制的整体危机而不仅限于上诉机构。

尽管目前专家组受理案件的数量还在继续增加，似乎表明一审的争端裁决机制仍在维系。但自 2019 年 12 月 10 日上诉机构停摆后，上诉机构依然接到世贸组织成员提交的新的上诉，到 2020 年 11 月底至少有 4 起新的上诉通知。估计未来会有更多的新的上诉案件。如果情况延续下去，那么，意味着更多的专家组报告不能得到解决，上诉机构的停摆造成整个争端解决机制的危机。这导致世贸组织争端解决机制事实上回到关税与贸易总协定（GATT）时代，也就是众所周知的一个没有约束力的争端解决机制、一个被告可以一票否决的时代。这将极大地削弱世贸组织逐步建立的反向协商一致及所具有的准司法裁决效力。这是当前危机的实质。

其次，这将导致世贸组织的整体危机而不仅限于争端解决机制。

争端解决机制的危机将危及世贸组织的谈判功能以及成员对以规则为导向的多边贸易体制的信心。

尽管目前已经有了临时上诉机制的安排，但毕竟是一个诸边的而不是多边的解决方法。最佳方案仍然是通过多边途径来找到恢复上诉机构运转的方案。

有一个说法是，因为争端解决机制被反复运用，让 WTO 谈判的功能停滞了。但我认为危机的生成原因恰恰是反过来的：可能是因为谈判不能顺利进展和推进，所以显得争端解决机制的使用不断地增多。比如说农业谈判、关税谈判，因为谈不好，所以成员才想要提起争端来解决问题。我不否认，WTO 的争端解决和立法这两大板块目前是失衡的，但是我们不能草率地主观地斩断争端解决机制、砍断上诉机构这一条腿，这是不负责任的。

对于恢复或重建上诉机构，我们必须清楚，导致世贸组织成员分歧的最关键的问题是，世贸组织成员需要一个什么样的上诉机构？需要一个秉持何种司法裁决理念的上诉机构？在我看来，世贸组织成员围绕上诉机构的深层次矛盾就在于上诉机构应当奉行积极的能动的司法裁决风格还是有限的克制的司法裁决风格。要回答这个问题，我请大家关注《争端解决谅解备忘录》（DSU）第 3.2 条的第一句和第三句。反对的成员可能过多强调了第三句，即争端裁决不能增减成员的权力和义务。然而第一句却说争端解决机制要保障多边贸易体制的稳定性（security）和可预见性（predictability）。如何客观地解读 DSU 第 3.2 条？回答上诉机构是否超越了自己的职权，首先要看条约是怎么规定的。条约规定在个案中根据国际公法的通行解释规则来解释条文，那么对条约的何种解释是增减成员权利和义务呢，什么才是作出裁决所必要的解释？同时，DSU 第 3.2 条的确强调了 security 和 predictability。因此，我认为除了针对具体问题的争论外，最关键的问题集中在这里，这是矛盾的焦点所在。如果条约的目的是维护 security 和 predictability，那么专家组和上诉机构就有职责有义务这样去做，因为这是条约规定的任务和目标，专家组和上诉机构应该努力去实现这一目标和任务。那么，专家组和上诉机构同案同裁就是在行使自己的职责，而不是在超越自己的职责。难以想象，如果同案不同裁可以维护稳定和可预见性，那么争端解决机制还如何维持自己的信誉呢？这是一个需要引起重点思考的问题。

大家知道，世贸成员在过去几年一直在围绕上诉机构问题如何解决进行积极的磋商，新西兰大使 David Walker 作为牵头人，形成了几份成果文件，其中包括联合提案方的 DS222 号文件，澳大利亚和日本提的 768 号文件，还有中国台北的文件。没有一个成员不强调 security 和 predictability。这涉及上诉机构的性质和职能。我只能提示大家，DSU 第 3.2 条有两个目标需要条约解释，条约解释是争端解决的一种途径和方式。

我认为还有一个更关键的问题，为什么会有今天这样的危机呢？主权国家对于它们和准司法裁决机构的关系的认知是决定当前上诉机构困境的深层原因。这也是国际法上一个传统的悖论。主权国家是签署了条约的，当主权国家对条约的运转有一些意见的时候，以何种途径解决？是单边主义的途径还是各方协商的途径？难道能够要求裁决者抛弃自己的职责去迎合批评自己的主权国家吗？大家都知道在一切裁决机制中人们对裁决者的基本要求就是要保持独立和公正，世贸组织上诉机构的工作程序也是这样规定的。在争端裁决中，裁决者具有一定的 autonomy（自主性）和 discretion（裁量权），他必须按照他认为正确的方法、正确的程序来处理案件，而且如前所述，这在上诉机构是一个集体决策的过程。在裁决者的公正性和独立性与世贸组织成员的批评意见之间，如何抉择？孰是孰非，用什么标准判断？我看还是要依照条约的文本。

另外一个我想提醒大家注意的问题是，在我看来，目前成员对于争端解决的参与处于不同的阶段，因此他们对于争端解决机制的认识程度和认识角度都是不同的。争端解决机制最初的十年，基本是美欧等发达成员成为争端机制的频繁使用者。近些年来，越来越多的发展中国家包括比较富裕的小型经济体积极参与争端解决机制，主动运用规则维护自身权益，正在积累经验，对争端解决机制的正常运转有很大的期待。如何去调和成员之间的分歧，是有难度的。在 2020 年 8 月份的争端解决会议上，仍然有 121 个世贸组织成员持续提议要求立即启动任命 6 位新的上诉机构法官的程序。因此，成员们对于争端解决机制的理念、看法是有差异的，对其运作的认识也是存在分歧的。

由于时间关系，我不谈具体问题了，因为未来我任期届满，还会有很多机会来报告对该问题我自己的认识和想法，特别是在离任演讲中。

我想提出的一个值得研究的问题是，一个独立的公正的裁决机构应当如何应对外部批评？上诉机构被设计成一个 standing body（常设机构），但是上诉机构法官是 part-time 而不是 full-time 的工作；这样的机制如何协调运转？条约规定上诉机构应当得到有效的行政支持，但是至今没有一套清晰的规则告诉我们如何更好地协调上诉机构成员与秘书处的关系。我之前也提出过关于这方面的内部改革建议和意见，使上诉机构更透明地运作。我是希望推动这些改革的。可是，因为 2018 年以来持续面临前所未有的外部压力，这个改革并没有彻底推进下去。当然，在我担任主席期间建立了通过上诉机构会议来履行上诉机构主席对上诉机构工作进行指导的议事规则，算是一个起步。

最后，我再次强调，现在看来最重要的问题是，成员需要一个什么样的上诉机构？一个仅仅解决个案的上诉机构？还是一个尊重裁判传统的上诉机构？

（三）建议与出路

从历史来看，争端解决机制的改革从 1996 年就被提上了议程，小问题之所以会演变成大危机，实际上是成员贸易政策变化的必然。20 世纪 90 年代，WTO 争端解决机制的产生恰恰是因为规则扩大到服务贸易和知识产权领域，因此需要一个更有约束力的机制来保障规则的运行。今天的我们，相当于又遇到了一个新的 80 年代，多边主义受阻。在 20 世纪的 80 年代，单边主义也是上升的，但当时通过乌拉圭回合一揽子协议解决了那个危机。现在二十多年过去了，又是需要作出关键改变的时候，历史到了一个新的关口，人类更需要和平解决国际争端。我们该怎么做？在国际贸易领域如何重塑争端解决？上诉机构要恢复运转，对争端解决机制的改革看来是不可避免的。为解决上诉机构和争端机制的危机，这里简要提出几点初步的改革设想，作为建议，供世贸组织成员参考：

第一，尽快恢复上诉机构的正常运转。

首先确认争端解决的个案裁决性质、"不增减成员权利义务"作为争端解决机制的核心要务，专家组和上诉机构仅就在必要限度内解决贸易争端作出法律解释和裁决，同时确认争端解决机制维护多边贸易体制稳定性和可预见性的根本宗旨和目标，同案同裁符合世贸组织成员的根本利益。强调鼓励上诉机构保持克制和理性的裁决风格，争端解决机制不应当具有司法造法职能，应避免作出咨询和附随意见。澄清90天裁决期限的问题，对于个别复杂案件超过期限无法完成审理的，上诉机构应事前与涉案成员进行沟通。澄清上诉机构工作程序的第15条规则，任何即将离任的上诉机构成员如需要在任期届满后工作超过两个月才能完成案件的，应当事前向争端解决机构提出。考虑设立一个由7至9人、任期7至9年一任届满不再延期的上诉机构。考虑支持专家组和上诉机构的秘书处职员设定固定任期和具有轮换机制的工作规则。在上诉机构恢复运转前，支持成员参与根据《争端解决谅解》第25条建立的多方临时上诉安排。

第二，改革专家组机制。

考虑建立一个21至30人组成、固定任期5至6年、全职工作的常设专家组成员库，具备同时审理7至10个案子的能力，建立全职专家组成员随机轮换组成专家组审理案件的机制。

第三，改进争端解决的执行机制。

目前许多案件经历了多次执行专家组程序，案件执行耗时3至5年甚至更长，如波音、空客案件均超过10年，需要考虑如何提高争端解决的效率和被诉方的执行裁决的合规质量问题。

第四，改革争端解决机制的透明度规则。

通过总理事会作出规则澄清或修订，明确原被告当事方均同意的情况下，专家组和上诉机构可以召开实时或延时公开的听证会，鼓励成员在各自网站公开书面陈述和口头陈述，如果成员意见一致，可考虑在世贸组织网站公开成员书面和口头陈述。

第五，建立两级审理的世界贸易法院：一个长远的目标。

第六，增强能力建设、缩小世贸成员之间的法律鸿沟。

第七，允许成员用母语参与争端解决机制、实现司法公正。

二、恢复 WTO 上诉机构必要性紧迫性

张月姣

2015 年在清华大学召开了"纪念世界贸易组织（WTO）成立二十周年国际研讨会"，今天在新冠疫情下，清华大学又举办纪念 WTO 成立二十五周年的线上和线下大会。五年来，随着经济全球化和多边主义从盛行到受阻，WTO 也经历了"过山车"，以 WTO 为核心的多边贸易体制受到贸易保护主义冲击，可以用三个英文词来概括：great day、sad day 和 hope day，即盛典之日、悲伤之日和希望之日。五年前，清华大学举办纪念 WTO 成立二十周年会议的时候，参会代表都是欢欣鼓舞地从世界各地来到了中国北京。在清华大学演讲的主题也非常广泛，从不同角度赞扬了 WTO 上诉机构为"WTO 皇冠上的明珠"。所以大家当时盛传着一句话：在清华的这次 WTO 二十周年盛大聚会是一个 great day，一个节日盛会。但在那之后，形势就急转直下。首先韩国籍上诉机构成员的续任被卡住了，后面几位上诉机构成员的任期届满，而遴选委员会的工作又被叫停。2019 年 10 月 10 日，在日内瓦召开的公共论坛上，当时上诉机构的几位前成员在 WTO 参会，非常着急。我们拜访了很多成员，拜访了 DSB 的主席和时任 WTO 总干事，反映了上诉机构的重要性，表示必须要保住上诉机构。上诉机构停摆是对于整个国际法治的巨大打击，是对于世界贸易组织的争议解决体制的破坏。所以，很希望能把我们的声音反馈上去。DSB 时任主席也非常负责，征集了其他一百多个成员的意见，总结成了报告，在 DSB 的会议上强调了上诉机构正常运行的重要性，并对成员提出的上诉机构改革问题提出了建议，获得 DSB 绝大多数成员的赞同。我回到北京后，一直等着上诉机构新成员甄选委员会可以重新开始工作的消息，直到 2019 年 12 月 10 日，上诉机构两个法官的任期届满，上诉机构只剩下一位法官，无法组庭，无法受理上诉案件，至此，上诉机构也就停摆了。我在上诉机构工作了 8 年 10 个月，这是我职业生涯中最重要的时间。我跟 WTO 感情很深，彻夜难眠，就连夜写了一封致上诉机构全体成员和上诉机构秘书处同事的公开信，信的题目就是"悲哀日"（sad day）。我对上诉机构的停摆感到非常难过，我也和 WTO 的前同事们、前法官们互相鼓励，"永不放弃"（never give up），WTO 上诉机构一定会回来并能顺利运行。我呼吁 WTO 各界人士行动起来，推动 WTO 改革和早日恢

复上诉机构。在 WTO 办公楼内最醒目的地方挂着一幅中文字帖"行胜于言"，放在那里就是要提醒大家行动起来，行胜于言。多哈回合谈判十多年，至今都没有结果，谈判处于困难状态，上诉机构也停摆。这是一个警钟，也确实意义非凡，希望大家采取有效的行动①。一幅字帖成为联系中国清华大学和 WTO 的纽带，宣扬了清华大学"自强不息、厚德载物"的精神。2020 年在清华开会，庆祝 WTO 的 25 周年，这是充满希望的一天（hope day）。原因在于现在全中国人民关心 WTO，全世界的 WTO 学者对于 WTO 研究都非常深入，今天有近一万人在世界各地通过网上参会，还有这么多中国知名的 WTO 学者在清华大学现场参会。各位发言非常精彩，都认为以 WTO 为代表的多边贸易体制非常重要。WTO 上诉机构对于国际贸易争议解决和国际法治作出了积极贡献。我说今天是希望之日和新的开端，依据是：第一，WTO 的全体成员都不反对上诉机构的存在和运行，且绝大部分，可以说 99% 以上的成员都支持立刻恢复 WTO 上诉机构成员的遴选工作，使它恢复正常运行。第二，现在国际上已经有共识，凡是涉及政府作为当事人一方的争议，需要一个上诉的程序，以便纠正专家组报告中的法律错误②。WTO 的上诉机构是唯一一个在世界上运行了 24 年的上诉机构，所以应该恢复。第三，上诉机构的所有法官都认为 WTO 上诉机构的恢复是非常必要的，且具有紧迫性，美籍的首任上诉机构的法官曾经在很多记者采访中都讲了，美国破坏上诉机构成员的遴选，这样的做法是违反国际法的③。最近 CNN 也报道了，一位上诉机构的美国籍前法官在美国国会听证会上讲，USTR 阻止上诉机构人员遴选，使得美国在国际上的信誉受到了损失。从这些方面可以看到人心向背。第四，特别是现在进行的新任总干事遴选，最后的名单是一位尼日利亚女士，她是位杰出的女士。我们希望新总干事上任后，首先要恢复上诉机构的运行，因为只有快速和公正地解决争议才能使得各方当事人的 WTO 权利义务得到保障。

谈到恢复上诉机构运行的重要性和紧迫性，我们就要考虑 WTO 争议解决机构的目的和宗旨。在 WTO 规定中，贸易和投资是世界经济发展和提高人民生活

---

① 正如易小准副总干事在致辞中提到的，这里还有一个故事，在 WTO 20 周年的时候，国外的嘉宾刚抵达北京，在倒时差。但是他们特别想看看清华大学美丽的校园，我就带他们在清华园参观了一圈，在校园里看到一位老者在用毛笔写字，写的中国字非常漂亮。我就请参观嘉宾每个人选一幅字帖，并把各条幅的内容翻译成英文，我买了送给远道而来的嘉宾。当时世贸组织德国籍副总干事选了一幅"行胜于言"的字帖，认为这四个字对 WTO 很有意义。他带回日内瓦后，把它精致裱起来挂在日内瓦 WTO 办公楼里最显眼的地方。

② 详见联合国贸易法委员会第三工作组报告 2018 年。

③ 参阅美籍上诉机构法官 James Bochus 2018—2020 年对外发言。

水平的引擎，有助于实现联合国可持续发展目标（SDG），也是实现《联合国宪章》里规定的和平解决争议的目标。WTO DSU 的第 3.2 条指出解决争议的目的是"快速、积极地解决"（prompt，positive solution of dispute），是保障多边贸易体制安全性和可预测性的核心要素（central element）。WTO 争议解决机制是 WTO 四项职能①中发挥得最好的，是法律保障和重要有效的工具。成员们也都意识到，WTO 争议解决机制有助于维护成员在 WTO 涵盖协议下的权利和义务的平衡。另外，在 DSU 中也规定了要实现成员之间的权利与义务的平衡②，我认为这里有两个平衡，一个是实质权利义务的平衡，一个是规则的、程序的平衡，包括专家组和上诉机构的制衡。从 GATT 时期成立专家组和通过专家组报告必须"一致同意"，到 WTO 的"反向一致同意"，使专家组的设立和报告的通过都是"反向一致同意"即"自动"通过。临时组成的兼职专家可能做了错误的法律解释，成立常设的上诉机构可以纠正专家组报告中的法律错误。争议解决机制是一个公共产品，应确保公平、正义、迅速、有效、可预见并为所有人提供安全。凡是涉及国家、政府参与的争议，因为涉及国家主权、公共利益、条约的解释，与国际商事仲裁不同，必须有纠错的上诉机制。研究恢复上诉机构的紧迫性与必要性应以需求为导向，以问题为导向，确保以事实为基础，以法律为准绳，程序公正，人人可以获得司法救济，高效解决争议，做好权利与义务的平衡，这是对东西方法律制度与文化关于争议解决的原则的汇总。在这些原则下，我们可以看到现存的问题还是很严重的，联合国贸易法委员会第三工作组已经做了一个非常详尽的报告③，在这个报告中列举了大量的事实，说明专家组与仲裁庭是临时性的，所以裁决出现了很多不一致性甚至有法律上的错误。所以它们的结论是，上诉是可取的，也是可行的（appeal is desirable and feasible）。不仅联合国贸易法委员会作出了这样的决议，欧盟建立两级的投资争端解决上诉机构的机制已经体现在欧盟政策文件上，也体现在欧盟与越南、新加坡签订的贸易、投资协定的条款中。美国贸易法专家也认为 WTO 争议解决应该是两级（two tiers）争议解决，即专家组和上诉机构。由此可见，这是一个国际共识。WTO 也面临这样的挑战，如果 WTO 某成员对专家组报告的法律解释不满意，提起上诉，而上诉机构停摆，上诉无门，就失去了寻求司法救济（access to justice）的机会。因此为保持公平正义，应当恢复上诉机构。对于现在这种局面，上诉机构欧盟前法官 Peter 说："历

---

① WTO 四项职能中包括：多边贸易谈判、贸易制度审议、多边解决争议和技术合作。

② DSU 第 3.2 条规定：DSB 的建议和裁决不能增加或减少涵盖协议所规定的权利和义务。第 3.3 条规定：叙述解决争议对 WTO 的有效运转及保持各成员权利和义务的平衡是必要的。

③ Working Group III report of UNCITRAL.

史不会原谅造成上诉机构瘫痪的人。"国际法院（ICJ）的法官 James Crawford 也说："由于上诉机构瘫痪和停摆，WTO 争议解决回到了 GATT 的原点，是一个历史的倒退。"解决外国投资者和东道国政府的法律争议（ISDS）和 WTO 政府间的贸易争议解决机制设立上诉机构的另外一个必要性是争议的解决、条约的解释涉及很多内容，投资的争议涉及 3000 多个双边投资贸易协定（BIT），WTO 的协议也有 60 多个协议。这些协议涉及的范围非常广泛，需要各方面的专业知识。WTO 的协议已经对国际法减少碎片化作出了贡献，但执行中对于这些条款的解释不一致，仍然会出现体系的碎片化。另外，WTO 的专家组成员都是临时性的，有其他兼职，并且有潜在利益冲突。要避免"戴两顶帽子"（double-hating），既做争议当事一方的顾问，又做仲裁员。不同专家组对同一条款的解释可能不一致，对相似事实的裁决不同①，对于国际公约的解释也可能不一致。

某些成员代表对于 WTO 上诉机构也提出了很多问题。结合这些问题，我也想谈一下个人对 WTO 上诉机构的看法。

第一，是"成员驱动"（member driven）还是上诉机构法官填补空白（filling the gap）？也就是说，上诉机构法官是否有越权的行为？我不否认在有些听证会上，有的上诉机构法官提出的问题超出了上诉范围，这是不合适的。因为 DSU 第 17 条规定：上诉应限于专家组报告涉及的法律问题和专家组所做的法律解释。② 但是最终的上诉机构裁决一定是在法律规定的范围内，因为这并不是由某一个法官决定的，是由三名法官抽签组成的审议庭（division），一个集体合议作出的裁决。此外，在听证会后，全体上诉机构法官在日内瓦对每一个上诉案件的法律问题交换意见。上诉机构法官都把是否存在 textual support（法律条文支持）视为最重要的。所以在客观上，上诉机构法官没有作出超越 WTO 涵盖协议的裁决。主观上，上诉机构法官是独立的，不是为某一争议方服务的，也不允许任何法官与当事方交换意见（no ex parte communication），法官没有利益驱动填补空白（gap-filling）。偶尔，有的上诉法官会埋怨 WTO 部长会议未及时公布有关协议条文解释，未能填补空白。

第二，目前聚焦的问题是，上诉机构法官是否提供了法律咨询意见（advisory opinion）？以金融服务（financial service）的案子为例，一个很大的问题就是在衡量洗钱的问题时，这种行为与 GATT 最惠国待遇和国民待遇是否一致，首先要有一个相似性（likeness）分析。likeness 在长期的货物贸易实践中已

---

① 在投资仲裁中，相关投资者就相同的事实对捷克共和国进行了两次仲裁，一个法庭裁定没有责任，因此不判赔偿，另一法庭裁定负有责任，判罚巨额赔款。

② 详见 DSU 第 17.6 条款。

经形成了一个客观的标准：从货物的物理性质、货物的用途、用户的印象（per-ception of consumer）和关税的税则号来看它是不是相同 likeness。服务贸易就没有这个规定。WTO 规定部长会议是有权作出解释的，但也从来没有做过解释。因此，由于金融服务没有相似性（likeness）的标准，该措施是否违法的问题就没法裁决了，这个案子就停在这里了。考虑到当事方已经用了一年的时间，提出了大量的申辩文件，对于法律的澄清是上诉机构权限范围内的工作。在澄清争议当事方提出的法律问题时，有些 WTO 成员却批评上诉机构不应提供咨询意见。这是 advisory opinion（咨询意见），不是 DSU 所禁止的，也不是对双方有损害的。当然，如果将来明确规定上诉机构不能提供咨询意见，只能接受、修改、撤销专家组报告的裁定，也是可行的，我也同意。最重要的是，WTO 的部长会议对于提供相关的法律咨询意见应该及时作出解释和指示。

　　第三，上诉机构是否可以依据先例进行裁决？DSU 的回答是：上诉机构仅依据 WTO 涵盖协议及解释国际公法的惯例澄清这些协定的现有规定①进行裁决。上诉机构裁决对争议双方具有约束力，争议各方应无条件接受②。WTO 案例不具有先例的法律效力。WTO 涵盖协议不是英美法，不是判例法，也不是大陆法。WTO 是由 164 个国家和单独关税区组成的国际机构③。WTO 涵盖协议是国际法。WTO 协定第 2 条"WTO 的范围"指出：1. WTO 在与本协定附件所含协定和相关法律文件有关的事项方面，为处理其成员间的贸易关系提供共同的组织机构。2. 附件 1、附件 2 和附件 3 所列协定及相关法律文件下"多边贸易协定"构成本协定的组成部分，对所有成员具有约束力④。依照解释国际公法的惯例澄清这些协定的现有规定，一个案件裁决只对当事方有约束力。DSU 第 17 条第 14 款指出："上诉机构报告应由 DSB 通过，争端各方应无条件接受，除非在报告散发各成员后 30 天内，DSB 经协商一致决定不通过该报告。"实践中，争议当事方经常援引类似案件裁决反映了法律期待（legal expec-tation）。在司法实践中，为了保持裁决的一致性，法官对于类似的法律争议的结论相似（judges treat like issues alike）。这与"先例"具有法律约束力是不同的问题。

---

① 详见 DSU 第 3.2 条。
② 详见 DSU 第 17 条 14 款。
③ 详见 WTO 协定第 1 条。
④ 详见 WTO 协定第 2.2 条款。

第四，AB 报告应在 90 天内完成。DSU 规定上诉机构报告决不能超过 90 天（shall not）[1]，专家组报告不得超过 9 个月（should not）[2]，这两种法律约束力就不一样了。上诉机构报告决不能超过 90 天，还包括翻译的时间、节假日，所以真正受理和结案的时间不到两个月。现在的上诉案件越来越复杂，提出的法律问题越来越多，90 天完成报告是比较困难的。我认为裁决的质量比时间重要，因为质量关系当事人各方的利益。WTO 协定第 8 条规定了 WTO 的地位：①WTO 具有法律人格，WTO 每一成员均应给予 WTO 履行其职能所必需的法定资格。②WTO 每一成员均应给予 WTO 履行其职能所必需的特权和豁免。③WTO 每一成员应同样给予 WTO 官员和各成员代表独立履行与 WTO 有关的职能所必需的特权和豁免。④WTO 一成员给予 WTO、其官员及其成员的代表的特权和豁免应与 1947 年 11 月 21 日联合国大会批准的《专门机构特权及豁免公约》所规定的特权和豁免相似。DSU 第 3 条第 2 款规定：WTO 争端解决体制在为多边贸易体制提供可靠性和可预测性方面是一个重要因素。各成员认识到该体制适于保护各成员在适用协定项下的权利和义务，以及依照解释国际公法的惯例澄清这些协定的现有规定。质量也关系到对 WTO 协定的长期解释与适用。我认为要么将 90 天定义为工作日（working days），要么就按照现在的 90 天，但是把 shall 换成 should。总之这 90 天是上诉机构完成报告的时间要求，根据案情复杂程度，如果当事方同意，是可以延长的，但是延长天数不能超过 30 天。这样既体现上诉机构尊重争议当事方意思自治（parties' autonomy），又可以体现 WTO 是成员驱动（member driven）的原则。

第五，评估事实与法律的问题。我们知道专家组既能够审理事实，又能够审理法律问题[3]，而上诉机构只能审理专家组报告中的法律问题，不能审理事实[4]。但是，有时候事实与法律是连在一起的。例如，有的成员根据 DSU 第 11 条提出专家组是否进行了客观评估，这是法律问题。上诉机构在审理专家组的客观性时，不可避免地需要联系有关事实进行比较分析，只有这样才能确定客观性。后来上诉机构也意识到，有的律师钻这个空子，提出新的事实证据要求上诉机构审理，就在上诉机构报告里明确警告，不要经常引用 DSU 第 11 条进行上诉。所以这个问题也不是不能解决的。

---

① 详见 DSU 第 17.5 条款。
② 详见 DSU 第 12.9 条款。
③ 详见 DSU 第 11 条。
④ 详见 DSU 第 17.6 条款。

第六，工作程序（working procedure）第十五条：在任的法官对于接手的案子，在任期终止后还能够继续审理。DSU 第 17.9 条授权了上诉机构可以完成它的工作程序，这个问题是 working procedure 里面明确规定的。根据经济效率原则，法官在离任之前完成手头工作也是有必要的，对当事方也是有利的。当然对于这个问题，DSU 还可以在全体会议上再次确认。

第七，上诉机构成员任期期限的延长，即续任第二个任期问题。因为 DSU 未规定续任第二个任期的条件，所以在机构成员续任第二个任期时出现了很多争议与不确定性，影响上诉机构正常工作。很多 WTO 成员提出把两届任期改成一届、4 年改成 6 年等建议。

第八，上诉临时仲裁安排的局限性。欧盟、加拿大、中国等 23 个成员自愿达成一个临时的仲裁上诉安排（MPIA）。MPIA 本身是根据 WTO DSU 第 25 条规定，由部分 WTO 成员自愿达成的临时安排的上诉机制。现在有 10 名仲裁员。MPIA 也存在问题和局限性，例如涉及预算、办公室和管理方面的问题。另外，对于 100 多位非 MPIA 的 WTO 成员，如果他们对专家组裁决不满，就无法上诉，没有上诉机构可以受理他们的上诉，这也是需要考虑的问题。临时仲裁毕竟是临时的，WTO 恢复常设的上诉机构仍然是必要的、紧迫的。目前已经有 10 多个上诉案件申请提交 DSB，但是由于上诉机构停摆，无法受理上诉案件，使得这些案件的当事方成员无法及时解决争议，也使得他们在 WTO 涵盖协议下的权益受到损害。所以尽快恢复上诉机构是必要的。

此外，世界上一些国家也都抓紧时间在双边经贸条约中建立上诉机构，值得注意的是欧盟在与新加坡、越南的全面投资协议文件里提议建立以世贸组织 AB 机构为模型的双边上诉机制，并且建立上诉法庭。联合国贸易法委员会（UNCI-TRAL）关于设立投资上诉机制和解决投资争端国际中心（ICSID 正在进行）的改革，对于 WTO 上诉机构的改革也是有意义的，特别是提高透明度和严格规范争议解决人员行为守则。虽然 WTO 的争端解决参与人员有自己的行为守则，但是改善这些行为守则的制定和监督也是非常有必要的。另外就是透明度，不论是华盛顿公约还是联合国贸易法委员会，都在讲提高透明度的改革。在 WTO 对外开放听证会中要注意，DSU 第 17.10 条要求 WTO 上诉机构的程序应该保密。如果要开放、要透明，就要对此条款作出修改。至于上诉机构的改革，我建议修订 DSU 时增加根据当事方自愿原则，可以选择调解解决争议，这与 DSU 的精神也是一致的，在争议解决的任何阶段，达成双方满意的解决办法（MAS）一直是受欢迎的。在上诉方面，要注意《纽约公约》里是规定一裁终局的，这里需要作出必要修改，如果双方当事人同意上诉，则二审上诉的裁决为终局。另外就是商事仲裁（commercial arbitration）中，对于商事（commercial）是否应该包括投资，也应该作出明确解释。

　　鉴于上述原因与分析，可以看出恢复 WTO 上诉机构是非常必要的、非常紧迫的，对于 WTO 争议解决很重要，对于世界法治也很重要，应该呼吁新上任的总干事抓紧恢复上诉机构的正常运行。

三、艰难时刻世贸争端解决机制的探索和前行
——从上诉机构暂停到多方临时上诉仲裁安排

陈雨松①

1995 年世贸组织成立以来，其争端解决机制成功处理世贸成员之间大量贸易争端，为全球经济增长作出贡献，被誉为多边贸易体制"皇冠上的明珠"。然而，美国长期唯我独尊，奉行"美国例外"，不接受败诉裁决，不断施压和破坏多边争端解决机制。特别是 2017 年以来，美国阻挠上诉机构成员遴选，导致作为世贸争端解决机制终审机构的上诉机构最终陷入瘫痪。在此情况下，中国、欧盟和部分其他成员，达成"多方临时上诉仲裁安排"，为维护以规则为基础的多边贸易体制作出贡献。

（一）多边争端解决机制面临严峻挑战

1. 美国阻挠世贸组织上诉机构遴选

美国是乌拉圭回合《争端解决谅解》谈判方之一。在上诉机构建立之初，也曾对上诉机构的工作予以积极评价。② 但是，随着美国在越来越多的上诉案件中被裁决败诉，美国开始转而对上诉机构持批评态度。

"冰冻三尺，非一日之寒。"美国施压和杯葛上诉机构由来已久。2007 年和2011 年，美国先后否决了两位其提名的上诉机构成员 Merit Janow③ 和 Jennifer Hillman④ 的连任。2016 年 5 月，美国以司法越权为由，否决韩国籍上诉机构成

① 陈雨松，中华人民共和国商务部条约法律司二级巡视员，发言时任中国驻 WTO 使团参赞。本文仅代表作者个人观点。

② 例如，在 WTO 首个上诉机构报告（美国—标准汽油案）通过之时，美国虽然败诉，但仍然对上诉机构的工作予以高度评价。美国代表在 DSB 会议上发言指出，第一个上诉案件证明，谈判者决定设立一个由 GATT 和国际法专家组成的上诉机构是正确的；上诉机构表明愿意彻底审查和纠正专家组报告，确保专家组法律推理的错误不会永久化，这将强化 WTO 体制，增强成员对争端解决质量的信心；上诉机构在条约解释方面采用的精细方法，是高质量法律分析和法律写作的典范，这就是争端解决运作应该有的样子。See, WT/DSB/M/17.

③ 曾任美国贸易代表办公室（USTR）助理副贸易代表和美国司法部副法律总顾问。2003—2007 年担任世贸组织上诉机构成员。

④ 曾任美国国际贸易委员会（ITC）委员，2007—2011 年担任世贸组织上诉机构成员。

员张胜和连任，引发巨大争议。一年后，2017 年 8 月，美国再以程序性关注为由，阻挠争端解决机构（DSB）启动新上诉机构成员遴选成员。美国起初提出的关注包括韩国籍上诉机构成员金炫宗辞职不符合法定程序、墨西哥籍上诉机构成员 Mr. Ramírez 在任期结束后继续审案等。[①]但是，美国随后在 DSB 会议上提出广泛的所谓"体制性关注"。在程序方面，美国对上诉机构主要有五项关注：一是不遵守 90 天上诉审限；[②] 二是允许离任成员继续审案（《上诉审议工作程序》第15 条问题）；[③] 三是作出与解决争端无关的咨询性意见；[④] 四是越权审查国内法含义；[⑤] 五是上诉裁决自称其裁决具有判例效力。[⑥] 在实体方面，美国主要指责上诉机构在裁决中存在通过解释协定条款以司法造法（overreach），从而扩大或限缩成员权利义务的问题。[⑦] 美国声称，在没有解决美国这些关注之前，美国不同意启动上诉机构成员遴选。

2. 上诉机构逐步陷入瘫痪

因美国持续阻挠新上诉机构成员遴选，随着此前已经在任的上诉机构成员任期届满，陆续离任，至 2019 年 12 月，上诉机构成员已经不足 3 人。12 月 10 日晚，仅剩的 3 名上诉机构成员——美国籍成员格雷厄姆（Graham）、印度籍成员巴提亚（Bhatia）和中国籍成员赵宏联名致函部分未审结上诉案件的当事方和第三方，表示上诉机构根据其《上诉审议工作程序》第 16 条的规定，自 2019 年12 月 10 日起暂停审理未召开过听证会的上诉案件。[⑧] 自 12 月 11 日起，上诉机构仅剩赵宏一人在任。由于在任成员不满足审案最低人数要求，上诉机构停止受理新案。至于未审结的上诉案件，《上诉审议工作程序》第 15 条原本允许上诉机构成员在离任后继续处理完成手头未完结案件，既往实践也均照此操作，但美籍

---

① See, U.S. Statements at the August 31, 2017, DSB Meeting.

② See, U.S. Statements at the June 19, 2015, DSB Meeting.

③ See, U.S. Statements at the August 31, 2017, DSB Meeting.

④ See, U.S. Statements at the October 29, 2018, DSB Meeting.

⑤ See, U.S. Statements at the August 27, 2018, DSB Meeting.

⑥ See, U.S. Statements at the December 18, 2018, DSB Meeting.

⑦ 美国对上诉机构法律解释的批评主要集中在以下方面：上诉机构关于《补贴与反补贴措施协定》下"公共机构"概念的解释；关于《技术性贸易壁垒协定》下"标准"和"技术法规"概念的解释；将美国给予外国销售公司（FSC）的税收减免和《2000 年持续倾销和补贴法》下返还反倾销税和反补贴税视为"禁止性补贴"；对《保障措施协定》的严格解释，等等。

⑧ 这些案件包括：（1）俄罗斯诉欧盟能源措施案（DS476）；（2）巴拿马诉哥伦比亚纺织进口案执行之诉（DS461）；（3）日本诉印度钢铁进口措施案（DS518）；（4）菲律宾诉泰国烟草关税措施案的两起执行之诉（DS371）；（5）土耳其诉美国管道设备反补贴措施案（DS523）；（6）加拿大诉美国软木反倾销措施案（DS534）；（7）印度诉美国再生能源案（DS510）；（8）美国诉印度出口措施案（DS541）；（9）美国诉欧盟民用飞机案执行之诉（DS316）。

成员格雷厄姆无意参照既往实践履职尽责，表示在任期届满后仅愿意处理已召开过听证会的3起未审结案件，包括"洪都拉斯和多米尼加诉澳大利亚平装烟草案（DS435/441）""加拿大诉美国超级压光纸反补贴措施案（DS505）"和"乌克兰诉俄罗斯铁路设备进口案（DS499）"等。以上三案在2020年6月全部完成。格雷厄姆的立场使其余未举行过听证会的上诉案件已无法继续审理。受此影响，12月4日，摩洛哥主动撤回了此前就"土耳其诉摩洛哥热轧钢反倾销措施案（DS513）"提起的上诉请求。

3. 中国积极反对美国破坏争端解决机制，维护以规则为基础的多边贸易体制，发挥重要作用

2018年5月，中国提议将美国"301条款""232条款"和阻挠上诉机构遴选三项议题纳入总理事会讨论，获得了世贸成员的广泛响应。在5月8日总理事会上，中国代表张向晨大使指出，目前世贸组织争端解决机制总体运行良好，而美国正是争端解决机制的主要受益方；任何成员的关注都应当在世贸组织框架下通过协商、讨论加以解决，中国愿意积极参与这一问题的讨论，但是反对美国将其关注与上诉机构成员遴选挂钩；世贸组织下的"成员驱动"并非"一个成员的驱动"，美国绑架上诉机构遴选程序，是对全体成员协商一致决策机制的滥用，中方呼吁开始启动遴选程序，以便上诉机构尽快恢复正常运作。中方首次将美阻挠上诉机构问题纳入总理事会讨论。此次会上，有140多个世贸成员单独或者集体发声，响应中方立场，对美国阻挠上诉机构表达关注。①

在世贸争端解决机构会议上，面对美国不断抨击和指责上诉机构，中国代表积极发声，主动设置议题，对美指责一一予以澄清和驳斥，赢得了世贸成员的广泛支持。② 中国参加联署启动上诉机构遴选的WT/DSB/W/609文件，并推动该

① See, Minutes of the Meeting, General Council, 8 May 2018, WT/GC/M/172.

② 例如，针对美方指责上诉机构审理"事实问题"，中国表示，根据《争端解决谅解》第11条，上诉机构有权对专家组是否对事实进行客观评估进行审查；在许多案件中，世贸成员均援引第11条提出上诉，这表明成员对此也予以认可，希望上诉机构在此方面发挥作用；美国自己也曾在10起上诉案件中根据第11条提出上诉；就成员国内法而言，关于其属于"法律问题"或"事实问题"的判定通常十分复杂，无论如何，关于事实的定性，包括对国内法的定性问题，应当属于法律问题，上诉机构有权审理。See, WT/DSB/M/419.

又如，针对美方指责上诉机构作出与解决争端无关的"咨询意见"，中方指出，"咨询性意见"问题的本质是世贸组织裁决机构的权限问题。根据《争端解决谅解》第17.12条，上诉机构有义务处理当事方提出的全部诉点，但不可越权自问自答。上诉机构在部分案件上确有越权做法，以致在案件的争端解决上人为增加了不必要的复杂性。但中方支持维护专家组或上诉机构对当事方诉点与解决争端间必要性的判断权，以确保上诉机构独立性。See, WT/DSB/M/420.

文件获得越来越多世贸成员联署。截至目前，已经有 121 个成员联署该文件，成为近年来 WTO 获得成员联署最多的文件之一，对美国单边主义不断增大压力。

（二）《多方临时上诉仲裁安排》谈判经过

尽管世贸成员普遍反对美单边主义做法，但美一意孤行，持续阻挠上诉机构成员遴选，导致上诉机构逐步陷入瘫痪。在此情况下，世贸成员也竭力寻找替代方案，维护以规则为基础的多边贸易体制，"多方临时上诉仲裁安排"（Multiparty Interim Appeal Arbitration Arrangemen，简称 MPIA）应运而生。

1. 思考和酝酿阶段（2017 年 11 月至 2019 年 12 月）

2017 年 11 月，美国 Sidley 律师事务所在日内瓦的 6 位律师发表文章《利用 DSU 第 25 条仲裁，确保上诉程序可得性》①，提出利用《争端解决谅解》（简称 DSU）第 25 条建立替代性的上诉机制。欧盟、巴西等对该方案显示了浓厚兴趣，并在小范围内与不同成员展开磋商。随着上诉机构遴选危机延续，2019 年 7 月、10 月，欧盟分别与加拿大、挪威签署双边上诉仲裁安排，并通报 DSB，引发广泛关注。部分成员开始积极接触，寻求解决方案。

2. 正式提出和展开谈判（2019 年 12 月）

2019 年 12 月 9 日总理事会上，美国正式否决各成员历时近 1 年磋商形成的"沃克案文"，② 上诉机构成员不足 3 人，已经无法受理新上诉案件，陷入瘫痪。当日，欧盟向部分成员提出建立 MPIA 的倡议，并在 12 月 13 日召集首轮大使级正式磋商。有关成员驻日内瓦外交官就此展开密集磋商，探讨新机制的基本框架和关键要素。在此期间，中方密切接触各方成员，积极推动上诉仲裁从双边机制转变为诸边安排，中国与巴西、澳大利亚等成员纷纷提出自己的上诉仲裁文件、要素或设想。

3. 法律框架和案文形成（2020 年 1 月至 3 月底）

2020 年初，欧盟提出"关键原则"（key principles）文件和达沃斯部长声明草案。2020 年 1 月 24 日，在达沃斯小型部长会议期间，中国、欧盟等 17 个世贸成员联合发表部长声明，承诺就上诉机构停摆继续寻找终极解决之道，同时推动

---

① See, Scott Andersen, Todd Friedbacher, Christian Lau, Nicolas Lockhart, Jan Yves Remy, Iain Sandford, *Using arbitration under Article 25 of the DSU to ensure the availability of appeals*, CTEI Working Paper, 2017-17, https://repository.graduateinstitute.ch/record/295745.

② 为了回应美国对世贸组织上诉机制的质疑，根据总理事会授权，新西兰大使沃克启动了与世贸成员的非正式磋商，有关磋商情况多次向总理事会进行了通报。至 2019 年 10 月，形成了较为完整的上诉机制改革案文（"沃克案文"），WTO 文件编号：JOB/GC/222。

构建多方临时上诉仲裁机制作为停摆期间的应急方案。① 达沃斯会后，MPIA 各方进行了密集磋商。3 月 27 日，中国、欧盟等 16 方（42 个国家和地区）联合发布部长声明，表示已就构建"多方临时上诉仲裁安排"（MPIA）达成一致。② 4 月 30 日，MPIA 案文正式通报争端解决机构（文件编号：JOB/DSB/1/Add. 12）。

4. 完成仲裁员遴选（2020 年 5 月至 7 月底）

在 MPIA 案文形成后，各参加方一方面继续邀请更多世贸成员参加，一方面酝酿启动仲裁员遴选。5 月 6 日，欧盟时任贸易委员霍根致信世贸各成员大使，推介 MPIA。7 月 31 日，经过多轮集体面试和单独面试，中国、欧盟等 MPIA 全体参加方就仲裁员名单达成一致，成功组建了由 10 人组成的仲裁员库，并联合向争端解决机构作出通报。③ 在仲裁员遴选完成后，MPIA 已经就位，随时可以受理上诉案件。④

（三）《多方临时上诉仲裁安排》谈判中的若干核心问题

在 MPIA 案文谈判中，中方重点强调了几方面原则：一是必须坚持上诉机构

---

① 17 方成员包括澳大利亚、巴西、加拿大、中国、智利、哥伦比亚、哥斯达黎加、欧盟、危地马拉、韩国、墨西哥、新西兰、挪威、巴拿马、新加坡、瑞士、乌拉圭。声明指出，"有效的世贸组织争端解决机制对于以规则为基础的贸易体制至关重要，而独立公正的上诉阶段必须继续是其基本特征之一。我们将努力采取应急措施，以多方临时上诉安排的形式允许彼此之间可以就世贸组织专家组报告提出上诉。这种安排是根据世贸组织《争端解决谅解》第 25 条作出的，在改革后的世贸组织上诉机构全面运作之前，这种安排将发挥作用。这项安排将向所有愿意加入的世贸组织成员开放。"See, Statement by Ministers, Davos, Switzerland, 24 January 2020.

② 声明指出，16 方"决定将 MPIA 付诸施行"，"我们希望强调这种安排的临时性质。我们仍然坚定和积极地致力于以优先和紧急事项，包括通过必要的改革，来解决上诉机构任命的僵局。因此，该安排将一直有效，直到上诉机构再次完全发挥作用。"See, Ministerial statement, 27 March 2020.

③ 10 名仲裁员包括：Mr. Mateo Diego-Fernández ANDRADE（墨西哥，律师），Mr. Thomas COTTIER（瑞士，教授），Ms. Locknie HSU（许禄义教授，女，新加坡），Ms. Valerie HUGHES（女，加拿大），Mr. Alejandro JARA（智利），Mr. José Alfredo Graça LIMA（巴西），Ms. Claudia OROZCO（女，哥伦比亚，律师），Mr. Joost PAUWELYN（比利时，教授），Ms. Penelope RIDINGS（女，新西兰），Mr. Guohua YANG（杨国华教授，中国）。

从 10 名仲裁员的平衡性和代表性来看，发展中成员 6 席，发达成员 4 席，拉美 4 席，欧洲 2 席，亚洲 2 席，大洋洲 1 席，北美 1 席。女性仲裁员有 4 名。

参见 WTO 文件：JOB/DSB/1/Add. 12/Suppl. 5。

④ 目前，MPIA 参加方之间正处在专家组审理阶段的几个案子，下一步有可能将提交 MPIA 仲裁员审理。这些案件包括：澳大利亚诉加拿大红酒销售措施案（DS537）；墨西哥诉哥斯达黎加牛油果（Avocados）SPS 措施案（DS524）；欧盟诉哥伦比亚薯条反倾销案（DS591）；巴西诉加拿大商用飞机补贴民用飞机案（DS522）等。

核心特征；二是仲裁员应当坚持 7~9 人的常设机制，实现合议制，确保仲裁裁决的连贯、一致和可预测（coherent，consistent，predictability）；三是上诉仲裁不能成为第二个专家组，不能成为松散的 ad hoc 的临时仲裁模式。在谈判中，中方注重加强与主要成员欧盟的沟通和协调，并积极吸收中小成员参与，快速推进磋商，迅速达成成果。

1. 关于"尽可能复制"上诉机构（closely replicate）

这是中方参加 MPIA 的核心关切，体现仲裁安排的"临时性"，即上诉仲裁并非另起炉灶，并非要取代上诉机制，而是在上诉机构无法履职时的替代性安排。这一点与美国对上诉机构的关切其实不矛盾（美国认为，DSU 第 17 条关于上诉程序的规定本身没问题，问题是上诉机构故意违反规定）。为此，MPIA 第 3 条规定，上诉仲裁程序将基于根据 DSU 第 17 条进行的上诉审议的实体和程序方面，保持其包括独立性和公正性在内的核心特征，同时提高上诉程序的程序效率。

2. 关于合议制（collegiality）

所谓"合议制"，是世贸组织上诉机构具有特色的机制性安排，即全部 7 名上诉机构成员会收到所有上诉案件的文件，并定期讨论上诉裁决中涉及的政策性问题。《上诉审议工作程序》第 4 条对上诉机构成员的"联合掌权"作出规定。主要包括四个方面：（1）上诉机构成员应当定期讨论政策和程序问题；（2）所有成员均应收到所有案件文件；（3）上诉分庭应当与其他上诉机构成员交换意见；（4）不影响上诉机构成员的自主性和裁量权。"合议制"从制度上保证了上诉机构作为一个整体履行终审机构的功能，而不是不同的上诉机构成员分散作出裁决。没有合议，就很难保证上诉裁决（特别是法律解释）的一致性和可预测性，就会导致裁决和司法解释的四分五裂，破坏多边贸易体制的完整性。该原则是中方的核心关切，中方坚决主张临时上诉仲裁中应当继续坚持合议制。若仲裁员是常任的，且数量有限，则交换意见可通过视频会议、电话会议等各种方式实现，具有可行性。MPIA 第 5 条规定，仲裁员将随时了解世贸组织争端解决活动，并将收到所有相关文件。为了促进决策的一致性和连贯性，仲裁员将在可行的情况下（to the extent practicable），相互讨论解释、实践和程序等事项。附件 1 的第 8 条规定，仲裁员可以（may）与所有其他仲裁员讨论与上诉有关的决定，但不影响仲裁员的专属责任和自由裁量权。仲裁员应收到与上诉有关的任何文件。

3. 关于裁决一致性和可预测性

中方要求在案文中写明保持裁决一致性和可预期性的重要性，强调仲裁员不得增加或减损成员在世贸规则项下的权利义务，以便向仲裁员提供明确指引。最终，MPIA 案文序言中写明了这一点："重申对适用协定项下权利和义务的解释的一致性和可预期性对成员具有重要价值，仲裁裁决不能增加或减少适用协定中规定的权利和义务。"

4. 关于仲裁员人数

WTO《争端解决谅解》规定，上诉机构由 7 人组成，并定期轮换。此前，已有成员提出扩大上诉机构人数的建议，并实行单一任期。[①] 在 MPIA 案文谈判中，有成员提出"仲裁员名册"（pool of arbitrators），或"常任仲裁员"（standing arbitrators）措辞，均未获得采纳。在仲裁员人数上，部分成员提出 15 人方案，或者所有参加方均提名 1 人担任仲裁员。中国、欧盟、加拿大等坚持仲裁员人数必须是有限的（limited），不宜过多，避免裁决分散。最终 MPIA 达成的文本是"由 10 名常任上诉仲裁员组成的仲裁员名册"（the pool of 10 standing appeal arbitrators），形成了各方观点的平衡。

此外，MPIA 谈判中还涉及以往上诉机构成员担任仲裁员问题、语言翻译问题、排除特定方机制问题等。

（四）关于《多方临时上诉仲裁安排》的分析和评价

1. MPIA 仲裁方案有 DSU 依据，在制度上有合法性，在操作上有相对明确的路径，但也有一定局限性和不确定性

MPIA 的基本设想是利用 DSU 第 25 条的仲裁条款，作为争端解决案件的二审机制，实现上诉机构的功能。从法律制度设计上，其难点主要有三个：一是如何实现对当事方的强制管辖；二是如何"嵌入"现有的争端解决程序，与专家组阶段和执行阶段无缝衔接；三是如何设定上诉仲裁程序，使之"尽可能复制"上诉机构的"核心特征"。从最终达成的文本来看，首先，MPIA 参加方通过放弃上诉权和逐案缔结仲裁协议（在专家组设立 60 日内，向争端解决机构通报仲裁协议）的方式，确保上诉仲裁的管辖权。其次，MPIA 规定，专家组报告散发后，当事方可以要求中止专家组程序，然后在 20 日内提出仲裁申请；争端方同意遵守仲裁裁决，该裁决是终局的。仲裁裁决将向争端解决机构通报，但并不要求通过。最后，MPIA 规定，除非经商定的本程序中另有规定，DSU 和其他规则和程序中适用于上诉审查的规定，包括第 21 条和第 22 条，应作必要修改后适用

---

① See，WT/GC/W/752, WT/GC/W/753, 26 November 2018.

于仲裁。这样上诉仲裁可以和后续执行程序进行衔接。

总体而言，在上诉机构陷入停摆不久，中国、欧盟等部分成员在短短数月间迅速达成 MPIA，并完成仲裁员遴选，显示了 WTO 成员维护多边贸易体制法治原则的愿望。MPIA 利用 DSU 第 25 条原有的仲裁机制，通过争端方自愿缔结仲裁协议，填补上诉机构停摆后二审机制的空缺，在制度上具有合法性，在操作上也有明确的路径。MPIA 的达成，对于参加方而言，在彼此之间基本维持了原有世贸争端解决机制两审终审的司法机制安排，在一定程度上缓解了上诉机构陷入瘫痪后，WTO 司法机制的缺位问题。

但 MPIA 仅仅是过渡性的临时方案，并非最终方案，更不是最佳方案。第一，从性质上看，MPIA 属于诸边安排，并非多边安排，还有大量世贸成员没有参加，如日本、韩国、印度、俄罗斯等。欧盟可以牵头达成诸边安排，美国也同样有能力建立此类安排，一旦美国也建立双边或诸边仲裁安排，就会导致在 WTO 争端解决框架下形成多重的诸边仲裁机制，会导致 WTO 法律解释和适用的分裂，破坏 WTO 规则的一致性和可预见性。第二，MPIA 案文对此前的上诉工作机制有所改动，有可能被看作是对美国批判上诉机构的回应，对未来上诉机构改革谈判造成影响，坚持此前上诉机构的原则将更加困难；MPIA 还可能"吸走氧气"，导致恢复上诉机构的努力失去动力，一旦 MPIA 长期化，将永久取代上诉机构。第三，在 MPIA 方案设计上，从有拘束力的诸边仲裁协定退缩为联署文件和仲裁协议模板，类似"君子协定"，这有助于减少达成方案的阻力，但也会明显增加个案操作的难度。上诉仲裁可能具有上诉的形式，但无法复制上诉机构的实质，特别是上诉机构作为一个机构而具有的裁决稳定性和可预见性（包括上诉机构成员广泛代表性、与上诉机构秘书处的稳定合作、上诉机构七人合议、裁决的一致性等）。最后，MPIA 虽然在形式上一定程度孤立了美国，使得美国以阻挠上诉机构作为筹码推进 WTO 改革的主张落空，但也给了美国选择权。换言之，美国可以通过上诉使专家组裁决难以生效，从而逃避世贸规则的硬约束，这相当于回到 GATT 时代，而参加 MPIA 成员显然仍将受到世贸争端解决机制的硬约束。当然，美国也可以在特定情况下，选择性地通过仲裁解决个案争议。

2. 世贸组织上诉机构成绩巨大，但上诉机构在个别案件中的错误和偏见也值得我们警惕

自 1995 年成立以来，至 2020 年上半年，上诉机构共散发 169 份上诉机构报

告，成为近 20 年来最活跃的国际司法机构。^① 在短短的 25 年左右时间里，WTO 上诉机构作出的裁决超过了国际法院 70 余年的总和。毫无疑问，上诉机构在解决世贸成员争端，阐释世贸规则方面取得了巨大的成就。特别是上诉机构在若干重大而敏感的上诉案件中，顶住了超级大国的政治压力，坚持了独立性和司法公正的底线，赢得了声誉。例如，在美国—进口钢铁保障措施系列案（DS248/ DS249/ DS251/ DS252/ DS253/ DS254/ DS258/ DS259/ DS274）中，上诉机构通过对《保障措施协定》细致入微的解释，裁决美国措施违反世贸规则；在美国—反倾销反补贴措施案（DS379）中，上诉机构运用国际公法规则，对"公共机构""双重救济"等问题作出澄清，对美滥用贸易救济措施予以沉重打击。上诉机构在解释和适用世贸规则时，以《维也纳条约法公约》为基本框架，积极援引和运用国际法规则，对国际法的实践和发展也作出了重大贡献，被誉为"国际法的新前沿"。^②

在充分肯定上诉机构工作成就的同时，对上诉机构个别裁决中出现的一些错误也应予警惕。^③ 在条约解释和完成法律分析的标准上，上诉机构的分析框架还是经得住考验的，在多数案件中上诉机构的法律分析也是非常细致入微的，起到了澄清规则、化解纠纷的作用。但在某些案件中，其过于拘泥于法律文本措辞，局限于"文本主义"（textualism），而对缔约方意图、谈判过程和上下文重视不够。在法律适用中，上诉机构也有一定的起伏，有时比较激进，有时又显得顾虑重重，该裁的时候不裁，不该裁、没有必要裁的，有时又不顾当事方反对一定要裁。在作出法律解释时，上诉机构往往比较大胆；在作出最终裁决的时候，有时

---

① See, *Appellate Body Annual Report for* 2019−2020, Appellate Body, July 2020.

② See, Donald M. McRae, *The WTO in international law: tradition continued or new frontier?* Journal of International Economic Law, Volume 3 (1) Mar 1, 2000.

③ 以中国学者比较熟悉的"一般例外条款对于《中国加入世界贸易组织议定书》的适用性问题"为例，在美国诉中国出版物案（DS363）中，美国起初并未挑战《中国加入世界贸易组织议定书》和 WTO 协定关系问题，也没有明确质疑中国援引第 20 条例外的合法性。美国认为，这是一个体系性问题，美国还没有考虑成熟，也不想在本案提出挑战；上诉机构以前用过 arguendo 的处理方式，这次还可以继续用。但在涉及这一问题的第一起争端中，由于日本等少数成员的执意坚持，上诉机构作出了激进且毫无必要的裁决，认为 GATT 的一般例外条款不适用于《中国加入世界贸易组织议定书》，仅仅因为 without prejudice 一句话，才得以在该案中适用。此后在中方持续顽强抗辩和不少学者的批评与质疑下，上诉机构在一定程度上也发现了自己的逻辑悖论。在美国诉中国稀土出口限制案中，上诉机构立场有所松动，采取了一定调和，认为需要看《中国加入世界贸易组织议定书》条款与中国在 WTO 协定下承诺义务是否有"客观联系"（objective link），在判断是否存在"客观联系"时，要进行逐案分析（a case-by-case analysis）。(See, China-Rare Earth, Appellate Body Report, paras. 5. 50, 5. 51, 5. 55, 5. 57, 5. 74.) 这里的"客观联系"（objective link），其实类似于中国主张的"固有联系"（intrinsic link），上诉机构可能不愿采用中方的措辞；逐案分析，则意味着下一个案子中，上诉机构可能会结合具体条款和案情，重新考虑这一问题。

却援引"司法经济"，裹足不前。因此，在未来的 WTO 改革中，如何约束上诉机构的自由裁量权，使其谨慎小心履行终审机构职责，也是世贸成员需要认真考虑的问题。

3. 我们需要一个怎样的争端解决机制和上诉机构

MPIA 是一项暂时的成果，是一项"危机管控"（damage control）措施，而多边主义才是我们前进的方向，也是构建人类命运共同体的必然要求。对于中国而言，常设的上诉机构仍然是最佳选项。特设（ad hoc）仲裁随意性大，风险更大，判例不统一。仲裁员道德风险也高。有的仲裁员随便裁，任意发挥，有的仲裁员有幕后交易，这些问题在国际投资仲裁（ISDS）中已有所显现。

在 WTO 成立之初，美国对上诉机构表扬有加，在 DSB 发言积极评价上诉机构。但是后来，美国态度发生转变。这其中有美国政府自身以案件胜败论是非、"合则用，不合则弃"的实用主义，但上诉机构自身的一些失误也有一定责任。应当说，任何国际法院/国际争端解决机制的成功，在根本上取决于参加方的信任，但这种信任是有限度的，国际司法机构不能滥用这种信任。WTO 成员对上诉机构的信任也是有限度的，上诉机构裁得好就加分，裁得不好就减分。显然，美国现在已经失去了对上诉机构的信任，对中国而言，这种信任也不应当是无限的。

从上诉机构 25 年来的实践来看，绝大多数上诉机构成员展现了高素质、高水准，上诉机构报告是高质量的，上诉机构秘书处提供了强有力的技术支持，也对上诉机构成员形成一定平衡。[①] 此外，上诉机构在听证会安排、举证责任分担等各种程序规则方面也日益完备和成熟，可以保持相当程度的稳定性和可预见性。我们一方面要坚决反对美国想摧毁上诉机构的做法，积极推动上诉机构恢复运转，另一方面也要注意约束上诉机构。上诉机构"司法造法"的倾向确实存在，我们要警惕。一个理性的、小心谨慎的上诉机构才是比较理想的终极方案。

（五）多边贸易体制下争端解决机制的改革展望

1. 世贸成员关于争端解决机制的改革设想

为破除遴选僵局，世贸成员就解决美方关切作出了多重努力，并提出了诸多工作方案。例如，墨西哥等成员于 2017 年 11 月向 DSB 提出的关于尽快启动上诉

---

① 另一方面，也有学者对秘书处过度参与案件审理提出疑问。See, Joost Pauwelyn, Krzysztof J. Pelc, *Who Writes the Rulings of the World Trade Organization? A Critical Assessment of the Role of the Secretariat in WTO Dispute Settlement.*

机构成员遴选程序的提案（目前已有包括中国在内的 121 个成员联署）。① 提案仅呼吁尽快启动遴选，没有触及改革上诉机构问题。洪都拉斯于 2018 年 7 月后提出一系列文件，针对上诉机构审限超期、上诉机构成员离任后继续审案、"司法越权"、"自创先例"等问题提出讨论文件。② 文件针对有关问题汇总了若干解决思路，并无具体案文建议。加拿大于 2018 年 9 月就改革世贸组织提出讨论文件。③ 该文件在有关争端解决章节就美部分关切提出了解决思路，但未形成具体案文建议。欧盟、中国等 12 方成员于 2018 年 11 月 23 日向总理事会提出了上诉机构改革提案（"联合提案"），④ 该提案全面回应了美国的关切，在程序问题上提出了具体案文修改建议，在实体问题上展现了积极推动讨论的意愿。中国、欧盟和印度等还提出进一步改革方案，提出增加上诉机构成员人数，上诉机构成员应当具有单一任期，专职工作，自动启动遴选程序等。⑤ 澳大利亚等 5 方成员于 2018 年 12 月 11 日向总理事会提出了有关解决美实体问题关切的建议提案。⑥ 该提案建议尽快启动对实体问题的讨论，但未提出具体落实方案。中国台北于 2019 年初提出解决遴选僵局提案，该提案在具体改革建议方面未脱离联合提案的建议内容框架。⑦ 泰国也提出了一揽子解决上诉机构僵局问题的决议草案，提出可以采取"指南"等灵活方式对上诉机构工作提出指引。⑧ 日本、澳大利亚和智利提案提出，专家组和上诉机构应当遵循《反倾销协议》第 17 条（ii）项关于审查标准之规定。⑨ 2019 年 10 月，美国等 11 方成员发表联合声明，强调 WTO 争端

① See, WTO Document, *Appellate Body Appointments*, WT/DSB/W/609/Rev. 19.

② See, WT/GC/W/758, WT/GC/W/759, WT/GC/W/760, WT/GC/W/761.

③ See, *Strenthening and Modernizing the WTO: Discussion Paper, Communication from Canada*, JOB/GC/201, 24 September 2018.

④ 哥斯达黎加和黑山随后加入。See, Communication from the European Union, China, Canada, India, Norway, New Zealand, Switzerland, Australia, Republic of Korea, Iceland, Singapore, Mexico, Costa Rica and Montenegro, WT/GC/W/752/Rev. 2, 11 December 2018.

⑤ 黑山随后加入。See, Communication from the European Union, China, India and Montenegro, WT/GC/W/753/Rev. 1, 11 December 2018.

⑥ See, *Adjudicative Bodies: Adding to or Diminishing Rights or Obligations under the WTO Agreement*, Communication from Australia, Singapore, Costa Rica, Canada and Switzerland. WT/GC/W/754/Rev. 2, 11 December 2018.

⑦ See, *Guideline Development Discussion*, WT/GC/W/763/Rev. 1, 8 April 2019.

⑧ See, *General Council Decision on the Dispute Settlement System of WTO—Communication from Thailand*, WT/GC/W/769.

⑨ See, *General Council—Informal process on matters related to the functioning of the Appellate Body—Communication from Japan, Australia and Chile—Revision*, WT/GC/W/768/Rev. 1.

解决程序透明度的重要性。[①]

2. 美国关于争端解决机制的立场和主张

美国是世贸争端解决机制的最大受益者。美国当事方案件数量最多，法律诉讼能力强，是使用世界组织争端解决机制最多的成员。截至目前，美国在 WTO 起诉案件有 124 起，多数起诉案件美国均获胜。2018 年 2 月美国发布的《总统经济报告》（Economic Report of the President）表明，美国在 WTO 司法机制下取得的成果超出其在谈判下取得的成果。美国在 WTO 起诉案件的胜诉率达到 85.7%，超出 WTO 成员起诉案件平均胜诉率（84.4%）；美国在被诉案件中的胜诉率达到 25%，也超过 WTO 成员被诉案件平均抗辩胜诉率（16.6%）。

美国是上诉机构瘫痪的始作俑者。2018 年后，美国多次在 DSB 作长篇发言，批评上诉机构，逐一阐述其阻挠上诉机构遴选的理由，力图建立其话语权（narrative）。在 2019 年，时任 DSB 主席、新西兰大使沃克启动"沃克进程"（Walker's process），力图推动上诉机构改革，解决美国关注。但美国从未提出一条解决其自身关注的建设性的案文建议，恰恰相反，美国大使谢伊反而一再追问"为什么"（why），为何上诉机构会随意无视 WTO 协议的明文规定？为何上诉机构主张其报告具有先例价值？[②] 把责任推给上诉机构。2020 年 2 月，美国贸易代表办公室还发布《WTO 上诉机构报告》，实际上是美国此前对上诉机构愤怒和不满的一个大拼盘。[③]

美国还反对和破坏部分世贸成员组建临时上诉机制。2020 年 6 月 5 日，美国大使谢伊致函世贸组织总干事阿泽维多，批评 MPIA 复制 AB 的错误实践，反对利用 WTO 资源（包括预算、秘书处）支持 MPIA。美国认为，DSU 第 25 条没有为利用世贸组织资源支持不属于仲裁的职能提供任何依据；第 25 条也没有为成员指示世贸组织总干事向仲裁员提供世贸组织秘书处的支持及其形式提供依据。谢伊强调，美原则上不反对世贸成员通过 DSU 第 25 条的仲裁解决争端，但 MPIA 试图用上诉机构本不具备的权威包装自己，侵犯了非参加方的权益，实际是想"复活"上诉机构及其秘书处。美坚决反对世贸组织秘书处投入资源，为

---

① See, *General Council—Joint Statement on the importance of transparency in WTO Dispute Settlement—Communication from Argentina*；*Australia*；*Brazil*；*Canada*；*Costa Rica*，*New Zealand*，*Norway*，*Singapore*，*Switzerland*，*Chinese Taipei*，*United States*，WT/GC/W/785，15 October 2019.

② I. e.，Why did the Appellate Body feel free to disregard the clear text of the agreements？Why did the Appellate Body assert a precedential value for its reports？See, DSB，*Minutes of meeting*，18 December 2020，WT/DSB/M/447.

③ See, USTR，*Report on the Appellate Body of the World Trade Organization*，https：//ustr. gov/about-us/policy-offices/press-office/press-releases/2020/february/ustr-issues-report-wto-appellate-body.

MPIA 专设新司局和支持人员。①

　　美国意图建立为其所用的世贸争端解决机制。2020 年 8 月 20 日，美国贸易代表莱特希泽在《华尔街日报》撰文《如何纠正世界贸易？》②，系统地阐述了其对 WTO 现存问题的看法。关于争端解决机制，莱特希泽称，应当将现有的双层争端解决机制改为类似商业仲裁的一审终审机制，由临时（ad hoc）法庭裁决，可以设立在例外情况下，纠正专家组错误观点的机制。"图穷匕首见"，莱特希泽文章揭示了美国部分人心目中理想的世贸争端解决机制，即不顾法理的统一性，最大限度保证美国在争端解决中"赢"得裁决，维护美国利益。

3. 多边贸易体制下争端解决机制改革展望

　　解铃还须系铃人。美国对世贸争端解决机制奉行"合则用，不合则弃"的实用主义态度，意图使上诉机构服从和服务于美国的对外贸易政策。美国长期不满上诉机构高高在上，对美国贸易政策进行审查。美国国内至今仍有人主张，美国应当彻底抛弃上诉机构，甚至退出世贸组织。美国阻挠上诉机构成员遴选的行径，遭到所有其他世贸成员的反对。从长期来看，美国仍有可能回到多边主义。第一，美国国内"建制派"力量依然强大，"钟摆效应"过后，还会回来掌权。第二，美国国内产业对于统一的国际经贸规则仍然有需求，这对美国企业最为有利。许多经贸规则也必须通过多边方式制定，例如补贴规则等。WTO 争端解决是美国开拓国际市场、打破国际贸易壁垒的有效武器，无论是双边的自由贸易区协定（FTA），还是区域的《跨太平洋伙伴关系协定》（TPP），都难以提供替代方案。第三，美国现在所依赖的"301 条款"单边主义的贸易政策大棒，虽然可能得逞一时，但遭到世贸成员广泛反对，难以成为一项长期而有效的贸易政策工具。第四，WTO 争端解决机制（包括上诉机构）25 年来取得的成就，有目共睹，国际法治曾经如此辉煌，如此成功，在世贸成员心目中留下难以磨灭的印象，绝大多数世贸成员都希望上诉机构恢复。

　　上诉机构的停摆，不仅是对世贸争端解决机制的伤害，也将危及整个多边贸易体制的稳定性。③ 从目前来看，有学者从技术角度提出了投票或者"不上诉协

---

　　① 美国的观点显然是站不住脚的。DSU 第 25.2 条明确授权争端方决定仲裁程序，这实际上是仲裁的当事方"自治原则"（principle of autonomy），MPIA 参加方有权参考上诉程序和实践自行确定包括合议制、仲裁员产生等具体程序事项。DSU 第 27.2 条明确规定，秘书处应成员请求可在争端解决方面提供协助，秘书处为 MPIA 参加方提交的仲裁提供人员和结构支持于法有据。

　　② See, Robert E. Lighthizer, *How to Set World Trade Straight*, 21 Aug. 2020, https：//www.wsj.com/articles/how-to-set-world-trade-straight-11597966341.

　　③ See, *Analysts：Appellate Body paralysis could affect dispute panels, negotiations*, Inside US Trade, March 6, 2020.

议"等解决方案，然而具体实现均较困难。① 从长期来看，打破上诉机构僵局，仍然有赖于全体世贸成员的共同协商谈判，既要维护上诉机构的独立性、公正性，又要澄清和改进规则，约束裁量权，重建上诉机构的权威。

2019 年 12 月，中国常驻世贸组织代表张向晨大使在总理事会上指出，巴黎圣母院被烧毁了，法国人民会重新将其修复。国际社会不能失去正义。我们相信，上诉机构迟早会恢复运转，明珠即便掉落，也仍难掩其光泽。当然，我们在反思如何改进的时候，必须考虑如何防止其再次遭到系统性的破坏。②

---

① See, Pieter JanKuijper, *The US Attack on the WTO Appellate Body* (November 23, 2017) . Legal Issues of Economic Integration, Vol. 45, Issue 1, Amsterdam Center for International Law No. 2017-29, Amsterdam Law School Research Paper No. 2017-44, https：//ssrn. com/abstract=3076399.

② See, General Council, *Minutes of meeting*, 9-10 December 2019, WT/GC/M/18.

第二部分

WTO 服务贸易与投资规则

一、世贸组织规则谈判：现状、挑战和未来走向

柴小林[①]

（一）世贸组织谈判背景

1994 年"乌拉圭回合"谈判结束，可以看作是多边谈判进程的一个"分水岭"。一方面，乌拉圭回合在国际贸易领域里的谈判实现了诸多零的突破。例如，它将多年游离于多边规则之外的服务贸易、农产品贸易、与贸易有关的知识产权、与贸易有关的投资措施，以及反倾销反补贴、动植物检疫检验等议题纳入了国际贸易法律体系，确立了一套相对完整的多边贸易规则。但另一方面，自乌拉圭回合及世贸组织成立以后，虽然在一些具体问题上，如货物贸易的便利化、信息技术产品、电信服务以及农产品出口补贴等方面，取得了一些成果，但多边谈判未再取得真正重大的突破。多哈回合谈判基本上已经名存实亡。

迄今，世贸组织《马拉喀什协定》以及乌拉圭回合这套法律体系，总体上为全球贸易及与贸易相关的投资铺设了轨道。但随着技术进步，特别是数字技术的快速发展，现行规则体系的不足与缺失就显露出来，急需通过谈判进行更新、补充和拓展，使多边规则能够与时俱进。

然而，在全球化持续遭遇逆流的大背景下，多边贸易谈判总体乏力，164 个成员越来越难以在任何一个议题上形成共识。鉴于这种情况，在 2017 年世贸组织部长级会议上，部分所谓"志同道合"的成员部长们发起联合声明倡议，先行一步，就服务的国内规制纪律、投资便利化、电子商务、妇女参与贸易以及扶持中小企业等 5 个议题，开启"开放式诸边"谈判进程。

（二）谈判现状

1. 服务的国内规制纪律谈判

根据《服务贸易总协定》第 6 条第 4 款，世贸组织成员要继续就对服务和服

---

① 柴小林，WTO 秘书处服务贸易司司长。

务商产生影响的国内规制措施制定纪律，包括资质和认可程序及要求、技术标准等。由于种种原因，这个议题的谈判从多边进程转到开放式诸边进程中进行。

目前，有 63 个成员参与谈判，涵盖世界服务贸易的 73%。现在协定文本接近完成，有关国内规制纪律的条款共 14 条，涉及资质和认可程序及要求，以及技术标准等相关措施的透明度、程序的简化、电子方式的采用，以及对相关措施的评估、时限和费用等。目前，协定文本还遗留着一些问题，例如金融服务纪律等问题，但这些问题需要政治决断。在协定谈判的同时，参与成员同意按照服务贸易总协定的第 18 条附加承诺条款修改自身的减让表，并通过"确认"certification 程序，使新纪律成为世界贸易组织法律体系的一部分。

2. 投资便利化多边框架谈判

直至目前，在多边层面还没有一个关于国际投资的协定。但同时，双边投资保护协定和区域协定中的投资章节一方面促进了双边和区域投资自由化，另一方面也使全球投资治理体系"碎片化"。因此，不少人认为有必要在多边层面建立一套有约束的国际标准，便利外国投资的流动。目前，已经有 105 个世贸组织成员正式加入了投资便利化框架的谈判。框架的雏形已经显现，主要侧重于提高东道国关于国际投资的行政程序和措施的透明度和程序简化，确保这些行政程序和措施在实施过程中的可预测性、稳定性、质量与效率。框架不涉及投资市场准入、投资保护以及投资者国家争端解决机制。

3. 电子商务的谈判

迄今，参与谈判的成员数达到 85 个，涵盖世界与贸易有关的电子商务的 90%。与其他议题不同，电子商务谈判希望达成包括市场准入和规则纪律的内容高雄心水平的协定。目前，台上的问题共 60 个，涉及 6 大方面：一是跨境赋能电子商务（包括电子签字、电子认证、电子合同、电子支付等），二是电子商务环境开放（例如数字商品的非歧视待遇），三是电子商务诚信建设（包括线上消费者保护、个人信息和数据保护），四是电信服务进一步开放（包括加强基础设施和设备），五是电子商务市场准入，六是综合性议题（包括国内规制透明度与合作等）。电子商务协定谈判的目的是要实现跨境电子商务与消费者权益、商业利益以及合理公共政策目标之间的平衡。

（三）谈判面临的挑战

世贸组织谈判面临的挑战大致可以归纳为四个方面。

1. 新老议题平衡的问题

电子商务以及投资贸易便利化议题的谈判被看作 21 世纪的新议题。部分发展中国家对多哈回合谈判无果而终非常不满，所以对目前的诸边谈判持抵触和消极态度。

2. 世贸组织"协商一致"的决策原则受到挑战

协商一致的决策原则是对发展中成员，特别是对弱小和最不发达成员话语权的保障，因此许多成员依然坚持。但是随着成员数量的增加，综合性谈判所涉及的议题越来越多，成员利益日益多样化，常常众口难调，难获共识，导致谈判陷入僵局。

3. 边境后措施的挑战

目前世界贸易货物关税水平已经很低。同时，随着世界经济日益服务化和数字驱动，贸易管理从边境措施延伸至边境后，从关税到非关税壁垒，影响贸易的非贸易关注如劳工和环境标准也被摆在贸易谈判桌上，更多地涉及各国国内政策和管理体制，甚至触及敏感中枢，使谈判的复杂程度增加。

4. 新事物的界定

多边协定往往是多方妥协的产物，最终文本相对原则笼统。因此，在实践中的运用和法律解读并不是一件容易的事情。这也是为什么世贸组织争端解决机制的作用至关重要。同时，随着数字技术带来的新概念，如"云"合作和物联网等新型业态的出现，如何界定新事物，是现行多边规则制定面临的现实挑战。

（四）谈判的未来

人们非常关心 2022 年世贸组织第 12 届部长级会议能否取得成果。从目前的情况看，国内规制纪律协定基本成熟，投资便利化框架正在成熟，电子商务协定尚需时日。

面对上述各种挑战，在多边共识难以形成的条件下，参与各个诸边倡议的成员都强调，要按照透明、包容、开放以及成员驱动的原则进行谈判，谈判成果以最惠国待遇为基础。同时，在协定中更多采用建议性文字，将发展议程、能力建设和技术援助放在中心位置，争取更多的发展中成员加入，以达到涵盖贸易的临界数量。未来，开放式诸边谈判或许能够激活世贸组织的谈判功能，成为未来世贸组织谈判的"新常态"。实际上，这个问题已经被一些世贸组织成员列为目前世贸组织改革方案建议中的一项重要内容。

世贸组织成立二十多年以来，正处于一个十字路口，亟待成员同舟共济，尽快走出危机阴影，继续发挥国际经贸治理三大支柱之一的作用，为国际贸易与投资提供透明可预测的法律规则环境。

二、适用现行服务贸易规则所面临的技术性挑战

张若思[①]

多边贸易体制内调整和规范服务贸易的规则成型于 20 世纪 80 年代末 90 年代初。彼时互联网技术虽存在，但其广泛应用的可能性和前景甚至还没有成为议题，更谈不上设计相关的规则。尽管总的来说任何规则都会面临落后于形势发展和条件变化而如何与时俱进的问题，但这个问题对于多边规则来说似乎更具挑战。这是因为世贸组织的成员要先对现行规则的不足在认知上以及改进规则的必要性上形成共识，然后才能启动程序谈判新的规则。这是一个可以展开来进行多角度多层次探讨的复杂题目，牵扯政治、经济、法律等多方面的因素。这里仅就现行多边服务贸易规则适用于数字贸易争议时可能面临的技术性挑战作初步探讨。

（一）管中窥豹：从几个涉及服务贸易的最新争议看服务贸易的发展趋势

在 2020 年 10 月 2 日的服务贸易理事会上，好几个议程涉及了服务贸易中新近产生的争议。具体说来，是一些成员质疑另外一些成员所采取的贸易措施是否符合《服务贸易总协定》：

美国、日本、澳大利亚、加拿大、欧盟和新西兰共同主张中国和越南的网络安全法及相关法规中的某些数据本地化、限制数据跨境流动或者强制要求在本地设立分支机构作为跨境提供的附加条件等要求违反中越各自在《服务贸易总协定》下的义务；

美国、加拿大和欧盟主张俄罗斯要求本国电信运营商优先使用本国卫星的措施违反其在《服务贸易总协定》下的具体承诺；

美国、加拿大、欧盟及日本主张俄罗斯要求技术产品预装本国软件的措施违背其在多个服务门类下的承诺；

中国主张澳大利亚限制中国公司参与 5G 项目的措施违反了最惠国待遇原则

---

① 张若思，WTO 服务及投资司参赞。

及其市场准入和国民待遇的承诺；

中国主张美国限制抖音和微信应用程序的措施违反了美国在《服务贸易总协定》下的多项义务，包括最惠国待遇、透明度、国内规制、国民待遇等；

中国对印度限制中国投资和 224 个中国开发和运营的应用程序提出了类似的主张。

另一个例子是近一段时间众多国家通过立法或计划通过立法征收数字服务税。美国于 2019 年 7 月首先对法国数字服务税立法启动 301 条款调查，并最终决定对价值 13 亿美元的法国商品加征 25% 的关税。目前这一决定的执行延迟至 2021 年 1 月 6 日。2020 年 6 月 2 日美国又对十个国家和地区启动"301 条款"调查，包括五个已通过立法的国家：奥地利、印度、印度尼西亚、意大利、土耳其，以及另外五个正在立法的国家和地区：巴西、捷克、西班牙、英国和欧盟。截至 2021 年 1 月，美国已完成对印度、土耳其、奥地利、西班牙和英国的"301 条款"调查，并认定这些国家的数字服务税不合理或歧视，构成对美国贸易的限制。根据"301 条款"，美国将决定是否采取包括加征关税在内的后续手段。此外，美国对巴西、捷克、欧盟和印度尼西亚的"301 条款"调查还在进行中。如何处理数字服务税是新任美国贸易谈判代表要处理的优先问题之一。美国会寻求多边解决方案还是诉诸单边限制措施，值得密切关注。

以上这些争议的共同点是都涉及新兴的、正在迅猛发展的、最具活力的数字化服务贸易。众多国家正在加速立法以规范数字化交易及其产生的新问题。这些立法和规范举措有的明显是贸易保护措施，有的则是为了追求其他政策目标如公民隐私权的保护、网络安全、增加税收。这些立法措施中有的本身就具有域外效力如欧盟的数据保护条例，有的则是其实际效果影响到跨境贸易。可以预见，数字贸易会成为今后服务贸易争端的主要诱因，也是现在和今后很长一段时间竞争最激烈的领域。很多国家会采取更多保护主义措施，自然也会导致贸易冲突。美国白宫国家安全委员会近期公布了《保护关键和新兴技术的国家战略》，列出了二十个需要通过国家战略加强研发和保护的技术，包括人工智能、量子信息科学、通信和网络技术、数据科学、人机互动技术、自动化系统、传感技术等。美国政府将采取的手段除了加大研发投入之外，还包括加强立法和出口限制。由此可见，随着数字技术全面升级和覆盖，大国之间的角力会更加激烈，很多经济体会诉诸贸易保护措施以维护自己在技术和市场各方面的竞争力。

在 WTO 层面，《服务贸易总协定》是数字化时代到来之前的产物，自然面临着在新贸易环境下如何适用的问题。虽然人们通常主张原则上协定本身是技术中立的，因此在新技术条件下仍然适用。但原则从来不能取代具体操作，正如我们常说的"魔鬼存在于细节中"。实际上，《服务贸易总协定》的具体适用面临着严峻的技术性挑战。

（二）见微知著：服务贸易的发展趋势

要理解现行规则所面临的挑战，有必要简单概述一下当前服务贸易发展的趋势和特点。

首先当然是服务贸易的全面数字化，体现在数字化服务产品、数字化生产和交付方式、数字化运营模式等各个方面，影响几乎所有服务部门。众多服务以数字化产品形式在线上交易，例如网上提供的音像服务、广告服务、金融服务、医疗服务、教育服务等，更不用说计算机和电信这类基础服务。在实体交付不可或缺的情况下，如餐饮运输、快递租赁服务等，生产者与消费者之间的交易、上下游经营者之间或者说市场的参与者及整个市场的运作越来越依赖数字化平台所提供的中介服务、数据分析、广告营销、售后反馈以及顾客咨询服务等。企业个人所构成和依附的生态系统都在数字化，运营或依托数字平台成为主要经营模式。

数字化使以跨境提供产生的服务贸易迅速增长。总的说来，通过设立商业存在即模式三进行的服务贸易规模虽然仍最大，但已从过去的服务贸易总额的三分之二下降到50%，而模式一即跨境提供产生的服务贸易已达服务贸易总额的33%，并且增长势头强劲。在一些具体服务门类中，跨境提供已成为主导模式，例如全球计算机服务贸易的80%是通过跨境提供完成的；在电信、金融、广告等众多专业服务部门，跨境提供的服务贸易都在迅猛发展。

数据（data）是数字化服务贸易的核心。数字化服务贸易越来越为数据所驱动，或者围绕数据而产生并运营。大量的数据在每秒甚至每毫秒中创造、收集、处理和传输。收集、处理、传输或管理数据本身就是在提供服务，也是各个行业今天和未来的竞争力所在。同时，这也意味着任何规范数据使用和流通的措施会在很大程度上影响服务贸易。

全球价值链是20世纪90年代以来全球化的主要特征。其他产业尤其是制造业服务化（servicification），它们不仅将很多经济活动外包，同时也提供各种服务产品。数字化技术加速并升级了这种服务化。数字化使其他产业，即制造业和农业，更易于通过提供服务寻求高附加值和高回报。大企业通过数字平台建立生态系统或者整合产业链，中小企业则通过向大企业提供服务找到商机甚至参与到国际贸易中。其他产业的服务化意味着其他产业的政策措施也会影响到服务贸易。

从政策制定和规范管理的角度来看，以上这些数字化和服务化的发展以及数据成为核心平台、成为依托的趋势必然意味着经济活动和交易愈益复杂。例如，跨境提供服务已不是简单地把服务从一个国家"送"到另一个国家，而是通过一个或几个服务器向全世界提供服务。因此，规范的难度增加。以数字平台为例，各行各业成千上万、五花八门的数字平台，对政府的有效管理提出了挑战。政府既要鼓励和维护数字经济的创新与活力并促进贸易，又要追求多重政策目标，包括消费者权益的保护、公民隐私权的保护、网络数据安全、金融安全、公平竞争等。

（三）刻舟求剑：适用现行服务贸易规则所面临的挑战

关于乌拉圭回合（1986—1994 年）服务贸易谈判的历史文件显示，谈判之初人们就面临着涉及服务的交易复杂、服务门类多样、为货物贸易量身定做的概念难以照搬复制、各国国情与需求千差万别等众多问题。1995 年生效的《服务贸易总协定》不仅是政治妥协的产物，更是避重就轻、化繁为简等技术操作的结果。因此在后来二十多年的实际适用中，不断产生因条款含义不清解释困难等诸多问题。此外，新一轮谈判停滞不前，这些问题得不到解决，甚至缺乏对这些问题的深入讨论；服务贸易数字化使这些问题日益突出，同时也提出了新的问题。这些问题使适用现行规则的不确定性大大增加，从而在很大程度上削弱了规则的有效性和现实价值。这里仅简单举几个例子：

《服务贸易总协定》中规则的设计决定了其在适用时必须对服务进行分类。但现行的分类是 1991 年制定的，由于时过境迁，它在很多方面需要更新。数字化服务的很多产品在其中找不到对应的位置，比如各种数字平台、社交网络、网络游戏。在主张美国限制抖音和微信应用程序违反《服务贸易总协定》时，中国列举了一系列相关服务，包括计算机、电信、广告、音像、娱乐服务等。证明抖音和微信平台及其所提供的服务能被现行分类所涵盖，并不是件轻松的工作。

《服务贸易总协定》的原产地规则非常简单，在模式一（跨境提供）和模式二（境外消费）下，服务的原产地取决于服务是从哪里或在哪里提供，唯一的例外是海运服务；在模式三（商业存在）和模式四（自然人流动）下，服务原产地则取决于服务提供者的国别属性。服务提供者的国别属性在模式三下又取决于股比是否占多数，或者是否实际控制商业存在，这样就把很大一部分外国投资排除在协定之外。数字化服务贸易中，服务提供者的国别属性与服务来源地经常不一致，很多交易是通过数字平台进行，由一个或多个服务器向全世界提供服务。如果严格按照模式一的定义，在这种情况下判定服务的原产地似乎要看服务器在哪里。这似乎很不合理，因为对所提供服务负责的应是数字平台的所有者或经营管理者。

规范数字化服务的措施很多不同于传统规范措施，这就使市场准入和国民待遇条款在适用上的不确定性增加。典型的例子是针对数据和数据流动的各种规范措施。需要对具体措施、所涉及的服务和服务提供模式进行个案分析来判定这些措施是否构成市场准入限制和歧视性待遇。比如，如果处理或传送数据本身就是提供服务，那么限制数据跨境流动会构成市场准入或国民待遇限制。但如果数据是服务的投入，而不构成产出，就要具体看有关措施是否影响贸易、影响相同服务和服务提供者之间的竞争条件。

与以上适用密切相关的是服务贸易承诺表的解释，也存在着极大的不确定性。除了关于市场准入和国民待遇措施的解释外，另一个问题是是否可以确定现有的一些分类可以涵盖数字化形式的内容。非常简单的一个例子是广告服务，现行分类提到的都是在广播电台、电视台、纸质媒体或户外做广告，成员承诺表也是这样具体表述的。但今天广告主要在互联网上出现。可否通过解释将现行分类和承诺表延伸涵盖互联网广告？这样做的法理依据应该是什么？这样的例子有很多，如传统的广播和电视传输服务能否被解释为涵盖互联网采用流式传输方式播放的广播电视节目（streaming）？

延伸出来的一个问题是，在《服务贸易总协定》下，承诺表的列表模式对于数字化服务贸易也存在很大的局限性。这里就不具体展开了。

《服务贸易总协定》的例外条款确认了成员追求非贸易政策的权利，但数字经济中产生的一些新的政策目标需要政府顾及，如网络安全。这样就存在现有例外条款是否充分的问题。如果不充分而仍被援引，似乎就可能构成事实上的滥用。这同样增加了现行规则在适用上的不确定性。

（四）与时俱进：是否存在可行的解决办法？

对于现行多边规则所面临的挑战，通过谈判制定新规则、修改现行规则以适应新情势从而增加规则的确定性当然是最优选项。例如，征收数字服务税、处理数据跨境流动等问题。多边规则最有利于服务贸易，尤其数字化服务贸易天然带有全球性。然而，谈判多边规则难度巨大，各国的资源条件、经济发展水平以及因此而产生的利益诉求千差万别。各国都能接受的规则一定是达到某种利益平衡的结果，而要实现这种利益平衡往往难以局限在服务贸易之内，需要在更大的范围内进行利益交换。一旦谈判在更大的范围内进行，相互掣肘的因素也会增加，技术性问题及政治性挑战也愈加复杂，谈判往往变得更不确定、更不可控，多哈谈判就是一个例证。

更新服务贸易承诺表是使《服务贸易总协定》与时俱进、增加其适用上的确定性的一个思路。这意味着市场准入谈判，需要交换具体对价实现新的利益平衡，也就是找到所有成员可以接受的最大公约数。只有极少数成员有能力和兴趣，仅就服务贸易的市场准入进行谈判。对绝大多数成员而言，需要在服务贸易之外寻求对价。同样，这也意味着需要更广泛的贸易谈判才能更新承诺表。

因此，无论是多边规则还是市场准入谈判，成功的可能性都甚微。服务贸易谈判的复杂性、各国利益分歧、发展水平差异、协商一致原则等都使多边谈判困难重重。

另一个思路是在常设机构进行技术性讨论，从而明确一些问题并形成共识，这样也有助于减少现行规则适用上的不确定性。例如，就数字化服务的分类进行讨论。但目前即使纯技术性的讨论似乎也难以进行，因为成员之间严重缺乏互信。任何技术性讨论背后都有具体的利益诉求，典型的例子是关于是否存在"新服务"的问题，世贸组织成员就此争论了几年没有结果。主张和反对"新服务"是否存在的争议的关键不是关于一些具体的服务能否在现行分类找到位置，也不是更深一层的承诺表法律解释问题，而是承诺表能保障多大的市场准入的利益问题。

某些问题也许可以在争端解决中得到某种程度的澄清。但争端解决的有效裁决只对所涉个案有约束力。更重要的是，贸易谈判官员对专家组和上诉机构的法律解释形成了负面意见。事实证明，现有案例反而阻碍了谈判的进行。

一些成员，主要是欧盟、美国，针对一些问题在多边框架外寻求迂回间接或局部处理。例如，先在双边或区域贸易协定中就数字化服务贸易制定规则，逐步将其引入诸边谈判，以后再寻找时机看能否纳入多边。正在进行的电子商务谈判主要是关于数字化服务贸易的诸边谈判，其发展进程和最后结果值得密切关注。另一种方式是要求新加入成员承担超出《服务贸易总协定》的义务，包括作出超出现有成员的具体承诺，从而使新规则事实上成为《服务贸易总协定》的一部分。

总之，现行多边服务贸易规则面临着诸多挑战，其命运掌握在其主人即世贸组织成员手中。

第三部分

WTO 框架下的国家安全例外条款

一、国际经贸条约的安全例外条款及其解释问题[①]

张乃根[②]

本文所称"国际经贸协定"包括贸易与投资两方面，这些协定的安全例外条款规定缔约方在危及国家基本安全利益的情况下，可采取不履行该条约项下有关义务的必要措施。晚近世界贸易组织（WTO）争端解决专家组接连裁决，对涉及国际贸易条约的安全例外条款所作解释，势必影响目前正在审理的有关案件。虽然国内外学界对此有一定研究，[③] 但是，条约法上的安全例外观念由来，国际经贸条约的安全例外条款的产生及发展，WTO 争端解决专家组和国际投资仲裁庭对涉案条约安全例外条款的解释以及两者比较等问题，亟待进一步深入研究。

（一）条约法上的安全例外：观念与条款的由来及发展

"安全"是国际关系中一个极为重要的观念。当代欧美国际关系学理论较多讨论"集体安全""国际安全"问题。[④] 其实，现代国际关系和国际法形成之初，"安全"就是一个基本观念。对于每一个现代主权国家而言，相对安全的生存环境或条件必不可少。因此，国家的"安全"观具有本国不受他国武力侵犯或威胁和独立生存而避免根本上依赖他国的基本内涵。格劳秀斯在最初探讨现代国际法原理时曾提出两项包含"安全"观念的自然法戒律："第一，应当允许保护（人们自己的）生命并避免可能造成其伤害的威胁；第二，应当允许为自己取得并保有那些对生存有用的东西。"[⑤] 他在《战争与和平法》中将这两项戒律运用

---

① 原文转载自《法治研究》2021 第一期。

② 张乃根，复旦大学特聘教授、中国国际法学会副会长、中国法学会世界贸易组织法研究会副会长。

③ 参见张丽娟、郭若楠：《国际贸易规则中的"国家安全例外"条款探析》，《国际论坛》2020 年第 3 期；Sebastián Mantilla Blanco and Alexander Pehl, National Security Exceptions in International Trade and Investment Agreements, Springer International Publishing, 2020.

④ 如英尼斯·克劳德的"均势、集体安全和世界政府"理论，参见倪世雄、金应忠主编：《当代美国国际关系理论流派文选》，学林出版社 1987 年版，第 163 页；又如"国际安全新论"，参见倪世雄主编：《当代西方国际关系理论》，复旦大学出版社 2001 年版，第 434 页。

⑤ ［荷］格劳秀斯：《捕获法》，张乃根等译，上海人民出版社 2006 年版，第 14 页。

于论证正义战争的合法性："就战争之目的与宗旨在于保全生命与身体完整，并保存或取得对于生活有用的东西而言，战争完全符合这些自然的基本原则。"①这在传统国际法上被称为每个国家的"自我保全"（self-preservation）原则，涵盖自卫和自存两方面的固有权利。②

第二次世界大战之后，《联合国宪章》第 2 条第 4 款原则上规定"各会员国在其国际关系上不得使用威胁或武力，或以与联合国宗旨不符之任何其他方法，侵害任何会员国或国家之领土完整或政治独立。"同时第 51 条允许"联合国任何会员国受武力攻击时，在安全理事会采取必要办法，以维护国际和平及安全以前，本宪章不得认为禁止行使单独或集体自卫之自然权利。"③ 这是相对禁止使用武力原则的例外，④ 可以说，这是现代具有普遍约束力的多边条约第一次规定自卫权的安全例外条款。此前，《威斯特伐利亚条约》第 124 条规定对于违约者，受害者应首先采取"温和的手段和法律措施"，经三年无法解决争端，可使用武力。⑤ 其实质在于允许一个国家使用武力解决与他国的争端，因而不是禁止使用武力的安全例外。这一支配现代国际关系数百年的法则直到联合国成立才得以改变。

在《联合国宪章》问世后不久，1947 年 10 月 30 日签署并于翌年 1 月 1 日起临时生效的《关税与贸易总协定》（GATT）⑥ 第 21 条以"安全例外"为标题，明确规定："本协定的任何规定不得解释为：（a）要求缔约方提供其认为如披露会违背其基本安全利益的任何信息；或（b）阻止任何缔约方采取其认为对保护其基本国家安全利益所必需的任何行动：（i）与裂变和聚变或衍生这些物质有关的行动；（ii）与武器、弹药和作战物资的贸易有关的行动，及与此类贸易所运输的直接或间接供应军事机关的其他货物或物资有关的行动；（iii）在战时或国

---

① Hugo Grotius, The Law of War and Peace, translated by Francis W. Kelsey, the Clarendon Press, 1925, p. 52.

② See Amos S. Hershey, The Essentials of International Law, The Macmillan Company, 1919, p. 144; "自卫"又称"自保"，参见［英］劳特派特修订：《奥本海国际法》，上卷第一分册，王铁崖、陈体强译，商务印书馆 1971 年版，第 224 页。

③ 《联合国宪章》（1945 年 6 月 26 日），载《国际条约集》（1945—1947），世界知识出版社 1961 年版，第 35 页。

④ See Kenneth Manusama, The United Nations Security Council in the Post-Cold War Era, Martinuis Nijhoff Publishers, 2011, p. 299; 又参见黄瑶：《论禁止使用武力原则》，北京大学出版社 2003 年版，第 278 页。

⑤ 《威斯特伐利亚条约》（1648 年 10 月 24 日），载《国际条约集》（1648—1871），世界知识出版社 1984 年版，第 31 页。

⑥ General Agreement on Tariffs and Trade, 55. U. N. T. S. 94; Protocol of Provisional Application of the GATT, 55. U. N. S. T. 308.

际关系中的紧急情况下采取的行动；或（c）阻止任何缔约方为履行《联合国宪章》项下的维护国际和平与安全的义务而采取的任何行动。"①这是多边条约首次明确规定的安全例外条款。这不仅对此后国际经贸关系的调整具有重大意义，而且作为严格意义的条约法上安全例外条款，在一般国际法上也堪称先例。

GATT 乌拉圭回合多边贸易谈判达成的一揽子协定随着 1995 年 1 月 1 日 WTO 的成立而生效实施，其中，《货物贸易多边协定》包括 1947 年 GATT，上述第 21 条安全例外条款不仅原封不动地保留，而且一字不差地被复制到新的《服务贸易总协定》（GATS）第 14 条之二和《与贸易有关的知识产权协定》（TRIPS）第 73 条，成为 WTO 三大实体性贸易协定下安全例外的共同条款。

不同于多边贸易条约的安全例外条款之由来和发展，自 20 世纪 50 年代末，尤其 70 年代兴起，迄今已达数千项的双边投资保护条约或协定（BITs），②起初的安全例外实质上是"公共秩序"范畴下的投资待遇例外，如 1973 年德国与马耳他 BIT 的议定书补充第 2 条（a）款规定："基于公共安全与秩序、公共健康或道德而不得不采取的措施不应视为第 2 条含义下'低于优惠的待遇'。"③此后的 BITs 将"公共秩序"例外延伸到"基本安全利益"，形成比较明确的安全例外条款，如 1983 年美国与塞内加尔 BIT 第 10 条标题"本条约不得调整的措施"下第 1 款规定："本条约不得排除缔约任何一方采取必要措施以维持其公共秩序与道德，履行其有关维持或恢复国际和平或安全的义务，或保护自己基本安全利益。"④其他国家间部分 BITs 逐渐采纳了这样的做法，并参照了多边贸易协定的安全例外条款。如 2008 年日本与乌兹别克斯坦 BIT 第 17 条第 1 款规定："本协定任何条款不得解读为阻止一缔约方采取或实施措施，（d）对其认为有必要保护基本安全利益，（i）在战时或武装冲突，或其他该缔约方或国际关系中的紧急情况"。⑤与多边贸易协定不同，BITs 安全例外条款尚无统一表述。

---

① 《关税与贸易总协定》（GATT1947），载《世界贸易组织乌拉圭回合多边贸易谈判结果法律文本》[中英文对照]，法律出版社 2000 年版，第 456 页。

② 1959 年德国与巴基斯坦《投资促进与保护协定》是第一项 BIT，截至 2020 年 1 月 25 日，全球共有 2899 项 BITs，其中已生效为 2340 项。此外，含有投资条款的经贸协定共有 389 项，319 项已生效。参见 UNCTAD 网站：https://investmentpolicy.unctad.org/international-investment-agreements，2020 年 9 月 2 日访问。

③ Protocol to treaty between Malta and the Federal Republic of Germany concerning the encouragement and reciprocal protection of investment. 7 April 1973.

④ Treaty between the United States of America and the Republic of Senegal concerning the reciprocal encouragement and protection of investment, 6 December 1983. 这成为美国与其他国家 BITs 的条款范本。

⑤ Agreement between Japan and the Republic of Uzbekistan for the Liberalization, Promotion and Protection of Investment, 15 August 2008.

尽管在国际关系中，安全对于每个国家都是至关重要，但是，除了安全保障或核安全等领域极少数条约，[1] 一般而言，条约本身很少冠以"安全"。贸易、投资等国际经贸条约仅包含安全例外条款。其原因在于安全事关国家主权，通常由各国自行处置，毋庸以条约与他国约定。国际经贸条约的安全例外条款特指对缔约方承担的国际贸易或投资方面义务而言，可基于国家安全理由，例外地不履行。因此，安全例外的实质是正当行使国家主权的体现。鉴于"条约必须遵守"（*pacta sunt servanda*）[2]，有关缔约方通过安全例外条款作为履行条约义务之例外，仅限于涉及基本安全利益或发生战争及国际关系中的紧急情况。可以说，这应该是条约义务的履行与缔约方"自我保全"相冲突或发生武装冲突致使以和平为宗旨的条约[3]及其义务无法履行等极端情况下适用的。

相对《联合国宪章》下维护或恢复国际和平与安全的"集体安全""国际安全"而言，国际经贸条约的安全例外条款主要以单个缔约方例外地不履行其条约义务的自身"基本安全利益"或发生武装冲突等危及国家安全的极端情况为适用对象。下文分析的国际贸易、投资条约中安全例外的解释问题都与此类适用有关。

（二）国际贸易条约的安全例外条款解释问题

如上所述，1947 年 GATT 以及 1995 年 WTO 三大实体性贸易协定早就有了安全例外条款，在 GATT 时期也有过涉及安全例外条款的争端解决，但均未对 GATT 第 21 条作过条约解释。[4] WTO 成立至今，直到晚近才接连发生两起有关货物贸易和贸易相关知识产权的安全例外争端解决案件，即，"俄罗斯有关过境运输措施案"（俄罗斯过境案）和"沙特阿拉伯有关知识产权保护措施案"（沙特

---

[1] 如《日本和美国共同合作和安全条约》（1960 年 1 月 19 日），载《国际条约集》（1960—1962），商务印书馆 1975 年版，第 27 页；《关于核子能方面建立安全管制的公约》（1957 年 12 月 20 日），载《国际条约集》（1956—1957），世界知识出版社 1962 年版，第 662 页。

[2] 这既是"举世所承认"的习惯国际法，也是条约法的基本规定。参见《维也纳条约法公约》（1969 年 5 月 23 日），载《国际条约集》（1969—1971），商务印书馆 1980 年版，第 42 页，序言和第 26 条。

[3] 格劳秀斯在《战争与和平法》中将整个条约范畴一概归为希腊人所谓"狭义的和平"，条约亦即和平。参见同注 4，p. 394.

[4] 如，捷克斯洛伐克诉美国出口控制案，GATT/CP. 3/SR. 22（1949），参见 GATT Disputes：1948—1995，Volume 1：Overview and one-page case summaries，Geneva：WTO Publications 2018，p. 3；又如，尼加拉瓜诉美国禁运案，L/6053，专家组报告未通过（1986 年 10 月 13 日），参见 ［美］约翰·H. 杰克逊：《世界贸易体制：国际经济关系的法律与政策》，张乃根译，复旦大学出版社 2001 年版，第 257 页。

知识产权案)。①通过 WTO 争端解决专家组对涉案安全例外条款的条约解释，使人们对国际贸易中安全例外的内涵以及适用条件有了进一步理解。在当前美国肆意滥用其所谓"安全例外"，频频挑起国际经贸争端的情况下，② 如何运用条约解释的国际法，③ 正确理解和适用国际贸易条约中安全例外条款，显得格外重要。

1. "国际关系中的紧急情况"：解释含义之一 "一般是指武装冲突或潜在的武装冲突"

俄罗斯过境案是"第一起 WTO 争端解决专家组被要求解释 GATT 第 21 条（或 GATS 与 TRIPS 的相同条款）。"④该案起因于俄罗斯以国家安全例外为由，禁止乌克兰货物经由俄罗斯公路和铁路过境至哈萨克斯坦等国。

专家组首先对俄罗斯主张安全例外的"自裁性"（self-judging）进行分析，认为包括 WTO 争端解决专家组在内的国际裁判庭都拥有履行其职能所需的"内在管辖权"（inherent jurisdiction），包括对其行使"实体管辖权"（substantive jurisdiction）有关所有事项的裁定权。⑤ 根据 WTO《关于争端解决规则与程序的谅解》（DSU）第 1 条第 2 款，WTO 争端解决的规则与程序适用于包括 GATT 第 21 条在内一揽子协定的诸条款，DSU 附录 2 所规定适用特殊或附加规则与程序也不包括 GATT 第 21 条，因此，俄罗斯援引该第 21 条作为其违反 GATT 第 5 条过境自由规定的"安全例外"，属于适用 DSU 一般规则与程序的专家组管辖权范围。

然后，专家组侧重于该第 21 条（b）款（iii）项的解释，并明确依照 DSU 第 3 条第 2 款，应适用作为"国际公法的解释惯例"之《维也纳条约法公约》（VCLT）第 31 条、第 32 条。该第 21 条引言句规定："本协定的任何规定不得解释为"，接着三款（a）、（b）、（c）均以"或者"（or）分开规定 WTO 成员履行 GATT 义务的安全例外。第 21 条（b）款也有引言句：[不得解释为]"阻止任何缔约方采取其认为对保护其基本国家安全利益所必需的任何行为"。该引言句可以不同方式解读，得出多种解释。特别是"其认为"可解释为：其一，仅对

---

① Russia—Measures Concerning Traffic in Transit，WT/DS512/R，5 April 2019；该案未提起上诉，已通过专家组报告。Saudi Arabia—Measures Concerning the Protection of Intellectual Property Rights，WT/DS567/R，16 June 2020，该案已提起上诉。

② 如，2018 年 3 月美国以安全例外为由对进口至美国的钢铝制品采取加征关税措施，中国率先向 WTO 起诉美国实质上是采取违反 WTO 规则的保障措施。US—Steel and Aluminium Products（China），DS544/1，9 April 2018。随后，欧盟等 8 个成员相继以同样理由诉告美国。

③ 参见张乃根：《条约解释的国际法》（上下卷），上海人民出版社 2019 年版。

④ 同注①，WT/DS512/R，para. 7. 20.

⑤ 同注①，WT/DS512/R，para. 7. 53.

"必需"这一用语而言；其二，也包括对"其基本国家安全利益"而言；其三，对第21条（b）款的三种情况而言。专家组认为对于同一条约用语可有不同解释，但没有明确根据 VCLT 解释规则，是否允许多种解释的并存。在 WTO 的规则体系中，只有《反倾销协定》第 17 条第 6 款（ii）项明确规定专家组依据国际公法的解释惯例，"认为本协定的有关规定可以作出一种以上允许的解释"，并可选择其一。根据 DSU 附录 2，这属于特殊规则，仅适用于《反倾销协定》。换言之，第 21 条（b）款可有多种解释，但并没有协定依据允许并存的情况下选择其一。更何况对于《反倾销协定》第 17 条 6 款（ii）项，上诉机构始终否认多种解释的并存。①

专家组对这三种可能的解释，逐一展开，但重点在于第三种。第 21 条（b）款的（i）、（ii）、（iii）项分列的情况实质不同，且不是累加的，而是"替换的"（alternative）。但是，专家组认为，其中任何行动必须满足其中之一的要求，"以便落入第 21 条（b）款的范围内"。② 这是该解释的关键，即，尽管三种可替换的情况不同，但都属于第 21 条（b）款，因而具有一定的共性。这是将（iii）项的"国际关系中的其他紧急情况"放在整个（b）款的上下文中，加以解释。

就（iii）项的"国际关系中的其他紧急情况"之词义而言，专家组解释："在战时或国际关系中的其他紧急情况"这一规定提示战争是"国际关系中的紧急情况"这一大范畴下一种情况。战争通常指的是武装冲突；紧急情况包括"危险或冲突的情况，系未曾预见的起因并要求采取紧急行动"；国际关系一般指"世界政治"或"全球政治，主要是主权国家的关系"。

就（iii）项的"国际关系中的其他紧急情况"之上下文而言，专家组认为（i）和（ii）项的事项，即"裂变物质"和"武器运输"，与（iii）项的战争均与国防、军事的利益有关。因此，"'在国际关系中的紧急情况'必须理解为是从第 21 条（b）款所规定的其他事项引起的同样利益中引申而出的。"③ 亦即，第 21 条（b）款引言的"基本国家安全利益"具有相同性。"因此，国际关系中的紧急情况看来一般是指武装冲突或潜在的武装冲突，或高度紧张或危机，或一个国家内或周边普遍的不稳定状态。这种情况引起有关国家的特定利益，即，国

---

① 在"美国洗衣机案"中，一位上诉机构成员对上诉机构有关《反倾销协定》第 2 条第 4 款第 2 项下 W-T 比较方法不允许归零法的多数意见表示异议，并认为这也是《反倾销协定》第 17 条第 6 款（ii）项所允许的解释。US—Washing Machines, DS464/AB/R, 7 September 2016, paras. 5. 191-5. 203.

② Russia—Measures Concerning Traffic in Transit, WT/DS512/R, para. 7. 67.

③ 同②，WT/DS512/R, para. 7. 74.

防或军事利益，或维持法律或公共秩序的利益。"① 这类利益存在与否，属于可经专家组"客观认定的客观事实"，而不是主张安全例外的 WTO 成员自己主观"认为"即可。这与专家组认为安全例外不是主张者"自裁"事项是相吻合的。也就是说，第 21 条安全例外的成立与否，既不是主张安全例外的成员自己决定，也不是其主观认定，而是在专家组的管辖范围，并应该经由专家组的客观认定。

就（iii）项的"国际关系中的其他紧急情况"之目的及宗旨而言，《建立WTO 协定》及 GATT 之总目的及宗旨在于促进互惠互利安排的安全性、可预见性以及实质减少关税与非关税壁垒，同时在特定情况下，成员可偏离其 GATT 和WTO 项下义务，以便在最大限度接受此类义务时保持一定灵活性，但是将这些偏离仅作为某成员单边意愿的表示，则有悖于这些目的及宗旨。专家组在解释第21 条（b）款之目的及宗旨时，似乎并未紧扣"国际关系中的其他紧急情况"，而是指该条款项下的客观认定问题。进而言之，如果第 21 条（b）款（iii）项下"国际关系中的其他情况"首先也是"武装冲突或潜在的武装冲突"，与作为武装冲突的"战争"又有什么区别呢？如果这样几乎同义反复，第 21 条（b）款（iii）项只需规定"战时"，即可。

专家组的上述解释更多依赖于该条款的起草史。这包括美国于 1946 年提交的初始文本包含如今 GATT 第 20 条、第 21 条的例外条款，1947 年 5 月的起草本将一般例外与安全例外分开。美国代表团对"或国际关系中的其他紧急情况"作了如此解释："我们特别记得上次战争结束前的情况，在 1941 年底我们参战前，战争在欧洲已进行了两年，我们即将参战时，为保护自己，要求可采取许多如今宪章已禁止的措施。我们的进出口在严格管控下，原因在于战争在进行着。"② 也就是说，在美国参战前夕，所采取的进出口管制措施属于"国际关系中的其他紧急情况"，但与战争直接相关。正是在该起草史的印证下，专家组认为"国际关系中的其他紧急情况"包括潜在的武装冲突。这一解释符合第 21 条（b）款（iii）项的初衷。

但是，按照如今在条约解释的国际法实践中得到普遍认可的"演进"（evolutionary）解释规则，即，对缔约的时代较久远且依然有效的条约所具有的一般性用语，"作为一项基本规则，必须假定缔约方有意使这些术语具有演变的含义。"③ "国际关系"和"紧急情况"都属于一般性用语。在当代，除了战争这一国际关系中的紧急情况，还有其他不属于武装冲突范畴的紧急情况。尤其应指

---

① Russia-Measures Concerning Traffic in Transit, WT/DS512/R, para. 7. 76.

② 同①，WT/DS512/R, para. 7. 92.

③ Dispute Regarding Navigational and Related Rights, ICJ Reports 2009, p. 243, para. 66.

出，根据当代的一般国际法，调整传统的主权国家间战争法已发展为包括主权国家下内战（非国际性武装冲突①）的武装冲突法。根据 VCLT 第 31 条第 3 款（c）项，作为"适用于当事国间关系之任何有关国际法规则"的当代武装冲突法，应与解释第 21 条（b）款（iii）项的上下文一并考虑，从而避免像本案专家组将"国际关系中的其他紧急情况"首先解释为"武装冲突"，与当代武装冲突法下的"战争"重叠，使得"国际关系中的其他紧急情况"在很大程度上变得多余，与条约的有效解释相悖。

综上专家组关于 GATT 第 20（b）（iii）条的解释，一方面将该款项放在（b）项的整体中解释，认为"基本国家安全利益"涵盖（b）款三项的共性，都具有"国防或军事利益，或维持法律或公共秩序的利益"，一方面强调（b）款引言"其认为"针对每一项而言，必须满足每一项的要求方可成立，而（iii）项首先须与武装冲突或潜在武装冲突有关。②

2. "国际关系中的紧急情况"：解释含义之二"高度紧张或危机"

沙特知识产权案所解释的 TRIPS 第 73 条本身与 GATT 第 21 条完全相同，但涉及贸易有关知识产权，因而条约解释的语境不同于俄罗斯过境案。该案起由是近年来沙特及其他海湾地区部分国家与卡塔尔的关系恶化，直至 2017 年 6 月沙特宣布与卡塔尔断绝外交及领事关系，关闭与卡塔尔有关所有陆海空通道，禁止卡塔尔国民进入沙特。卡塔尔诉称沙特同时禁止总部设在卡塔尔的一家全球性体育娱乐公司（beIN）继续在沙特从事该公司拥有专有转播权的体育赛事广播业务，并允许沙特本地一家广播公司（beoutQ）未经许可广播 beIN 的所有体育赛事，构成 TRIPS 第 61 条下"具有商业规模的蓄意盗版"而不采取任何刑事措施。沙特虽未明确以安全例外为该盗版行为抗辩，但辩称断绝与卡塔尔的外交关系等全面措施是在国际关系中紧急情况下采取必要的安全例外措施。实际上，此类盗版行为是实施这些措施之后发生的。因此，专家组认为一旦认定盗版行为存在，沙特也没有适用相应的刑事程序和刑罚，就应根据沙特为其全面措施抗辩所援引的安全例外，分析此类不适用 TRIPS 第 61 条的刑事措施是否属于 TRIPS 第

---

① 参见《1949 年 8 月 12 日日内瓦四公约关于保护非国际性武装冲突受难者的附加议定书》（第二议定书），1977 年 6 月 8 日订于日内瓦。

② 该案专家组认定俄罗斯援引安全例外的情况包括 2014 年 3 月至 2016 年底乌克兰与俄边境接壤的东部地区武装冲突构成国际关系中的紧急情况。同注 19，WT/DS512/R，para. 7. 123.

73 条（b）款（iii）项的安全例外。①

该案专家组以俄罗斯过境案为指导，阐明了评估援引 TRIPS 第 73 条（b）款（iii）项的四步骤：1. 是否确实存在该款项下"在战时或国际关系中的其他紧急情况"；2. 是否"在战时或国际关系中的其他紧急情况下采取的行动"；3. 援引安全例外的一方是否形成相关"根本安全利益"并足以能够判断所采取的行动与之相关性；4. 所采取的行动对于保护紧急情况下的根本安全利益是否必要。② 下文限于评析专家组对第一步骤中有关"国际关系中的其他紧急情况"的条约解释。

该案专家组基于俄罗斯过境案对"国际关系中的紧急情况"的条约解释，即，包含"武装冲突或潜在的武装冲突"，或"高度紧张或危机"，或"一个国家内或周边普遍的不稳定状态"，认为沙特援引安全例外的"国际关系中的紧急情况"属于"高度紧张或危机"。③ 专家组同意沙特主张 WTO 某成员断绝与另一成员的所有外交及经济关系可视为"存在国际关系中紧急情况的国家最终表示"，并以联合国国际法委员会关于 VCLT 第 63 条"断绝外交或领事关系"的评注为依据，认为这是一个国家"单边和自由裁量的行动，通常是派出国与接受国关系出现严重危机时采取的最后手段"。④该案专家组还认为应将这一"高度紧张或危机"放在沙特断绝与卡塔尔外交及其他关系的背景下考察，即，沙特一再声称卡塔尔"破坏地区稳定与安全"，而卡塔尔强烈拒绝此类指控。专家组表示对双方此类争执不持任何立场，只是认为"这本身反映了与安全利益有关的高度紧张或危机的情况"。⑤

值得留意，沙特知识产权案专家组对"国际关系中的紧急情况"含义与其说是条约解释，不如说是对俄罗斯过境案有关条约解释用语的进一步解释，也就是说，将当事方之间"断绝外交或领事关系"作为体现国家间关系"高度紧张或危机"的含义所在。问题在于："高度紧急或危机"用语本身不是安全例外条款的条约用语，而是先前专家组的条约解释用语。这种类似遵循先例的做法，在条约解释的国际法实践中十分普遍，也是保持同类案件对相同条约款项的解释

---

① 该案专家组最终裁定沙特对于 beoutQ 商业规模的盗版行为不采取任何刑事程序和刑罚违反 TRIPS 第 61 条，并与沙特断绝与卡塔尔外交等关系而终止或阻止与卡塔尔国民有任何交往的安全例外措施无关。同注 Russia-Measures Concerning Traffic in Transit，WT/DS567/R，paras. 7. 294.

② Russia-Measures Concerning Traffic in Transit，WT/DS567/R，paras. 7. 242.

③ 同②，WT/DS567/R，paras. 7. 257.

④ 同②，WT/DS567/R，paras. 7. 260.

⑤ 同②，WT/DS567/R，paras. 7. 263.

"判理稳定性"（*jurisprudence constante*）①之习惯做法。尤其是俄罗斯过境案专家组报告未经上诉而通过后，其条约解释的判理指导嗣后专家组作出进一步解释，充分体现了当前在 WTO 争端解决上诉机构无法运行的情况下，已通过的专家组报告具有很强的类似先例作用。②

还应进一步留意，沙特知识产权案不存在俄罗斯过境案中的武装冲突情况，因而不必涉及上文提及将"国际关系中的紧急情况"首先解释为"武装冲突或潜在武装冲突"，会产生与当代武装冲突法包含战争的含义重叠问题。但是，"国际关系中的紧急情况"下"高度紧张或危机"不限于断绝外交关系等情况，因而如何进一步解释安全例外条款，尤其是"国际关系中的紧急情况"仍是值得深入探讨的国际法问题。

3. 全球贸易战的背景下安全例外条款解释问题

上述两起案件的专家组在当前全球贸易战的背景下对国际贸易条约安全例外条款的解释，具有特殊意义。两起案件本身与贸易战没有任何关系。俄罗斯过境案是由于乌克兰与俄罗斯关系恶化，尤其是克里米亚公投并入俄罗斯和乌克兰东部地区武装冲突，导致美国、欧盟等对俄罗斯的经济制裁与俄罗斯的反制裁，包括俄罗斯以国家安全为由禁止乌克兰货物经由俄罗斯公路和铁路过境至哈萨克斯坦等国而引起的贸易争端。沙特知识产权案则是在中东地区复杂的国际关系中因部分国家与卡塔尔断交引起的贸易相关知识产权争端。

然而，2018 年 3 月美国以安全例外为由对进口至美国的钢铝制品采取加征关税措施，中国率先向 WTO 起诉美国实质上是采取违反 WTO 规则的保障措施。③美国辩称："国家安全是政治问题，不属于 WTO 争端解决的事项。每一个 WTO 成员均有权自己决定对于其重大安全利益的保护必要性，如同这体现于 1994 年 GATT 第 21 条规定。"④在专家组审理俄罗斯过境案时，美国作为第三方强调安全例外的自裁权是"GATT 缔约方和 WTO 成员反复承认的'固有权利'。"⑤尽管该案专家组通过条约解释，已明确在 WTO 的国际贸易条约下安全例外问题一旦进入争端解决程序，就不是其成员自行主观判定的事项，而应由专家组基于个案

①　参见张乃根：《条约解释的国际法》（上下卷），上海人民出版社 2019 年版，第 106 页。

②　沙特虽对专家组报告提起上诉，但并不涉及专家组对安全例外条款的解释。这表明该解释已得到当事方的认可。参见沙特上诉通知，Notification of an Appeal, WT/DS567/7, 30 July 2020。

③　如，2018 年 3 月美国以安全例外为由对进口至美国的钢铝制品采取加征关税措施，中国率先向 WTO 起诉美国实质上是采取违反 WTO 规则的保障措施。US—Steel and Aluminium Products（China），DS544/1, 9 April 2018. 随后，欧盟等 8 个成员相继以同样理由诉告美国。

④　US—Steel and Aluminium Products（China），DS544/2, 17 April 2018.

⑤　Russia-Measures Concerning Traffic in Transit，WT/DS512/R，para. 7. 51.

事实的客观评估加以认定，但是，美国作为沙特知识产权案的第三方，再次提出 TRIPS "第 73 条（b）款是一项自裁性条款"。①沙特知识产权案专家组重申认定安全例外属于适用 DSU 一般规则与程序的专家组管辖权范围。这对 WTO 争端解决机构处理此类贸易争端的正当性和权威性，具有重大意义。

值得进一步探析的是"国际关系中的紧急情况"究竟涵盖哪些情况？俄罗斯过境案专家组的解释至少涵盖三种情况："武装冲突或潜在的武装冲突"，或"高度紧张或危机"，或"一个国家内或周边普遍的不稳定状态"。沙特知识产权案专家组又将"高度紧张或危机"进一步解释为至少涵盖国家间"断绝外交与领事关系"。如上文评析时认为，从演进的条约解释来看，"武装冲突或潜在的武装冲突"的涵义与如今武装冲突法涵盖战争的情况重叠，有悖条约有效解释规则。"高度紧张或危机"涵义宽泛，本身不是条约用语，嗣后专家组按照类似遵循先例的做法，将先前专家组解释延伸的用语当作进一步解释的基础。已故著名 WTO 法学者杰克逊教授曾担忧安全例外条款"这一规定的表述是如此宽泛、自我判断和含糊，以致显然会被滥用。"②晚近 WTO 成员在国际贸易争端解决中接二连三地援引安全例外条款，作为其违反 WTO 法规则的正当性抗辩理由。美国根据国内法，在对外经贸关系中滥用安全例外，对其他 WTO 成员的进口产品单边加征关税，或封杀他国企业的产品或投资等，更是无所不及。

目前在全球贸易战的背景下安全例外条款的解释，涉及 GATT 第 21 条（b）款（iii）项下"国际关系中的其他紧急情况"的两个关联问题。其一，在中国等诉美国钢铝制品案中，美国声称的安全例外是否构成国际关系中的"紧急情况"或更具体地说，"高度紧张或危机"？其二，美国以所谓不公平贸易的 301 调查结果为由对数以千亿美元中国输美产品实施加征关税的单边贸易措施。对于美国挑起的贸易战，中国被迫进行必要反击。这样的贸易战是否属于该第 21 条（b）（iii）条下"国际关系中的其他紧急情况"，以致中国可以采取反制措施以维护自己的重大安全利益？

就第一个问题而言，美国辩称：根据其 1962 年《贸易扩展法》第 232 节采取加征关税措施"对于调整威胁损害美国国家安全的钢铝制品进口是必要的。国家安全问题是不属于由 WTO 争端解决来审查或能够处理的政治问题。WTO 各成员保留自己决定那些它所认为有必要保护基本安全利益，正如 GATT 第 21 条所体现的那样。"③美国明确援引了该第 21 条作为其违反 WTO 规则加征关税的安全

---

① Russia-Measures Concerning Traffic in Transit, WT/DS567/R, para. 7. 238.

② 参见［美］约翰·H. 杰克逊：《世界贸易体制：国际经济关系的法律与政策》，张乃根译，复旦大学出版社 2001 年版，第 256 页。

③ US—Steel and Aluminium Products（China），DS544/2, 17 April 2018.

例外依据。如果参照俄罗斯过境案的解释，所谓"威胁损害美国国家安全的钢铝制品进口"显然与战争无关，也不属于"国际关系中紧急情况"的"武装冲突或潜在的武装冲突"，或"高度紧张或危机"，或"一个国家内或周边普遍的不稳定状态"，而是与美国钢铝制品产业因进口过多而受损有关。中国等诸多WTO成员因而诉告美国假借国家安全例外，实质是针对短时期内某类产品进口激增而采取的保障措施。正如杰克逊教授曾比喻：如果滥用安全例外，"甚至有人提出保留制鞋行业作为例外，因为军队必须有鞋穿。"①如将因进口过多而影响其产业等经济安全也作为"国际关系中紧急情况"，那么在俄罗斯过境案所列三种情况之外，或者沙特知识产权案所解释的"高度紧张或危机"涵盖"断绝外交与领事关系"之外，至少还要增加"国家经济安全"这一更加宽泛的情况，从而极大地扩展安全例外的范围。从条约解释的角度看，一国的产业存废或发展程度主要不是国际关系的问题。国际关系的通常涵义是在世界政治或全球政治中的主权国家间关系。在GATT第21条（b）款的上下文中，"紧急情况"一般指的是危险或冲突的情况，未曾遇见的起因并要求采取紧急行动的情况。美国钢铝制品产业的相对停滞或减弱是其本身经济结构调整的结果，与2002年美国对进口钢材采取保障措施时碰到其钢铁产业衰退的情况，如出一辙。当时欧盟为主包括中国等多个WTO成员诉告美国违反WTO保障措施的规则，并胜诉。②如今美国打着安全例外的旗号，实际上采取保障措施。在GATT包括保障措施的条款等上下文看，美国单方加征进口钢铝制品关税的所谓国家安全例外难以归入第21条（b）款（iii）项的"国际关系中的其他紧急情况"。

就第二个问题而言，美国挑起对中国的贸易战可归入"国际关系中的紧急情况"涵盖国际关系的"高度紧张或危机"。从演进的条约解释看，GATT第21条（b）款（iii）项的"国际关系中的其他紧急情况"的通常涵义应该是相对于"战时"，也就是当代武装冲突法所涵盖的两个或数个国家之间，或一国内部的武装冲突等军事行动而言，和平条件下的国际关系中的政治（如断绝外交与领事关系）、经济（如所谓贸易战之类特别重大的经贸摩擦）等方面突发事件，或邻国突发重大事变等危及本国安全的情况。因此，中国面临美国强加的史无前例、超大规模的双边贸易战，两国经贸关系处于"高度紧张或危机"的紧急状态，为了维护自身经济方面的国家安全，别无选择，只得对来自美国的进口产品采取实质等同的加征关税措施。这是真正的安全例外措施。或许正是如此，美国迄今

① 参见［美］约翰·H. 杰克逊：《世界贸易体制：国际经济关系的法律与政策》，张乃根译，复旦大学出版社2001年版，第256页。

② 参见杨国华：《中国入世第一案：美国钢铁保障措施案研究》，中信出版社2004年版。

未在 WTO 诉告中国采取此类关税措施违反 WTO 规则。[①]

简言之，相比泛泛而论的"国家经济安全"，"贸易战"涉及国际经贸关系，构成"高度紧张或危机"的情况。因此，进一步解释 GATT 第 21 条（b）款（iii）项的"国际关系中的其他紧急情况"，至少可增加诸如中美"贸易战"此类情况。诚然，美国并未就此启动涉及条约解释的争端解决，这只是本文的假设性解释。但是，中国等诉告美国钢铝制品案的专家组将无法回避解释产业相关"国家经济安全"是否构成"国际关系中的其他紧急情况"。[②] 让我们拭目以待。

（三）国际投资协定中安全例外的解释问题

如同国际贸易协定中安全例外条款在实践中的援引及其解释案件很少，至今数以千计的 BITs 中含有安全例外条款并不多，经国际投资争端解决仲裁庭的解释案件也较少。下文扼要分析两起典型案件，并与上述 WTO 争端解决专家组的解释作些比较。

1. 国际投资协定中安全例外条款的"自裁性"

由于阿根廷国内经济危机导致政府颁布《紧急状态法》等相关措施与外国投资者的利益发生冲突，因此在 2000 年之后有数十起有关投资争端仲裁案件，[③] 其中不乏涉及 BITs 安全例外条款的案件。如，安然公司诉阿根廷案所涉阿根廷与美国 BIT 第 11 条的解释。该第 11 条规定："本条约不得排除缔约任何一方适用必要措施以维持公共秩序，履行有关维持或恢复国际和平安全的义务，或保护自己基本安全利益。"[④] 该案仲裁庭表示在审理中对于该第 11 条的讨论显得特别复杂，除了当事双方提出了各自许多主张，该仲裁庭还听取了有关专家学者的法律意见。

关于安全例外是否为"自裁性"条款，阿根廷认为美国对此一贯持肯定立

---

① 相比之下，对于中国等反制美国加征钢铝制品关税而采取 WTO《保障措施协定》第 8 条第 2 款项下的措施，美国在 WTO 提起争端解决。参见 China—Additional Duties on Certain Products from the United States, WT/DS558, 16 July 2018. 同类案件还有美国诉告欧盟等，WT/DS557, 559, 560, 561, 566, 585. 这些案件目前均处于专家组审理阶段。

② 该案预计在 2020 年底前完成专家组审理。参见 US—Steel and Aluminium Products（China），DS544/10, 10 September 2019.

③ 自 2001 年 Enron Creditors v. Argentina, ICSID Case No. ARB/01/3 起，截至 2019 年 12 月，有 57 起诉告阿根廷政府的投资争端仲裁案，参见联合国贸发会议官网：https://investmentpolicy.unctad.org/invest-ment-dispute-settlement/country/8/argentina，2020 年 9 月 8 日访问。

④ 转引自注③，ARB/01/3, para. 323.

场，基于 BITs 的互惠性，阿根廷也应从相同的理解中受惠，也就是说，可以自行判断采取应对国内经济危机以保护其基本安全利益的必要措施。该案的外国投资者认为如将安全例外解释为"自裁性"条款，"将创设条约下义务的宽泛例外，并削弱此类条约之目的及宗旨。"① 该案仲裁庭倾向于保护外国投资者的利益，认为："首先必须关注该条约之目的及宗旨，作为一般的立场，是适用于经济困难情况时也要求保护国际保障的受益者权利。在这一范围，任何导致摆脱既定义务的解释均难以与该目的及宗旨相吻合。因而必须采取限制解释。在承认允许将经济紧急状况纳入该第 11 条上下文的解释同时，将该条款解释为自裁性条款肯定与该条约之目的及宗旨相悖。实际上，该条约会被失去其任何实体意义。"② 从条约解释角度看，该案仲裁庭基于条约之目的及宗旨解释涉案 BITs 第 11 条，并不完全符合 VCLT 第 31 条解释通则所要求条约用语的通常含义应在其上下文中兼顾条约之目的及宗旨，加以善意解释。该案仲裁庭除了通过上述限制解释而强调涉案 BIT 的安全例外条款不应由投资东道国"自裁"，没有对该第 11 条作更多的解释。

正是因为该案仲裁庭一味偏向外国投资者，所以阿根廷不服该案裁决，尤其是对第 11 条的解释，请求撤销该案裁决。阿根廷诉称："即便该第 11 条不是自裁的，该案仲裁庭也未适用涉案 BIT 第 11 条，因为它未作实体性审议，而是简单地以有关习惯国际法对必要性分析代替了该第 11 条，从而有悖于条约的有效解释规则。"③审理该请求撤销的临时委员会认为该案仲裁庭对涉案 BIT 第 11 条有关"必要措施"的解释不充分，构成可撤销裁决的"未充分阐明理由"这一错误。④该委员会针对仲裁庭要求阿根廷的安全例外抗辩须满足"必要措施"是"国家保障其陷入严重和迫在眉睫的灾难之根本利益的唯一方法"，且在论证阿根廷采取的措施并非"唯一方法"时，未充分阐明理由。比如，该仲裁庭没有充分阐释"唯一方法"的含义。"该表述有多种可能的解释。一种潜在的字面解释为在诸如本案的情况下，阿根廷所依赖的必要性原则是它确实不可能采取其他措施应对经济危机。"⑤诚然，一国政府面临经济危机可能有多种应对方法，然

① 参见联合国贸发会议官网：https：//investmentpolicy. unctad. org/investment-dispute-settlement/country/8/argentina，ARB/01/3，para. 330.

② 同注①，ARB/01/3，para. 332.

③ Enron Creditors v. Argentina, ICSID Case No. ARB/01/3 (Annulment Proceeding)，26 January 2010，para. 353 (e).

④ 根据《解决国家与他国国民间投资争端公约》（ICSID）第 52 条（1）款（e）项，"裁决未陈述其依据的理由"，可予以撤销。参见 Antonio R. Parra, the History of ICSID, Oxford University Press, 2017, p. 360。

⑤ 同注③，para. 369.

而，这并不意味这就是正确的解释。政府可能考虑有必要采取不违反或最少违反其国际义务的措施，而这可能正是"唯一方法"。再如，可替代的方法是否有效，等等。该案仲裁庭过于依赖支持外国投资者的专家有关阿根廷采取的并非"唯一方法"意见，而径直作出相关认定。该委员会通过多方面分析，指出该案仲裁庭没有充分陈述理由，决定撤销该裁决。①

2. 国际投资协定中安全例外条款的"基本安全利益"

CMS 煤气输送公司诉阿根廷案也涉及阿根廷与美国 BIT 第 11 条的解释。在该案中，阿根廷政府首先否认该公司的投资损失与其经济管制措施有关，其次作为可替代的实体性抗辩理由，援引了应对当时经济危机的《紧急状态法》，"作为豁免国际法与条约项下责任的依据"。②阿根廷政府认为该危机所涉经济利益构成"严重和迫在眉睫的灾难所威胁的国家基本利益"，"《紧急状态法》出台的唯一目的在于控制阿根廷面临的经济社会崩溃的混乱局势。基于该危机的必要性应排除政府采取措施的非法性，尤其是不负赔偿责任。"③

首先，该案仲裁庭认为：涉案 BIT "显然旨在保护经济困难或政府采取具有负面作用的措施之情形下的投资。然而，问题在于这些经济困难可能严重到什么地步。严重危机不一定等于完全崩溃的情况。"④这并不是解释"基本安全利益"本身，而是解释在什么情况下必须采取例外措施保护基本安全利益。换言之，基本安全利益取决于经济困难的程度，如果到了"完全崩溃"（total collapse）的地步，一个国家难以维持生存，那就涉及基本安全利益了。"在缺少此类根本性严重条件的情况下，很清楚，条约［保护投资］将优先于任何［例外措施］必要性的抗辩。"⑤根据该仲裁庭的评估，阿根廷的经济危机尚未到"完全的经济及社会崩溃"，因此，还缺乏援引涉案 BIT 安全例外条款的理由。其次，该仲裁庭以联合国国际法委员会起草《国际责任》条款第 25 条第 1 款（a）项为依据，认为一国仅在应对国家基本利益处于严重迫切危险的措施为"唯一"时，方可豁免由此违反其国际义务的责任。在本案"并没有显示相应义务存在的国家基本利益或国际社会作为整体的利益受到损害。"⑥ 再次，该案仲裁庭认为涉案 BIT 第

---

①　Enron Creditors v. Argentina, ICSID Case No. ARB/01/3（Annulment Proceeding），26 January 2010, para. 395.

②　CMS Gas Transmission Co., v. Argentina, ICSID Case No. ARB/01/8, Award, May 12, 2005, para. 99.

③　同注②，paras. 305-306.

④　同注②，para. 353.

⑤　同注②，para. 354.

⑥　同注②，para. 358.

11 条虽未提及任何种类的经济危机或困难，但也不能排除该条款包含主要的经济危机。这实际上间接地解释了该条款"基本安全利益"包括经济危机所触及的国家基本安全。"如果基本安全利益的概念限于直接的政治和国家安全关注，尤其具有国际特点，并排除其他利益，比如主要的经济紧急状况，这会导致对该第 11 条的失衡理解。"① 在承认基本安全利益涵盖"主要的经济紧急情况"的基础上，该案仲裁庭认为关键在于如何认定经济危机的程度以及构成可采取例外措施的基本安全利益，并最终否定阿根廷的抗辩。总之，涉案安全例外条款下基本安全利益虽包括经济危机，但该危机须达到国内经济崩溃的地位方可采取例外措施，且没有其他可选择的方法。

值得留意，阿根廷对该案裁决不服，请求予以撤销，理由包括该裁决没有充分陈述涉案安全例外措施未满足"唯一"性要求。审理该撤销请求的临时委员会承认："该仲裁庭没有提供任何有关第 11 条的决定之进一步理由。…… 在本委员会看来，虽然该裁决的 [说理] 动机可以更清楚一些，但是，仔细的读者可以理解该仲裁庭隐含的理由"。②与前案撤销委员会对这一问题的复审不同，该撤销委员会显然对此敷衍了事，偏袒外国投资者。

3. 比较国际贸易协定安全例外条款的解释判理

比较国际贸易、投资协定的安全例外条款及其解释，可见，虽然有关条款均有"其认为"或"不得排除"等具有"自裁性"含义的用语，且上文所分析的案例都反映美国（虽都不是涉案当事方）主张适用安全例外条款的"自裁性"，但是，WTO 国际贸易协定和至少本文分析所涉美国与阿根廷 BIT 的安全例外条款经解释均不具有"自裁性"。值得比较的是其不同的解释判理。

比如，俄罗斯过境案专家组将 GATT 第 21 条（b）款引言句的"其认为"与涉案（iii）项的"国际关系中的其他紧急情况"作为整体解释，认为采取安全例外措施的成员主观上"其认为"的前提是发生了需要争端解决专家组经过客观评估，加以认定的此类紧急情况。由此推理，该案专家组首先解释什么是此类紧急情况，并将解释澄清的此类情况中的第一类"武装冲突或潜在的武装冲突"适用于涉案事实，认定在该案中确实存在此类紧急情况；然后，再回到解释"其认为"保护的"基本国家安全利益"含义及其采取措施的必要性，并认为援引安全例外的成员有权对此判断，但应秉承善意，避免将安全例外"作为规避其义

---

① CMS Gas Transmission Co., v. Argentina, ICSID Case No. ARB/01/8, Award, May 12, 2005, para. 360.

② CMS Gas Transmission Co., v. Argentina, ICSID Case No. ARB/01/8（Annulment Proceeding），September 25, 2007, paras. 123, 127.

务的手段"。①沙特知识产权案将此类措施的"必要性"解释为需满足援引安全例外的一方是否形成相关"根本安全利益"并足以能够判断所采取的行动与之相关性。

再如，安然公司诉阿根廷案在承认允许将经济紧急状况纳入涉案 BIT 第 11 条上下文的解释同时，强调将该条款解释为自裁性条款肯定与该条约之目的及宗旨相悖。在该案仲裁庭看来，BITs 目的就是保护外国投资者，如听任东道国自行判断可否采取安全例外措施，就难以实现该目的。CMS 煤气输送公司诉阿根廷案从另一角度驳回了阿根廷主张的安全例外条款"自裁性"，认为东道国可自行判断和采取相关措施，但是，"如果此类措施的合法性在国际法庭受到质疑，那么就不是涉案国家，而是有管辖权的国际法庭决定必要性抗辩可否排除非法性。"②这种看法已超出了条约解释范畴，认为一旦进入国际争端解决程序，就不存在安全例外条款的"自裁性"。至少这两起国际投资仲裁庭站在外国投资者一边，都没有对安全例外条款"自裁性"进行符合条约解释惯例的充分解释。

无论人们怎样看待国际经贸协定的安全例外条款"自裁性"，国际经贸争端的否定性实践表明相关的争端解决专家组或仲裁庭均拥有管辖权，已是不争的现实。比较而言，国际贸易协定安全例外条款比较完备，包括"其认为"采取必要措施的"国际关系中的紧急情况"通过解释延伸为"武装冲突或潜在的武装冲突"、"高度紧张或危机"和"一个国家内或周边普遍的不稳定状态"，以及援引安全例外的一方须形成相关"根本安全利益"并足以能够判断所采取的行动与之相关性。也正是这样的缘故，如今一些 BITs 的安全例外条款，如上文提及日本与乌兹别克斯坦 BIT，更接近于国际贸易协定安全例外条款的共同模式。

总括全文，可以得出初步结论：条约法上的安全例外观念出自一般国际法上的"自我保全"原则；《联合国宪章》的自卫条款是条约法上第一次明确规定相对于禁止使用武力原则而言的国家安全例外条款；在国际经贸条约方面，GATT第 21 条是最初的安全例外条款，并发展为 WTO 货物和服务贸易以及贸易相关知识产权三大实体性条约共同的安全例外条款；国际投资条约的安全例外条款从隶属公共秩序例外逐步延伸并发展为单独的条款，与国际贸易条约的安全例外条款趋同，但尚无统一表述。国际经贸条约的安全例外条款在有关争端解决的适用中经过条约解释，大致可以进一步理解为：援引一方主张自行判断可否采取安全例外措施的"自裁性"已被否定；安全例外的抗辩一方可自行决定采取相关措施，

①　Russia-Measures Concerning Traffic in Transit, WT/DS512/R, para. 7. 133.

②　CMS Gas Transmission Co., v. Argentina, ICSID Case No. ARB/01/8, Award, May 12, 2005, para. 373.

但一旦进入国际争端解决程序，其必要性以及"基本安全利益"的认定则不具有"自裁性"；国际贸易条约安全例外条款中有关"国际关系中的紧急情况"涵盖的范围有所扩大，国际投资条约安全例外条款中的"基本安全利益"的界定倾向于相对保护外国投资者的利益而言，限于因经济危机导致国家经济社会崩溃此类极端情况引起的东道国安全利益。对于我国目前参与国际贸易争端解决相关安全例外条款的适用与解释，以及今后可能参与国际投资仲裁涉及的安全例外问题而言，① 期待本文的研究具有一定的参考价值。

---

① 比如，《中华人民共和国政府和加拿大政府关于促进和相互保护投资的协定》（2012 年 9 月 9 日签署，2014 年 10 月 1 日生效）第 33 条第 5 款规定了安全例外。

二、国家安全泛化视角下的抖音和微信行政令及相关诉讼

石静霞①

本文主要关注两个方面，第一，关于微信和抖音的美国行政令与美国在 WTO 服务贸易总协定项下的义务；第二，与美国总统行政令相关的国内诉讼。这两个方面都涉及援引国家安全例外问题。

首先，虽然美国总统对抖音和微信的行政命令形成 WTO 案件的可能性目前看来不是很大，但是涉及微信和抖音的行政令措施很可能在实体法上被认定违反了 WTO《服务贸易总协定》，不过在实际案件中需要首先判定这类服务是属于"视听服务""广告服务"或"计算机相关服务"等。另一方面，这两项行政令的法律依据是为了美国"国家安全"目的，是否符合《服务贸易总协定》第 14 条 2 款的规定条件，要根据 WTO 几个相关判例（俄罗斯过境措施案、沙特阿拉伯知识产权保护案和美国钢铝措施案）来分析。因为国家安全相关案件的敏感性和复杂性，加之 WTO 上诉机构被美国破坏所导致的瘫痪状态，中国政府大概率不会在 WTO 起诉该案。美国至今也没有在 WTO 提起关于中国对 Google 和 Facebook 措施的案件，部分原因也是考虑到所涉问题的高度复杂性。

在国内法上，2020 年 8 月 6 日美国总统签发行政令的国内法依据是 IEEPA、National Emergency Act 和综合贸易法 301 条款，也是基于 2019 年 5 月和 10 月已发布的主要针对中国的有关网络的行政令的延续。总统令认为由于抖音和微信是中国公司拥有和开发的软件，中国政党有可能接触这些公司的数据信息，也可能追踪到美国政府官员的位置等信息，因而会对美国造成安全危险。并且这些应用还可能被用于搜索个人历史，或许会按照中国政府所定标准进行审查，这些都将对美国产生国家安全的威胁。

目前这两个行政令分别在加州和华盛顿特区的美国联邦地区法院被"微联会"和抖音起诉，初审法院都在川普的行政令和商务部的执行令生效之前作出了"临时禁令"。注意到起诉方援引了美国宪法第一修正案，认为行政令违反美国公民的言论自由权利，特别是微信和抖音作为平台被禁止，之前美国最高法院有

---

① 石静霞，中国人民大学法学院教授。

过相关判例。美国尽管有三权分立，但在关涉国家安全这一问题上，司法机关通常尊重行政机关的决定，即所谓的 deference。对于近年来特朗普政府泛化国家安全的援引，在可能的情况下，诉诸美国宪法是可以考虑的途径。

第四篇

国际投资争议解决专题研究

2020 年 11 月 20 日，清华大学法学院、清华大学国际争端解决研究院联合举办了国际投资争端解决研讨会。此次研讨会以线上会议的方式举行，邀请到了国际投资领域的知名学者、中国国际经济贸易仲裁委员会代表、商务部主管国际投资争端解决的官员等多位资深专家共同探讨国际投资争端解决机制以往的经验、所面临的问题及未来的应对等热点问题。

清华大学法学院车丕照老师主持了会议，他首先向参会的嘉宾表示欢迎和感谢。此后，清华大学国际争端解决研究院院长张月姣教授进行了致辞。她表示，此次会议是国际争端解决研究院继 2020 年 10 月 19 日举办 WTO 成立 25 周年法律研讨会后举行的又一高端学术会议。张教授指出，现有的国际投资保护协定有 3200 多个，最近签订的 RCEP 中也有关于投资的规定，还有华盛顿公约等国际条约。因此，国际投资法仍呈碎片化的状态，相关规定较为原则和抽象，缺乏统一的解释和规范。与此同时，国际投资争议的数量还在与日俱增。国际投资争端解决现存多项问题，例如投资者的定义、仲裁员的选择等。多个国际主体正在进行关于国际投资改革的探讨，包括 ICSID 和 UNCITRAL Working Group Ⅲ。最后，张月姣教授指出，清华大学国际争端解决研究院是开放的、前瞻性的、国际化也是本土化的，关于国际投资争端解决的研讨将以此次研讨会为开端继续进行。研究院将从国家需求出发，为我国对外谈判和争端解决培养人才、提供智力支持，也为国际争端解决贡献中国学者的智慧。

中国国际经济贸易仲裁委员会王皓成副秘书长首先针对中国的仲裁机构在解决投资争端中的作用进行了分析和发言；上海交通大学的沈伟教授发表了题为"投资自由化的停滞和再平衡——双边投资协定的转向和再塑"的演讲；复旦大学的龚柏华教授对于国际投资争端解决中的条约解释进行了资料翔实的分析；对外经贸大学的池漫郊教授以"投资争端解决透明度问题：殊途同归？"为题进行了演讲。此后，西安交通大学的单文华教授对以上四位发言人的演讲进行了精彩点评。

在下半场研讨中，来自西安交通大学的王鹏教授发表了题为"中欧投资协定的争端解决机制展望：一个理念冲突的视角"的演讲；上海对外经贸大学的陶立峰教授就新兴经济体与国际投资争端解决机制的创新问题发表了具有独创性的见解；紧接着，吉林大学的王彦志教授进行了主题为"国际投资争端解决改革的多样性"的演讲；最后，来自商务部条法司的孙昭处长基于国际投资争端解决现有实践经验就联合国国际贸易法委员会投资者和国家间争端解决机制改革问题进行了发言。

本次会议上，来自国际投资领域的各位专家都分享了他们的最新研究成果，内容丰富全面，研究深入，超过千人通过线上方式参会。

一、我国仲裁机构在解决投资者—东道国 争议中可发挥的作用
——从我国对外签订的双边投资协定出发

王皓成[①]

2017 年 9 月 19 日，中国国际经济贸易仲裁委员会（以下简称"贸仲"）召开新闻发布会，发布了《中国国际经济贸易仲裁委员会国际投资争端仲裁规则》。制定《投资仲裁规则》，符合国家"一带一路"倡议的实际需要，是促进我国仲裁法制建设的积极举措，是适应我国双向投资发展的必然要求，有利于进一步完善国际投资仲裁制度。

《投资仲裁规则》与贸仲处理商事仲裁案件时适用的《仲裁规则》有较大不同。

第一，受案范围与管辖依据。《投资仲裁规则》的受案范围是，根据当事人之间的仲裁协议，基于合同、条约、法律法规或其他文件提起的，一方当事人为投资者，另一方当事人为国家或政府间组织、经政府授权的或其行为可归责于国家的其他任何机构、部门和其他实体的国际投资争端。管辖依据是当事人之间的仲裁协议，该仲裁协议体现在合同、条约、法律法规或其他文件中。一方当事人通过合同、条约、法律法规或其他文件作出了提交贸仲仲裁或按照《投资仲裁规则》仲裁的意思表示，另外一方当事人通过提起仲裁或以其他方式予以接受的，视为达成仲裁协议。对比而言，商事仲裁《仲裁规则》的受案范围是当事人约定提交仲裁的契约性或非契约性的经济贸易等争议案件。管辖依据则通常是体现在当事人在合同中订明的仲裁条款或以其他方式达成的提交仲裁的书面协议。

第二，受理机构与职责划分。《投资仲裁规则》规定，贸仲投资争端解决中心（北京）和贸仲香港仲裁中心（香港）负责处理国际投资争端程序管理等日常事务。当事人约定提交贸仲仲裁的，由投资争端解决中心管理案件；仲裁地在香港或者约定由贸仲香港仲裁中心仲裁的，由贸仲香港仲裁中心管理案件。约定不明的，由投资争端解决中心接受仲裁申请并管理案件。如有争议，由贸仲决定。相较而言，《仲裁规则》规定，仲裁委员会设在北京。仲裁委员会设有分会

---

① 王皓成，中国国际经济贸易仲裁委员会副秘书长。

或仲裁中心。仲裁委员会的分会/仲裁中心是仲裁委员会的派出机构，根据仲裁委员会的授权，接受仲裁申请，管理仲裁案件。

此外，《投资仲裁规则》在仲裁程序的启动、答复及反请求、仲裁庭的组成、管辖权异议与决定、先期驳回、第三方资助、仲裁地、临时措施、仲裁与调解相结合、非争议缔约方和非争议方提交书面意见、裁决的作出等方面，均有自己的特色。贸仲在官方网站发布了贸仲《投资仲裁规则》说明及规则文本，对这些不同给予了详尽的说明。

当前，国际投资仲裁是解决投资者与东道国之间投资争端的主要方式。国际投资争端解决中心（ICSID）、国际商会仲裁院、斯德哥尔摩商会仲裁院等国际知名仲裁机构都受理了较多的国际投资争端案件。《投资仲裁规则》是我国第一部国际投资争端仲裁规则，是贸仲在该领域的突破。但在受理国际投资争端的实践方面，我国仲裁机构还需要有所突破，并发挥更大的作用。

从我国对外签订的双边投资协定的视角，结合《投资仲裁规则》，简要分析我国仲裁机构发挥作用的几个入手点。

第一，在针对双边投资协定进行谈判或修订时，我国仲裁机构和仲裁规则可被列为双边投资协定谈判中争议解决方式的选项之一。

纵观我国对外签订的近150个双边投资协定，其中除了少部分早期签订的协定未提供投资者—东道国争议解决渠道，绝大部分双边投资协定都至少对仲裁范围、适用的仲裁规则、仲裁机构、仲裁员的委任方式进行了或详或简的约定。不过，这些投资协定中适用的仲裁规则绝大部分参考、参照或适用了ICSID仲裁规则，少量采纳了UNCITRAL仲裁规则或斯德哥尔摩商会仲裁规则；在管辖机构方面，大量双边投资协定选择了ICSID作为仲裁案件管理平台，少量选择了依据包括适用UNCITRAL仲裁规则在内组成或成立的"专设仲裁庭"。在指定机构方面，则多为ICSID秘书长、斯德哥尔摩商会仲裁院主席，或是国际法院院长在僵局情况下指定仲裁员。

一个客观事实是，这些双边投资协定均在贸仲发布《投资仲裁规则》之前签署。这导致贸仲也就是说我国仲裁机构，无法基于我国对外现有的双边投资协定直接参与到投资者—东道国仲裁案件的管理。这也回到了贸仲发布《投资仲裁规则》的初心，通过建立投资仲裁机制，平等保护中国投资者在境外投资、外国投资者在中国投资的合法权益，促进建立公平有序的国际经济秩序。

不论作为投资仲裁案件管理机构还是作为提供指定仲裁员的机构，贸仲都已经形成了完善的机制，并有条件成为我国在对外进行相关协定谈判、修订时的方案之一。

特别值得一提的是，《投资仲裁规则》特别规定，贸仲的管辖依据是当事人之间的仲裁协议，该仲裁协议体现在合同、条约中，也可以体现在法律法规或其他文件中。一方当事人通过合同、条约、法律法规或其他文件作出了提交贸仲仲裁或按照《投资仲裁规则》仲裁的意思表示，另外一方当事人通过提起仲裁或以其他方式予以接受的，视为达成仲裁协议。所以，有关立法机关可充分考虑我国仲裁机构在公平公正处理投资争议时应发挥的作用。

第二，争议发生后，在冷却期将我国仲裁机构列为争议解决的选项。

在日常处理的一部分商事案件中，我们在立案时能看到涉案合同中存在多元争议解决条款。表现形式是通常约定谈判、调解优先，谈判、调解不成的，提交仲裁。甚至有一部分案件，我们看到，双方是在发生争议之后达成了和解。双方的和解协议中嵌入了新的争议解决条款并且指向贸仲香港仲裁中心，我们也得以受理此类案件。这给了我一个启发，虽说我国投资仲裁机制起步较晚，但如果政府和投资者能有效利用绝大多数投资协议下半年到一年的友好解决冷静期，在谈判中将内含我国仲裁机构管理案件的仲裁协议确定下来，可使得我国仲裁机构加快平等保护中国投资者在境外投资、外国投资者在中国投资的合法权益的步伐。

更有少部分投资协定中明确给予了东道国和投资者对适用仲裁规则的谈判空间。为了达成这一点，我国仲裁机构应积极参与到我国政府和企业的争议解决谈判培训中，帮助政府和企业能够灵活、有效地使用、用好我国的仲裁机构。

第三，以多元的形式，融入国际投资争端解决的实践中。

首先是调解。被誉为"东方经验"的调解是我国仲裁机构进入国际投资仲裁舞台的突破口。调解结果便于当事人自愿履行，不伤和气。近些年来，随着我国仲裁机构的走出去，具有中国特色的"评估式调解"在国际争议解决舞台上发出了声音。贸仲的《仲裁规则》和《投资仲裁规则》均有几十年经验累积的、具有特色的调仲结合条款。贸仲的仲裁员队伍中有一批具备丰富调解经验的专家，这都是我们的优势，应充分发挥。

其次是开庭、案件经办人管理、证人出庭做证、翻译等相关辅助服务。每一个投资仲裁案件都是一个系统化的大工程，其中的每一个环节、细节，都经得起推敲。

举个简单的例子，如果一个政府工作人员需要去华盛顿出庭做证，乘20多个小时的飞机到人生地不熟之地，白天黑夜时间颠倒，吃喝住都不习惯，语言沟通不顺利，在各种不利条件聚集到一起的情况下，开庭表现是否会受到影响呢？

ICSID与包括贸仲在内的大多数世界各地的主要仲裁机构签订过合作协议，如有必要，我们可以协助开庭。新冠肺炎疫情让我们在2020年适应了异地同时接入、线上与线下开庭相结合的新模式。如果我国政府律师向华盛顿仲裁案件的仲裁庭提出申请，是否存在这位证人可以径直在贸仲位于西直门的国际商会大厦会议室连线接入开庭的可能性呢？

再例如证人的翻译服务，在孙杨案件中，现场翻译这个问题引起了热议，其重要性自然不言而喻，而这些都是贸仲作为仲裁机构可以提供的辅助仲裁服务。

最后是案件经办人服务。自贸仲成立以来的 60 多年间，贸仲经办人的素质和经验已得到了国内外仲裁界人士的肯定。

相信在未来，我国的仲裁机构可以更加多角度、多元地参与到国际投资仲裁中去。

二、国际投资争端解决（ISDS）改革的多样性

王彦志[①]

国际投资争端解决（ISDS）改革的多样性包括以下几个方面：一是 ISDS 改革的背景；二是 ISDS 改革的基本模式的多样性；三是 ISDS 改革具体实践的多样性；四是"回到基础"，也就是回到 ISDS 的起源和基础来审视和评估 ISDS 改革；五是 ISDS 改革多样性的后果；六是 ISDS 改革的中国实践与立场；七是 ISDS 改革的未来。

（一）ISDS 改革的背景，也就是传统投资争端仲裁（ISA）的危机

ISA 到底处于一种什么样的危机中？是不是已经不可救药？这需要作出评估，涉及 ISDS 改革的理由和选项。目前，ISA 的危机指向了它的独立性、公正性、一致性、透明性等诸多方面存在的缺陷。其中，有一些是的的确确存在的问题，如一致性、透明性等问题，而有一些问题，如独立性和公正性方面的问题，可能存在，但是不是那么严重？值得我们反思。

对于 ISA 危机，一直是有争议的。许多重要的国际法学者都从历史、事实和法律等多重维度捍卫 ISA 体制，其中不乏真知灼见，不过，这些声音越来越被淹没在大众媒体和大众政治之中。其实，我们所处时代越来越没有耐心来对 ISA 的危机进行理性审慎的反思和思考，越来越受到某些特定偏好的专家、大众、媒体、政党等力量的影响和左右。在民族主义、民主主义、民粹主义和逆全球化交织的背景下更是如此。人们越来越不愿意去探求事实真相，越来越不遵循法治和宪治，越来越不尊重科学和理性。例如，一种常见的情形是，在 ISA 实践中，东道国之所以输掉了案件，不仅仅是仲裁庭宽泛解释管辖权和实体义务的结果，很多时候是东道国不尊重法治、滥用规制权力，侵害了外国投资者权益，这时，基于 ISA，裁判东道国违反投资合同、东道国国内法或国际投资协定，恰恰是法治的彰显。但是，人们往往更看重裁判结果的输赢得失，而不去认真追问具体个案中的事实、证据、程序和实体问题。不过，事到如今，ISDS 改革已经不可逆转，

[①] 王彦志，吉林大学法学院教授。

ISA 改革或者替代选项已经是大势所趋。认真思考 ISDS 和 ISA 究竟在哪些方面存在缺陷，哪些方面实际上并不是 ISDS 和 ISA 本身的缺陷，在健全的实证评估基础上考虑 ISDS 哪些要留下来、哪些要改进，还是有意义的。

（二）ISDS 改革基本模式的多样性

目前来看，ISDS 主要有以下几种基本改革模式。

第一种模式是保留投资仲裁，但是对它进行改革完善。第二种模式是保留和改革 ISA，在此基础上，再加上双边的或多边的常设或专设上诉机制，以解决 ISA 中的法律解释错误和（或）事实认定错误问题。第三种模式是回到了东道国当地救济，有的可能作为 ISA 的前提，有的可能要求用尽当地救济。如果彻底回到东道国当地救济，那么可能同时回到国家对国家的争端解决（SSDS）方式，就不可避免回到母国外交保护。第四种模式是欧盟推出来的双层常设裁判机制，第一层是常设投资法院、第二层常设上诉裁判庭。第五种模式是引入替代式争端解决方式，或者进而增加争端预防机制。目前还有一种做法是把问题留给未来，将来再探讨。这几种基本模式在 UNCTAD 政策建议和 UNCITRAL 改革进程中都有概括。

第一种模式是对 ISA 进行改革。ISA 改革包括各个方面，如限制管辖范围、增加初步驳回程序、增强透明度、允许缔约方提交意见、授权缔约方对条约进行联合解释、加强仲裁员利益冲突方面的行为守则、合并审理、解决第三方资助问题等。这是目前 ISDS 改革的主流模式。这种模式最早由美国和加拿大推动，而后传导到了全球，成为全球最主流的改革模式。美国、加拿大、日本、韩国主要采取此种改革模式。不过，如 CETA 和 USMCA 所示，美国和加拿大的立场和实践也正在发生改变。目前，ICSID 也正在推动新一轮的程序规则改革，基本文件已经完成，也属于 ISA 改革模式的范畴。

第二种模式是保留投资仲裁并增加上诉机制。这种模式最早也是美国提出来的，美国在其 IIA 实践中加入了将来考虑设立上诉机制的条款。2004 年，ICSID 提出了一个程序改革的建议文本，其中提到了要设立上诉便利机制，但是，美国反对设立 ICSID 多边上诉便利机制，该建议没有被通过。迄今为止，美国 IIA 中的将来考虑设立上诉机制的条款没有一个真正得到探讨和落实，所以这个模式其实并没有落地，我们是否可以说它是一种口惠而实不至的改革模式呢？

第三种模式是回到东道国当地救济。有些国家例如南非已经终止了其投资条约，回到了国内投资法的方式来保护和救济外国投资者的权益。巴西推出的投资合作与便利化的新协定模式，其实也排除了传统的 ISA，实质上也是回到了东道国当地救济模式。在美加墨协定中，在加拿大和美国之间、加拿大和墨西哥之间，实际上没有 ISDS 和 ISA，只在美国和墨西哥之间保留了 ISA。这样，美国和加拿大之间实际上回到了东道国当地救济模式。因为在加拿大和墨西哥之间还有 CPTPP，所以它们可以利用 CPTPP 中的 ISDS 和 ISA。不过，CPTPP 严格限制了 ISA，新西兰和其他 5 个 CPTPP 国家达成了双边协定，排除了 ISA。另外，太平洋国家升级的更紧密经济关系协定也没有 ISA。如果没有 ISA，也没有其他形式的外国投资者国际出诉权（求偿权），实际上，我们就是在"回到未来"，也就是回到了传统的东道国当地救济模式，但是，这个时候，我们就不得不重新面对外交保护、国家间争端解决这些传统问题。

第四种模式是欧盟提出的常设投资法院加常设上诉裁判庭模式。目前，欧盟已经在欧盟与加拿大之间的 CETA 以及欧盟与新加坡、越南、墨西哥之间的投资协定中采取了此种模式。此外，欧盟还进一步将此种模式纳入 UNCITRAL 的 ISDS 改革进程中，作为 UNCITRAL 的 ISDS 改革选择方案之一。例如，欧盟与越南投资协定规定了此种模式，其中，常设上诉庭可以对作为一审的常设投资法院的适用法律错误和明显的认定事实错误进行上诉审，这有助于纠正一审裁判的错误，也有助于促进特定国际投资协定项下的裁判一致性。

第五种模式是在 ISA、东道国当地救济、投资法院等各种 ISDS 模式之中，引入替代性争端解决（ADR）机制，或者进而辅之以争端预防（DP）机制。实际上，ICSID 本身就有调解机制，在 ICSID 之下，也有极少数的案件是调解解决的。欧盟协定现在特别重视调解，巴西则非常强调争端解决预防模式，并在投资合作与便利化协定中将其具体化。在这方面，中国也有相应的实践，内地和港澳之间的 CEPA、大陆和台湾之间的投资保护与促进协议，都没有采取 ISA 模式，其实都是争端当事方之间协商解决，协商不成的话或诉诸缔约方各自内部的投诉机制，或诉诸缔约双方联合调处机制以及第三方调解机制，这是中国的做法。

第六种模式，我把它概括为"留给未来?"，但是，要加上一个问号。目前，日本和澳大利亚、中国香港和澳大利亚、日本和英国、RCEP 都采取这样一种方式。也就是先不规定 ISDS，将其留在将来探讨。日本和澳大利亚于 2015 年 1 月 15 日生效的经济伙伴关系协定就规定，要在该协定生效之日起第五年或者缔约双方另行同意的某年，在二者之中选择其中更早的年份探讨 ISDS 问题。实际上，目前该协定生效已经超过五年，但没有看到双方启动这个探讨。这说明"留给未来?"的结果是不确定的，可能有探讨、有结果，也可能没有探讨、没有结果。

（三）ISDS 改革具体实践的多样性

前面讲的是 ISDS 改革几大基本模式。在具体实践中，ISDS 的改革是复杂多样的。某一种模式项下，不同国家做法可能存在差异性和多样性，而不同模式之间如果能够组合的话，不同国家不同协定的组合方式也是多样的。在不同区域层面也可能有一定的各自的区域特色。就 ISDS 改革实践而言，南北国家之间是不是有差别？当然，在这个问题上传统的南北矛盾框架其实已经不够了，例如单文华教授提出了从南北矛盾到公私冲突的范式转型问题。现在在中美"贸易战"的背景下，是不是可能进入到东西竞争模式？这些都是值得思考的问题。

举几个例子来说明仲裁改革的具体实践的多样性。例如一些协定在 ISDS 中限制或排除了某些措施，这些东道国规制措施不可以被诉诸 ISA，或者只有在一定条件下才可以被诉诸 ISA，如国家安全审查、金融审查措施、某些税收措施或是有些协定中规定的烟草规制措施。还有一些协定从国际投资协定的实体义务条款方面限制或排除 ISDS 仲裁，如美墨加协定除了政府合同可以诉诸仲裁之外，其他只保留了国民待遇、最惠国待遇、直接征收和国有化可以诉诸 ISA，而把间接征收、公平公正待遇、充分保护与安全等都排除在 ISA 之外。

（四）"回到基础"，就是"回到" ISDS 和 ISA 的源头和基础

为什么要讲"回到基础"呢？实际上，我们看到 ISDS 和 ISA 之所以兴起，是因为传统的解决方式存在不足，也就是我们通常说的政治化，比如母国滥用外交保护，而母国滥用外交保护的另一面实际上可能是东道国当地救济不足。为了解决这种政治化，在世界银行的主持和推动下达成了 ICSID 公约这样一个机制，这是一个"商事化"的、具有浓厚商事仲裁色彩的国际仲裁机制。该机制在 20世纪 90 年代以来得到了蓬勃发展，取得了很大成效，但是也暴露了一些弊端。因此，改革进入了下一个环节，ISDS 和 ISA 改革阶段，也就是"去商事化"。有学者建议彻底废除 ISA，进而彻底取消外国投资者的国际出诉权（索赔权），那么，我们要回到传统的东道国用尽当地救济吗？"回到基础"就要认真思考 ISDS和 ISA 兴起的前提和基础，也就是东道国当地救济的缺陷和母国外交保护的缺陷今天是否已经被克服了？在目前和在将来，一些国家的法制是健全的吗？它们的当地救济是不是能够有效地解决投资者与东道国之间的投资争端？我想，其实这些都要得到反思。还有，如果回到东道国当地救济，必然还可能伴随着母国外交

保护，母国外交保护会不会被再度滥用？ISDS 会不会被再度政治化？这同样值得思考。不是不能反思和改革 ISDS 和 ISA，而是不能走向另一个极端，忘记了 ISA 兴起的背景和语境，非理性地简单抛弃 ISA。

如果站在合理兼顾外国投资者权益和东道国政策空间的角度，在上述几种 ISDS 改革模式中，保留和改革 ISA 是一种可选项，设立常设投资法院和常设上诉机构也是可选项。但是，回到东道国当地救济加母国外交保护的模式则需要慎重。实际上，我们在思考制度设计的时候，要考虑我们追求的是什么样的目标，如争端解决的独立、公正、成本、效率、一致性、透明性，我们对这些因素进行权衡比较之后，才能作出健全的 ISDS 改革的具体制度设计和模式选择。

（五）ISDS 改革多样性带来的后果

多样性带来了灵活性，这是它的好处。多样性解决了传统上 ISA 存在的一系列问题，例如在公正性、透明性等方面存在的问题。但是，它同时也增加了 ISDS 的碎片化和复杂性。在一定范围内，这种改革存在一定的趋同性，例如增加透明性、增加缔约国的参与权和控制权等。但是，在一定范围内，其实也存在着趋异性，比如巴西、南非的做法等于把外国投资者的国际请求权给排除掉了。目前，整个 ISDS 改革处于转型期，或者叫过渡期，它在演进中，各种改革的思路、方案、范本、实践在尝试和竞争过程之中，需要经过一段时间，可能格局会越来越明朗，而现在正在这个过程中。

（六）中国的立场和实践

中国目前已经有学习和借鉴美国等 ISA 改良的实践。在 UNCITRAL 的 ISDS 改革进程中，中国政府的立场倾向于支持保留 ISA，但增加上诉机制，不过，中国目前还没有提出非常详细具体的制度方案。在"一带一路"倡议的背景下，有学者提出设立一个具有中国特色的 ISDS 机制，例如，依托"一带一路"倡议和亚投行（AIIB）建立一个融合诉讼、仲裁、调解等在内的"一带一路"国际投资争端解决和预防机制。实际上，在"一国四法域"框架下，调解、调处也是我国解决"一国四法域"范围内区际投资争端的一些新的制度探索。另外，在解决我国海外投资者与东道国之间的投资争端的时候，我国政府的非正式外交介入实际上也是很重要的方式，与"一带一路"倡议的目的和宗旨也比较相符。

（七） ISDS 改革的未来

我们目前探讨得更多的是 ISDS 改革的宏观模式。但是，各种不同的基本改革模式究竟孰优孰劣？究竟都有哪些利弊得失？这些都取决于进一步的具体制度设计、规则细节及其实践。目前，ICSID、UNCITRAL 的改革进程都进入了具体的制度设计和细节推敲之中。那么，如何能让某种方案可行、让其落地到操作，其实非常重要。目前，欧盟的常设投资法院和常设上诉机构模式，只是规定在了协定之中，有些方面的具体操作也只是刚刚推出，还没有进入真正的裁判实践，调解模式也在探讨中。我想，中国是否可以基于自身的语境，例如在"一国四法域"的语境下，能不能做一下试验，率先尝试设立常设投资法院和常设上诉机构？通过试验，也就是试错，总结中国经验，贡献中国方案。

三、国际投资争端解决中的条约解释

龚柏华[①]

国际投资争端解决中的条约解释，是一个传统题目，也是一个新题目。从传统角度来说，学界对于国际法的条约解释问题已经研究得非常深入透彻了，特别是 WTO 领域。从新的角度来说，条约解释又不断地在发展，出现新的问题，特别是涉及我们国家一些案子出现新的问题，可能是投资者也可能是东道国政府，我从这个角度来具体谈谈国际投资争端解决中的条约解释问题。

关于条约解释，很多人可能从国际法，更多是从 WTO 争端解决来研究，里面涉及条约法的一些深入的具体的应用。WTO 争端解决和投资者东道国的仲裁有个很大的共同之处，都是基于条约为主的，当然也不完全是绝对的条约，更倾向于国际公法的性质。此前也提出了要重视它的国际公法的性质，所以《维也纳条约法公约》当中关于条约解释的规则，从第 31 条到 33 条，应该说在这当中，得到了运用或验证或者疑问《维也纳条约法公约》第 31 条、32 条的每个条款、每个词句都有大量的案例在反复地进行考证。所以条约解释的出发点还是要对国际法上的，特别是《维也纳条约法公约》当中条约解释规则，要做深入研究，但这不局限于《维也纳条约法公约》的条约解释规则，因为有的时候还会从更广义的来讲是习惯国际法的解释规则，所以可能会要把一些所谓的"解释术语"引用，当然对解释术语的理解可能又不一样，因为这是基于你们学习的法哲学、政治、法律、文化的背景，可能是西方认可的或者其他法律未必认可的，这里面可能会有争议。

在看国际投资仲裁案子的时候，我借助了一个数据库进行查验，补充一个角度，关于国际投资仲裁案跟 WTO 的争端解决的关联性，特别是借用 WTO 争端解决当中运用条约解释方法的这个情况怎么样。这两者之间的关联性的研究也是对我们从 WTO 转向研究国际投资仲裁案子的话，这个思路打通也是有好处的。总结下来有两点，第一点就是在国际投资仲裁案件处理当中，如果涉及一些条约解释，规则本身的这些方面的立场论述的话，在一些国际投资仲裁的仲裁庭的处理当中，他们也是可以直接引用论述的。如在一些案例报告当中，有段话就直接肯

---

① 龚柏华，复旦大学法学院教授。

定了运用涉及关贸总协定相关的一些词句的一个解释的地位，当然它也承认不具有先案的这种约束力的性质，但是通常它有很强的说服力去说服这个仲裁庭，去采取它的这种解释、这种逻辑，因为它是产生了关贸总协定跟 WTO 下的叛离。其他的方面，我发觉因为在投资仲裁当中有些概念在 WTO 概念中也有相同或者相近的，比如说在引用例外上，沈伟教授也提到了一些例外性，例如对例外的"necessity 必要性"，跟"紧急状况"等这些词的解释运用可能也在一定程度上会参考 WTO 的一些做法，特别是像现在国家安全问题或者其他一些例外，WTO 专家组的案子可能还是超越国际投资仲裁仲裁庭的一些做法，略为领先了一点，所以也会做一个借鉴。还有一些大的原则，比如说是会涉及国际法当中的善意原则。那么在对国际投资仲裁当中用的公正公平原则的具体化内容的认定当中，也可能会做一些借鉴，所以这是直接用了 WTO 去推理的一个方面。

第二个方面，在国际投资仲裁当中，有些跟 WTO 语言是相近的，但是不一定完全相同，特别语境可能会不一定相同，这个时候，国际投资仲裁机构可能采取一种参考的模式，比如说最典型的像国民待遇原则、最惠国待遇原则，在 WTO 争端解决当中，WTO 的涵盖协议当中都有涉及；在国际投资领域当中、双边投资协定当中基本上也都有这两个原则，当然条文的表述是用 no less favorable 或 less favorable 这种方式来表述的。所以在实践当中，前面的部分应该基本是相同的，但是后面的限定词可能会不一样。比如说在投资协定当中，用 likes circumstance or like situations，那么在 WTO 的领域当中，限定词因为涉及货物或者其他服务的还是"like products"这种情况比较多一点。所以这样子不同的限定词对前面的理解可能会不一样。各种不同的双边投资协定当中有 WTO 的背景下，用的后面限定词的不同的情况，有 like or direct competitor products or like service 等。这里面要做很细的工作，这当中到底怎么来借鉴、什么情况下可以借鉴？这可能是需要引起注意的，需要系统深入地去进行研究。

在英文文献当中，应该也有一些关于国际投资法当中解释问题的，从不同的角度进行研究。可能关注度比较大的就是在 2016 年博士论文 *The Interpretation of International Investment Treaties*。这是一篇比较系统地讨论国际投资法条约当中解释问题的论文。关于中文文献，应该也从很早开始就有人研究投资的条约解释问题，从浅入深，从全面的到个案的处理，有两本书可能影响比较大一点，一是张生写的《国际投资仲裁中的条约解释研究》，既是对一些实践中的总结，同时又对一些问题提了建议。另外一本书是张乃根教授写的《条约解释的国际法》，上下两卷，其中下卷第十章中对国际投资法的条约解释，从案例总结的角度把这个脉络进行了分析，也是非常值得参考的。参考了这些文献资料后，就会发觉现在关于国际投资领域当中涉及条约解释的问题，无论是中文文献还是外文文献可能比较共识的一些观点就是，第一，因为不少国际投资条约是在早期的时候出现的，所以早期的时候因为种种原因，它语言表达模糊或者更有原则性，所以在运用的时候，就很难找到它最准确的含义，所以这样就要通过解释的方法来把正确的含义挖掘出来，这就给仲裁庭留下了一个价值判断的空间，这是它的大的背景。第二，条约解释的不一致，导致相同境况下就是可能同案的情况下，投资者和东道国得到救济或者结果是不一样的，就出现了不公平的这个情况，这也是张月姣提到的仲裁解决的一致性跟预测性的问题。第三，仲裁对同一投资条约中特定条款不一致解释，这个问题还是比较严重的，特别是后面要举一个我们国家的案子，有的是就同一个东西得出一个截然相反的结论，所以大家对那个仲裁庭的可信性也产生了很大的质疑，因为这个冲突太明显了。第四，就是也有人认为国际投资领域就是这样，国际投资条约就这样，原来含糊的东西一定要把它明确是不可能的，现实就是现实。所以正由于它不能有一致性，才有它的魅力，所以只能每一个案子、每个庭来具体来认定。这些争议观点我们今天未必得到结论，但是把争议的焦点整理出来可能对后面进一步的研究，包括提出完善、改善的这些方面的建议是有益的。

最后举一个涉及我们国家的，或者我们的投资者的案子，这其中大家都知道一个情况就是，我们早期的双边投资协定当中对 ICSID 的管辖权的提交里有一个到底是征收还是征收补偿款额可以管辖的争议。因为跟这个案子相关的有四个案子，有三个案子是仲裁庭作了扩张解释，但是最后一个案子，黑龙江国际经济技术合作公司等诉蒙古政府案，又回归进行了限缩解释。所以这个案子的争议点就是其中英文的条款 "a dispute involving the amount of compensation for expropriation" 的解释问题。在具体案子当中，申请方、投资方是主张扩大解释，因为它要求东道国政府进行赔偿，如果不扩大解释，管辖权就没法建立。扩大解释的方法，主要就靠目的解释、背景解释，因为如果仅限于这个条文解释的话，可能会比较被动。所以在案子当中也做了一些引证，包括前面有其他一些案子的支持，那么同时对其他的一些相应的条款，如上下文的运用、岔路口条款等问题作了综合的评述，但东道国被申请人就采取限缩解释方法，就是文字就文字，是 involving amount of compensation，不是征收本身而是征收金额赔偿问题。所以它试图用文本解释这种方法来进行，两方争得不可开交。因为在前面三个案子当中都对涉及 involving、concerning 这两个词能够怎么来理解发生了不同的见解。最后这个案子仲裁庭又回归到主要是按照文义的方法来解释，但是也不是简单地采取限缩的方法，而从通过各种的方法的比较来进行的。所以细读这个案例报告，应该说仲裁庭的解释的思维还是比较周全的，或者考虑比较多的，但结论未必在这个案子中对我们中国的投资者有利，但是这个结论也未必一定是对中国政府有利，因为中国现在在双重身份的情况下，特别在"一带一路"对外投资背景之下，可能要重新考虑。

由那个解释来引出一个先案原则，同样我们在 WTO 也面临这个问题，对判例的资质以及它的说服力，怎么来对照判例。当然判例是不是 legally binding，这是学理的解说，在实践当中都是事实上的判定。问题是具体引用得对不对，这个差异性、合理性怎么认定，这是很具体的问题。因为这个案子当中还涉及其他的一些问题，除了《维也纳条约法公约》解释规则以外，还有所谓解释的术语，关于有效解释等到底怎么来看。在 WTO 争端解决案子中实际上已经碰到了，将来国际投资仲裁中这些问题也会碰到。这个案子，后来我们申请人是不满仲裁庭的裁决，在仲裁地的美国纽约南区联邦地方法院提出了撤销仲裁的申请，但最后当然是没有准许，因为这就是一个仲裁性的问题，人家认为你已经同意仲裁的话，现在撤销没有道理。

所以最后的结论就是我们很多的双边投资协定，包括我们国家在内，有些用语并不是起草人疏忽，而是在当时的背景之下不得已而为之，所以我把它说成要经过思考的含糊，它是经过思考的。那么问题是，比如说我列的这些不同的双边投资协定用语，当然这里面也可能会因为前后经手人不一样，可能用词不一样，但是希望今后我们怎么办？当我们看到新近的双边投资协定基本上已经采取广义的、不限缩在这么小的范围当中，但是我想这个投资协定的问题永远是个双刃剑问题对不对？投资者这边偏得多了，可能东道国的利益边就会受到影响，所以我们国家可能还要根据更长远的利益来考虑这些问题，包括在措施、对解释方法的一个态度，这方面的问题。

四、国际投资争端解决透明度问题：殊途同归？

池漫郊[①]

国际投资争端解决里面的透明度问题，是殊途同归吗？坦白地说，这个题目不是一个规范性的研究，本文并不是从规则上来看待透明度的问题，而是从背景的，或者说是从规则的生成机制上来看待这个问题简单分享国际投资争端解决透明度相关的几个问题。

（一）为什么会有透明度的问题

透明度的问题最主要是因为投资仲裁源于商事仲裁，而在商事仲裁里面大家似乎都对于透明度的问题没有过分的担忧，或者说对于保密性的问题大家都习以为常，认为争端解决就是解决当事人的争端，如果当事人对于这个争端解决满意，是没有必要向第三人披露的。这涉及保密性的问题。但是随着时间的推移，在仲裁里面慢慢地出现了透明度的问题，或者说透明度的要求，那么怎么来理解透明度的要求呢？为什么又出现透明度的要求呢？现在对透明度的问题很多是从机制要素的角度来理解的。所谓的机制要素，是一种内生性的要素。为了维持现有的投资仲裁机制本身的正当性、合法性，或者说让它能够顺利地运作，我们需要给它更多的透明度。这主要源于程序上的要求，尤其是在出现了大量的投资协定以后，投资协定的不同，加上条约解释的不同、投资协定的碎片化，导致在类似的协定和类似的事实上出现了很多完全不一样的裁决。裁决不一致性也影响了整个国际投资法律治理体系的可预见性，因此，很多人希望通过投资仲裁的透明度让更多的信息能够披露出来，这样有助于维持整个裁决的一致性以及整个机制的可预见性。但是这是一个机制要素，随着时间的推移，投资仲裁的公法要素已经越来越显现了，因此，从治理的要素、治理的维度来看待投资仲裁的透明度问题，也越来越成为重要的方面。

首先从法治的要求看待透明度问题。现在从各个领域来看，法治的要求越来越明显，投资仲裁处理的实际上是公法意义上的争端，更确切地说是一个国家行

---

① 池漫郊，对外经贸大学法学院教授。

为是不是违反条约，包括违反国家的承诺，也就是一些特别的合同，尤其是政府行为。很多学术领域都开始从所谓的行政法的视角来看待投资仲裁，投资仲裁当然毫无疑问也牵扯到很多公共利益和国家管制权力。因此，采用法治来解决政府行为跟私人之间的关系，从法治的要素来说，透明度是一个很重要的要素，越来越多的声音呼吁从法治的视角使仲裁有透明度。其次，至少在某一国家和地区，比如说在欧洲，透明度还承载着对于民主的诉求，欧洲的公民可以直接参与到欧盟的政治治理中。在欧盟里斯本条约之后，欧盟获得了在直接投资上的缔约权，包括对于整个争端解决机制，很多欧盟成员国的国民也对此有一些要求。所以无论是从机制的视角，还是从治理的视角来看，透明度的问题都是越来越明显的。再次，透明度的问题是可以分为不同的类型的，其中最常见的是所谓的"立法透明度"，也就是说要把法律公布出来。WTO 和大量的投资协定中都有透明度的要求。这是很重要的一个要求，但是这个要求本身并不是跟争端解决有关的。透明度的第二个要求是关于信息公开的要求，这一点在很多的案件中，包括很多的投资仲裁规则和一些条约里面都已经很明确地规定了。也就是说把投资仲裁的一些必要的文件，尤其是裁决要予以公开，这是为了保证透明度的可预见性。第三个要求就是所谓的参与，也就是允许非争端方能够以合适的方式来参与仲裁，这个参与仲裁并不是说成为争端一方，而是说认可它的身份。最重要的方式就是以法庭之友的身份来参与，当然也包括一些对案件有关注的人士通过旁观等方式来参与整个程序。法庭之友的参与是投资仲裁透明度在这 20 年来发展的最为关键、也是最为引人注目和引起争议的一种方式。

（二）从参与仲裁视角来看透明度规则是如何形成的，以及规则形成的不同的路径

从这个角度来说，我现有的一些研究其实展现出来一个不同的路径——机构仲裁，机构仲裁主要讲的就是 ICSID 争端解决中心的仲裁以及临时仲裁。临时仲裁主要是指各个仲裁机构，包括 PCA 以及其他的一些机构，临时仲裁的仲裁庭适用联合国贸法会 UNCITRAL 仲裁规则，它所做的仲裁，包括尤其是在 NAFTA 项下的很多 NAFA 的案子都是这样做的，现在 NAFTA 已经被美墨加协定取代了。从机构仲裁的角度来说，ICSID 仲裁规则在 2006 年以后的第三次修订，以及现在的第四次修订都有很大的关于透明度的进步，尤其是第三方参与的进步。但是实际从历史上来看，这个进步经历了漫长的斗争过程。最为典型的案件，就是 2001 年的 Aguas del Tunari, S. A. v. Bolivia 案。在这个案件里面，涉及一个水处理的问题，就是环境的问题。因为环境和人权的问题，有一些 NGO 要求参与仲裁程序。这是一个 ICSID 的仲裁，那些 NGO 提出这个案件涉及重大的公共利益。但是在 2001 年的时候，ICSID 的规则连第三次修订的程序都没有进入，第三次是 2006 年才完成的。当时的 ICSID 仲裁庭拒绝了第三方的参与，它给了三个理由：第一是当时的《ICSID 公约》本身，这个仲裁所依据投资协定以及仲裁规则都没有对仲裁庭作出这样的授权，也就是说依据这些法律文件，仲裁庭没有权利允许第三方参与到仲裁中来。第二，仲裁庭认为争端双方在透明度问题上并没有同意第三方参与。第三，仲裁庭认为这个案子当时尚处于管辖权的阶段，不需要法庭之友提供任何的意见。所以基于这三个主要的理由，仲裁庭说他们慎重考虑了 NGO 要求以法庭之友身份参与的请求和他们的观点，以及对于公共利益的慎重的考量，但是仲裁庭还是拒绝了。仲裁庭拒绝之后遭到了很多的批评，来自学术界包括社会的一些批评，一些国家也开始批评 ICSID 仲裁庭这样的做法。于是从 2003 年开始，ICSID 启动了第三次仲裁规则的修订工作。事实上，透明度的问题，在上一次的修订工作里面都已经是一个重点的问题了，在 2004 年的一份报告中，对于透明度问题作出了非常详尽的解释。在 2006 年的最终修订规则里面，第 37 条第二款对于第三方参与做了更加明确的规定。一个引人关注的问题是，在这次修订之后，ICSID 仲裁庭都纷纷地改变了自己的立场。大概五年前，与玻利维亚案立场完全不一样，在非常类似的事实和法律的框架下，ICSID 的仲裁庭都开始允许第三方参与了。Biwater vs. Tanzania 案是一个典型的案子，开始允许第三方参与。这就是 ICSID 的发展模式，这一发展模式实际上是这个机构推动的，当然机构推动的很重要的原因是它面临着很大的批评。

（三）国际投资争端解决透明度问题的殊途同归

从 NAFTA 和 UCITRAL 的临时仲裁的角度来看，会发现透明度问题发展的模式及规则的生成模式有一些不同。在 NAFTA 下最早在临时仲裁中提出来的法庭之友要求参与的著名案件 Methanex v. United States，是墨西哥的一个石化公司跟美国的一个案件。在这个案件里，一些国际组织要求作为法庭之友参与仲裁。当时的 NAFTA，包括当时的 UNCITRAL 仲裁规则里面，对于法庭之友参与仲裁这个问题都没有明确的规定，但是与 ICSID 仲裁庭的表现不一样的是，在 UNCITRAL 临时仲裁的 NAFTA 这个案件的仲裁庭认为，依据 UNCITRAL 仲裁规则第 15 条的规定，如果规则没有明确规定，那么在程序问题上仲裁庭可以有自由裁量权。因此，仲裁庭依据第 15 条的自由裁量权允许了法庭之友的参与，当然也对法庭之友的参与设置了一些限制，如不能够提交超过多少页的材料，必须要在多长时间内提交，要 justify 第三方提出的法庭之友的这个要求等。在这个案件之后，也推动了一些改良，NAFTA 自由贸易委员会很快发布了联合声明，它没有明确允许，但是事实上它已经允许了法庭之友参与仲裁。

除了 NAFTA 的改进之外，UNCITRAL 贸法会也作出了很大的改进，自 Methanex v. United States 案子以后，UNCITRAL 就开始对于投资仲裁的透明度问题展开了研究。这个研究的一个直接的结果，就是 2014 年的 UNCITRAL 透明度规则，这个规则本身是非约束性的，只是一套技术性的规则。但是与此同时，2014 年，UNCITRAL 也主持制定了《毛里求斯公约》，也就是我们所知的透明度的公约。这个公约实际上起到了一个桥梁的作用，能够将透明度规则纳入进来。如果当事方选择了这个公约，就可以通过这个公约来适用这个透明度的规则。这个公约在 2017 年已经开始生效了，由此我们能够看到在 NAFTA 项下通过 UNCITRAL 仲裁规则的仲裁庭是怎么推动仲裁透明度的。通过展现 ICSID 仲裁和 NAFTA 的仲裁，或者说 UNCITRAL 的临时仲裁，体现了两条不同的路径。在 ICSID 仲裁的环境下更多的是机构在推动，因此，从某种意义上来说它显得比较保守。因为在一开始没有明确规定的时候，按照仲裁庭的说法，仲裁庭是不会越权去同意的。但在 NAFTA 的项下是临时仲裁，所以仲裁庭更加地积极、更加地主动，即便没有明确的规定，仲裁庭也用了自由裁量权允许第三方的参与。但这只是一个方面，ICSID 是一个很大的国际公约，要改革公约本身是非常困难的。ICSID 规则的改变需要 2/3 乃至 3/4 的多数同意，这对于一个超大型的公约来说是一件很困难的事情，所以它的谨慎或者说保守的反应在某种意义上是可以理解的。这个"殊途"是我提到的殊途，是不是可以同归？不论是在 ICSID 还是在 NAFTA，我们都能看到，随着第三方加入法庭之友之路的努力，不管是仲裁庭的行为还是国家的表现，还是 NGO 以及整个国际社会对它们的批评和反应，都导致了这两个机构积极努力地去应对这样的一个类似于"公关危机"，当然没有那么严重，他们纷纷改进了自己的相关规则，而且也采取了更加开放的态度允许第三方的参与。ICSID 规则在 2019 年刚刚结束了第四次修订，UNCITRAL 正在进行投资仲裁的讨论，在争端解决机制改革中，透明度的问题也是其中的一个重要的问题，我们要拭目以待，看看未来在这一问题上会不会更趋向一致。

（四）殊途同归的启发

投资争端解决透明度问题的殊途同归给我们的启发，就是所有的人，包括学术界、仲裁员、NGO 等，事实上都是 stakeholders，都是利益相关者。并不是说只有 ICSID、只有机构、只有国家制定条约，大家才能对此作出反应，对于我们的仲裁机构来说，这是格外重要的。北仲和贸仲，都做了很多的努力，也已经有自己的投资仲裁规则。作为第三方或者是潜在的第三方或是其他的人，包括我们的仲裁机构，实际上可以展现出更多的努力，而这种努力在很大程度上，也包括 ICSID 经验和 NAFTA 的经验，都可以对规则的生成起到很大的推动作用。建议我们的仲裁机构、学术界能够把胆子再放大一点，步伐再放大一点，在这点上能够给出更加先进的、更有引领性的规则，哪怕暂时没有人能够接受，但是如果能够形成这样的外界压力，我认为在未来对于整个的争端解决机制的重构和改革还是会有帮助的。

五、投资自由化的停滞和再平衡
——双边投资协定的转向和再塑

沈 伟①

本文主要就国际投资法当中主要的法律渊源——双边投资协定（BIT）的变化、文本的研究进行讨论。主要讲四个方面的问题：第一个问题是双边投资协定自由化趋势的涨期，第二个问题是投资自由化趋势的潮落再平衡，第三个是投资自由化转向 BIT 限缩的表征，最后就是我国的应对。

（一） 双边投资协定自由化趋势的涨期

在世界上第一个 BIT 之后，主要的双边投资协定呈现出自由化的趋势，这个趋势主要是在五个方面。第一个方面是确立了投资准入的自由原则，如负面清单、目前的国民待遇原则等。这是主权国家在投资领域对外国投资者适当的开放的扩展。第二个是实体方面，主要是国民待遇原则、最惠国原则、公平公正原则的广泛的应用，在投资领域提升了外资保护的水平。第三方面是营造公正透明的投资环境，这个主要是东道国对自己的透明度的要求，在对外国投资者进行监管的领域加大了投资透明度。第四个方面是在投资领域、程序方面，对外国的投资者也采取了比较宽松的政策。投资法里面具有特色的是通过对投资者友好型的争端解决机制来加强对投资者的保护，这也是目前国际投资法当中改革呼声最大的一个领域。最后一个方面主要是拓展更为广泛的投资保护途径，不单单是实体和程序方面，也有在各种条约及区域条约中提升投资自由化的这样一种趋势。

（二） 投资自由化趋势的潮落再平衡

在 2008 年全球金融危机以后，国际投资领域的自由化的趋势就开始有潮落的迹象。不仅是发展中国家，发达国家也介入和推动了这种潮落，主要是几个方面的原因。一方面是全球金融危机以后，新兴国家的主要的对外投资跟传统的资

---

① 沈伟，上海交通大学法学院教授。

本输出国的对外投资开始持平。另一方面是发达国家都受到金融危机的重创，所以对投资持一种谨慎的态度，发展中国家对于金融投资和金融活动也持一种谨慎的态度。这两方面促成了投资自由化的潮落。这样一来就有几个方面再平衡的力量。第一个方面就是所谓的卡尔沃主义的复活，主权国家的回归。发达国家也意识到了在投资领域强调投资自由化不仅仅会损害发展中国家，也损害发达国家的主权归置的权利和力量。所以，爱国主义的回归、爱国主义的复活，不仅仅是就发展中国家而言的，对发达国家来说，有一个概念叫主权国家的回归，这是一种隐喻，主要是讲在投资领域也要凸显出东道国主权国家的规制权，所以东道国的投资政策出现了限缩的趋势。第二个方面，就是我们在吸引外资过程当中，要面对社会治理的问题。因为大家知道，在国际经济活动当中，国际层面的全球化导致投资自由化、贸易自由化，在全球领域的这些政策则会影响到国内的社会对策。如果在国际层面的自由化趋势更加扩展的话，就会导致国内政策无法匹配与呼应。所以自由化的一个直接的影响就是东道国政府需要相应部分的国内立法，对于东道国，其更加关注的是吸引外资过程当中的社会治理问题、实现经济发展之外发展的问题。第三个方面是投资自由化的维度更加丰富了。以前主要是吸引外资，现在也注重金融安全、环境保护、社会问题、劳工权利等。第四个方面是在客观上引发了 ISDS 机制的正当性危机。现有的批判不外乎投资领地的规制权影响了主权的实施和东道国的治理效果，所以全球对于检讨和改革 ISDS 机制就有比较大的呼声。这些自由化的转向、停滞和摇摆直接影响到了新近签订，特别是 2008 年以后一些大的资本输出国如欧盟、加拿大、日本签订的一些 BIT、投资协定和自由贸易协定当中的投资章节，使它们出现了一些转向，这些转向对全球的透明的自由化趋势有实质性的影响。

（三）投资自由化转向 BIT 限缩

2008 年之前的投资自由化的趋势主要是以上那些资本输出国推动的，那些资本输出国的转向直接影响到新的 BIT 的表现。主要是四个方面：第一个是投资目标的内容，关于投资这个概念在 BIT 中一般是最先定义的一个条款，之前是开放式的，允许各类投资能够进入到投资这个管辖的范围当中。现在，投资这个概念开始限缩，例如有一个封闭的清单。从开放到封闭的一个原因，就是并非所有的投资都能够通过 ISDS 机制来保护，国内的司法保护也要提出来。第二个是投资开始内化，不单单要吸引外资，而且要反映金融安全、国家安全等问题。第三个是国民待遇和最惠国待遇原则的扩大化。以前的国民待遇和最惠国待遇原则是扩展的、扩张性的，在各种领域程序、实体都可以适用。现在的国民待遇和最惠国待遇要有一些排他性的限制，也就是说在某些领域是不适用国民待遇和最惠国待遇的。这一点在发达国家晚近七八年签订的 BIT 当中有非常明显的表现。还有一个表现就是扩大一般例外。一般例外的条款越来越多了，不仅仅有一般例外的条款，还有特别例外的条款，例如公共健康、环境保护、责任等。还有就是内嵌企业的责任条款，即平衡投资自由化的一种方式就是增加东道国主权的形式，另一种方式就是加大投资者的责任，加大跨国公司、外国投资者的企业社会责任，因此有了非投资原则嵌入。一般的 BIT 当中，主要凸显的是投资原则，比如公平公正、伞形条款，将东道国的合成责任上升为国家责任，加大投资者的责任，平衡投资自由化对于东道国政府主权的损害。

（四）我国的应对

我国的应对主要出于现实的考虑，因为我们国家处在两个悖论当中。我们国家从资本输入国转型为一个资本输出国，具有双重的身份。这种双重的身份就要求中国人既要对外国投资者进行保护，也要更大限度地保护自己本国投资，所以这是第一个悖论。另外一个悖论，我国提升了 BIT 对外国投资的保护水平，外国投资者也可以利用这样一个高水平的保护机制和条款对中国政府提出仲裁请求。有早一代的学者提出"安全阀"的概念，需要限缩、加大安全阀的使用。现在的问题是，如果加大安全阀的使用，我们对引领国际规则，特别是国际投资规则能够作出什么样的贡献呢？

另外还有一个比较现实的问题，我们不断地参与到 ISDS 这个机制当中，不断地有更多的针对中国的案件，也有中国投资者提出的针对东道国的案件。面对这些现实的困境，面对在 BIT 规则引领方面的悖论，我们需要深入思考。

就此提出四个方面的建议。第一，要指定例外条款，在投资领域出现了国家安全方法，在中美贸易的时候，贸易领域规定了国家安全范围。刚才讲例外条款的广泛使用，有一般的例外条款，还有特别的例外条款。例外条款是非常有限的，数量也是非常有限的。所以制定比较有效的例外条款就值得思考。第二，在投资领域，在 BIT 当中不单单要考虑吸引外资，还要考虑到投资目标的多元化，比如说可持续发展联合国的千年发展计划、人类社会的发展、环境保护、环境友好型社会、社会和谐等目标，这些目标体现了国家规制权，特别是体现了国家规制权在社会领域、劳工制度、环境保护等领域的结合。第三，兼顾投资者保护与东道国的利益。这个就是我刚才讲的悖论，即一方面要提供高标准条款，又要承认在东道国规制权之间，在公共利益当中的博弈。这个博弈怎么样体现我们国家既要吸引外资，又要推出一带一路，这是我们内外政策之间的协调。第四，立项实施针对性的策略。我们国家在制定 BIT 当中有一个明显的特征，国内外的学者都注意到了，就是对不同的缔约国，我们国家在实体保护和程序保护方面的原则适用的制度方面是有差别的。这些差别是不是根据特殊情景、特殊利益、特殊需要或者仅就形式的不同作出的互惠，这值得进一步的研讨。

六、中欧投资协定的争端解决机制展望：
一个理念冲突的视角①

王　鹏②

本文的分析对象是国际投资仲裁改革③的中国立场，我把这个题目做进一步的限定，放在中欧投资协定谈判的语境下来考虑。本文重点讨论中欧投资协定的争端解决机制谈判，分析中欧双方可能面临哪些挑战，双方又能如何调和。以最有争议的可持续发展议题为切入点，本文探讨中欧双方务实地处理理念冲突的制度安排及其一般意义。

（一）投资协定中的理念冲突：以可持续发展问题为例

欧盟在双边投资协定中积极推动所谓的可持续发展条款，④当然这在更大语境下，也是对于投资仲裁改革趋势的一个回应。可持续发展条款，不仅仅是（公私冲突下）监管权的扩大，某种程度上也承载了民主的价值，因而可能引发不同国家之间治理理念的冲突。中欧投资协定纳入可持续发展条款，根据公开的材料

---

①　本文系国家社科基金青年项目"一带一路背景下国际投资仲裁多边改革与中国对策研究"（18CFX084）的阶段性成果。感谢清华大学国际投资争端解决研讨会与会专家的评议与讨论，感谢闵婕同学协助收集相关材料。

②　王鹏，西安交通大学法学院副教授、博士生导师，丝绸之路国际法与比较法研究所、亚欧研究中心研究人员。

③　除非特别说明，国家投资仲裁是指缔约国就外国投资纠纷所约定的争端解决机制，包括经典的投资者—国家争端解决机制（ISDS）和传统的缔约国之间的国家间仲裁（SSDS），也包括近期越发多见的调解、和解等国际程序。

④　Trade for All-New EU Trade and Investment Strategy, https：//ec. europa. eu/trade/policy/in-focus/new-trade-strategy/. "Safeguarding the European social and regulatory model at home. Using trade agreements and preference programmes as levers to promote, around the world, European values like sustainable development, human rights, fair and ethical trade and the fight against corruption."

来看，是欧盟主动推动的结果，中国处在被动回应的立场。①

可持续发展条款反映了投资法社会化的趋势，在争端解决机制上、在定分止争的基础上带来求同存异的新挑战，可能也契合或者指明了国际投资法改革的一个方向，即随着底层的经济因素和权力因素的变迁，国际投资法可能会更多地带有准立法和准司法的色彩，而不再仅是发挥定分止争、保护投资的功能。所以，未来投资法可能会走向一种协商式投资法。

对中国而言，在投资法升级和转向的趋势下，一些可持续发展条款，如环境保护、劳工、国有企业、竞争、知识产权以及争端解决机制，可能并不是如我们过去所认为的那样非常政治敏感、完全不可接受、没有任何有益效果，在某种程度上也能够契合中国崛起的大趋势和大使命，即要更积极地通过官方的、民间的、公私合作的方式来输出我们的制度，影响国际投资领域规则的演进。

在这个背景下，本文从理念冲突的视角切入，分析理念冲突在国际投资法领域的规则表达（即投资协定的社会化），并解析中欧投资协定对理念冲突的务实处理和制度调和（即一种协商型投资仲裁的尝试），并以此讨论中欧投资协定对国际投资法升级和国际投资仲裁改革的一般意义。

（二）理念冲突的分析框架：利益驱动，价值驱动，抑或兼而有之？

投资协定具有投资保护和投资促进的功能，这是它的默认权属和功能。然而，随着投资条约越来越成功，投资仲裁案件越来越多，很多国家和行为体试图推动国际投资法解决一些"投资+"议题，即与外国投资有一定关联的但又不属于传统的投资保护和促进问题。正是因为投资法过去太成功了，大家都想把一些在其他地方解决不了、富有争议的问题都放入这个框架里。这是理念冲突在国际投资法出现的实践逻辑。

理念冲突能否构成一个独立的分析框架？第一，理念冲突具有利益维度。在某种程度上，理念是利益的长期固化，因而可能构成利益的另一种表达形式。第

---

① European Parliament resolution of 7 October 2020 on the implementation of the common commercial policy-annual report 2018（2019/2197（INI））https://www.europarl.europa.eu/doceo/document/TA-9-2020-0252_EN.html.

"25. Encourages the Commission to conclude negotiations on an ambitious investment agreement with China, with an effective Trade and Sustainable Development（TSD）chapter, which removes all barriers to market openness in China; looks forward to the conclusion of the negotiations by the end of 2020 as agreed in the EU-China Summit in 2019; firmly believes, however, that the substance of the agreement should be prioritised over the speed of its conclusion."

二，理念冲突具有时间维度。正因为理念是利益的长期固化，因而理念可能与短期利益不完全契合，某一时点上，理念和利益可能同时起作用，但作用可能有差别。第三，理念冲突具有集体维度。因为理念是在总体上描述一国的国际法政策，并不一定与该国内部的所有群体的倾向一致，并可能随着该国国内政治周期变化而呈现出一定的波动性，但其波动幅度因为有观念和习俗等韧性因素的支撑要小于纯利益驱动的分析框架。归纳来看，理念视角具有长期的柔性与短期的韧性等显著特征，具有一定的独立性，可以在一定意义上构成分析一国国际法政策的独立变量。

理念冲突能否构成一个有效的分析框架？中欧双方都是同时具有大量资本流入和流出的双重角色国家，从经济利益的角度来看，中欧双方的政策目标应该具有趋同性。因此，利益驱动的分析框架可能难以解释中欧投资协定中的谈判差异和不同于双方以往实践的创新举措。相比之下，中欧两方是很具代表性的两种发展模式，在政府—社会关系、政府监管模式和权力边界、权利意识和正当程序传统、社会组织发育程度等方面差异性显著。① 在投资协定谈判过程中，中欧双方必须要协调与外资治理相关的社会议题，尤其是文化差异凸显，避免引发价值冲突、模式冲突乃至"文明冲突"。因此，理念冲突的分析框架特别适合解释中欧投资协定的独特实践。

当然，不可否认，在条约谈判中，理念冲突在某些时候可能只是一种要价的工具或者是宣传的工具，只不过是用来在形式上或表面上回应国内选民群体的诉求。不过，这种表面理念冲突并不必然否认实质理念冲突的存在。在逻辑上，理念冲突的出现是国际投资法发展到某种高级阶段的必然产物，契合国际投资法整体演进的某种方向。从过去的南北国家之间、资本输入国与输出国之间的南北冲突，到现在的更多强调投资者的私人权利跟东道国监管权的公私平衡，国际投资法对东道国监管权的涵盖和规制越来越多。因为越来越多的条约和仲裁庭会涉及东道国监管权问题，越来越多的所谓监管权的权属、政策或措施被纳入投资法体系，这会导致监管权概念越来越泛化，国际投资协定更多呈现出各国发展模式和

---

① European Parliament resolution of 12 May 2016 on China's market economy status（2016/2667（RSP））http：//www. europarl. europa. eu/doceo/document/TA-8-2016-0223_EN. html. "5. Calls on the Commission to take due account of the concerns expressed by EU industry, trade unions and other stakeholders as to the consequences for EU jobs, the environment, standards and sustainable economic growth in all the manufacturing sectors affected and for EU industry as a whole, and ensure, in this context, that EU jobs are defended."

治理模式的差异与冲突（即东西竞争）。① 从长期来看，模式竞争有利益维度，可能各国都想建立对本国有利的国际投资规则，但模式竞争也有理念维度，因为涉及对规则好坏的认知和取舍，本质上是一种文化建构和表达。在这个意义上，国际投资法中的理念冲突反映的是各国内已被社会规范内化和表达的比较优势和发展模式之差异。

（三）理念冲突的规则表达：投资协定的社会化

1. 从南北冲突到东西竞争

国际投资协定体系经历两次政策转向，从南北冲突到公私平衡，从公私平衡到东西竞争，现下三种冲突叠加，国际投资规则重整向纵深发展。发达国家与发展中国家的南北冲突是起源期的主导政策逻辑，并且一直是国际投资规则的政策底色。② 政府监管权与私人投资者权利保护之间的公私平衡源于投资纠纷形式从直接征收转向更具有社会效应的间接征收。表现为政府—市场关系的东西竞争源于投资协定条款的扩张，投资监管合作深化导致社会发展理念的差异逐渐显现于国际投资仲裁和立法过程。③

伴随着国际投资仲裁案件的剧增和缔约国对国际投资立法的反思，国际投资规则进入深度调整的变革期。公私平衡扩大化，国际投资规则日益复杂化，国际投资规则的社会嵌入性逐步增强，公私平衡逐步扩展到了反映社会发展理念的制度差异，从而逐渐催生一种根植于不同地域、传统、社会习俗等治理体制差异的东西竞争，突出表现为政府—市场关系。

公私平衡扩大，附带的发展理念和政治体制差异的重要性逐步上升，东西竞争逐步出现。第一，国际投资规则日益复杂化，出现了诸多社会化条款。第二，国际投资仲裁审查范围日益增大，国际投资纠纷日益间接化、复杂化。第三，国际投资规则区域化趋势显现，缔约国之间的投资监管合作逐步扩及更为复杂、更难以明确割分的市场监管问题，触及各国经济、政治体制内核，越来越具有治理

---

① European Commission, Directorate-General for Trade, Strategic Plan 2020-2024, p. 11. "The WTO has failed to adapt its rules to its changing membership, in particular, the accession of China and its economic model, and the changing ways in which trade is conducted."

② Jason Webb Yackee, Conceptual Difficulties in the Empirical Study of Bilateral Investment Treaties, Brooklyn J. Int'l L., 2008, 33, p. 405.

③ 参见王鹏：《国际投资协定的权力结构分析》，法律出版社 2019 年版。

机制的色彩。[1]

东西竞争也是对国际投资规则根本目的的反思，体现了国际投资立法从手段到目的的回归。促进缔约国的社会可持续发展是国际投资立法的根本目的。在促进社会发展的因果链条上，外国投资流入只是必要条件之一，另一个必要条件是外国投资能够促进经济发展。外国投资促进社会发展的基础或前提是存在运行良好的市场机制，这就要求国家对市场失灵进行纠正，并规制投资的外部负效应，因此介入对（包括国有企业、外商投资在内的）市场的监管。

表现为政府—市场关系的东西竞争，对应的是国际投资规则中的投资监管条款，其政策动机有三：纠正市场失灵，培植现代市场，促进公平竞争；规制直接投资的外部负效应；进行宏观经济调控，促进投资积极效应的公平分配，促进包容性直接投资。

在变革期，南北冲突、公私平衡与东西竞争叠加。南北冲突的核心是国家间权力平衡与纠纷解决；公私平衡的核心是私人投资者权利保护；东西竞争的核心则是政府—市场关系。从国际关系（南北冲突）到跨国关系（公私平衡）到国内关系（东西竞争），国际投资协定的社会嵌入性逐渐显现。拟议规则触及各国体制的核心，规则分配效应增大，各国偏好的异质性大、政策优先级有别，新一代国际投资规则谈判的难度很大。

例如，国有企业问题触及国际—跨国—国内多层级的多个政策面向，尤其能够展示国际投资规则设计中政府—市场之间的复杂关系。于上，国有企业可能被授权行使政府职能，相较于私人投资，国有企业投资的确更具有潜在的安全威胁。于中，国有企业有可能配合政府执行宏观调控政策。于下，国有企业可能作为一般市场参与者从事商业性投资活动。国有企业日益增长的海外投资为新一代国际投资规则的制定带来了一定的政策难题：在南北冲突方面，国有企业投资引发的投资纠纷当如何解决，国有企业投资因所有制因素而可能引发的国家安全担忧当如何解决；在公私平衡方面，国有企业是否应被认定为投资者，在何种情形

---

[1] Benedict Kingsbury and Stephan W. Schill, Investor-State Arbitration as Governance: Fair and Equitable Treatment, Proportionality and the Emerging Global Administrative Law (September 2, 2009), NYU School of Law, Public Law Research Paper No. 09-46, available at SSRN: http://ssrn.com/abstract=1466980. Tom Ginsburg, International Substitutes for Domestic Institutions: Bilateral Investment Treaties and Governance, International Review of Law and Economics, 2005, 25 (1), p. 107. Juanita Olaya, Good Governance and International Investment Law: The Challenges of Lack of Transparency and Corruption (July 6, 2010) Society of International Economic Law (SIEL) Second Biennial Global Conference, July 8-10, 2010 available at SSRN: http://ssrn.com/abstract=1635437. Alec Stone Sweet, Investor-State Arbitration: Proportionality's New Frontier, Law and Ethics of Human Rights, 2010, 4 (1), pp. 47—76.

下应被认定为履行政府职能；在东西竞争方面，国有企业可能同时扮演市场参与者—宏观调控者—履行政府职能的三重角色，政府对国有企业的政策扶持何时应被认定为不正当，何时应被认定为正当？

在东西竞争之下，双边投资规则的缺陷被放大。第一，投资协定受双边议价能力影响大，"受国内政治和领导人的偏好较大，且在国内执行中仍面临寻租等不少问题"。其二，ISDS 机制"易受双边关系的影响"，[①] 且在国内的分配相应日益增大。第三，随着发达国家双重角色身份的认知强化，ISDS 机制的国内效应也成为干扰发达国家国内政策的消极因素。

在东西竞争之下，多边规则在谈判主体、谈判议题和条款范围等内容上的谈判难度依然很大。其一，谈判主体多。双边和区域谈判灵活性强，各国妥协的空间大。多边规则的统一性强，各国妥协的难度较大，议价成本高。其二，谈判议题敏感且利益分歧大。资本输出国偏好更大的保护，资本输入国则希望尽可能维持国家主权，不同国家的利益需求有别。发展中国家可能因为"经济水平较低、企业竞争力较弱"而将投资监管上升到国家安全的高度。其三，条款范围庞杂。投资监管涉及生产的整个过程，包括准入、安全审查、产业和竞争政策、税收、外汇与金融、劳工与就业政策等诸多国内经济环节，各国协调难度大。[②]

2. 投资规则社会化的发生

在东西竞争之下，国际投资法体系正经历"社会化"转向。跨国投资具有极强的社会嵌入性，国际投资法在东道国具有广泛的社会效应。国际投资协定越来越多包含传统投资自由化和投资保护之外的条款，以更多回应外国投资引起的或与外国投资直接相关的社会利益保护事宜。[③]

社会利益在国际投资协定中本来就已存在，只不过并未以具体规则的形式在投资协定中重点呈现。国际投资法的社会化是社会利益的重述，是从手段到目的的回归，而不是重新纳入。

就政策目的而言，对监管寒蝉效应和监管逐底竞争行为的回应无疑是国际投资法社会化的政策目标之一。重申东道国的监管主权是对寒蝉效应的直接回应。随着投资仲裁案例增多，寻求投资者和东道国权利义务的平衡成为缔约国的共识。对东道国监管权力的一般性宣示和具体规则设计有助于仲裁庭在未来的国际投资仲裁中更准确地把握缔约国在投资协定中的缔约意图，平衡投资者权利保护

---

① 宋新宁、田野：《国际政治经济学概论（第二版）》，中国人民大学出版社 2015 年版，第 181 页。

② 宋新宁、田野：《国际政治经济学概论（第二版）》，中国人民大学出版社 2015 年版，第 182 页。

③ 王鹏：《国际投资法的社会化趋势探析》，《西安交通大学学报》2016 年第 4 期。单文华、王鹏：《均衡自由主义与国际投资仲裁改革的中国立场分析》，《西安交通大学学报》2019 年第 5 期，20—28。

与东道国公共政策。

此外，可持续发展也是国际投资法社会化的政策目标之一。虽然在既有的国际法体系下，可持续发展理念在绝大多数意义上都是一个政治理念，而不是具体的法律规则，但缔约国对国际投资协定的预期正从手段转向目的，探寻实现国际投资直接促进东道国经济和社会发展的有效路径。随着资本输入—资本输出国双重身份国家的增多，可持续发展正逐渐形成某种程度的共识。

国际投资活动的社会嵌入性是国际投资的根本特性，这种社会嵌入性决定了跨国投资治理体系的机制设计。国际投资活动难以与东道国的社会结构和既有监管体系完全分离，国际投资法本质上是个体权利和产权保护规则和规范体系，由此，国际投资法在东道国具有不容忽视的社会效应。在东道国，国际投资法既可能促进东道国治理水平的提高，也可能干预东道国公共政策的制定和实施。国际投资法的负面社会效应是国际投资法社会化趋势的直接政策目标，可持续发展理念的共识也在一定程度上构成国际投资法社会化的条件。

国际投资法体系试图通过社会化回应平衡投资者权利和东道国权力，平衡经济政策和其他公共政策，以回应日益增长的社会、环境和可持续发展诉求。从类型上看，社会化条款大致可以分为三类。第一类，重申东道国监管权力，这类条款包括序言和治安权例外，可见于一般例外条款或征收条款的附录。第二类，不得减损条款，多事关环保标准和劳工待遇标准，用以避免缔约国之间为了吸引外资而采取逐底竞争策略。第三类，明确或强调投资者责任和义务，多见于公司社会责任条款和遵守东道国法律义务条款。

3. 中欧投资协定的可持续发展条款

（1）全面性

作为谈判的重点议题，可持续发展条款涵盖的议题非常广泛。在 2016 年第九轮谈判中，中欧双方开始文本层面的技术谈判。在文本谈判伊始，中欧双方就开始了环境和劳工条款谈判，并在后续谈判中围绕可持续发展问题进行持续往复。[①] 在中欧谈判中，可持续发展议题已经涉及国有企业竞争、健康和运输、环

---

① European Commission, Directorate-General for Trade, Strategic Plan 2020-2024, p. 9. "Sustainable Trade: Rules and policies impacting world trade must, like those within the EU, aim for all to share in the growth and prosperity that can flow from the progressive opening of markets. But we must ensure that trade policy supports the broader push for sustainable development and internationally set standards (labour, environment, climate protection, responsible sourcing). Sustainable development depends above all on internal social, structural, environmental and macroeconomic policies, based on multilateral actions pursued in a range of (mainly UN) networks (ILO, FAO, CBD, OECD) as well as the WTO."

境、气候变化、企业社会责任等。① 随着谈判的推进，可持续发展议题基本出现在每一次谈判中，然而，好像每次都谈不拢，一直处在胶着状态。

从欧盟公开的谈判报告来看，中欧谈判早期重在相互了解，后来是立场交锋，越到后来越注重寻找一种机制来调和、容纳双方的立场差异。从这个角度来看，投资可持续发展纠纷的争端解决机制的一个核心目标，必须要求同存异。正是因为可持续发展议题范围很广，中欧难以轻易达成妥协方案。加之，欧盟推动纳入的议题多，要求设置的义务程度深，并且追求超越金钱赔偿的实际履行。②

在谈判伊始，欧盟就提出一个明确诉求，就是要在中欧投资协定里加入一个有效的可持续发展的章节。有效就意味着要可执行，但具体怎么执行就有问题了，因为无论是我们常讨论的 SSDS 和 ISDS，或者说欧盟的投资法庭体系，或者说中国提出的某种制度化的 WTO 式的常设上诉机制，都满足不了执行可持续发展义务的功能。像环境保护、劳工条款，如果要执行，按照传统的争端解决的执行逻辑，必须要量化，把损害或违约措施转化为一个数额，以备缔约国不自觉履行或自觉改变政策时提供一个替代性补偿方案。然而，在可持续发展条款的执行上，首要的困难是很难证明东道国某些可持续发展措施与投资者受损之间有因果关系；其次，或者更有挑战性的是，从欧盟的文本来看，损害补偿不是他们的主要诉求，他们要的是"持久地改变现实政策"（Lasting Changes on the Ground）。③在 ISDS 之下，金钱赔偿基本上是唯一的救济模式，实际履行可能出现在某些不公开的和解协议中，但还没有出现在正式公开的仲裁裁决中。相比之下，WTO 式的国家间争端解决程序倒是有可能约定缔约国改变或暂停某些政策。但 WTO 处理的是相对自成一体的边境措施，而投资相关的可持续发展措施触及各国国内治理的核心。无论是从措施本身的敏感性还是从因果关系的清晰性来看，可持续

---

① European Commission-Press release, Key elements of the EU-China Comprehensive Agreement on Investment, Brussels, 30 December 2020.

② Non paper of the Commission services, Feedback and way forward on improving the implementation and enforcement of Trade and Sustainable Development chapters in EU Free Trade Agreements, 26 February 2018, https://trade.ec.europa.eu/doclib/html/156618.htm. "A. Working Together: 1. Partnering with Member States and the European Parliament; 2. Working with international organisations. And B. Enabling civil society including the Social Partners to play their role in implementation: 3. Facilitate the monitoring role of civil society including the Social Partners; 4. Extend the scope for civil society, including the Social Partners, to the whole FTA; 5. Take action regarding responsible business conduct."

③ European Commission, Q&A: EU-China Comprehensive Agreement on Investment (CAI), 30 December 2020, https://ec.europa.eu/commission/presscorner/detail/en/qanda_20_2543, accessed: 2021-01-13. "The relevant commitment is also subject to an enforcement mechanism like the one which has been activated in the case of the EU-Korea FTA."

发展问题都不是一个容易界定和约定的问题，各国必然会更加谨慎、更加精细地授权专家组，以避免争端解决程序过度政治化，阻碍而不是便利各国寻求可接受的妥协方案。

（2）有效性

在中欧投资协定中，欧盟追求可执行的可持续发展章节，强调有效性。

第一，中欧投资协定追求建设性，强调追求一种基于价值认同的主动履行，而不是仅仅基于利益算计或报复威慑下的被动履行。即便欧盟强力"推销"可持续发展条款，欧盟本身也反对设置报复机制。

第二，中欧投资协定追求包容性。所有利益相关者都应当有发声的渠道，有参与的途径，能够参与到条约履行过程中来。在一些欧盟的自由贸易协定里，投资者可持续发展章节的争端解决机制，不仅有常见的国家间磋商和专家组程序，也有发布履行审议报告、定期审议等环节，还有与国际组织和社会团体的合作互动。欧盟积极主动地把这些非国家行为体纳入正式的条约执行机制，通过跨国企业之间、社会团体之间的对话合作、技术援助来实施条约义务。

第三，中欧投资协定追求协商性。投资仲裁改革的一个方向是强化司法的政治背书，把国家引入争端解决程序。所有缔约国（而不仅仅是被诉的东道国）重新进入到司法裁决过程，可以促进各国在具体纠纷语境下来相互理解各方的立场，促进协商和建设性地交换意见，进而有可能把传统投资仲裁从一种对抗性程序转向某种协商性程序。

（3）动态性

从长期的角度来看，可持续发展规则具有动态性的特征。

第一，可持续发展是一个历史发展性的概念。从中国的角度来讲，有些可持续发展问题，短期内可能很敏感，无法接受欧盟的提议，但从长期的角度来讲，无论是环境问题，还是劳工的问题，中欧双方的利益很可能是兼容的，或者说，至少有兼容的可能性。

第二，可持续发展是一个政治敏感性概念。可持续发展涉及的议题都触及各国国内治理的核心，而且嵌入到缔约国国内的政治过程中，深受各国国内的政治周期的影响。在多党制为主的西方国家，国内经济政策往往在开放和保守之间往复：如果当期领导采取反全球化政策，本国经济很可能受影响，受损的选民可能会在下一个周期里选一个亲全球化的领导，反之亦然。如此一来，在长期的视角下，可持续发展规则上可能面临缔约国内部的周期性的政策波动，这就要求争端解决机制方面提供一定的灵活性，能够包容领导人轮替导致的政策波动，一个最佳的方式便是建设性对话。

第三，可持续发展是一个内生对等性概念。此处对等性有三个层次：第一，适用对等，即欧盟试图将可持续发展概念法律化，并试图为这个政治概念推广一套普适性的国际规则，让尽可能多的国家接受并受其调整；第二，履行对等，即要求各国不得降低可持续发展标准以避免逐底竞争，即行为的影响是相互的，义务的履行也是相互的；第三，利益对等，即义务设置和执行上要求均衡，照顾各方利益和优势，以谋求规则的短期订立和长期维持。

在利益对等方面，中国也有攻守利益的平衡。将国家重新引入争端解决程序，是对专家组的限制。这可能对中国更有利，因为相对于欧盟，中国整体法律服务业水平、专家的规则和议题供给能力和国际声誉尚有待进一步提高。将社会团体引入争端解决程序，可能对欧盟更有利，因为相比于欧盟，中国在社会团体参与国际争端解决方面没有很成熟完善的知识和制度储备。从长期来看，开放社会团体参与国际争端解决，也能够训练中国相关团体和机构的能力建设，这对一个更加积极有为的崛起国而言至关重要。如果中国想成功崛起，中国必须学会以全社会方式（whole society）与各国打交道，通过政府的、民间的、公私合作的方式来向国外输出制度。从这个角度来讲欧盟反而是我们学习的一个榜样。通过中欧投资条约谈判和履行，中国得以近距离观察和学习他们这套规则。

在体系层面来看，国际投资法体系面临转折，各种方案、各种愿景都被提出来了，通过多元化的方式在各个方向进行尝试，而且中美大国竞争也深刻影响整个体系的变化。中欧投资协定是中欧两个重大经济体的平衡方案，也是不同发展模式的平衡方案，必然是一种很有代表性的解决方案，可以引领国际投资法体系的动态升级。

（四）理念冲突的制度调和：协商型投资仲裁的初探

从目前公开的官方文件来看，中欧投资协定是一个不包含传统投资保护条款和传统投资者—国家争端解决机制的投资条约。在框架上，中欧投资协定很类似于常见的自由贸易协定，包含晚近常见的市场准入、国内监管、竞争、透明度、金融服务、可持续发展等。其中，中欧投资协定在争端解决机制的设计上尤为有新意，体现了中欧双方务实性、建设性的安排。

1. 没有传统投资保护规则的投资条约：双轨制

在投资协定中，中欧双方承诺在签署两年后启动投资保护条款和投资争端解决的谈判。这种"成熟一部分、先行一部分"的双轨制或许是国际投资法的"新常态"了。与此类似，在 RCEP 中，15 个缔约方也承诺，在条约生效后的 2

年内启动关于投资者—国家争端解决机制的谈判，后续谈判的结果应当由所有缔约方以协商一致的方式缔约。① 美国在美墨加协定中也采取投资仲裁双轨制，在美国与墨西哥之间配备传统 ISDS 机制，但美国与加拿大之间则没有。

中欧双方在投资仲裁问题上采取的灵活性态度是可以预见的。在 ISDS 改革问题上，欧盟要求纳入投资法庭机制（ICS），② 在民粹和价值的压力下越来越理想主义。相比之下，中国提出了 WTO 式的常设方案，但保留了投资者任命仲裁员的权利。③ 随着中国海外投资越来越多，中国对国际投资仲裁保护投资者的功能越发重视，对投资仲裁的进攻效应越发满意。

从谈判结果来看，中欧双方在 ISDS 问题上都没有让步。这点从 ISDS 很早就不是谈判议题就可见一斑了。④ 相比之下，SSDS 一直是谈判的焦点，直到第 34 轮谈判还在谈"容纳双方差异的争端解决机制"。⑤ 中欧双方目前在 ISDS 改革上达成的共识仅为继续谈判：第一，更新投资保护的实体规则，以及相关争端解决机制；第二，考虑到联合国贸易法委员会第三工作组在国际投资法庭方面的改革进展。⑥

2. 可持续发展纠纷的解决机制：包容性与建设性

中欧投资协定为可持续发展条款配备了国家间争端解决机制，即 WTO 式的专家组程序为核心的程序。这对中国来说是一个突破：第一，除了环境和劳工条款外，中国之前的投资条约很少纳入具体的可持续发展条款；第二，即便纳入环境和劳工条款，这些条款也往往是宣示性的，重申各方不通过降低或放松管制标准来不当吸引外资；第三，这类条款在义务设置上比较软性，也不适用条约配备的争端解决机制。

---

① Regional Comprehensive Economic Partnership Agreement, Article 10. 18：Work Programme.

② The CAI in brief, https：//trade. ec. europa. eu/doclib/press/index. cfm? id = 2115, accessed：2021 - 01 - 08.

③ Possible reform of investor-State dispute settlement (ISDS) Submission from the Government of China, A permanent appellate mechanism, A/CN. 9/WG. III/WP. 177, 19 July 2019, https：//documents-dds-ny. un. org/doc/UNDOC/LTD/V19/073/86/PDF/V1907386. pdf? OpenElement, accessed：2021-01-13.

④ 中欧在第 12 轮谈判时讨论了投资法院制度（ICS），包括设立具有约束力的解释、上诉机制或选择小组组成程序等手段改革旧式制度的可能性。在 13 轮之后只讨论了 SSDS 机制。

⑤ European Commission, Report of the 34th round of negotiations on the EU-China Comprehensive Agreement on Investment, Brussels, 24 November 2020, https：//trade. ec. europa. eu/doclib/docs/2020/november/tradoc_159097. pdf. , accessed：2021-01-13.

⑥ European Commission, EU-China Comprehensive Agreement on Investment The Agreement in Principle, 30 December 2020, p. 4. https：//trade. ec. europa. eu/doclib/docs/2020/december/tradoc _ 159242. pdf, accessed：2021-01-13.

　　尤其值得注意，在国家间争端解决程序中，社会团体（civil society）可以参与到可持续发展条款的执行和争端解决程序。① 这在中国已有投资条约中绝无仅有，在所有经贸类条约中也不多见。在国内法上，某种程度上与之类似的设计或许是国内外商投资法中的投诉工作机制。②

　　比较来看，欧盟的各类社会团体比较发达，各种非政府组织一直是国际舞台上的主要行为体，其民间智库也有很强的政策研究和议题设定能力。例如，在晚近的投资便利化谈判中，尽管中国、巴西、俄罗斯等国最先提议发起相关谈判，但却是德国、瑞士的很多智库来主导协调相关研究和国际对话工作。在投资条约中纳入社会团体参与条款，欧洲强势的非政府组织一定会以更加积极、甚至某种侵略性的姿态参与到协定的履行和争端解决过程。中国的非政府组织不够发达，政府和其他官方组织限于自身身份有时不便直接与社会团体进行全面沟通，这就要求中国尽快培育自己的社会团体，并发挥中国科研机构、各类学会等事业团体的作用。

　　由于具体条文没有公开，社会团体的具体参与途径尚无法精细确定。从公开资料来看，社会团体可能至少发挥三个方面的作用：第一，制度性参与，即欧盟明确要求设置社会团体参与的长期化、经常性程序与安排；③ 第二，投诉与对话，即欧盟明确提出要通过定期对话机制将社会团体纳入争端解决过程中，并确保信息的公开透明；第三，法庭之友陈情，即在争端解决程序中，社会团体可以向仲裁庭或专家组递交书面报告，阐明其在某些问题上的立场和诉求，也可申请发表口头陈述。④

　　可持续发展条款的纳入和执行机制凸显了中欧双方的政治智慧，即采取比较务实的方式来处理双方的理念冲突。中欧双方的理念冲突，短期难以调和，但长期是可能兼容的。所以，以时间换空间，以协商型争端解决机制取代过去的裁判型 ISDS 机制，更加强调包容性、建设性和过程性，通过争端解决来促进中欧双方实体政策走向聚合。

---

① European Commission, EU-China Comprehensive Agreement on Investment The Agreement in Principle, 30 December 2020, p. 4. https：//trade. ec. europa. eu/doclib/docs/2020/december/tradoc _ 159242. pdf, accessed：2021-01-13.

② 参见《外商投资法》第 26 条；《中华人民共和国外商投资法实施条例》第 29 条；《外商投资企业投诉工作办法》。

③ Trade for all-New EU Trade and Investment Strategy, https：//trade. ec. europa. eu/doclib/docs/2015/october/tradoc_ 153846. pdf. "3. 1 Working more closely with Member State, the European Parliament and civil society."

④ EU Commission, Q&A：EU-China Comprehensive Agreement on Investment（CAI）, 30 December 2020, https：//ec. europa. eu/commission/presscorner/detail/en/qanda_20_2543.

3. 拥抱包容性和建设性司法，走向协商型投资仲裁

从公开资料来看，中欧投资协定争端解决机制具有包容性、建设性和过程性等显著特点。

第一，包容性。中欧投资协定在争端解决阶段采取政府主导、社会参与的建构思路，注重吸纳外国投资相关的所有利益相关者，让他们都有可能参与，都有机会发声，进而增强对争端解决方案的政治背书和社会认可。

第二，建设性。中欧投资协定采取务实的设计思路处理谈判争议，对共识议题进行强规则设计，对争议议题配置软性工作程序，并采取先程序后实体方案，建立常设性工作机制，通过交流促进政策共识。以时间还空间的思路，有助于中欧双方在动态的发展过程中为敏感议题寻找调和区间。这体现了高度的政治智慧，体现了各方政策的弹性，也体现了时间本身在国际经贸合作中的威力。

第三，过程性。中欧投资协定的争端解决机制，不仅仅是一个定纷止争的裁判机构，还是一个准立法的再谈判机构。作为中欧投资协定的常设机构，中欧投资委员会不仅负责日常性组织工作，还负责以下功能：第一，促进政治共识，以副总理级别磋商机制为主；第二，促进包容参与，以支持并保障社会团体参与条约的实施为主；第三，促进公开透明，促进中欧双方（及人民）的相互理解和共情的重要性可能比我们想的要大，尤其是在经历了"妖魔化中国"的后疫情世界；第四，促进再谈判，这为中欧双方的渐进立法提供了制度保障。通过司法程序促进共识，通过立法程序落实共识，通过制度设计确保司法与立法过程的衔接，这就是中欧投资争端解决机制的再谈判功能。

在更大意义上，中欧投资协定的争端解决机制设计可能具有示范效应，能够促进投资仲裁整体转向：从裁判型投资仲裁到协商型投资仲裁，强调政治背书与程序内协商。国际投资法的政治基础需要重建，必要方式之一就是将国家"重新"引入到司法决策中，以促进各国对投资仲裁结果的政治背书和程序内协商。这要求投资仲裁的司法程序与某种常设性立法程序相结合。这意味着，程序先于实体的 ICSID 经验需要矫正，某种"程序+实体"的改革方向或许是一种方向。当然，这要求特设为主的投资仲裁需要某种变革，与某种常设性立法或谈判机构相链接。

就国际投资法体系改革而言，依托于实体条约和立法性议事机构的能源宪章条约的"现代化"和中欧投资协定后续谈判，或许成行的可能性更大。最近欧盟在能源宪章现代化提案中，就为某些敏感的可持续发展相关的纠纷设置特定的国家间争端解决程序，并且将所谓仲裁庭的报告的发布、报告的执行和执行的监督过程分开，并将争端缔约方和全体缔约方大会引入争端解决过程。如此一来，

投资仲裁过程就不仅仅是一个定纷止争的争端解决程序，还具有促进对话和再谈判的准立法功能。① 如此，投资仲裁或许可以转型为一种更契合当下大国竞争关系的建设型司法或协商型司法过程。

（五）理念调和的示范效应：中欧投资协定的一般意义

1. 中国未来条约实践

对中国而言，中欧投资协定意义重大。在国际层面，中欧投资协定体现了中国进一步改革开放的决心，为中国经济双循环战略提供稳定的外部环境和国际法保障，有助于各类市场主体形成中国经济长期健康发展的预期引导和信心建设，并可能构成中国后续投资协定谈判的一个基准。在国内层面，中欧投资协定体现并落实可持续发展原则，有利于中国推进落实新发展理念的治理能力建设。中欧投资协定在环境保护、公平竞争、知识产权保护等领域的建设性、包容性安排，有助于中国探索破解发展不均衡、发展动力不足问题的新思路，探索建设开放包容、环境友好和公平正当的经济发展新模式。

2. 欧盟未来条约实践

对欧盟而言，从利益层面来看，欧盟在美国政权交接的窗口期推进中欧投资协定，是欧盟日益自主的国际经济政策的表现，既可以锁定与中国的互惠合作安排，又可以增强欧盟对美国新政府的议价能力。② 从理念层面来看，中欧投资协定表明中欧双方在某些领域存在共同的价值和规范追求。中欧投资协定不仅有利于深化双边经贸合作、推动全球经济复苏，也有利于中欧双方促进乃至引领国际经济治理体系的升级。

在特朗普政府期间，欧盟也是美国保守主义经济政策的受害者。因此，欧盟重新审视了欧盟—美国关系，改变了过去大西洋协调的政策思路，逐渐形成了一套自主的国际经济政策，包括对华经济政策。在美国挑起的中美贸易摩擦中，美国一直希望欧盟能够主动"站队"美国。然而，欧盟没有采取单纯与美国合作对抗中国的战略，而是逐渐形成与中国既合作又竞争的战略。欧盟委员会提出与

---

① EU text proposal for the modernisation of the Energy Charter Treaty (ECT), 25 May 2020, New Article 28A: Settlement of disputes on trade and sustainable development provisions between Contracting Parties.

② European Commission, Q&A: EU-China Comprehensive Agreement on Investment (CAI), 30 December 2020, https: //ec. europa. eu/commission/presscorner/detail/en/qanda_20_2543, accessed: 2021-01-13. "The Dialogue will provide an opportunity to discuss with the U. S. the common challenges we face as democracies, open societies and market economies when dealing with China."

中国建设更加"公平、互惠"的贸易投资关系，并在推动世界贸易组织改革、单边救济措施、双边投资条约谈判方面，结构性地调整与中国的经贸关系。[1]

从对华政策来看，欧盟推动中欧投资协定，锁定中欧加强投资领域合作的互惠安排，可以优化中欧双向投资的营商环境和法律保护。通过中欧投资协定，中欧双方进一步明确了在市场准入、投资保护、国家安全审查、争端解决等方面的国际法律安排，减少了政策的不确定性，防止政治因素（包括第三方因素）干扰中欧双向投资，可以增强中欧经贸关系的稳定性和柔韧性。

从对美政策来看，欧盟推动中欧投资协定，可以增大欧盟对美国新政府的议价能力。拜登政府顺利上台，美国新政府仍需要一定的时间来转化政策，扭转特朗普政府期间的保守经济政策，修复与传统盟友尤其是欧盟的关系。通过推动中欧投资协定，欧盟在未来欧美谈判中创造了一个先手优势，将美国政策转换所带来的不确定性压力导向美国，以争取在欧美谈判中有更大的回旋空间。这同样意味着，如果美国新政府采取强力围堵中国的策略，欧盟也有可能在美国的强力游说下暂缓批准或修改中欧投资协定。中欧投资协定的后续批准和实际落地需要更密切地跟踪与关注。

3. 投资仲裁一般改革

在更宽泛意义上，推动中欧投资协定，也是欧盟和中国维护基于规则的国际经济秩序，推动可持续发展规则的重要努力。在中欧投资协定中，中欧双方能够很务实地在投资条约中承认并落实可持续发展原则，在平等互利、相互尊重的基础上，推动中欧双方在可持续发展问题上的包容性、建设性和过程性合作。中欧投资协定是中欧两个重大经济体的平衡方案，也是不同发展模式的平衡方案，必然是一种很有代表性的解决方案，可以引领国际投资法体系的动态升级。

---

[1] European Commission, Joint Communication To The European Parliament, The European Council And The Council Eu-China-A Strategic Outlook, JOIN (2019) 5 final, 12 March 2019. European Commission, Directorate-General for Trade, Strategic Plan 2020-2024, p. 5. "In the coming years trade policy will operate in a particularly challenging international environment affected by the rise of geo-strategic rivalries between the US and China, the increasing resort to unilateral measures and economic nationalism, and the crisis of the multilateral trading system and in particular of the WTO."

七、中国—欧盟全面投资协定中投资者—国家争端解决机制探究

赵春蕾[①]

经过长达 7 年的谈判，中国和欧盟于 2020 年 12 月 30 日宣布达成中国—欧盟全面投资协定。[②] 值得注意的是，现已达成的协定内容中并未包含投资者—国家争端解决机制。对此，该协定规定，中欧双方将在未来的两年中就该问题进行进一步谈判和协商。

基于以往的实践，特别是在最近几十年，投资者—国家争端解决机制频繁被使用，已经成为保护投资者权益、确保东道国履行投资条约的真正的"牙齿"。特别地，中国和欧盟已经缔结的几乎所有投资协定中均已纳入了此机制。关于中欧投资协定，对于是否需要这一机制并不存在异议；真正的问题在于什么样的机制设计能为双方所接受。

就此而言，中欧双方已有的相关实践可提供有益参考。欧盟方面，尽管其尚未公布任何投资协定范本，但从已缔结的投资协定可以看出，欧盟坚持以投资法庭代替现有的以商事仲裁程序为基础的模式，以期系统性地解决现有投资者—国家争端解决机制中存在的问题。欧盟和加拿大、新加坡、越南的投资协定均已采纳了建立投资法庭的做法，且这三个条约中的相关规定极为相似。就此可以说，对于尚未定论的中欧投资协定中的投资者—国家争端解决机制，欧盟很可能继续坚持以其提出的投资法庭为蓝本。而关于中国的立场，尽管中国公布了投资协定范本，但基于其已实际缔结的投资协定文本，中国在此问题上的实践尚在不断发展中，对投资者—国家争端解决机制设计中的具体问题的态度似乎较为灵活。特别值得注意的是，允许投资者将其与东道国政府间的争议提交国际仲裁的范围在不断扩大。[③] 基于此，对于中欧投资协定中投资者—国家争端解决机制的设计的探究，本文将以欧盟在其已签订的投资协定中关于投资法庭的文本为基础来讨论中国可能的态度。具体而言，下文将从阐明投资者—国家争端解决机制的宗旨和目的出发，进而探讨该机制的管辖范围，重点分析争端解决机制中的两大类

---

① 赵春蕾，清华大学法学院、国际争端解决研究院博士后。

② 至此论文完成之日，该协定草案尚未获得中国、欧盟的批准。

③ 允许提交国际仲裁的范围已由"关于征收补偿额的争议"扩大到"关于投资的法律争议"。

别——友好型争端解决机制和裁判型争端解决机制的程序设计，全面探讨相关机制的程序构架和部分可能存在争议的细节安排，最后进行总结并作出结论。

（一）投资者—国家争端解决机制的宗旨和目的

关于中欧投资协定中投资者—国家争端解决机制的宗旨和目的，友好型机制无疑应当与审判型机制相区别——前者以化解纠纷为目的，而后者除应当对当前矛盾"定分止争"外，更承载着通过解决具体争议来促进国际投资法、国际法乃至国际法治发展的使命。因此，裁判型争端解决机制需独立、公正且能够作出有约束力的裁决，从而提升国际条约的合法性和执行率。

（二）投资者—国家争端解决机制的管辖范围

与国家—国家争端解决相似，投资协定中关于投资者—国家争端解决机制的规定通常从确定该机制的管辖范围和适用的争端类型开始。前者通常被界定为"关于条约一方的投资者声称条约的另一缔约方违反投资协定规定的投资保护并对其或其投资的当地企业造成损失的争端"。① 投资保护的具体范围取决于条约缔约方就东道国保护义务达成的约定。值得特别注意的是，在中国早期签订的国际投资条约中，投资者—国家争端解决机制仅限于针对征收补偿额产生的争议，但在其2000年后签订的投资协定中，这一限制已基本消失。因此，对于中欧投资协定而言，中国很可能不会提出此要求。此外，就仲裁庭可以裁决的救济类型而言，正如中国和欧盟已经签订的投资协定所规定的，仅金钱赔偿和/或向投资者返还原物可以被授予。②

（三）友好型投资者—国家争端解决机制

总体而言，对于投资者和东道国而言，对快速低费用地解决争议的需求和维

---

① 例如：欧盟—新加坡投资保护协定（2018），第3.1.1条。
② 例如：中华人民共和国政府、日本国政府及大韩民国政府关于促进、便利及保护投资协定，第15.9条。

护长期合作关系是使用友好型投资者—国家争端解决机制的主要动力。[①] 此外，投资争端大多较为复杂，同时涉及法律和非法律问题，这要求对所有相关问题进行细致深入且宏观的分析。因此，相比于仅仅依据法律、严格解释相关条文得出的结论，基于争端当事方利益提出的解决方案在多数情况下应当是更为合适的选择。特别地，考虑到中国和欧盟对将友好型争端解决机制用于解决投资者与国家之间争端的认可，相信中欧双方将在未来的谈判中就此问题深入展开讨论。

基于中国和欧盟已缔结的国际投资协定，友好型争端解决机制通常包括谈判、磋商和调解，这三者因此也极可能出现在未来的中欧投资协定中。下文将对这三种机制的程序设计分别进行探讨。

1. 谈判（Negotiation）

谈判，或者至少是尝试谈判，通常是解决投资者—国家争端的起点，而这一机制的使用很大程度上取决于争端当事方对其双边关系的信任和相关投资项目继续进行的期待。谈判这一争端解决机制是双边的、不公开的，也是自愿的。在国际投资条约中，包括中国和欧盟成员国已经缔结的双边投资协定，很多时候并未明确指明该机制。较为常见的做法是纳入一个概括性条款，规定"缔约一方与缔约另一方投资者之间有关投资的任何争议，应由双方当事人友好解决"。[②] 就此而言，值得注意的是，欧盟—新加坡、欧盟—越南投资协定文本中均明确提及"谈判"（negotiation）作为一种可适用于和平解决投资者—国家争端的机制。

就中欧双边投资协定而言，在条约文本中指明"谈判"作为一种可行且有价值的争端解决机制是较为可能的结果。作为各机制中最不正式的一种，没有必要为谈判作出强制性程序规定。但是，为了提高通过谈判实际解决争端的几率，可以考虑在条文中指明，当争端当事方间的谈判难以继续时，由中欧双方代表组成的联合委员会可以发挥辅助作用，这类似于将谈判转为斡旋（good offices）。

2. 磋商（Consultations）

除了谈判，磋商也是一种双边的友好型争端解决机制。尽管从本质上讲，磋商与谈判极为类似，但在欧盟提出的投资法庭的框架下，二者被区别对待：相关条文首先强调争端可通过谈判友好解决；与此同时，也明确规定磋商机制作为裁

---

① Barton Legum, Anna Joubin-Bret & Inna Manassyan, Rules for Investor-State Mediation: Draft Prepared by the International Bar Association State Mediation Subcommittee, at: Roberto Echandi & Pierre Sauvé, Prospects in International Investment Law and Policy-World Trade Forum, at 265-266 (Cambridge University Press, 2013).

② 例如，中华人民共和国政府和法兰西共和国政府关于相互促进和保护投资的协定（2007），第7条。

决程序适用的必要前提——只有当争端在一定期限内无法通过磋商解决时才可进行裁决。此外，与谈判不同的是，磋商机制被设定了详细的程序上的要求，例如磋商地点、磋商请求的内容和时限等，这与世贸组织法体系下的《关于争端解决规则与程序的谅解》中的相关规定类似。简言之，谈判与磋商本质上类似，但后者更为正式且有更多程序上的规范，在世贸组织法争端解决体系下被作为了进入裁决程序前的必要步骤。

在过去20年中，中国在世贸组织争端解决中已逐步积累了经验，而磋商在该体系中发挥了重大作用，有效地解决了多数争端。因此，在投资者—国家争端解决中将磋商设定为强制性程序应当不难为中国所接受。实际上，已有中国学者建议，在"一带一路"中，中国应当学习借鉴欧盟投资法庭中的相关规定以增强磋商这一机制的实际效用。在此基础上，关于磋商程序的具体规定，一个具有争议的问题是磋商请求和和解协议的公开。尽管磋商程序的保密性已得到广泛认可，关于利益相关方的知情权是否足以要求争端当事方公布磋商请求及其和解协议的问题，似乎尚未形成一致意见。考虑到中国尚未有公开磋商后和解协议的国际或国内实践，对于中欧投资协定而言，作类似安排应更可为中国所接受。而对于磋商请求的公开，考虑到《关于争端解决规则与程序的谅解》已有类似规定，中国对此接受的可能性较大。

3. 调解（Mediation）

除谈判和磋商外，调解是可用于投资者—国家争端解决的另一个友好型机制。最近十年，世界范围内对于该机制的认可度不断提高。特别地，中国和欧盟均已表示将调解作为解决投资者—国家争端的重要机制之一。

值得注意的是，尽管中国和欧盟已作出促进调解发展的努力，但二者背后的出发点似乎不同。对于中国而言，调解的价值主要在于消除争端，恢复和谐关系；而欧盟认为，调解主旨在于提供了另一种实现正义的方式——与裁决相比，这种方式非正式且不纠结于程序细节。[①] 这种出发点上的差异导致了中国和欧盟对调解程序设计中的具体问题存在不同的偏好。因此，尽管中国和欧盟均对使用调解解决投资者与国家间的争议表示认可，但双方间就该机制的程序设计中的具体问题的安排值得深入思索，特别是调解的自愿性、调解员的选择、调解类型、程序透明度和调解协议的执行。首先，调解的自愿性应当作为一项需要坚持的基

---

① Laurence Boulle, Mediation: Principles, Process, Practice (3rd ed), Sections 3. 51, 6. 15 (LexisNexis Butterworths, 2011); Jean R. Sternlight, Is Alternative Dispute Resolution Consistent with the Rule of Law? Lessons from Abroad, 56 DePaul Law Review 569, 570 (2006).

本原则。如果争端当事方未主动尝试调解，案件裁决程序中的裁决者应向其提出这一可能性；第二，调解员的资质应当基于争端当事方的意思自治，而且在资质要求上应对调解员和裁判者加以区分；第三，除争端当事方另有约定外，调解应当以对争端方的利益考量为基础；第四，建议将保密性作为投资者—国家调解的基本原则，与此同时，以争端当事方的意思自治作为该原则的例外；最后，可通过将调解协议纳入裁决的方式来保证执行。关于这五个问题的具体分析，笔者在其已发表的论文中已做了详细阐述。[①] 本文因篇幅所限，此处不再做赘述。

（四）裁决机制（Adjudication）

尽管利用上述友好型争端解决机制和平解决争议是较为理想的情况，但无法友好解决的争端仍需要裁决机制来保证问题的有效解决。正如上文已提及的，投资者—国家争端解决体系真正的"牙齿"通常来自裁决机制。

就中欧投资协定而言，关于投资者—国家争端裁决机制的设计，可能的棘手问题包括：裁决形式，裁判者的选择、联合委员会在争端解决中的角色、程序透明度和上诉机制。

1. 裁决形式：仲裁还是投资法庭？

从表面上看，中国和欧盟对于以何种形式对投资者—国家争端进行裁判似乎有不同的倾向。在中国已签订的所有纳入裁决作为一种争端解决机制的投资条约中，仲裁是唯一的选择。对于欧盟而言，尽管欧盟成员国已缔结的国际投资条约大都采纳了仲裁模式，但欧盟在其未来签订的投资条约中极可能坚持使用其提出的投资法庭。[②] 因此，我们首先需要解决的基本问题是欧盟的投资法庭构建在中欧投资协定中是否能为中国所接受。

---

① Chunlei Zhao, Investor-State Mediation in a China-EU Bilateral Investment Treaty: Talking About Being in the Right Place at the Right Time, 1 Chinese Journal of International Law, Oxford University Press 2017, 1–25.

② European Commission, Establishment of a Multilateral Investment Court for Investment Dispute Resolution, DG Trade—F2, at 3, 01.08.2016.

　　尽管欧盟的提案被称为"法庭",① 这一体系与投资仲裁的真正差别需要深入探究。正如已有学者指出的,欧盟的投资法庭与典型的国际常设法庭不同。② 实际上,就条约文件而言,仅跨大西洋贸易及投资伙伴协议的草案使用了"法庭"（court）和"法官"（judge）,而欧盟其他三个已经签订的投资条约均未使用这些名词。此外,值得注意的是,欧盟的投资法庭与既有的投资仲裁实际上在许多方面有相似之处。首先,本质上,二者均为裁决,这意味着争端是由独立、公正的第三方依据法律作出裁定。第二,机构设置方面,欧盟尚未为裁决主体建立一个永久的秘书处。裁决过程所需的费用仍旧大部分由争端当事方支付。第三,程序上,投资法庭的裁决过程适用的是既有的投资规则,例如 UNCITRAL 和 ICSID 投资仲裁规则。第四,关于执行,投资法庭部分依赖于《关于解决国家与其他国家国民之间投资争端公约》和《承认及执行外国仲裁裁决公约》。因此,可以说,在欧盟的投资法庭和投资仲裁之间有许多相似之处。考虑到中国已经接受了后者,对于中欧投资协定而言,纳入一个与其既有实践相差不多的国际裁决机制理应不存在重大困难。

　　此外,笔者认为,投资法庭的两个特点会受到中国的欢迎与青睐。第一,与投资仲裁相比,欧盟投资法庭在机构化程度上得到了显著提升。尽管仍存有临时安排的元素,总体而言,投资法庭将由一个永久性的机构主持,由条约缔约方事先选定的固定的裁决者构成,并适用自有的程序规则。此外,在争端解决中,由条约缔约方代表组成的联合委员会被赋予了重要角色。考虑到相对于临时安排,中国更倾向于机构化的争端解决机制,③ 投资法庭所具有的更显著的机构性因此将受到中国的青睐。第二,根据相关程序性安排,条约缔约方可通过多种渠道对

---

　　① "投资法庭"的指称可见于欧盟官方文件和学术文献。例如：European Parliament – Directorate General for External Policies–Policy Department, In Pursuit of an International Investment Court–Recently Negotiated Investment Chapters in EU Comprehensive Free Trade Agreements in Comparative Perspective, 2017, at http：//www. europarl. europa. eu/thinktank/en/document. html? reference＝EXPO_STU%282017%29603844（last visited on August 20, 2020）; Szilárd Gáspár–Szilágyi, A Standing Investment Court under TTIP from the Perspective of the Court of Justice of the European Union, 17 Journal of World Investment & Trade 701（2016）; Shixi Huang 黄世席, The Origin of and the Response to the EU's Investment Court System 欧盟国际投资仲裁法庭制度的缘起与因应, 4 Studies in Law and Business 法商研究 162（2016）.

　　② Céline Lévesque, The European Union Commission Proposal for the Creation of an "Investment Court System"：The Q and A that the Commission Won't be Issuing, Kluwer Arbitration Blog, 06. 04. 2016, at http：//arbitrationblog. kluwerarbitration. com/2016/04/06/the–european–union–commission–proposal–for–thecreation–of–an–investment–court–system–the–q–and–a–that–the–commission–wont–be–issuing/（last visited on August 20, 2020）.

　　③ 在国际商事争端解决中,中国对机构仲裁与临时仲裁表现出了不同的态度。起初,仅通过机构仲裁作出的裁决才可在中国大陆得到承认和执行。此外,至今为止,临时仲裁在中国大陆仍未得到认可。

投资法庭的裁判施加一定的影响。这主要包括联合委员会具有发布有约束力的条约解释的权利、条约缔约方有权就条约解释和其国内法的规定提交单方意见。这类设置实质上削减了裁决者的权力，为条约缔约方保留了更多对投资者—国家争端解决裁决过程的控制。长期以来，一直存在对投资仲裁裁决将国际投资协定解释得有违当条约缔约方国内法、背离缔约方的缔约意图或与其他案件中对类似情形的裁定冲突的批判，中国也已对这一问题表示了不满。[①] 欧盟投资法庭增强条约缔约方对投资者—国家争端解决的影响正是针对这一批判的改革。

综上，关于裁决形式，中国和欧盟的既有实践并不完全冲突，甚至可以融合。此外，考虑到投资法庭较高的机构性和条约缔约方对裁决较大的影响力，欧盟投资法庭的框架应当不会成为中欧双方达成协议的挡路石。但是，需要指出的是，中国可能不愿意接受投资法庭排他的管辖权。就此，中国可能要求增加将争端提交其他仲裁机构的可能性，从而将中国的仲裁机构（例如，中国国际经济仲裁委员会）作为解决投资者—国家争端案件的可选选项之一。

2. 裁判者的选择：由争端当事方还是条约缔约方决定？

在中国已缔结的投资协定中，投资者—国家裁决机制通常采用仲裁形式，因而争端当事方有权选择其案件的裁决者。[②] 而在欧盟的投资法庭中，一审裁判庭和上诉庭均由条约缔约方事先选择；处理某一具体案件的审判庭则由一审裁判庭的庭长和上诉庭的庭长从成员中随机选出。因此，在该问题上，争端当事方的意思自治不复存在，而投资者在其自身案件的裁决者的选任上更是自始至终没有发言权。

改变投资仲裁中通常采用的由争端当事方选择裁决者的做法的初衷是确保裁判庭会对条约缔约方的缔约意图给予特别关注。[③] 在具体争端产生后，争端当事方会选择更可能支持其诉求的裁决者。相比之下，由条约缔约方事先选择的裁判

---

① Anthea Roberts & Zeineb Bouraoui, UNCITRAL and ISDS Reforms：Concerns about Arbitral Appointments, Incentives and Legitimacy, EJIL：Talk！, 06. 06. 2018, at https：//www. ejiltalk. org/uncitral-and-isds-reforms-concernsabout-arbitral-appointments-incentives-and-legitimacy/ (last visited on August 20, 2020). 关于这一问题，值得注意的是，最新的贸仲投资仲裁条约 On this issue, it deserves attention that the newly released CIETAC Investment Arbitration Rules explicitly stipulate the non-disputing state party's right to make submissions on treaty interpretation. See：Arbitration Rules of the China International Economic and Trade Arbitration Commission for International Investment Disputes (enforced on 01. 10. 2017), Art. 44. 1.

② 具体而言，仲裁庭通常由三个仲裁员组成：申请人选定之一，被申请人选定之一，仲裁庭的首席由争端当事方或者已选定的两个仲裁员决定。

③ Anthea Roberts & Zeineb Bouraoui, UNCITRAL and ISDS Reforms：Concerns about Arbitral Appointments, Incentives and Legitimacy, EJIL：Talk！, 06. 06. 2018, at https：//www. ejiltalk. org/uncitral-and-isds-reforms-concerns-about-arbitral-appointments-incentives-andlegitimacy/ (last visited on August 20, 2020).

者则更可能在保护投资者和支持东道国间实现某种平衡。关于这一问题，中国表达了类似的改革意图。在联合国贸易法委员会第三工作组的相关讨论中，中国代表对于裁判者作出与条约缔约方缔约意图相悖的裁定表示了担忧，并指出确保裁判者独立和公正是一个系统性问题，需要一个整体性的解决方案。[1] 此外，需要特别指出的是，最新的中国国际经济贸易仲裁委员会投资仲裁规则（2017）引入了事先确立仲裁员名册的做法。但与此同时，争端当事方的意思自治仍得到了尊重——允许争端方在具体案件里从花名册中选择裁判者。[2] 类似安排也已体现在中国—澳大利亚自由贸易协定（2015）中。[3] 中国在联合国贸易法委员会第三工作组的相关讨论中也表达了对这种程序安排的倾向。[4] 因此，可以说，中国和欧盟在确保裁判者的独立和公正以及遵从条约缔约方的缔约意图上有相同意愿。但是，关于尊重争端当事方意思自治在这一问题上的适用，双方有不同的观点。

因此，对于中欧投资协定而言，有争议性的问题是对意思自治这一原则的认可和适用。就此而言，需要注意的是，国家和投资者对投资者—国家争端解决机制的认可是该机制在实践中发挥其应有作用的关键。投资者对裁判者缺少必要的独立性和公正性的怀疑可能影响整个争端解决体系的实际效用。完全剥夺争端当事方在选择裁判者上的意思自治可能致使投资者不愿意使用这一争端解决机制；更重要的是，这对于实现欧盟投资法庭下作此安排的主要目的——保证裁判者的独立公正且具有必要资质并不必要。在投资法庭中，一审裁判庭和上诉庭的成员由条约缔约方选定，而条约缔约方在使用其这一权利时会平衡其多方面的利益，选择独立且不具有偏向投资者或者东道国倾向的裁判者。此外，条约文本中对裁判者资质的规定以及附件中的裁判者行为守则可进一步保证其资质和道德品质符合要求。因此，在具体案件中，让争端当事方从已经确定的花名册中选择自己案件的裁判者不会对整个体系的运作造成负面影响。至于争端当事方无法对裁判庭的首席达成一致意见的情形，则可由一审裁判庭和上诉庭的主席从花名册中随机

---

[1] Anthea Roberts & Zeineb Bouraoui, UNCITRAL and ISDS Reforms: Concerns about Arbitral Appointments, Incentives and Legitimacy, EJIL: Talk!, 06. 06. 2018, at https://www.ejiltalk.org/uncitral-and-isds-reforms-concerns-about-arbitral-appointments-incentives-and-legitimacy/ (last visited on August 20, 2020).

[2] 如果争端当事方想要指定花名册之外的人员作为裁判者，那么这一被指定的人员除应当具有仲裁规则规定的资质外，还需要中国经济贸易仲裁委员会主席对此进行确认。见：中国经济贸易仲裁委员会投资仲裁规则，第11.1条。

[3] 中国—澳大利亚自由贸易协定（2015），第9.15条。

[4] 在联合国贸易法委员会第三工作组的讨论中，中国代表指出，中国并不认为由争端当事方选择裁判者这种安排本身存在问题。见：Anthea Roberts, UNCITRAL and ISDS Reforms: Moving to Reform Options... the Politics, EJIL: Talk!, 08. 11. 2018, at https://www.ejiltalk.org/uncitral-and-isds-reforms-moving-to-reform-options-the-process/ (last visited on August 20, 2020).

抽取以完成组庭。

简言之，关于投资者—国家裁判程序中裁判者的选择，允许条约缔约方构建花名册并允许争端当事方从该既定的花名册中选择自身案件的裁判者的安排，既兼顾了中国和欧盟在该问题上不同的价值取向，又对二者所偏好的程序设计进行了恰当折中，理应可为双方所接受。

3. 联合委员会在争端解决中的角色：施加影响还是作出决定？

尽管学界对联合委员会作出的条约解释的性质存在争议，[①] 许多投资条约明确将此规定为对争端裁判者具有拘束力。甚至关于个别类型的争议，裁判者被要求中止正在进行的程序并将争议交由条约缔约方共同作出有约束力的决定。[②] 部分中国已缔结的条约规定，条约缔约方通过联合委员会作出的条约解释对于投资者—国家争端的裁判者具有约束力。[③] 在欧盟的投资法庭体系中，在投资者—国家裁决过程中，联合委员会可就相关问题作出有约束力的条约解释，而裁判庭对此必须予以遵从。这一安排旨在确保条约缔约方的真正意图在具体案件中能够得到体现，从而有助于形成"更加和谐、权威且一致的"条约解释。[④]

尽管在具体争议进行过程中，条约缔约方实际共同达成一项条约解释的可能性较小，[⑤] 联合委员会在投资者—国家争端解决中作为条约解释者的角色如何界定值得慎重考虑。正如已经指出的，投资条约旨在构建一种同时认可缔约方和裁决者独立和共享的条约解释权的"混合理论"。[⑥] 联合解释应当被认可，因为这

---

① 关于此问题的争论主要围绕条约缔约方作出的条约解释对于裁决者而言是有约束力的还是仅仅有较高的说服力。见：Anthea Roberts, Power and Persuasion in Investment Treaty Interpretation: The Dual Role of States, 104 American Journal of International Law 179, 215-216 (2010)；Mark E. Villiger, Commentary on the 1969 Vienna Convention on the Law of Treaties, Martinus Nijhoff Publishers, 2009, p. 429；Richard Gardiner, Treaty Interpretation, Oxford University Press, 2008, p. 32.

② 张生：《国际投资法制框架下的缔约国解释研究》，《现代法学》2005 年第 37 期，第 163, 167—168 页。

③ 例如，中华人民共和国政府和加拿大政府关于促进和相互保护投资的协定（2012），第 18 条。关于中国已经签订的条约中该问题的讨论，可参考：Norah Gallagher, China's BIT's and Arbitration Practice: Progress and Problems, at: China and International Investment Law: Twenty Years of ICSID Membership, at 212 (Brill ｜ Nijhoff, 2014).

④ Sophie Nappert, Escaping from Freedom? The Dilemma of an Improved ISDS Mechanism, at: European Investment Law and Arbitration Review (Volume 1), at 189 (Brill ｜ Nijhoff, 2016).

⑤ 例如，到目前为止，NAFTA 自由贸易委员会仅就相关问题的条约解释作出了一次声明。见：North American Free Trade Agreement, Notes of interpretation of Certain Chapter 11 Provisions, NAFTA Free Trade Commission (31.07.2001).

⑥ Anthea Roberts, State-to-State Investment Treaty Arbitration: A Hybrid Theory of Interdependent Rights and Shared Interpretive Authority, 55 Harvard International Law Journal 1, 59—60 (2014).

体现了条约缔约方的真正意图；① 但是，条约解释和条约修订之间模糊的界线导致了实际操作中存在困难和风险。在具体争端产生后作出的关于条约含义的联合声明，可能是一种条约解释，阐明条约文本的含义；也有可能构成对原本缔结的条约的一种修改，因此仅可作为整体解释中的一个要素。② 就此，规定联合委员会在任何时候作出的声明均构成有拘束力的解释可能违反不溯及既往原则，因而相悖于法治原则且违背了将投资争端解决去政治化的初衷，然而，需要承认的是，在实践中区分条约解释和条约修订并非易事。③ 在已有的投资仲裁案件中，不同的仲裁庭对条约缔约方作出的联合解释表现出了不同的态度。④ 当某一声明被界定为嗣后协定或嗣后实践时，其效力将从"具有约束力"转变为"具有说服力"。⑤ 可能正是因为存在这一不确定性，欧盟投资法庭采用了一种更为激进的方式——规定作出的联合解释具有拘束力且条约缔约方可以决定该解释的生效日期。特别值得注意的是，欧盟法院意见1/17（Opinion 1/17）似乎纠正了这一做法，明确规定投资法庭对独立性的要求以裁决主体"完全自治"地进行裁决且"不接受任何主体的指示"为先决条件。⑥ 基于此，有理由期待类似规定联合委员会有权决定联合解释的生效日期的条文可能不会出现在欧盟未来签订的投资协定中。而对中国而言，赋予联合委员会在投资者—国家争端解决中一定的决定

① Anthea Roberts, Power and Persuasion in Investment Treaty Interpretation: The Dual Role of States, 104 American Journal of International Law 179, 215.

② 张生：《国际投资法制框架下的缔约国解释研究》，《现代法学》2005年第37期，第171页。

③ 其至有观点认为，这两者间的界限并不存在。见：Charles H. Brower II, Why the FTC Notes of Interpretation Constitute a Partial Amendment of NAFTA Article 1105, 46 Virginia Journal of International Law 347, 347—363 (2006); Rahim Moloo, When Actions Speak Louder Than Words: The Relevance of Subsequent Party Conduct to Treaty Interpretation, 31 Berkeley Journal of International Law 34, 75—76 (2013).

④ 例如，在 Mondev International Ltd. v. the US 案中，仲裁庭接受了NAFTA自由贸易委员会作出的条约解释并对该解释的拘束力表示认可。见：Mondev Internaional Ltd. v. United States of America, ICSID Case No. ARB (AF) /99/2, Award, 11. 10. 2002, para. 121. ADF Group Inc. v. the US 和 Chemtura Corp. v. Canada 案中的仲裁庭作出了类似的认定。见：ADF Group Inc. v. United States of America, ICSID Case No. ARB (AF) /00/1, Award, 09. 01. 2003, para. 177; Chemtura Corp. v. Government of Canada, ad hoc arbitration under UNCITRAL Rules, Award, 02. 08. 2010, para. 120. 另一方面，在 Pope & Talbot Inc. v. Canada 案中，仲裁庭不认可NAFTA自由贸易委员会作出的联合解释，并将此份解释认定为对条约的"修订"而非"解释"。见：Pope & Talbot Inc. v. Government of Canada, NAFTA Chapter 11 Arbitration, Award in Respect of Damages, 31. 05. 2002, para. 23. Support for such a position can also be found in cases such as Merrill & Ring Forestry LP v. Canada. See: Merrill and Ring Forestry L. P. v. Canada, ICSID Case No. UNCT/07/1, Award, 31. 03. 2010, para. 192.

⑤ 见，例如，Interpretation of the Air Transport Services Agreement between the United States of America and Italy, Award of 17 July 1965, 16 RIAA 75, 99; International Status of South-West Africa, Advisory Opinion of 11 July 1950, ICJ, paras. 135—136.

⑥ Opinion 1/17 of the Court (Full Court), OJ C 369, 30. 04. 2019, para. 202.

权或许是一个可以接受的方案。这一推断主要基于中国在 Sanum Investments Limited v. Lao People's Democratic Republic 案中的经历。在该案中，条约缔约方——中国和越南——作出的联合解释被仲裁庭认定为对条约的修订而非解释，因此认定该解释不具有拘束力。[①]

就中欧双边投资协定而言，如果欧方基于欧盟法院意见 1/17 的要求而调整提案，中国和欧盟则较为可能在其协定中规定联合委员会作出的条约解释对正在进行的案件可起到法庭之友的作用、对未来案件具有拘束力，并为此后修改条约提供基础。尽管中国可能同时倾向于规定这种条约解释对正在进行的案件也具有拘束力，但这对欧盟而言可能不可接受；即使中欧投资协定文本纳入了这一规定，欧盟在未来的案件中也极可能基于欧盟法院的压力而拒绝与中国达成一致的条约解释。

4. 程序透明度：一般原则还是例外？

将投资仲裁程序默认为保密的做法因将公众这一利益相关方排除在外而受到广泛批判。[②] 最近十年中，投资仲裁的透明度受到了极大的关注，[③] 相应地，已

---

① *The Government of the Law People's Democratic Republic v. Sanum Investments Limited*, the Court of Appeal of the Republic of Singapore, [2016] SGCA 57, 29. 09. 2016, paras. 116—118.

② Pia Eberhardt & Cecilia Olivet with contributions from Tyler Amos & Nick Buxton, Profiting from Injustice: How Law Firms, Arbitrators and Financiers are Fueling an Investment Arbitration Boom, Corporate Europe Observatory and the Transnational Institute (2012); Stephan W. Schill, International Investment Law and the Rule of Law, at: Rule of Law Symposium 2014: The Importance of the Rule of Law in Promoting Development, at 81, 84 (Singapore: Academy Publishing, 2015).

③ 例如，2013 年联合国贸易法委员会第二工作组就在未来的投资协定中提高对投资仲裁透明度的要求已达成一致意见。见：United Nations Commission on International Trade Law (UNCITRAL), Report of Working Group II (Arbitration and Conciliation) on the Work of Its Fifty-eighth Session, United Nations Commission on International Trade Law Forty-sixth session, New York, 4—8. 02. 2013. 关于此问题的学术讨论，见：Marc Bungenberg & Catharine Titi, Developments in International Investment Law, at: Christoph Herrmann, Markus Krajewski & Joerg Philipp Terhechte (eds.), European Yearbook of International Economic Law 2014, at 425—442 (Springer, 2013); Catharine Titi, International Investment Law and Good Governance, at: Marc Bungenberg, Jörn Griebel & Stephan Hobe et al. (eds.), International Investment Law, at 1817—1832 (C. H. Beck · Hart · Nomos, 2015).

有众多国际组织为提升透明度而作出了努力。① 通过纳入 UNCITRAL 透明度规则或者类似规定，欧盟的投资法庭框架下争端解决的程序透明度得到了极大的提升。在裁决过程中产生的几乎所有的文件都被规定为必须公开。值得注意的是，《联合国贸易法委员会投资人与国家间基于条约仲裁透明度规则》排除在公开范围外的证据也被作了公开要求。② 除仲裁庭认定有必要保护保密信息的情形外，庭审过程也将向公众开放。与此同时，第三方在向裁判庭说明其身份及其在相关案件中涉及的利益的情况下，可提交法庭之友意见。关于此问题，尽管中国大部分的投资协定在投资者—国家争端解决中规定了仲裁的保密性，但可以看到，在最近几年提升程序透明度的国际发展趋势的影响下，中国对此问题的态度也发生了转变：中国 2013 年的公开声明表明，其意欲在投资者—国家争端解决中接受更高的程序透明度。③ 在学理讨论中，支持和反对投资者—国家争端解决过程公开的观点均有一定的合理性；而在具体案件里，投资者和国家也可能有其希望程序公开或秘密进行的特别考虑。因此，在设定程序公开或保密为一般性原则的前提下，应当留给争端当事方一定的弹性空间来根据其自身案件具体情形决定公开的程度。此问题的最终决定权可以留给裁判庭，以防争端双方达成一致的某种安排可能导致程序拖延或不合理地让一方承担过多义务。这种对透明度和意思自治的调和和平衡综合考虑了中国和欧盟的既有实践和偏好，更可能为双方所接受——默认的程序公开透明可确保文件和庭审的公开在很大程度上得以实现，这与欧盟的偏好一致；而为争端当事方的意思自治创造的例外空间使得程序透明的程度更可能为中国所接受。

5. 上诉机制：对于实现裁决的一致性和正确性是否必要？

目前，投资者—国家仲裁体系中的不一致性和不可预测性受到了广泛批判，

---

① 一个典型例子是 ICSID 仲裁规则的发展。根据现行的 ICSID 投资仲裁规则（2006），即使没有争端当事方的同意，ICSID 应当公布仲裁庭法律意见部分的摘要。见：ICSID Arbitration Rules（2006），Rule 48（4）。现在 ICSID 正在进行新一轮的规则修订，意欲进一步提高程序透明度。见：International Centre for Settlement of Investment Disputes（ICSID），ICSID Rules and Regulations Amendment Process, 2018, at https：//icsid. worldbank. org/en/amendments（last visited on August 20, 2020）；Luke Eric Peterson, An In-depth Look at ICSID's Proposed Transparency Changes（Including Non Disputing Party Participation），IAReporter, 06. 08. 2018, at https：//www. iareporter. com/articles/an-in-depth-look-at-icsids-proposed-transparencychanges-including-non-disputing-party-participation/（last visited on August 20, 2020）.

② 欧盟—加拿大自由贸易协定（2012），第 8.36.3 条。在欧盟—越南投资协定第 3.46.3 条中也有类似规定。

③ Statement by Mr Shang Zhen, Chinese Delegate at the 68th Session of the UN General Assembly on Agenda Item 79 Report of UNCITRAL on the Work of Its 46th Session, 14. 10. 2013, at http：//www. chinaun. org/eng/chinaandun/legalaffairs/sixthcommittee1/t1091525. htm（last visited on August 20, 2020）.

主要原因在于不同仲裁庭对类似法律和事实问题作出了不同裁判。① 与 WTO 中的双层的争端解决体系相比，缺少上诉机制被认为是造成现有问题的重要原因之一。② 在投资者—国家争端解决中建立上诉机制旨在提高投资仲裁裁决的正确性，确保不同裁决间的一致性和连贯性，从而使得整个国际投资法体系可持续发展。③ 但另一方面，增加上诉机制可能会延长争端解决程序，增加争议解决成本，减损投资裁决的最终性。④ 此外，大多数裁决实际上已保持了一定的一致性，即使对于那些现存不同意见的情形，随着时间的推移，某种法律解释将会凸显而为成为主流观点而被普遍接受。⑤

欧盟的投资法庭的框架下设立了一个永久的上诉机构，其中包含固定数目的事先选定的裁判者。提出上诉需要基于规定的原由；经裁判，上诉裁判庭可以部分或全部维持、修改或撤销由一审裁判庭作出的法律裁定和结论。在中国已缔结的投资条约中，仅《中国—澳大利亚自由贸易协定（2015）》对上诉程序作出

---

① 关于此问题的一个典例是 *ME and Lauder v. Czech Republic*。该案涉及的两个同时进行的仲裁程序处理的是相同的事实，最后，一个仲裁庭撤销了案件，而另一个仲裁庭裁决东道国向投资者赔偿 3,530 万美元。见：*CME v. Czech Republic*, Partial Award of 13 September 2001, reprinted in World Trade and Arbitration Materials（2002），p. 109 et seq.；*Lauder v. Czech Republic*, Award of 3 September 2001, reprinted in World Trade and Arbitration Materials（2002），p. 35 et seq。关于此问题的学术讨论，可参见：Susan D. Franck, The Legitimacy Crisis in Investment Treaty Arbitration：Privatizing Public International Law Through Inconsistent Decisions，73 Fordham Law Review 1521（2005）.

② Marc Bungenberg & Catharine Titi, The Evolution of EU Investment Law and the Future of EU-China Investment Relations, at：China and International Investment Law：Twenty Years of ICSID Membership, Brill ｜ Nijhoff, 2015, p. 344。

③ Audley Sheppard & Hugo Warner, Appeals and Challenges to Investment Treaty Awards：Is It Time for an International Appellate System? – Editorial Note, Transnational Dispute Management（TDM），04. 2005, at https：//www. transnational-dispute-management. com/article. asp？key＝399（last visited on August 20, 2020）。需要注意的是，现有的复审机制（例如，ICSID 的撤销程序、国内法院对仲裁的审查和撤销程序、1958 年纽约公约下的裁决的承认和执行程序）无法代替上诉机制。对于现有复审机制为什么不能替代上诉程序的详细分析，可参见：Noah Rubins, Judicial Review of Investment Arbitration Awards, at：Federico Ortino, Audley Sheppard & Hugo Warner（eds.），Investment Treaty Law：Current Issues, at 75—81（British Institute of International and Comparative Law, 2006）；刘笋：《建立国际投资仲裁的上诉机制问题析评》，《现代法学》2009 年第 5 期，第 122 页。

④ 关于在投资者—国家争端解决中设置上诉机制的利弊分析可参考欧盟议会对此作出的一项研究：Stephen Woolcock, The EU Approach to International Investment Policy after the Lisbon Treaty, European Parliament-Directorate-General for External Policies of the Union, 2010, at http：//www. europarl. europa. eu/RegData/etudes/etudes/join/2010/433854/EXPOINTA_ET（2010）433854_EN. pdf（last visited on August 20, 2020）.

⑤ Judith Gill, Inconsistent Decisions：An Issue to be Addressed or a Fact of Life?, at：Federico Ortino, Audley Sheppard & Hugo Warner（eds.），Investment Treaty Law-Current Issues, at 23-28（British Institute of International and Comparative Law, 2006）.

了规定，而且该条约仅通过一个条文表明了缔约双方将对上诉安排进行进一步谈判。[①] 尽管这一条文被认为是证明了中国对投资争端解决中上诉安排的支持，至少是对该问题持开放的态度，[②] 但这仍旧是唯一的条约实践。

就中欧投资协定而言，中国和欧盟均已表示需要进一步提升投资者—国家争端解决体系的一致性和可预测性。因此，此处的核心问题是上诉机制对于满足这一需求是否必要。在欧盟投资法庭的框架下，笔者认为，体系的一致性和裁决的正确性可以通过其他规定得以保证；另外建立一个上诉机制的价值似乎对实现这一目标的价值有限。首先，关于裁判者的专业性、独立性和公正性的规定在很大程度上确保了相关裁决的质量。第二，裁判庭成员间及时、有效的交流与沟通可以确保该条约下裁决的一致性。就此而言，在中欧投资协定中纳入一条与《关于争端解决规则与程序的谅解》第3.2条相类似的规定作为指导性原则是一个合适且值得推荐的方案。[③] 此外，赋予联合委员会的条约解释权也可以助力于实现体系的一致性。所有这些相关安排可以共同作用，来达到令人满意的裁决上的一致性和正确性，而无须另外创设上诉机制。与此同时，正如已有学者指出的，国际投资裁决整体上的一致和可预测"可能仅仅在未来全球体系，或至少是多边或区域性体系中，才能得以实现"。[④] 考虑到联合国贸易法委员会第三工作组已经在投资者—国家争端解决改革方面作出的努力和取得的成果，对于中国和欧盟而言，或许在该框架下讨论建立上诉机制是更好的选择。综上，笔者建议，没有必要在中欧投资协定中创建仅适用于该条约相关争议的上诉机制。

（五）结论

基于中国和欧盟在投资争端解决中多个问题上不同的实践和偏好，可以说，中欧投资协定下投资者—国家争端解决体系的构建是双方条约谈判中的重点和难点。现已缔结的中国—欧盟全面投资协定中尚未包括投资者—国家争端解决的条

---

① 中国—澳大利亚自由贸易协定（2015），第9.23条。

② 肖军：《建立国际投资仲裁上诉机制的可行性研究——从中美双边投资条约谈判说起》，《法商研究》2015年，第166页。

③ 《关于争端解决规则与程序的谅解》第3.2条规定，"WTO争端解决体制在为多边贸易体制提供可靠性和可预测性方面是一个重要因素。各成员认识到该体制适于保护各成员在适用协定项下的权利和义务，及依照解释国际公法的惯例澄清这些协定的现有规定。DSB的建议和裁决不能增加或减少适用协定所规定的权利和义务"。

④ Barry Appleton, The Song Is Over: Why It's Time to Stop Talking About an International Investment Arbitration Appellate Body, 107 International Law in a Multipolar World 23, 23—24 (2013).

文也可以在一定程度上说明双方在该问题上存在分歧。

关于中欧投资协定下投资者—国家争端解决机制的设计，首先应当明确区分友好型和裁判型争端解决机制的宗旨。前者的目标在于和平解决纠纷。相比之下，考虑到投资者—国家裁决机制在既有实践中保障了投资争议得到有效解决，且这一功能在可预期的未来将得以继续，因而此类机制的目标应当确立为为投资争议定纷止争、促进国际投资法可持续发展以及实现国际法治。投资者—国家争端解决机制可以管辖投资者和东道国之间关于东道国违反投资协定而损害投资者利益的争端。对此，在中国大部分已签订的投资条约中出现的将可提交仲裁庭的争端类型限定为征收补偿额的规定很可能不会出现在未来的中欧投资协定中。裁判庭在最终作出支持投资者主张东道国违反条约规定的情况下，仅可要求东道国进行金钱赔偿和/或返还原物。具体的争端解决机制可分为友好型和裁判型两类。前者包括自愿的协商和调解，以及提交裁决程序前强制的磋商机制。在这三者中，基于中欧双方已经表现出的加强使用调解解决投资者—国家争端的意图，可以预见在未来的谈判中，双方会就此机制的程序设计进行深入讨论。其中，调解的自愿性、调解员的选择、调解类型、透明度和调解协议的执行这五个问题可能会成为双方争议的焦点。关于裁决型机制，中国对于欧盟提出的投资法庭可能会表现出适度的支持态度。首先，关于裁决形式，投资法庭所具有的与仲裁相同的裁决性质总体上可为中国所接受，但中国可能会同时要求去除投资法庭的排他性管辖权，从而为中国仲裁机构在未来投资者—国家争端解决中发挥作用打开大门。第二，由条约缔约方事先选择未来案件的裁决者可能是中国和欧盟都偏好的做法，在此基础上，建议留给争端当事方从事前确定的花名册中自主选择其案件的裁判者的权利。第三，中国和欧盟均意欲提升条约缔约方在投资者—国家争端解决中的作用。基于此，双方可能会在其投资条约中规定联合委员会作出的条约解释对未来的案件具有拘束力。第四，裁决程序透明公开应当作为一般原则，但建议在该问题上留给争端当事方意思自治一定的空间。最后，在中欧投资协定中没有充分的必要设置上诉机制；建议双方在多边框架下与多国就此进行谈判。综上，尽管不可避免地存在不同之处，整体而言，中国和欧盟对投资者—国家争端解决机制设计可能的提案和偏好是可以互相补充和融合的。相信经过精心设计和综合考量的争端解决机制将满足中国、欧盟以及有需求的投资者的要求，保证中国—欧盟全面投资协定下投资者—国家争端成功解决，从而促进中欧间投资的可持续发展。

第五篇

国际海洋法与南海法律问题专题研究

一、国际法中的历史性权利：现状与问题[①]

贾兵兵[②]

历史性权利的概念在 1949 年至 1951 年发生的英国诉挪威"渔业案"中得到诉讼双方和国际法院的重视，并以法院所宣示的"通过历史过程巩固"的外在表现方式构成习惯法与领土取得权源理论的交集，从此引发了二战后对领土变更规则（包括程序规则）的重新审视。[③] 在 1982 年《联合国海洋法公约》（以下简称"《公约》"）生效 25 年后的今天，它仍然对海洋法领域的国际实践产生重要影响，比如"南海仲裁案"中对它所作的大幅描述与分析；而中国的"历史性权利"在这个持续了三年的案件中占据了突出地位。本文对已经被"汗牛充栋"的出版物讨论过的问题不再圈圈点点[④]，而是关注这一题目下相关实践的现状以及其中两个较少被讨论的问题，这两个问题是：（1）历史性领土主权的存在与实际影响；（2）历史性捕鱼权问题。

针对上述问题（1），本文关注的是其对司法或仲裁机构管辖权的影响。此问题已经在笔者早些时候出版的文章中有所涉及但没有深入讨论。本文不停留在下述一般性假设的适用上：既然《公约》条款不涉及领土取得的方式问题，那

---

① 本文发表在《中国国际法年刊》（2019）。

② 贾兵兵，清华大学法学院教授，清华大学国际争端解决研究院副院长，《中国国际法年刊》编辑委员会成员。

③ Fisheries Case (UK v. Norway), Judgment of 18 December 1951, ICJ Reports 1951, p. 116. 国际法院在判决中提到两种历史性权利表现方式：其一，适用于"历史性水域"，"通常"是指由于此权利的存在而成为内水的水域（同上，第 130 页）；其二，适用于挪威的直线基线划法（同上，第 139 页），后者起始于 1869 年国内立法，到 1935 年英国提出抗议时，已经通过稳定、长期的实践得到确立。二战前的实践已经在第一次联合国海洋法大会会议记录中有所总结（"历史性海湾：联合国秘书处备忘录"，联合国文件号 A/CONF. 13/1），在此不再提及。参见：Clive Symmons, Historic Waters in the Law of the Sea: A Modern Re-Appraisal (Leiden/Boston: Martinus Nijhoff, 2008)（以下简称"Symmons 书"），第 8—15 页（简明历史与学者著作）。

④ 但是重要的专著数量不多，包括：Leo Bouchez, The Regime of Bays in International Law (Leyden: A. W. Sythoff, 1964); Yehuda Blum, Historic Titles in International Law (The Hague: Martinus Nijhoff, 1st edn., 1965); "Symmons 书"。本文还会特别引用 "Oxford Public International Law" 网址上 Andrea Gioia, "Historic Titles", https://opil.ouplaw.com/view/10.1093/law: epil/9780199231690/law-9780199231690-e705? print = pdf (Max Planck Encyclopedia of International Law) (last visited January 19, 2020). Gioia 这篇短文更新于 2018 年 11 月（下面简称"Gioia 文"）。

么任何围绕领土主权展开的海洋争端都不属于《公约》解释或适用的范围。本文要探究的是这一假设所带来的深层问题：中国在南海的历史性领土主权对《公约》解释或适用的作用及影响。

针对上述问题（2），本文将考察一种特定的私人权利所造成的"可受理性"问题，而这一问题与领海和专属经济区制度有较大关系，在这两类海域中《公约》与习惯法的冲突都比较尖锐。本文将讨论的是：专属经济区作为新制度是否完全取代了历史上就已存在的捕鱼权——假设这种权利确实已经为国际法所认可？"惯常"捕鱼活动可以产生国际法下的权利吗？历史性权利有可能在《公约》生效之后继续存在于这两类海域中吗？

（一）历史性权利的基本要件

1962 年，联合国秘书处公布了《关于历史性水域（包括历史性海湾）的法律制度》这一文件，它依据当时所掌握的实践和理论，确立了三个有关"历史性水域"的识别标准，[1] 这一分类对后来实践的影响是决定性的，[2] 成为讨论"历史性权利"相关法律规则的起点；在司法实践中，《1962 年秘书处研究报告》的三个标准被国际法院视为不存在争议。[3]

在这里概述一下秘书处的标准。秘书处认为，在识别是否存在"历史性水域"的权源时，要考虑三个因素或标准：（1）对于声索水域所行使权力的性质；（2）这一权利的行使必须具有持续性；（3）其他国家的反应。[4] 秘书处解释道，[5] 第（1）点所提及的权利的行使必须是有效行为，即在现实中得以实现其所预期的结果的行为；第（2）点要求行使权利的做法必须已经构成"惯例"（usage）；而第（3）点则要求其他国家对此行使权利的做法普遍表示容忍，特别是相关水域的其他沿岸国。第（2）点对声索国行使权力的做法要求并不高，只要其形成惯例即可，意思是这一做法在相当长的时间里持续存在，然后看其他国家的反应。这一结论避免了声索国出示该做法已经达到习惯法的证据的要求，况

---

[1] UN Secretariat, *Juridical Regime of Historic Waters*, *Including Historic Bays*, 2 *Yearbook of the International Law Commission* (1962), UN Doc. A/CN. 4. 143 （《1962 年秘书处研究报告》）.

[2] United States Department of State, Bureau of Oceans and International Environmental and Scientific Affairs, *Limits in the Seas*, No. 143（China: Maritime Claims in the South China Sea）, 5 December 2014.

[3] *Land*, *Island and Maritime Frontier Dispute*（El Salvador/Honduras; Nicaragua Intervening）, Judgement, ICJ Reports 1992, p. 351, paras. 394, 412.

[4] 《1962 年秘书处研究报告》，第 185 段。

[5] 同上注，第 186 段。

且在今日条件下，针对有多个沿海国的水域的习惯法，其存在与否往往难以确定，特别是在声索本身受到其他沿海国质疑的情况下。

值得强调的是，上述报告迄今仍是联合国（或是任何机构）所作过的有关历史性水域权利的权威性研究成果，在其公布后近 60 年内没有被更新或修正，[①]但是，它不涉及"历史性权利"这一概念是否适用于领土取得的问题。[②] 另一方面，如果这一类权利的内容取决于相关国家行为的对象和意图，[③] 那么先入为主地认为它不适用于领土取得就不够客观全面。[④]

其实，《1962 年秘书处研究报告》认定的三个标准也可以合并为两个，即长期、和平地行使主权权力和其他国家的默认或接受。不管怎样，这些标准本身并没有说明此类权利的种类、内容，而是起到了使相关权利的声索能够取得合法性的效果。

在实践中，1951 年"渔业案"判决已经将历史性权利的理论适用于挪威的直线基线法，认可后者对英国的有效性，这个判决在根本上有两重效果：它使得挪威的做法合法化；它使得挪威因此得到的内水区域合法化。后者正是领土主权取得的例子。所以，挪威既得到了领土主权，也维护了自己在当时独有的基线划法的合法性，而后者在性质上是个非领土主权的概念。在"厄立特里亚与也门仲裁案"中，仲裁庭承认实践中存在着非主权性的"历史性权利"（historic rights），[⑤] 从而暗示着留下了"历史性领土主权"存在的可能性。[⑥]

如果存在"历史性领土主权"的话，它仍然是国际习惯法规范的内容，那么，有关这类权利的规则和影响是什么？需要提醒的是，在本文中，这一词组与"历史性所有权"同义，尽管在词义上还有可以争论的地方。

---

① 国际法委员会：《第 29 届会议报告》，《国际法委员会年刊》（1977），第二卷，第 129 页第 109 段（针对历史性水域这一于 1959 年由联合国大会建议给委员会的题目，委员会决定暂时不需要采取行动，而等待第三次联合国海洋法大会谈判结果出炉后再说）。

② 报告承认，其结论中存在揣测的成分，它是作为讨论的基础而非彻查的结果公之于世的：《1962 年秘书处研究报告》，第 182 段。

③ 《1962 年秘书处研究报告》，第 189 段。这一点也为"2016 年裁决"所接受。"2016 年裁决"，第 266 段。

④ 其实对于"历史性水域"的存在，实践也是认可的，见"Symmons 书"，第 296 页。

⑤ 参见：Territorial Sovereignty and the Scope of Dispute, Award of 9 October 1998, 22 *Report of International Arbitral Awards*（以下简称红海案裁决一），p. 209, para. 126（仲裁庭考虑到许多世纪来红海南部水域中的捕鱼活动、该水域作为两岸之间通衢、双方渔民使用争议岛屿这些因素，认为均可以创造出双方共享的"历史性权利"，形成某种"国际地役权"，但又不到主权的层次）。

⑥ 当然，本案双方也特别要求仲裁庭在适用法中包括"历史性所有权"（historic titles）在内：同上注，第 2 段（引用了双方订立于 1996 年的仲裁协议第二条第二款，要求仲裁庭在确定领土主权时适用习惯法和"历史性所有权"）。

（二）历史性领土主权

"红海案裁决一"中仲裁庭对此的相关阐述，值得在这里回顾一下。基于案件双方的仲裁协议和当庭辩论，仲裁庭给出了本案中"历史性所有权"的概念："一个明确建立起来的权利，或……针对争议中的物体的绝对或相对最好的权利"，[①] 或"占有（某物）的最好权利"。[②] 对于仲裁庭来说，此等所有权既可以是长期存在和众所周知的，也可以是通过时效、默认或长期占有而被接受为合法的权利。[③] 在仲裁庭眼里，"历史性权利"存在着领土主权/所有权和非主权权利的二分法。[④]

1. 历史性领土主权与其他历史性权利

如果仲裁庭接受了"历史性所有权"是通过"时效、默认或长期占有而被接受为合法"而存在的权利，那么它与习惯法中的占有和时效有什么区别呢？后两者作为习惯法中早已确立的规则，已经可以创制合法的所有权，为什么还要通过"历史性所有权"这一独立的概念来建立所有权呢？这一问题引发了本文的设想：在现代实践中，"历史性所有权"似乎只是其他领土主权取得方式的附加规则，在其他方式下取得所有权的同时，声索国借助了历史过程（和相关实践）的帮助，达到了相关方式的基本要求。与此相对，在 17 世纪以前的实践中，作为取得领土主权的基本方式之一，"历史性所有权"可以独立存在，但是那时它的内涵是一种"自古以来"的权利且众所周知，因而没有争议。在当代领土争端中，这种独立存在的权利的例子似乎再难找到，主要原因之一是证据问题，即古代的权利如何按现代国际司法规则来予以证明，比如，"红海案裁决一"最后否定了案件双方提出的、有关各自历史性所有权的所有证据；[⑤] 另一方面，从某种意义上说，"自古以来"（或严格意义上）的历史性权利的确立方式，随着国际法的发展而有所发展，比如：国际法院似乎倾向于依靠近期行使主权权利的证

---

① 当然，本案双方也特别要求仲裁庭在适用法中包括"历史性所有权"（historic titles）在内："红海案裁决一"，第 105 段。

② 同上注。

③ 同上注，第 106 段。

④ 同上注。就这一分类标准，参见：Yehuda Z. Blum, "Historic Rights", (1995) 2 *The Max Planck Encyclopedia of Public International Law*, p. 710. 有观点认为，《公约》的起草者是否了解、支持这一分类并不清楚：Chris Whomersley, "The Award on the Merits in the case Brought by the Philippines against China relating to the South China Sea: A Critique", (2017) 16 *Chinese Journal of International Law* 387, p. 389.

⑤ "红海案裁决一"，第 447 段，另参看第 450 段、471—472 段和 503 段。

据来判断领土主权的所在。① 当然，倾向与习惯法规则是两个不同的概念，国际法毕竟没有摒弃上述严格意义的历史性所有权的概念。在这里，本文认为：针对领土的"历史性权利"可以单独存在，但是需要证明其古老的渊源；而持续至今尚未解决的此种权利则需要进一步证明这一权利得到和平、稳定的主权权利行为的支持。

当然，现代国际法下的领土取得方式不包括"历史性权利"这一权源，② 那么，在领土取得与否的根本问题上，它的作用也许暂时是附带性的。但是，现代国际法产生于17世纪与国际关系自古以来就存在这两个事实之间，存在着基于时间的实践与认知上的差别，胡伯仲裁员的"时际法"概念就是对此差别的表述，③ 如果只依靠19世纪以后的实践证据，那么不可避免地会无视历史发展的连续性。所以，严格意义上的历史性领土主权是否存在，是现代国际法没有明确解答的问题。④ 在这种情况下，不能武断地认为这种权利不存在。这一问题会在以后进行讨论，这里就不展开了。

另一方面，在既有的领土取得方式中，占领与时效直接与历史性权利/历史过程有关，自从"帕尔马斯岛仲裁案"裁决后，因均强调和平、持续地行使主权权力的决定性作用，占领与时效之间的界限已经模糊，⑤ 而该案与"渔业案"判决客观上造成了"历史性权利"与二者必然产生关联的事实。⑥ 在"南海仲裁案"中，中国明确坚持其在南海的历史性权利既包括对于岛屿和其他地物的主

---

① "红海案裁决一"，第450段（引用了国际法院在1953年"曼基埃和艾克荷斯岛案"中的判决）。但本文认为，仲裁庭对1953年判决的这一解读不完全准确，在判决中，国际法院详细考察了英法双方提供的历史性所有权的证据，并加以对比，得出英国证据强于法国证据的结论。所以，它的裁定肯定了英国的历史性所有权：The Minquiers and Ecrehos Case（France/UK），Judgment of 17 November 1953, ICJ Reports 1953，p. 47，pp. 67，70.

② 参阅"Gioia文"，第30段。

③ Island of Palmas（Netherlands/US），Award of 4 April 1928, 2 *Reports of International Arbitral Awards*, pp. 829，845.

④ "红海仲裁案裁决一"，第446段。例外是当国际争端的双方都接受现代国际法为适用法，比如本案的当事国在"原则协议"中就表达了这一态度：同上，第二段。还可参看这一裁决的第130—131段（仲裁庭提到，奥斯曼帝国在1856年"克里米亚战争"之后放弃了伊斯兰国家间的国际法，转而接受了欧洲国家间的国际法）。

⑤ Robert Jennings and Arthur Watts, *Oppenheim's International Law*（London：Longman, 9th edn, 1992），vol. 1, Parts 2—4, pp. 708—709；Ian Brownlie, *Principles of Public International Law*（Oxford University Press, 7th edn., 2008），p. 143.

⑥ Island of Palmas（Netherlands/US），Award of 4 April 1928, 2 *Reports of International Arbitral Awards*, pp. 829，869；参见本文首页脚注3；看"Symmons书"，第4—6页。

权，也包括非主权性权利。① 尽管国际法上的主权含义属于罗马法上的绝对统治权，② 但主权与其他法律权利并没有性质上的根本不同，它们都是法律所承认、授予的权利，③ 即使存在所有权和其他权利的区别；"主权"概念涵盖所有这些权利在内，它指代至高无上的国家权力。④ 在这一原则之下，可以说在南海相邻国家之间的争端包括主权争端和特定种类海洋管辖权的争端。

在领土主权方面，中国在南海的主张主要基于发现和象征性兼并。⑤ 依据"帕尔马斯岛仲裁案"中阐述的原则，中国在南海的行为包括管理、检查、勘探和开发，这些行为足以构成占领的权源。更重要的是，与本节内容直接有关的事实是，在南海各邻国的权利主张中，唯有中国对南海诸岛的主权主张可以基于"自古以来"的权源来解释。⑥ 有关论述不在这里展开。⑦

现在要回答的问题是：《公约》是否给除领土主权外的历史性权利留下了继续存在的余地？回答这一问题之前，需要对《公约》就历史性权利的说法进行一个梳理。

首先，《公约》并未就"历史性权利"（historic rights）一词进行定义，甚至未提及该词，更不用说规定出有关规则，⑧ 因而无法从《公约》本身推测出任何关于历史性权利的规定，这一发现或判断也适用于出现在《公约》中的"历史性所有权"（historic title）。可以说，"历史性权利"作为一个完整、独立的范畴不是一个与《公约》的解释和适用相关的事项，因此，对"历史性权利"的解释无可避免地指向《公约》以外的习惯国际法。

---

① 《中华人民共和国政府关于菲律宾共和国所提南海仲裁案管辖权问题的立场文件》，2014 年 12 月 7 日（《中国政府立场文件》），第 26 段；外交部网站 https://www.fmprc.gov.cn/nanhai/chn/snhwtlcwj/t1368888.htm；最后访问时间为 2020 年 1 月 19 日。

② Hersch Lauterpacht, *Private Law Sources and Analogies of International Law* (Longmans, Green and Co., 1927), pp. 95—96.

③ Malcolm Shaw, *Title to Territory in Africa: International Legal Issues* (New York: Clarendon Press, 1986), pp. 12—16.

④ B. B. Jia, "The Synthesis of the Concepts of Sovereignty and the Rule of Law: Reflection on the Contemporary Chinese Approach to International Law", (2010) 53 *German Yearbook of International Law* 11, pp. 16—18.

⑤ *Island of Palmas* (Netherlands/US), Award of 4 April 1928, 2 *Reports of International Arbitral Awards*, pp. 829, 869.

⑥ "红海案裁决一"，第 125—127 段。

⑦ 贾兵兵：《〈联合国海洋法公约〉争端解决机制研究：附件七仲裁实践》，清华大学出版社 2018 年版，第五章。

⑧ Sean Murphy, "International Law Relating to Islands", (2017) 386 *Recueil des cours*, p. 152. 但是他的基本观点与笔者不同，却与"2016 年裁决"一致：《公约》取代了专属经济区里的历史性权利。

其次，尽管《公约》被称为"海洋宪章"，① 事实上《公约》仅有168个缔约国，美国、土耳其等国都尚未加入《公约》，因而"宪章"一说有些言过其实。此外，由于《公约》的谈判结果反映了包含大量妥协的"一揽子"协议，使得任一缔约或非缔约国均无法以文本某部分代表习惯法为借口选择性遵守《公约》的规则。②《公约》的性质依旧是条约，其特定规则是否反映了习惯法需要一一确定，《公约》前言的倒数第二段明确指出且充分证明了这一点，所以，《公约》无法涵盖海洋法方面所有习惯法规则，也不能替代仅由习惯国际法规范的历史性权利。

再者，如上所述，最高等级的历史性权利是领土主权。考虑到当代的具体条件，国际法下放弃领土主权（包括历史性领土主权）所要满足的要求是相关国家明确的意思表示，国际法院曾说：

"主权的转移可以通过两个国家的协议来实现……而协议可以是暗示的，从双方行为上推定出来。国际法对此做法不做形式上的规定；它强调的是双方的意思表示。"③

在同一地方，国际法院指出："在某些情况下，如果拥有主权的国家对另一国家在相关领土上行使主权权力（conduct à titre de souverain）的做法不做反应，也会造成主权的转移"。④ 同样，如果批准或加入《公约》意味着将放弃某种主权权利，《公约》应当明确规定这一后果，但《公约》并未有如此规定；如果《公约》没有对此问题作出规定，放弃主权的推定是需要行为证据来支持的。

在《公约》下与历史性权利有关的条款，包括以下六个：（1）第10条（该条规则不适用于"历史性海湾"）；（2）第15条（涉及海岸相向或相邻国家间划分领海界限时，"历史性所有权"可以导致划界按照与该条规定不同方法来进行的后果）；（3）第46条第（b）款（构成"群岛"的要素之一："历史上被视为"群岛）；（4）第47条第6款（"如果群岛国群岛水域的一部分位于一个紧邻国家〈领土〉的两个部分之间，该邻国传统上在该水域内行使的现有权利和一切其他合法利益以及两国间协定所规定的一切权利，均应继续，并予以尊重"）；（5）第51条第1款（"在不影响第49条施行的情形下，群岛国应尊重

---

① T. B. Koh, "A Constitution for the Oceans", in United Nations, *The Law of the Sea: Official Text of the United Nations Convention on the Law of the Sea with Annexes and Index* (New York: United Nations, 1983), xxxiii.

② Myron Nordquist, Shabtai Rosenne and Louis Sohn, *United Nations Convention on the Law of the Sea 1982: A Commentary*, vol. v (Martinus Nijhoff, 1989), pp. 5—15.

③ *Sovereignty over Pedra Branca/Pulau Batu Puteh, Middle Rocks and South Ledge* (Malaysia/Singapore), Judgment, ICJ Reports 2008, p. 12, para. 120.

④ 同上注，第121段。

与其他国家间现有协定，并应承认紧邻国家在群岛水域范围内某些区域内的传统捕鱼权利和其他合法活动。行使这种权利和进行这种活动的条款和条件，包括这种权利和活动的性质、范围和适用的区域，经任何有关国家要求，应由有关国家之间的双边协定予以规定。这种权利不应转让给第三国或其国民，或与第三国或其国民分享"）；（6）第 298 条第（a）款第（1）项（历史性海湾或所有权都可以被缔约国在该条下排除于《公约》第 15 部分第二节下的强制管辖权之外）。在这 6 个条款中，本文只简要讨论其中一个，即第 51 条第 1 款；其余条款在其他地方已有所涉及。①

第 51 条下的这一条款，属于《公约》第四部分"群岛国"制度，从措辞上看，与第 47 条第 6 款有相似之处，二者都包括"传统上"这个修饰词，而《公约》对之没有定义，只能推测它指向的是历史上就存在的做法。② 不过，由于第四部分的特殊性，虽然第 51 条第 1 款比第 47 条第 6 款更为宽泛，两个条款都只能在群岛国这个特定的语境下发挥作用，尤其是像印度尼西亚所处的地理环境之中。所以，第 51 条第 1 款似乎是在平衡第 47 条第 6 款的规定。③

总之，《公约》下有可能涉及历史性权利的实质条款，其适用范围都停留在群岛水域、领海之中。"历史性海湾"属于内水，但是内水制度不受《公约》的规制（除了划分内水与领海的界限）。《公约》第五部分"专属经济区"制度，似乎与历史性权利没有直接关系。在这里，可以看一下第 62 条第 3 款的规定：

"沿海国在根据本条准许其他国家进入其专属经济区时，应考虑到所有有关因素，除其他外，包括：该区域的生物资源对有关沿海国的经济和其他国家利益的重要性、第六十九和第七十条的规定、该分区域或区域内的发展中国家捕捞一部分剩余量的要求，以及尽量减轻国民惯常在专属经济区捕鱼或曾对研究和测定种群做过大量工作的相关国家经济失调现象的需要。"

本文给这一款的几个主要措辞加了下画线，它们在《公约》下的重要性是这样的：（1）"准许"——说明沿海国具有最终决定权，允许或拒绝其他国家的渔民进入它的专属经济区作业，再考虑到这一海域的法律性质，沿海国制订渔业管理规则的权力优先于其他国家的权利；（2）"考虑"——说明沿海国只需要考虑到该款下所列举的几个因素，也许还可以加上其他未列举因素，但没有义务必

---

① 贾兵兵：《〈联合国海洋法公约〉争端解决机制研究：附件七仲裁实践》，清华大学出版社 2018 年版，第三、八章。

② Satya Nandan, Shabtai Rosenne and Neal Grandy, *United Nations Convention on the Law of the Sea* 1982: *A Commentary*, vol. ii (Martinus Nijhoff, 1993), p. 432.

③ 同上注，第 422—423 页。

须把它们作为决定性因素来看待，考虑后可以完全置之不理；（3）"惯常"——说明其他国家渔民在这片海域过去一直从事生产活动，但这一活动从此将受到沿海国专属经济区法律的制约，而且过去存在的生产活动并未转化为法律上的权利。

那么，其他国家渔民的历史性（或是用《公约》里的"传统"一词）权利是否受到《公约》第五部分的限制？答案有两种。

其一，既不受《公约》限制，也不是《公约》解释的问题。那么，在《公约》第288条第1款下，相关法院或仲裁庭可能没有实体问题管辖权；若转而强调与《公约》的适用有关，则马上会触发海洋划界问题，因为在相关案件双方管辖权地理范围不明的情况下，无法判断历史性权利是否会与专属经济区制度碰撞。但是，正如同在"南海仲裁案"中情况一样，相关政府可能已经向联合国秘书长提交了《公约》第298条授权的声明，从《公约》第15部分第二节下的强制管辖权中排除了有关大陆架、专属经济区划界的争端，① 案件将无法通过管辖权这一阶段。

其二，《公约》对此问题的沉默直接导致了"南海仲裁案"的仲裁庭接受菲方律师的观点：既然《公约》不予规制，那么它暗示在专属经济区里的历史性权利被《公约》第五部分完全取代了。② 但是，这里的问题是第五部分无法取代"历史性领土主权"，因为第五部分只涉及主权权利中两个非领土主权的种类。③ 就这一点，下面进行一下深究。

在菲律宾的主要诉讼主张中，两项与历史性权利相关：（1）"中国无权在《公约》规定的权利疆界外对水域、海床和底土行使其所声称的'历史性权利'"；（2）"'九段线'意图确定中国'历史性权利'主张的疆界，但在这一点上，'九段线'在国际法上毫无依据"。④

问题在于，即使上述菲方声明的意图在于强调存在违反《公约》的情况，这种情况也不必然等同于"中国的历史性权利违反了习惯国际法"的这一判断。要证明二者等同只有一种方式，即认定《公约》取代了其所规范海域中（基于习惯法）的历史性权利。所以，菲方律师辩称：

---

① https：//treaties. un. org.

② "2016年裁决"，第278段。

③ 第56条第一款第（a）项："以勘探和开发、养护和管理海床上覆水域和海床及其底土的自然资源（不论为生物或非生物资源）为目的的主权权利，以及关于在该区内从事经济性开发和勘探，如利用海水、海流和风力生产能等其他活动的主权权利"。

④ "南海仲裁案"管辖权与受理性问题庭审记录，第一天，第17页：https：//pca－cpa. org/en/cases/7。

"争议本质在于：中国声称其在南海享有'历史性权利'，该权利受到其国内法和普遍国际法保护，并存在于《公约》范围以外。中国认为这些'历史性权利'不仅赋予其对远超过《公约》疆界的水域的排他性主权权利和管辖权，甚至其历史性权利取代了、且在事实上废除了包括菲律宾在内的其他国家在《公约》赋予了合法权益的区域内的权利。"①

菲律宾认为《公约》是海洋权益、权利和义务的"唯一渊源"，对于"与《公约》明文规定抵触"的、基于历史性权利的主张，《公约》"排除这类主张并将其视作非法"；② 中国从未主张过包括历史性所有权或历史性海湾在内的历史性权利，且《公约》第298条第1款第（a）项并不包含"历史性权利"这一用语。③ 在"2016年裁决"中，仲裁庭全面接受了上述说法。④

菲方和仲裁庭的观点存在明显问题。本文只讨论一个，⑤ 也是本节的中心问题：中国主张过历史性权利，其中包括符合"历史性所有权"概念的领土主权主张。中国立场可以从（至少）两个方面来论述。

2. 中方在南海诉求的双重内涵

作为一个类别概念，"历史性权利"具有双重含义，既可指中国对南海中岛屿和其他地物所拥有的领土主权，也可能指比主权范围更广泛的海洋权利。仲裁庭在"2016年裁决"中也承认了这一点。⑥ 如果"历史性权利"一词被理解为包括"历史性领土主权"，⑦ 则与该仲裁相关的争端将落在管辖权之外，甚至可以说，这样的争端被排除掉是有双重理由的：《公约》无权处理领土主权的归属（除了领海和群岛水域）；《公约》不规范"历史性权利"这一类权利的实体内容。

---

① "南海仲裁案"管辖权与受理性问题庭审记录，第一天，第26—27页。

② 同上注，第27页。

③ 同上注，第二天，第70页。

④ "2016年裁决"，第229、278段。

⑤ 其余问题可参见：Sophia Kopela, "Historic Titles and Historic Rights in the Law of the Sea in the Light of the South China Sea Arbitration", (2017) 48 *Ocean Development and International Law* 181, pp. 181—207.

⑥ "2016年裁决"，第225段。

⑦ 对此还有另一个看法，即第298条下的"历史性所有权"（historic title）从字义解释来看，不一定就排除了它包括非主权历史性权利："Gioia文"，第18段。"所有权"可以适用于领土，也可以适用于其他资源。那么，这个词组与"historic rights"内涵与外延上完全重合，可以互换。若此，"历史性权利"在英文里实际上有两个表示方法：historic titles/historic rights. 再推论的话，第298条允许缔约国从强制管辖权下排除任何有关历史性权利的争端。那么，中国政府在2006年向联合国秘书长提交的第298条声明就可以排除本案仲裁的管辖权了。Gioia的说法并非没有道理：《1962年秘书处研究报告》第43段（持肯定态度引用了Gerald Fitzmaurice发表在1953年卷的《英国国际法年刊》上文章中的说法）。

这里的推理是这样的："九段线"在其范围内囊括了中国对南海岛屿的历史性领土主权和在南海水域中的其他非领土主权的历史性权利的主张；这两类权利构成中国在南海权益的有机组成部分，为其一贯实践所证实；如果《公约》对领土主权问题没有规定——实际上也确实没有，那么此问题不是《公约》解释的问题，第 15 部分第二节下的强制管辖权就可能不适用。为避开这一结果，仲裁庭提出了一个超越管辖权范围的说法，使得整个案件的管辖权争辩成为多余程序。

在"2015 年裁决"里，仲裁庭这样评论"历史性权利"与管辖权的关系：

"中国主张的权利似乎是基于历史性权利，中国声称这些权利独立存在于《公约》之外并且为《公约》所保留，但这［一观点］并不妨碍存在与《公约》的解释和适用相关的争端……有关《公约》和其他文件或法律间关系的争端，包括《公约》是否保护产生于其他法律下的权利［这一问题］，毫无疑问是与《公约》解释和适用相关的争端。①"

裁决总结道，"菲律宾的第一项诉求要求仲裁庭考虑中国对南海所主张的历史性权利的效力，以及该等权利与《公约》条款间的关系。这是一项关于《公约》解释和适用的争端。"②

这一结论的问题在于，如果仅仅坚持"与《公约》的解释或适用相关"这一判断标准来建立管辖权的话，大量争端可能会落入《公约》下强制管辖权范围之内。③ 例如，依据上述观点，当争端的存在影响到《公约》规则的适用时，它们就可能被提交至《公约》下的法院或法庭接受管辖。这个看似合理的观点事实上有着荒谬的逻辑。当争端与《公约》的解释或适用相关时，该争端才可能落入《公约》的管辖权范围之内，这是一项必要条件，但并非充分条件。如果一项争端不仅与《公约》的解释或适用相关，还与其他条约的解释或适用有关，则可能超出《公约》解释或适用的范围；否则，许多国家将发现他们会被卷入无谓的众多法律诉讼之中。

3. 《公约》文本中的"历史性所有权"

《公约》第 298 条第 1 款第（a）项规定了"历史性所有权"。在 2015 年 11 月 24 日的当庭陈述时，菲方律师讨论了中国在历史性权利方面的主张，其前提有二："历史性权利"与《公约》中的主权权利和管辖权相关，而与领土主权无

---

① "管辖权与可受理性裁决"，2015 年 10 月 29 日（以下简称"2015 年裁决"），第 168 段。

② 同上，第 398 段。

③ 争端落入《公约》第 15 部分法院或法庭管辖权范围之内的要求是"或"的关系（disjunctive），即它或有关《公约》的解释，或有关《公约》的适用：比较第 279 条、286 条、287 条和 288 条。

关；"历史性权利"主要是对声称该权利存在区域（比如"九段线"内的区域）内的生物及非生物资源享有的专属权利。① 另外，在菲方看来，中国实践中存在"历史性所有权"和"历史性权利"的用语区别，而针对后者的主张并未被《公约》第298条从强制管辖权中排除掉。② 再有，考虑到第298条的措辞，"历史性权利"是否包含"历史性所有权"的问题由第288条第4款决定，即仲裁庭具有管辖权来回答上述问题。③ 随后，菲方律师主张：在《公约》通过之前，国际法只承认对邻近海岸的海域所主张的历史性权利，如果《公约》允许上述主张继续存在，就应该包含明确的许可性条款；④ 中国的历史性权利的主张仅仅在所有南海周边国家都已成为《公约》缔约国后才可能出现。⑤

果然，"2016年裁决"认定，"根据中国的行为，仲裁庭认为中国所主张的是对'九段线'内生物和非生物资源的权利，但（除由岛屿所形成的领海外）中国并不认为"九段线"内的水域构成领海或内水的一部分。"⑥ 接着，仲裁庭通过考察"历史性所有权"一词在海洋法发展过程中的演进，对《公约》第298条第1款第（a）项的措辞进行解释，⑦ 并得出结论："历史性权利可以包括主权，但同样可以包括更为有限的权利，如捕鱼权或通过权等低于主权主张的权利"。⑧ 因此，"历史性所有权"的用语限定适用于对陆地或海域的历史性（领土）主权。⑨ 仲裁庭援引了中国官方声明；这些声明的法律基础并不是《公约》，而是强调历史性权利与《公约》并行的情况。⑩ 在这里，仲裁庭的方法是将中方在南海的历史性权利主张的提起时间推迟到2009年，即针对马来西亚和越南在那一年联合向大陆架界限委员会提出的南海外大陆架界限申请，中方向联合国秘

---

① "南海仲裁案"实体问题庭审记录，第一天，第15页。
② 同上注，第41页。
③ 同上注，第45—46页。
④ 同上注，第60—61页，第65—66页，第69页。
⑤ 同上注，第72—73页。
⑥ "2016年裁决"，第214段。
⑦ 同上，第218段。
⑧ 同上，第225段。
⑨ 同上。
⑩ 同上注，第207—214段。

书长提出的两份外交抗议照会。① 在这里，可以看到《1962 年秘书处研究报告》提出的三个标准的影响；② "2015 年裁决"暗示、"2016 年裁决"判决：中方的历史性权利范围直到 2009 年才明确昭告，从此受他国挑战。③ 这也解释了为何仲裁庭在此问题上只引用了三个中方实践的例子，④ 两个发生在 2012 年，一个发生在 2015 年。

所以，仲裁庭的做法不仅把"九段线"作为中方在南海历史性非主权权利主张的决定性证据，⑤ 而且把它局限于一个不可能实现历史性权利的时间限度里：2009 年至 2013 年。

问题是，中方从未承认 2009 年是其历史性权利的起始点，这一点在仲裁庭所倚重的、被视为中国政府抗辩的 2014 年《立场文件》中就已被否认。⑥ 更为重要的是，中方的历史性权利（包括历史性领土主权）即使从 1947 年算起到"南海仲裁案"立案，也已存在超过 60 年的时间，而菲律宾从未抗议过；⑦ 而且，中国的"历史性领土主权"的公示，即使从 1948 年至 1951 年起算，也不意味着中国在每一个新国家出现在南海地区时都去对之进行宣示这一立场，相反，对此感到利益相关的新国家自己需要保持注意，⑧ 因为是新国家在进入既有的国际关系秩序之中，而不是这一秩序去无限制地满足新国家的要求。说到根本，仲裁庭的判断完全忽视了自己曾承认的观点：中国在南海的历史性权利并不依靠

---

①　中国驻联合国代表团致联合国秘书长照会：CML/17/2009 和 CML/18/2009，2009 年 5 月 7 日，联合国网站，https：//www.un.org/depts/los/clcs_new/clcs_home.htm，最后访问时间：2020 年 1 月 19 日。菲律宾也在那一年参考《公约》修改了本国法律："Republic Act No 9522—An Act to Amend Certain Provisions of Republic Act No 3046, as Amended by Republic Act No 5446, to Define the Archipelagic Baselines of the Philippines, and for Other Purposes", 10 March 2009, in：United Nations, Division for Ocean Affairs and the Law of the Sea, *Law of the Sea Bulletin*, No. 70 (2009) 32. 但是，菲律宾针对中方上述的照会所作出的反应发生在 2011 年 8 月 4 日，联合国网站，http：//www.un.org/Depts/los/clcs_new/submissions_files/mysvnm33_09/phl_re_chn_2011.pdf，最后访问时间：2020 年 1 月 19 日。

②　"2016 年裁决"，第 275 段（提出三个标准：宣告；其他国家默认；足够长的时间）。

③　同上注，第 164 段，第 275 段。

④　同上注，第 207—214 段。

⑤　同上注，第 232 段。这与仲裁庭早些时候的说法不一致：第 207 段。但结论里再次调回第 232 段的立场：第 278 段。

⑥　《中国政府立场文件》，第四段。

⑦　相反，存在着中方对菲方持续重申自己立场的证据，比如 1956 年"克洛马事件"后的中方声明：Zhiguo Gao and Bing Bing Jia, "The Nine-Dash Line in the South China Sea：History, Status and Implications", (2013) 107 *American Journal of International Law* 98, p. 103. 还可参见贾兵兵：《〈联合国海洋法公约〉争端解决机制研究：附件七仲裁实践》，清华大学出版社 2018 年版，第 44—45 页。

⑧　*Fisheries Case* (*UK* v. *Norway*), Judgment of 18 December 1951, ICJ Reports 1951, p. 116, at 138—139.

"九段线"而存在。进一步说，"九段线"是中国历史性权利的"浓缩"表象；中国的历史性权利可以独立存在于"九段线"之外。这个观点在其他地方已经讨论过了，① 中方证据也很多。②

本文在此指出，"2016 年裁决"并没有将"历史性所有权"适用于陆地的情形排除在外。③ 众所周知，中国的历史性权利的主张包括对南海中的岛屿以及其附近海域的领土主权主张；既然中方立场包括对南海岛屿的主权主张，那么已经可以满足《公约》第 298 条第 1 款第（a）项下"历史性所有权"的要求，从而引发中国政府 2006 年提交给联合国秘书长的排除性声明的适用（"2006 年声明"），④ 使得仲裁庭失去对本案的管辖权。另一方面，尽管《公约》承认由岛屿形成的领海，但这并不意味着其禁止缔约国在领海疆界内同时主张岛屿附近的历史性水域，⑤ 毕竟后来仲裁庭主张《公约》对领海宽度的延伸并不意味着消灭其中的历史性权利。本文第三小节会对仲裁庭所倡导的这一主张继续分析。

基于上述，中国在南海的历史性领土主权可以从两个维度剥夺仲裁庭的管辖权：领土主权问题不是《公约》的解释问题，而其对于《公约》适用的影响，则必须解决海洋划界这一前提问题，引发中国政府"2006 年声明"的排除作用；或者，领土主权问题符合《公约》第 298 条第 1 款第（a）项下"历史性所有权"的要求，从而通过"2006 年声明"排除了第 15 部分第二节下的强制管辖权。

本文还需提一下《公约》第 293 条对《公约》下强制管辖权的影响。这一条款要求《公约》下的法庭或法院应适用"其他与本公约不相抵触的国际法规则"，那么，如果基于其他国际法规则的权利要求或主张与《公约》相抵触，⑥ 仲裁庭在第 293 条下似乎无权适用例如习惯法中有关历史性权利的规则。限于篇幅，在这里不展开对这一点的讨论。

---

① Zhiguo Gao and Bing Bing Jia, "The Nine-Dash Line in the South China Sea: History, Status and Implications", (2013) 107 *American Journal of International Law* 98, 第 103 页以及前后几页。

② 同上注（提到了 1951 年中国外交部部长周恩来关于美英对日和约草案及旧金山会议的声明，其中并没有提及"断续线"——"九段线"的前身，但是提到了接近历史性权利的说法）；还可看：中国外交部文件，《中国对西沙群岛和南沙群岛的主权无可争辩》，《人民日报》，1980 年 1 月 31 日，第一版（第一节用了"西沙群岛和南沙群岛自古以来就是中国的领土"的标题）。

③ "2016 年裁决"，第 266 段。

④ https://treaties.un.org.

⑤ 《公约》第 15 条规定，"但如因历史性所有权或其他特殊情况而有必要按照与上述规定不同的方法划定两国领海的疆界，则不适用上述规定"。

⑥ "2016 年裁决"，第 261 段。

（三）历史性捕鱼权

在"2016 年裁决"中，仲裁庭承认了"传统捕鱼权"在有限范围内的继续存在。这一概念在仲裁案中的作用比较有限，但实际上是可以发挥更为突出的作用的，特别是对可受理性问题的影响。

在"南海仲裁案"中，传统捕鱼权被仲裁庭视为私人权利，与"历史性权利"相区别，后者被视为只是国家的权利。[①] 本文认为，这种分类导致了仲裁庭对捕鱼权这一问题在本案事实背景下所含蓄的潜力未做探究，否则会导致案件实体内容的改变。在本文中"传统捕鱼权"与"历史性捕鱼权"这两个词组通用，其实，这类权利的行使往往表现为私人活动，一旦成为国际法下的权利，其消失或被取代就需要国际法下相应规则的认可，但如果国际法对此没有规范，通常此类权利继续存在。这里有必要简要回顾一下与历史性捕鱼权有关的案例。

在"厄立特里亚/也门仲裁案"中，仲裁庭这样认为：

"许多世纪以来盛行的状态，［包括］红海南部海洋渔业资源的传统开放性、该水域作为两岸之间通衢、两岸人民可以共同使用涉案岛屿，它们都是能够产生特定'历史性权利'的重要因素，这等'历史性权利'对双方均有利，经由历史性巩固的过程产生，属于某种尚达不到领土主权高度的'国际地役权'。"[②]

在仲裁庭看来，这些权利能够为红海两岸人民提供"维持存在了几个世纪的针对共有物特定权益的充分法律依据"。[③] 仲裁庭在认定双方对争议岛屿拥有领土主权的同时，还强调双方要"保留该地区传统的捕鱼制度"，具体说来，在裁决判给也门的岛屿附近，也门应当保留现有制度，即"厄立特里亚和也门双方的渔民能够自由利用和享有（渔业资源）"。[④] 这一判决符合双方在仲裁协定中的期待。[⑤] 仲裁庭并没有区分"历史性权利"（historic right）和"历史性所有权"（historic title），但正如上文所述，仲裁庭认为，在所包含的权利层次上，该案中的历史性权利尚达不到（历史性）领土主权的程度。

在 1982 年"大陆架案"中，国际法院认为，"历史性所有权必须如同长期

---

① "2016 年裁决"，第 798 段。
② "红海案裁决一"，第 126 段。
③ 同上注。
④ 同上注，第 526 段。
⑤ 同上注，第 525 段。1996 年 5 月 21 日，厄立特里亚和也门签署双边"原则协定"，决定通过另一协议设立一个仲裁庭，这份"原则协议"的第二条规定："有关领土主权问题，仲裁庭须依据可适用的国际法原则、规则和实践，以及特别是历史性所有权，予以裁决。"

以来那样得到尊重和保全。"① 法院所指的这些权利或所有权与地中海的洄游鱼类和定居种海生物相关,② 它并未就历史性所有权和历史性权利进行区别。在该案中,突尼斯提出的历史性捕鱼权问题并未影响其和利比亚的大陆架划界,③ 但该案显示了历史性捕鱼权在海洋权利语境下的相关性和重要性,因为法院在该案的特定情境下很有可能把此权利加以考虑——只要它对大陆架划界产生影响。

在 1984 年,国际法院 (分庭) 在 "缅因湾划界案" 中讨论了专属经济区与传统捕鱼权的关系问题。④ 在该案中,国际法院分庭并没有完全否定美国渔民的历史性捕鱼权;它承认,通过在缅因湾海域建立专属捕鱼区,美国和加拿大排除了其他国家渔民的捕鱼活动,⑤ 美国渔民对这一捕鱼区在使用上的支配地位不能转化为美国对加拿大管辖区域的主权;该判决规定的划界线并不包括赔偿划界后权利损失的效果,而如果经济利益 (例如捕鱼、勘探资源、安全等) 会对两国居民的生计造成灾难性后果,则经济利益很可能成为划界公平性的考虑因素。⑥ 所以,在该案中,虽然分庭认为无法给予历史性权利 (特别是捕鱼权) 以决定性权重,但并未对历史性权利在普遍意义上的存在与否作出结论;相反,它强烈暗示了会将这一权利加以考虑,前提是最终的划界结果会导致渔民生计受到灾难性的影响。本案清楚地表明,历史性捕鱼权会影响海洋划界,⑦ 或者说历史性捕鱼权是海洋划界所需要考虑的相关因素。

后续国际法院案例和仲裁实践中还有涉及传统捕鱼权的先例,但在对这一问题所作分析上不如前三个案例更有影响,在这里提一下后续案例是出于叙述完整的考虑,而需要注意的是,其对传统捕鱼权的态度是模糊的、甚至是负面的。⑧ 在 "卡塔尔诉巴林案" 中,国际法院承认在争议海域曾存在着各邻国渔民从事

---

① Continental Shelf (Tunisia/Libya), Judgment of 24 February 1982, ICJ Reports 1982, p. 18, para. 100.

② 同上注,第 98 段。

③ 同上注,第 105 段。

④ Delimitation of the Maritime Boundary in the Gulf of Maine Area (Canada/USA), Judgment of 12 October 1984, ICJ Reports 1984, p. 246, paras. 233 and 235.

⑤ 同上注,第 235 段。

⑥ 参见: L. Clain, "Gulf of Maine-A Disappointing First in the Maritime Delimitation of a Single Maritime Boundary", (1984-1985) 25 *Virginia Journal of International Law*, pp. 521—620.

⑦ 其他历史性权利影响划界实践的例子: "Symmons 书",第四章。

⑧ In the Matter of an Arbitration between Barbados and Trinidad and Tobago, Award of the Arbitral Tribunal, 11 April 2006; https://pca-cpa.org. 特别是第 269 段 ("基于当事一方国民在公海上的传统捕鱼活动来决定其与另一方之间如何划分海洋边界的做法极为罕见,条约和习惯法中很大程度上不存在对此原则支持。")。

捕捞珍珠活动，但是巴林渔民的捕捞活动本身并不构成"准领土（主权）权利"。① 不过，本案中渔民捕捞珍珠的生产活动早已在本案发生前半个世纪前就停止了，② 所以，虽然本案判决没有否定传统捕鱼权的存在，但是事实上这个权利早已消亡；而且，即使它未消亡，也对划界没有影响，因为它不专属于巴林。所以，它不仅对本案中划界问题没有影响，而且对传统捕鱼权的意义也仅停留在20 世纪上半叶。

上述案件叠加一起的效果是：历史性权利仍然独立存在。③ 这一点至关重要，因为国际法院的两个案例分别决定于 1982 年和 1984 年，正是《公约》通过后开放签字的这段时间，不仅法院考虑过《公约》相关条款的影响，而且争议国家都在这一问题上提出过自己的看法。在这一过程中，没有任何"历史性权利被《公约》取代"的说法出现过。

实际上，在"南海仲裁案"中，仲裁庭认为历史性权利在特定水域中依然存在，至少"历史性权利"这一概念对它来说还是有效的。在"2016 年裁决"中，仲裁庭认为，"在《公约》中加入这一条款［第 62 条第 3 款］证明起草者当时无意保留此类权利，因为，如果传统捕鱼权被保留在专属经济区之内的话，就完全没必要加入这一条款"。④ 与此相对，仲裁庭认为，"在领海内，《公约》继续了既存制度，没有做明显修改。《公约》创新之处在于接受了领海宽度为 12海里，但没有对实体内容进行发展。仲裁庭在其中没有看到任何意在改变私人取得权利的地方，并判定在这一区域里传统捕鱼权继续受国际法保护。"⑤

这里有三个问题需加分析：（1）第 62 条第 3 款是有关"历史性权利"的规则吗？（2）在领海内私人权利超越领土主权存在的意义是什么？（3）这两个问题对案件可受理性是否产生影响？

1.《公约》第 62 条第 3 款

上面已经对《公约》第 62 条第 3 款有所评述，在这里将考虑其与历史性权利的关系。第 3 款的作用是要求沿海国考虑（一下）传统捕鱼国的经济受传统捕鱼权变化的影响，但这一考虑不是决定性的：它不要求沿海国必须给予外国渔民在其专属经济区继续进行捕鱼活动的准入权。这一表述很难说是在描述一个历史

---

① Maritime Delimitation and Territorial Questions between Qatar and Bahrain（Qatar v. Bahrain），Merits, Judgment of 16 March 2001, ICJ Reports 2001, p. 40, paras. 235—236.

② 同上注，第 236 段。

③ 比如，《1962 年秘书处研究报告》第 37—38 段（指出"历史性水域"存在的必要性）。

④ "2016 年裁决"，第 804 段。

⑤ 同上注。

性权利，因为历史性权利作为国际法承认的权利，其存在带来其他国家在国际法下相应的义务，即后者必须尊重历史性权利的存在与行使。如果权利的行使取决于其他国家的同意，它已经丧失作为权利的基本性质。

如果说该条款只部分涉及历史性权利的话，那么该权利很可能不属于《公约》解释的问题，比如：需要适用习惯法而非《公约》的地方不属于《公约》文字的解释问题。更何况，对第 62 条的讨论不可避免地涉及其文字中"沿海国"这一词组的解释问题，而该问题是一个有关领土主权的问题，因为需要首先知道谁是沿海国，之后才能考虑其准入权法律是否符合第 62 条的问题；但有关主权的问题不是《公约》解释或适用的问题。①

2. 传统/历史性捕鱼权的地理范围

领海内私人权利是个较少被讨论的问题。"2016 年裁决"涉及私人传统捕鱼活动的权利。仲裁庭认为国际法中存在着对私人权利特别保护的传统，② 而且"历史性权利存在于领海中"与"其无法继续存在于专属经济区中"这两个说法并不冲突，只是反映了专属经济区制度出现时国际环境的特殊性。这个观点存在着问题。

其一，当代国际法中存在着"主权平等"的基本原则，③ 但是不存在"主权与私权平等"的说法，更不要说"私权超越主权"的可能。说到底，《公约》是多边条约，只接受国家（和国际组织）的批准、加入。个人或法人参与深海海底开发时也是需要缔约国赞助、支持和担保的。④

其二，如果某种私人权利在领海中长期存在，甚至只存在于领海之中，那么不管领海宽度是 3 海里也好，是 200 海里也好，它都有继续存在的理由。但是这样长期存在于领海中的权利在海洋法下只有一种，而且也是国家权利而非私人权利：即经过不同时代的多边条约、习惯法所确立起来的"无害通过权"；同时，外国船舶在无害通过时进行捕鱼活动是被明确禁止的⑤。所以，本文认为，在习

---

① "查戈斯海洋保护区仲裁案"（常设仲裁法院案件编号：2011-03），裁决，2015 年 3 月 18 日，第 221 段：https：//pca-cpa.org/en/cases/11/。

② "2016 年裁决"，第 799 段。

③ Declaration on Principles of International Law Concerning Friendly Relations and Co-operation among States in accordance with the Charter of the United Nations, Annex to United Nations General Assembly Resolution 2625 (XXV), 24 October 1970（这七个原则中就包括"主权平等原则"）。

④ 《公约》附件三，第 4 条第 3 款。还可参看《公约》第 139 条第 1 款。

⑤ 《公约》第 19 条第 2 款视"任何捕鱼活动"都为"有害"行为。这一点在海洋法中从来如此：Robin Churchill and Vaughn Lowe, The Law of the Sea (Manchester University Press, 3rd edn, 1999), p. 284. 另外，参看 1958 年《领海与毗连区公约》第 14 条第五款。

惯法下，"传统捕鱼权"从来就不存在于领海之中；而依靠与沿海国订立特别条约来维持这一权利的做法，在实践中几乎没有先例，除了我们已经讨论过的"红海仲裁案"。

其三，在"南海仲裁案"中，仲裁庭讨论传统捕鱼权的语境是黄岩岛水域内的捕鱼活动，特别是潟湖中的捕鱼活动。① 不妨先看一下仲裁庭的结论：

"通过其官方船舶自 2012 年五月起在斯卡巴罗礁［黄岩岛］的活动，中国非法阻止了菲律宾渔民在当地从事传统捕鱼活动。仲裁庭在这里注明：这一裁决对主权问题完全没有影响。"②

本文对该结论有两方面看法。其一，黄岩岛是中国领土，③ 假如④领海基线从环礁边缘向海划出，⑤ 那么基线之内为中国内水。《公约》对内水制度没有规定，但是在习惯法下，内水属于沿海国领土主权之内的观点是没有争议的，那么，中方阻止外国渔民在潟湖里捕鱼是《公约》或习惯法都允许的做法。裁决在这里存在着对主权归属的判断，⑥ 否则无法得出上述"中国违法"的结论。其二，因为该结论的前提是私人捕鱼权在领海里继续存在，但这一判断已经超越了仲裁庭的管辖权；如果不提主权归属，中方的执法活动是否违反国际法就成了假设的问题，没有实际意义，⑦ 从而引发了下面深层的讨论。

"2016 年裁决"对传统捕鱼权存续水域的认定，存在着悖论。裁决的相关判断如下：（1）"私人作坊"式捕鱼权属于传统在相关海域捕鱼的私人和社区；⑧（2）国际法保护私人权利，特别是在国际边界和主权观念发生变化的时候；⑨（3）在专属经济区里，传统捕鱼权被《公约》下这一制度取代了；⑩（4）但是，传统捕鱼权在《公约》第 2 条第 3 款下被融入了"其他国际法规则"之中，⑪ 从

---

① "2016 年裁决"，第 810 段。

② 同上注，第 814 段。

③ 国家海洋局海洋发展战略研究所：《中国的领土黄岩岛》，海洋出版社 2012 年版，第二章。

④ 这里不讨论也不影响黄岩岛作为中沙群岛组成部分的问题。如果考虑到中沙群岛作为整体的存在，那么这一问题就成了群岛水域的问题，而在这一水域中中国同样有权禁止外国渔民的进入。

⑤ 参看《公约》第六条。

⑥ "2016 年裁决"，第 811 段。

⑦ 同样的看法：Stefan Talmon, "The South China Sea Arbitration: Observations on the Award on Jurisdiction and Admissibility", (2016) 15 *Chinese Journal of International Law* 309, pp. 374—375.

⑧ "2016 年裁决"，第 798 段。"私人作坊式"的说法对应"artisanal"这个词；"2016 年裁决"在此借用了先例中的定义：The Second Stage of the Proceedings between Eritrea and Yemen (Maritime Delimitation), Award of 17 December 1999, 22 *Report of International Arbitral Awards* 335, paras. 105—106.

⑨ "2016 年裁决"，第 799 段。

⑩ 同上注，第 803 段。

⑪ 同上注，第 808 段。

而使得此权利得以在领海中继续存在。对这一论理，反驳如下：

其一，《公约》下领海与专属经济区的两个制度，都造成了海洋边界的变化：前者体现宽度的拓展上，后者体现在全新的专属海域的建立上。没有道理认为在仲裁庭看来充满神秘的私人权利仅仅可以在领海里存续，因为其所倡导的私人权利同样可以在专属经济区里存在，仲裁庭为此所依靠的《公约》第2条第3款与第58条第2、3款相呼应，后者也提到了其他相关的国际法规则，那么后者是否也吸纳了传统捕鱼权？再有，假如（领海）主权无法消除私人的历史性捕鱼权，为什么在规格、程度上次于主权的专属经济区权利可以消除这一历史性权利？是否专属经济区制度下必须有明确的条款来宣告这一消除的后果？最后，特别要考虑到《公约》的制度对第三国来说没有拘束力这一事实，想象一下：相关缔约国完全可以从第三国（非缔约国）的手中买到后者渔民从沿海国专属经济区里捕捞的鱼，而不会违背《公约》下缔约国的义务。

其二，传统捕鱼权在习惯法中是否作为实在法规则而存在是个未决问题，仲裁庭仅仅简单提及3个案例就作出肯定的回答完全没有说服力，[①] 除非各国能接受法官/仲裁员"创造"实体法的说法。

其三，第62条第3款是一个适用于缔约国（而非个人）的条款，那么它实际上不规范传统捕鱼权；如果出现了挂"方便旗"的外国船舶在专属经济区里捕鱼的情况，连这一条款都无法有效执行。

其四，《公约》第2条第3款规定："对于领海的主权的行使受本公约和其他国际法规则的限制。"仲裁庭认为，"传统捕鱼权构成固有权利，仲裁庭认为保护这一权利的国际法完全落在'其他国际法规则'的范畴之内，在领海之内适用。"但是正如上面已经讲到的，捕鱼活动已经不是无害通过行为，那么是否《公约》第2条第3款不包括习惯法和《公约》中的"无害通过权制度"（和其中对所有船只都适用的捕鱼禁令）？

更深层的问题是，如何说明国际法下的私人权利（比如传统捕鱼权）超越（比如领海中的）主权？个人权利在第二次世界大战后有了长足的进步，这是不争的事实。不过，迄今为止，个人无法如同国家一样参与国际法的制定，也是个事实；更不用说个人无资格参加国际法的执法或司法活动。本文对此不作深究，但是会在下面考虑这一问题所带来的后果。

3. 可受理性问题

提出这个标题的原因在于，如果私人权利没有成为国家外交保护措施的对

---

① "2016年裁决"，第799段。

象，将保持其私有性质，否则，必会带来"用尽当地救济"的问题。《公约》对此原则予以承认，第295条这样规定：

"缔约国间有关本公约的解释或适用的任何争端，仅在依照国际法的要求用尽当地补救办法后，才可提交本节规定的程序。"

这一点在2016年后的研究中很少有人涉猎。① 在"南海仲裁案"中，菲律宾的诉状没有提及这一条款；"2015年裁决"和"2016年裁决"也就乐得不予理睬。仲裁庭特别强调，它所讨论的历史性权利是私人权利，而不是国家权利，② 但问题是，假设菲律宾渔民拥有历史性捕鱼权，而在仲裁庭看来，这一私人权利的行使被中国政府船舶所阻碍而引发国家责任，③ 那么，一个私人权利怎么才能成为菲律宾政府的第10项诉讼请求呢？

"外交保护"这一机制对于本节的关键作用在于，一旦当地救济方式没有穷尽，那么就不能把争议提交给《公约》授权去解决该争议的国际司法、仲裁机构进行审理。在第295条下，第15部分第二节下的强制管辖权属于次级规则，在任一涉及《公约》解释或适用案件中，优先适用的是第295条下的程序。④

对于有关外交保护的法律，现在的认知水平基本反映在国际法委员会2006年的条款草案中（以下简称"2006年条款草案"），⑤ 尽管这一草案尚未被转化为条约或其他文件。⑥ 在"2006年条款草案"中，第1条（外交保护定义）和第14条（用尽当地救济）都反映习惯法中的做法。⑦ 第1条的主要内容是因某国的国际不法行为而受伤害的个人或法人的国籍国，通过外交或其他和平方式，提起前者的国际责任，并意图使责任得到履行；第14条规定，只有在相关个人或法人用尽当地救济后，国籍国才能就这一伤害的指控提起国际诉讼。第15条列举了5个不需用尽当地救济的情况。

---

① 比如对"2015年裁决"作出相当全面分析的Stefan Talmon，"The South China Sea Arbitration: Observations on the Award on Jurisdiction and Admissibility"，(2016) 15 *Chinese Journal of International Law* 309, pp. 328—329, 372—375.

② "2016年裁决"，第798段。

③ 同上注，第810段。

④ Bing Bing Jia, "The Issue of Admissibility in Inter-State Arbitration", in: Stefan Talmon and Bing Bing Jia (eds.), *The South China Sea Arbitration: A Chinese Perspective* (Hart Publishing, 2014), pp. 107, 130.

⑤ 参看联合国大会决议第62/67号，2006年12月6日（第一次邀请成员国政府对条款草案提意见）。

⑥ 参看联合国大会决议第71/142号，2016年12月19日（再次向成员国政府推荐该草案，并邀请它们提出建议，以便国际法委员会可以将之转化为条约或其他文件）。

⑦ *Ahmadou Sadio Diallo* (*Republic of Guinea* v. *Democratic Republic of the Congo*), Preliminary Objections, Judgment, ICJ Reports 2007, p. 582, paras. 64 and 95.

在适用"用尽当地救济"规则的典型案例中，国际法院就曾指出：

"在国际诉讼程序开始前用尽当地救济的规则，是已经确立的习惯法规则。当一个国家接手其国民因为权利受另一个国家以违反国际法方式加以忽视的求偿请求时，一般都需要遵守这一规则。在求助于一个国际法院之前，有必要给伤害发生地国一个机会，在其本国法律体系中、采取其自我选择的方式来纠正错误。"①

法院当时特别强调，这一问题是可受理性问题，尽管美国政府在提出这一抗辩时视之为管辖权问题。②

在"南海仲裁案"中，没有证据显示菲律宾渔民曾经寻求过中国国内法院的救济，来解决被禁止进入黄岩岛潟湖捕鱼的问题。虽然第 295 条属于《公约》第 15 部分第二节之内，因而有关其解释或适用的争端受第 287 条下相关法院或仲裁庭的管辖，③ 但是至少它可以构成初步反对意见之一。另一方面，诉讼相关当事方未引用这一条款，并不意味着仲裁庭同样有权忽视它，特别是在相关当事方之一拒绝出庭的情况下。④ 所以，"2016 年裁决"对此问题缄口不提的做法与国际法院的实践存在较大差距。⑤

在案例法中，存在着个人权利与国家权利并存，而国家为自己的利益受损而提起国际诉讼的情况。对此，"2006 年条款草案"第 18 条规定：

"船员国籍国行使外交保护的权利，不受船舶船旗国为此类船员——无论船员的国籍为何——因为针对船舶的国际不法行为所受伤害而要求救济这一权利的影响。"

在"北极日出号仲裁案"中，仲裁庭依照此条款，考虑了荷兰政府提出的外交保护请求，但由于仲裁庭已经在裁决中其他地方确立了荷兰政府提起俄罗斯

---

① *Interhandel Case（Switzerland v. USA）*, Judgment of 21 March 1959, ICJ Reports 1959, p. 6, 27.

② 同上注，第 26 页。

③ 参见《公约》第 288 条第 4 款。

④ 参见《公约》附件七，第 9 条："……仲裁法庭在作出裁决前，必须不但查明对该争端确有管辖权，而且查明所提要求在事实上和法庭上均确有根据。"鉴于这一条与《国际法院规约》第 53 条的关系，这里的"管辖权"被视为包含了可受理性问题：Hans von Mangoldt and Andreas Zimmermann, "Article 53", in: Andreas Zimmermann, Christian Tomuschat, Karin Oellers-Frahm, Christian Tams. (eds.), *The Statute of the International Court of Justice: A Commentary* (Oxford University Press, 2ⁿᵈ edn., 2012), p. 1344.

⑤ 在"人质案"中伊朗未出庭的情况下，国际法院在判决中说，"依据其职责所在，法院认为有必要考它对本案的决定权，或本案的可受理性是否受到联合国秘书长于 1980 年 2 月 20 日设立委员会这一事件的影响"：*United States Diplomatic and Consular Staff in Tehran（USA v. Iran）*, Judgment of 24 May 1980, ICJ Reports 1980, p. 3, para. 39. 仲裁庭对国际法院案例的依赖是众所周知的。

国家责任的资格，所以认为没必要再利用这一请求去达到同一结论。[①] 在该案中，仲裁庭将荷兰这一请求视为可受理性问题。

但是，在"南海仲裁案"这一同样涉及国家责任问题的案件中，菲律宾并没有提起作为船旗国的诉讼，其第 10 项请求宣称"中国非法阻止菲律宾渔民在斯卡巴洛礁〔黄岩岛〕从事传统捕鱼活动"，[②] 而其诉状中相关部分是围绕这一请求展开的。再有，菲律宾作为《公约》缔约国，并没有提起过《公约》第 292 条程序下的"迅速释放"诉讼，而这类诉讼确实构成"用尽当地救济"规则的例外。[③] 可以说，上述案件先例中提到的条件在"南海仲裁案"中都未能满足。那么结论只能是：本案涉及外交保护的部分，出现了忽视第 295 条规则的纰漏。

（四）结论

本文对历史性权利的问题和法律现状进行了考察，从中理出如下结论，并在对之列举时予以适当评论，体现在"（）"内，为嗣后研究打下基础：

一、历史性权利包括历史性领土主权和非主权性权利两类（在这里存在着"《公约》谈判国是否明确接受这个分类"的问题）。

二、历史性领土主权或历史性所有权的确立，首先取决于一个"自古以来"的渊源；如果不存在其他合理主张与之竞争的话，应视为完全确立（这是一个有争议、但有说服力的领土取得的特殊方式，只适用于历史证据古老、清楚、连续、具有证明力的情况，属于现代国际法下领土取得方式之外的方式，于 17 世纪之前就已存在，虽然它也表现为主权或类似主权权力的行使，但行使的程度不需要达到现代国际法中占领或时效方式中对行使这种权力的要求）。

三、如果在当今条件下，历史性领土主权或历史性所有权的主张面临其他合理主张的竞争的话，相关方面都需要提供和平、持续占有的历史证据，证据优越者的主权主张胜出（在这种情况下，历史性权利与占领和时效紧密联系在一起，占有时间长短是必要条件，但更重要的是存在和平、持续、有效的治理行为；当然，存在竞争的主权需要符合包括《联合国宪章》基本原则在内的当代强行法

---

① "北极日出号仲裁案"（荷兰诉俄罗斯）（常设仲裁法院案件编号：2014-03），实体问题裁决，2015 年 8 月 14 日，第 178—179 段（其中引用 M/V "SAIGA"（No. 2）(Saint Vincent and the Grenadines v. Guinea), Judgment of 1 July 1999, ITLOS Reports (1999) 10, para. 107）。

② "2015 年裁决"，第 101 段；第 407 段。

③ M/V "SAIGA" (No. 2) (Saint Vincent and the Grenadines v. Guinea), Judgment of 1 July 1999, ITLOS Reports (1999) 10, paras. 105—106.

的要求，否则不构成竞争性主权）。

四、中国在南海的历史性权利主张既包括历史性领土主权，主要是对岛礁和附近水域，也包括其他非主权的历史性权利，这一立场不能被分裂为两种权利来进行分析（这一立场的长期存在可以直接屏蔽掉《公约》第 15 部分第二节下的强制管辖权，或引发中国政府"2006 年声明"的适用；假设中国的历史性权利成型于 1935 年的话，"九段线"只是中国从来在南海系统行使主权权力的表象之一；嗣后中国实践的一贯性从没有被打断过，2009 年中方与马来西亚和越南、2011 年与菲律宾就此问题的交锋并不能掩盖这一特点，而这一特点所依据的事实，能够构成历史性权利的重要因素；可以说，中国在南海的一贯实践对国际法中历史性权利的实践作出了重要贡献）。

五、"历史性捕鱼权存在于领海内、但不存在于专属经济区之中"的说法，没有习惯法基础，也非《公约》所宣示的内容，属于"法官造法"的例子，其有效性完全取决于嗣后国家实践的认可或否定。

六、即使依照"南海仲裁案"裁决的思路，历史性捕鱼权也面临着与习惯法和《公约》下共同承认的"无害通过权"制度的重大挑战；其在专属经济区里的存在，受专属经济区地理位置的影响，比如半闭海，因此很难一概而论（如果历史性权利就是普遍性法律规则的例外的话，后者是否能取代前者需要明确的证据——比如多边条约里的明示条款）。

七、"南海仲裁案"裁决对"用尽当地救济"规则的漠视，造成法律上的错误（历史性捕鱼权即使真的在领海中存在，对其的"妨碍"也首先涉及个人权利，不涉及其国籍国权利，依照《公约》第 295 条和习惯法，国籍国都不能越过"外交保护"制度中上述根本性规则，造成"越俎代庖"的事实）。

二、变迁中的"航行自由"和非缔约国之"行动"①

张新军②

（一）前言

近年来美国在南海频繁实施"航行自由行动"（Freedom of Navigation Operations，以下简称"行动"），备受关注。美国的"航行自由行动"是对其"航行自由计划"（Freedom of Navigation［FON］Program，以下简称"计划"）的实施，③后者的目的，是在全球范围的不同海域，意图性、系统性地挑战和制约美国所声称的"过度海洋主张"。"航行自由行动"，在传统的外交抗议之外，主要依托美国海、空军的全球投放能力完成，因此在手段上具有鲜明的武力展示之特征。"航行自由计划"在挑战对象上采用"过度海洋主张"这一相对中性的措辞，与"行动"的强硬形成鲜明对比。

在法律层面，围绕航行自由"行动"和"计划"的讨论主要涉及两个方面的问题。首先是实体上有关航行自由及航行权利的解释或适用上的问题。中国学者认为，由于《联合国海洋法公约》（以下简称《公约》）有关规定本身的模糊不定，美国的解释并不是唯一正确的。因此对于所谓"过度"的指责也是没有道理的。④ 上述研究往往限于与我国有关的个案（如美军"航行自由行动"在我国专属经济区以及南海岛礁附近海域的实施）引发的问题，并不涉及对其他"过度海洋主张"指责的评价（如海峡的过境通行权、群岛水域的群岛水道通行

① 本文发表在《南大法学》，2020 年第 4 期（总第 4 期）。本文写作得到科技部国家重点研发计划重点专项项目"海洋划界决策支持系统研发与应用"第一子课题"国际海洋划界实践的法理分析"（课题号：2017YFC1405501）资助。

② 张新军，清华大学法学院教授。

③ "过度海洋主张"已经成为"航行自由计划"难以割舍的一个部分。对两者关系系统性的论著见：J. Ashley Roach and Robert W. Smith, *Excessive Maritime Claims*, Third Edition, Maritinus Nijhoff Publishers, 2012. 这两位作者是参与"计划"设计的美国国务院的前官员。

④ 参见包毅楠：《美国"过度海洋主张"理论及实践的批判性分析》，载《国际问题研究》2017 年第 5 期，第 111—112 页；王冠雄：《美国军舰航行自由行动：法律与政策的冲撞》，载《南海学刊》2018年第 4 期，第 64—72 页。

权的问题）。① 事实上，有些学者也指出，随着时间的推移和利益的变化，我国对"计划"涉及的其他个案的海洋主张，可能出现立场上的变化。② 其次是对于武力展示的"行动"本身的合法性判断，及其实施在规范形成上的意义。在美国学者近年的研究中，有的通过观察"计划"实施对象立场是否改变，认为"计划"缺乏实际效果；③有的将"计划"中的军事行动和外交抗议、交涉等行为相比较，认为前者在规范形成上并无必要。④

笔者认为，在第二次世界大战后的海洋法发展上，航行自由制度中的组成规范，形成和发展于不同时期，并且大多在条约和习惯法上同步共进。因此，实体规范的解释不能无视解释对象（规范）的动态特征。在对"计划"所指"过度海洋主张"进行评价时，《公约》无疑是核心内容。但考虑到"航行自由"的动态特征，"计划"和"行动"在规范形成和发展上的意义和问题均值得探讨。

本文紧接着围绕战后海洋法秩序发展中的航行自由和通行权制度，讨论航行自由的三个方面的规范发展，展示初步的评估框架。然后对照三个方面的规范发展和《公约》上的相关制度，明确与"航行自由计划"所称"过度海洋主张"相对的《公约》中有关航行自由规范，并在条约解释论上做进一步讨论。最后讨论"航行自由行动"的单方军事活动的定性以及"行动"在航行自由规范上的意义和问题点。《公约》条文的模糊和习惯法的发展对条约解释的影响，使得《公约》出台后的国家实践对规范的解释具有重要意义。然而，值得注意的是，美国作为《公约》非缔约国，其国家实践在解释上具有局限性。而对象国的反应，则对与习惯法具有同一内容的条约规则的解释具有重要意义。

---

① 如包毅楠在批判美国关于"过度海洋主张"的指责时敏锐地指出，美国通过自创《公约》上并不存在的所谓"国际水域"，为其航行自由行动张目，进而将批判的重心放在有关专属经济区的航行和上空飞越等问题上。但对于"航行自由计划"实施于用于国际航行的海峡及群岛水域的问题上，不仅未见该文的批评，反而是认为美国在这些问题上的立场有一定的合理性。参见包毅楠：《美国"过度海洋主张"理论及实践的批判性分析》，载《国际问题研究》2017 年第 5 期，第 111—113 页。

② 袁发强：《航行自由制度与中国的政策选择》，载《国际问题研究》2016 年第 2 期，第 99 页；《国家安全视角下的航行自由》，载《法学研究》2015 年第 3 期，第 207 页。

③ Joshua L. Root, "The Freedom of Navigation Program: Assessing 35 Years of Effort", Syracuse Journal of International Law and Commerce, Vol. 43, 2016, pp. 347—351.

④ Ryan Santincola, "Legal Imperative: Deconstructing Acquiescencein Freedom of Navigation Operations", National Security Law Journal, vol. 15, 2016-2017, pp. 83—95; William Aceves, "The Freedom of Navigation Program: A Study of the Relationship between Law and Politics", Hastings International and Comparative Law Review, vol. 19, 1995, p. 318.

（二）战后海洋法秩序发展中影响航行自由的三个方面的规范的发展

在历史发展上，航行自由是公海自由的一部分。公海自由是国际法历史发展上被广泛承认的国际法原则之一，且长久以来就被认为是国际习惯法。1958年《日内瓦海洋法公约》中的《公海公约》的序言明确指出，公约内容是对既存国际法原则的一般宣示。然而，《公海公约》中的公海自由——公海的航行、捕鱼、铺设海底电缆管道、上空飞越这四大自由——并不是绝对或无条件的，其行使受到该公约条款和其他国际法规则规定的条件的制约，而且必须顾及其他国家行使公海自由时的利益。[①] 这一时期的公海航行自由存在两个方面的限制和一个方面的保障。

第一是对公海航行自由在事项上的限制。即使在公海上，这一时期大量有关防止海洋污染、规范海上交通的国际法规则对航行自由的行使构成条件制约；导致环境损害的公海航行自由的行使也将构成对《公海公约》上"适当顾及其他国家行使公海自由之利益"这一义务的违反。[②]除此以外，对于公海航行船舶从事的某些事项（海盗、贩卖奴隶、国籍伪装），外国军舰可以进行登临检查；外国军舰及公务船的紧追可以延续到公海。[③] 由此可见，《公海公约》所体现的习惯法上的公海航行自由，即使在这一时期也不是绝对的，其行使受到相关事项上的条件的制约。

1982年《公约》保留了在传统的公海非船旗国管辖事项。[④]《公约》有关海洋环境保护的第十二部分，一般性规定了缔约国有保护环境的义务。[⑤] 如果这种一般义务在实践上被解释为缔约国在公海对造成海洋污染的非本国国籍船舶可以

---

① 《公海公约》第2条。

② Ruth Lapidoth, "Freedom of Navigation and the New Law of the Sea", *Israel Law Review*, vol. 10, 1975, pp. 466—467.

③ 《公海公约》第20条，第23条。

④ 公海秩序以船籍国管辖为原则（《公约》第92条第1项）。但同样保留了军舰对海盗、贩卖奴隶、国籍伪装等非本国船舶的登临及持续至公海的紧追（见《公约》第99条—第111条的规定）。

⑤ 《公约》第192条（一般义务，未限制适用海域）。

采取措施的话，① 公海航行自由必然也会受到影响。② 此外，安理会决议下的制裁措施在公海的实施，由于宪章义务优先，也会影响被制裁国公海航行自由的行使。③

第二是公海航行自由的行使受到沿海国在其领海外行使其他权利或管辖权的影响。根据 1958 年《领海及毗连区公约》（以下简称《领海公约》），沿海国在领海④之外的毗连区可以为了防止和惩治违反其海关、财政、出入境或卫生规章的行为而执行管辖。⑤ 1982 年《公约》在毗连区保留了沿海国上述四项执行管辖内容。⑥

除此之外，1958 年《大陆架公约》规定了沿海国对大陆架资源开发的权利。和毗连区一样，尽管大陆架上覆水域在地理上仍然属于《公海公约》字面上的公海范围，但公海航行自由的行使必须容忍沿海国在开发大陆架时对航行自由的合理的限制。同时，《大陆架公约》明确规定"探测大陆架及开发其天然资源不得使航行……受任何不当之妨害"⑦，并就大陆架开发之必要设置和装置，规定了不得妨害航行的具体措施，如不得拥有领海、不得设置海上通道、必须公告预警、必须予以撤除等。⑧

在 1982 年《公约》的专属经济区和大陆架制度中，增添了人工岛，基本保

---

① Bodansky, "Protecting the Marine Environment from Vessel-Source Pollution: UNCLOS Ⅲ and Beyond", *Ecology Law Quarterly*, vol. 18, 1991, p. 767. 此外，《公约》第 12 部第 218 条的港口国控制条款，港口国在满足一定条件（自愿入港、国际组织标准要求等）下可以对公海上的排放进行调查和提起司法程序。这当然也对公海航行自由产生了影响。在最近的 M/V "Norstar" 案中，国际海洋法法庭认为，（非船籍国）的国家对公海上的活动采取的行动，无论是否具有所谓的寒蝉效应（chilling effect），除非《公约》或其他国际条约有明确规定，否则构成对航行自由的违反。See *The M/V "Norstar" Case* (*Panama v. Italy*), ITLOS Judgment of 10 April 2019, para. 224, https://www.itlos.org/fileadmin/itlos/documents/cases/case_no.25/Judgment/C25_Judgment_10.04.pdf. 第 218 条下的港口国行动对航行自由造成影响是《公约》有规定的例外情况。

② 不仅是环境保护，在渔业管理、航运等领域的管制都会导致公海航行自由的受限。参见：S. Bateman, D. Rothwell and D. Vander Zwang, "Navigational Rights and Freedoms in the New Millennium; Dealing with 20th Century Controversies and 21st Century Challenges", in D. Rothwell and S. Bateman (eds.), *Navigational Rights and Freedoms and the New Law of The Sea*, Kluwer Law International, 2000, p. 326.

③ 参见：R. Rayfuse, "Regulation and Enforcement in the Law of the Sea: Emerging Assertions of a Right to Non-flag State Enforcement in the High Seas Fisheries and Disarmament Contexts", *Australia Yearbook of International Law*, vol. 24, 2005, pp. 181—201.

④ 1958 年《公海公约》定义公海的范围是不包括领海内水的海洋的其他所有部分（第 1 条）。由于 1958 年《领海公约》未能规定领海的最大宽度，相应地，公海自由的实际适用范围也不确定。

⑤ 《领海公约》第 24 条第 1 项。

⑥ 四项执行管辖内容-11-《公约》第 33 条第 1 项。

⑦ 《大陆架公约》第 5 条第 1 项。

⑧ 《大陆架公约》第 5 条第 2 项至第 6 项。

留了上述规定对航行自由的合理限制。① 除此之外，《公约》未增添其他具体的
"合理限制"条款。然而，就大陆架而言，1982 年《公约》规定沿海国行使权利
"绝不得对航行和本公约规定的其他国家的其他权利和自由有所侵害，或造成不
当的干扰"。② 与 1958 年《大陆架公约》相比，措辞上更为严厉。而就专属经济
区而言，沿海国行使主权权利和管辖权时并无这一规定，只是要求沿海国在专属
经济区内根据本公约行使其权利和履行其义务时，应适当顾及其他国家的权利和
义务。③ 另一方面，《公约》明文规定所有缔约国在专属经济区享有《公约》第
87 条所指的航行自行和飞越自由，而在行使权利和履行义务上也应适当顾及沿
海国的权利和义务。④

　　专属经济区的航行自由还涉及一个前提性问题，即《公约》第 121 条有关岛
礁地位的规定。如果岩礁不能拥有自己的专属经济区，⑤ 则无论专属经济区对航
行自由可能有何种限制，沿海国在岩礁的 12 海里之外根本不能基于专属经济区
制度主张任何航行上的限制。这一规定未见于 1958 年《领海公约》第 10 条有关
岛屿的规定，是专属经济区制度引入后，《公约》设立新岛屿制度的结果。

　　第三是公海航行自由所必要的航行保障。公海上的航行自由不仅意味着公海
上的航行，还意味着为确保公海航行自由，在进出海洋以及通过海洋不同部分
时，海洋利用国有相应的航行通行权。航行通行权是作为公海航行自由的一个必
要的组成部分理解的。⑥ 外国船舶在领海的无害通过是上述航行通行权中最为重
要的一个制度，并为国家惯行所支持。1958 年《领海公约》和 1982 年《公约》
都规定了无害通过权，且两者在定性上也没有大的差异。然而，《公约》将领海
的最大宽度确定为 12 海里，长期以来围绕外国军舰在领海无害通过问题上的对
立，至少在地理范围上扩大了。这预示着对立和冲突将更为严峻。

　　领海无害通过问题也存在一个前提性问题，即通过直线作为测算领海的基线
的合规性问题。直线基线在国际法院 1951 年"英挪渔业案"中得以确认，在
《领海公约》和 1982 年《公约》中的规定基本一致。⑦ 显然，对于采用不合规的
直线基线的沿海国，外国船舶在其不当扩大的领海，甚至无须考虑遵守无害通过

---

　　① 《公约》第 60 条，第 80 条。将 1958 年条款中的"设置""装置"置换为"设施""结构"，并不
再要求无条件撤除。

　　② 《公约》第 78 条。

　　③ 《公约》第 56 条第 2 项。

　　④ 《公约》第 58 条第 3 项。

　　⑤ 《公约》第 121 条第 3 项。

　　⑥ Lapidoth, supra note 8, p. 468.

　　⑦ 《领海公约》第 4 条；《公约》第 7 条。

制度。同样，对其不当扩大的专属经济区，不受沿海国对航行自由的限制和影响。

　　除此之外是用于国际航行的为领海覆盖的海峡（即所谓的"领海海峡"）的通航问题。用于国际航行的海峡是实现公海航行自由的重要保障。在 1949 年的"科孚海峡案"判决中，国际法院明确表明，包括军舰在内的任何船舶在通过用于国际航行的海峡时，可以无害通过并不得停止（通过领海海峡的强化的无害通行权）。① 这一点在 1958 年《领海公约》中得到反映。② 《公约》在将领海的最大宽度确定为 12 海里后，用于国际航行的海峡中部原本留有公海通道的，有 116 个会被扩大的领海完全覆盖，③ 新的国际海峡的过境通行制度作为领海扩大的对价呼之欲出，1982 年《公约》第三部分（"用于国际航行的海峡"）对此作出了规定。④

　　保障航行自由的通行权上的另一个问题和第三次海洋法会议谈判中建立的群岛国制度有关。群岛国通过设置群岛水域对其享有主权。但相应地，群岛国在这一水域也必须容忍其他国家"自由"通过。群岛水域的通过制度在 1982 年《公约》的第四部分（"群岛国"）中也作了规定。⑤

　　综上所述，第二次世界大战后的公海航行自由，在限制和保障上发生了三个方面的制度性变革。传统的公海航行自由受到环保、打击犯罪等公海管制事项的限制；沿海国在毗连区和大陆架的管理、开发也对航行自由产生影响；为确保公海航行自由，在进出海洋以及通过海洋不同部分的通行权方面也发生了变革。伴随着全球环境和生态保护的规范化进程、领海扩大到 12 海里和专属经济区制度的引入，1982 年《公约》在这三个方面为航行自由带来更为深刻的变化。

（三）《公约》和"过度海洋主张"

　　1979 年，《公约》近十年的谈判即将进入尾声，美国开始实施所谓的"航行自由计划"。1982 年，"航行自由计划"正式成为美国的一项对外政策。在 1982 年 12 月 13 日签发的《国家安全决策第 72 号指令》中，里根政府在确定了美国不加入《公约》这一立场的同时，将"航行自由计划"定义为"通过各种对抗

---

① 参见：Corfu Channel（U. K. v. Albania），Judgment, I. C. J. Reports, 1949, p. 28.
② 《领海公约》第 16 条第 4 项。
③ Lapidoth, supra note 8, p. 499.
④ 《公约》第三部分：用于国际航行的海峡。
⑤ 《公约》第四部分：群岛国。

过度海洋主张的权利行使，确保美国的海洋航行、飞越和其他安全利益"。①这一指令未对"过度海洋主张"进行定义，但指出"过度海洋主张"包括以下内容：

1. 美国不承认的历史性海湾或水域；

2. 不符合《公约》规定的大陆领海基线之主张；

3. 为领海所覆盖（领海宽度超过 3 海里但未超过 12 海里）、用于国际航行之海峡而沿岸国拒绝过境通行权（包括潜艇潜航通过、军用飞机的上空飞越和不需要许可或事先通告的军舰及海军辅助船舶的水面通过航行）的；或对军舰及海军辅助船舶在领海的通过，要求事先通知或许可，或作出歧视性要求的；或对核动力军舰或搭载核武器或其他特殊货物的军舰及海军辅助船舶，作出不符合国际法的特殊要求的；

4. 领海宽度超过 12 海里之主张；

5. 其他 12 海里以外海域（如专属经济海域或安全区）的管辖主张，意图限制与资源无关的公海自由的；

6. 不符合《公约》规定之群岛主张，或不允许那些和《公约》规定一致的群岛海道通航权（包括潜艇潜航通过、军用飞机的上空飞越和为确保武装力量安全地通过）的。

1992 年美国国务院《海洋界限》第 112 号将"过度海洋主张"定义为"沿海国对海域的主权、主权权利或管辖权主张中不符合《公约》的那些主张"，并将其定性为国际法上的非法主张。② 该文件在对"过度海洋主张"的列举中，基本重复了《国家安全决策第 72 号指令》的列举内容并对照《公约》的对应条文加以细化。③

尽管《海洋界限》第 112 号中"过度海洋主张""包括但不限于"列举事项，而不排除列举以外其他可能，但从其定义中"沿海国对海域的……主张"的措辞上看，"过度海洋主张"强调的是沿海国的相关主张。这一"航行自由计划"，对于公海航行自由事项上的限制似乎不持异议。实际上，美国主导的"防扩散安全倡议"（Proliferation Security Initiative，PSI）倒极有可能是基于安全理

---

① National Security Decision Directive No. 72, President Ronald Reagan (Dec. 13, 1982), https://fas. org/irp/offdocs/nsdd/nsdd-072. htm（最后访问日期：2020 年 4 月 9 日）.

② United States Department of State Bureau of Oceans and International Environment and Scientific Affairs, United Stares Responses to Excessive National Maritime Claims, Limits in the Seas, No. 112, 1992, p. 7, https://www. state. gov/dociments/organization/58381. pdf（最后访问日期：2020 年 4 月 9 日）.

③ 同上。如特别就指令第 5 项列举指出哪些在毗连区设置安全区的做法和《公约》第 33 条不符。

由对公海航行自由予以限制。① 美国依托其在全球海洋上占压倒性优势的海空军事能力，不反对甚至乐见通过单方面行动进一步对公海航行自由实施事项上的管控和限制，尽管这看起来不符合"航行自由计划"表面所宣示的理念，但符合美国在航行自由上的内在逻辑：自由是强者的自由。这一点在"航行自由计划"关注的要点——"沿海国对海域的……主张"——上表现得尤为明显。

美国在"过度海洋主张"上主要的关注点是沿海国在领海外的近海海域对航行自由的限制（航行自由的第二个方面的规范内容）和通行权的保障（航行自由的第三方面的规范内容）。这些关注点中，既有1958年日内瓦海洋法公约中存在的老问题，如军舰在领海、毗连区的通过问题，直线基线的合规性问题等，也有1982年《公约》通过后出现的新问题，如专属经济区制度下沿海国主权权利和管辖权扩张后对航行自由可能产生的影响、领海扩张后海峡的过境通行权问题和群岛水域的航行通过问题。

不论是属于新问题还是老问题的"过度海洋主张"，在《海洋界限》第112号中都被限定为"不符合《公约》的那些主张"。然而，对照其列举事项及通过"航行自由计划"实际挑战的"过度海洋主张"，有些在《公约》缔结后出现的解释适用上的新问题，也未必立刻就成为美国"过度海洋主张"的关注点。② 更为关键的是，列举的"过度海洋主张"，有些既未在1958年日内瓦海洋法公约中、也未在《公约》中作出规定，如历史性海湾或水域的主张以及大陆远洋群岛主张。此外，1958年《领海公约》和《公约》在领海制度上设置了与低潮高地有关的条款，但对大陆远洋低潮高地未作规定。在这一点上，中国在南海若干低潮高地的陆域吹填，成为近期美国"航行自由行动"的主要关注对象。围绕上述问题的国家实践，应当从习惯法的形成上加以考虑。③

如果将在"过度海洋主张"上的对立限定于是否符合《公约》相关条款这一问题，那么《公约》上的明文规定将支持或否定"过度海洋主张"。在这个意义上，将"领海宽度超过12海里之主张"定义为"过度海洋主张"应当没有问题，因为条文上允许的领海最大宽度为12海里是明确的。④ 同样，《公约》对于

---

① Hilary Clark, "Staying A float in International law: The Proliferation Security Initiative's Implications for Freedom of Navigation", Ocean Yearbook, vol. 21, 2007, p. 473; Michal A. Becker, "The Shifting Public Order of the Oceans: Freedom of navigation and the Interdiction of Ships at Sea", Harvard International Law Journal, vol. 46, 2005, pp. 219—230.

② 例如专属经济区制度引入后，《公约》设立的新的岛屿制度中限制岩礁主张专属经济区这一问题。

③ 陆域吹填涉及的其他国际法问题，如低潮高地是否可以作为领土获取、和"人工岛"的关系、是否构成"添附"等问题，笔者将另行探讨。

④ 《公约》第3条。

"用于国际航行的海峡"明文规定的过境通行权,[①] 沿岸国予以拒绝的,也应被视为沿岸国的"过度海洋主张"。实际上,在针对伊朗在霍尔木兹海峡拒绝美国行使过境通行权的问题上,伊朗认为过境通行权只是《公约》缔约国之间的权利。因此,问题并不是过境通行权在条约上是如何明文规定的,而是作为《公约》的非缔约国,伊朗是否应当承认过境通行权的问题。[②] 在群岛国的群岛水域通过问题上,《公约》明文赋予海洋利用国在群岛水域内的无害通过权。[③] 因此,美国质疑菲律宾将群岛水域作为内水限制通航的国内法的合法性,将后者作为"过度海洋主张"应该也没有任何疑义。[④] 在群岛水域中的群岛海道问题上,印尼通过国内法,选择性地设置部分群岛水域水道并且排斥正常航行水道,这明显和《公约》第 53 条第 4 项的"所有正常通道"的明文要求不符。[⑤]

此外,《公约》的某些和航行有关的条款对航行自由或权利以及可能的限制作出规定,但并未作出明文的允许或禁止,围绕这些条款的解释适用产生了"过度海洋主张"上的对立。笔者认为,尽管文本规定未必明确,但沿海国对毗连区和专属经济区难以"无中生有"地主张《公约》上的安全利益。因此,解释论上未必支持沿海国在毗连区和专属经济区基于安全考虑对外国军舰、军机的航行和飞越进行一般性限制。理由如下:

在毗连区条款上,明文规定的沿海国的权限仅限于为防止和处罚违反其海关、财政、出入境和卫生法规的行为而采取执法管辖措施。在 1958 年《领海公约》谈判中,将"安全"也包括在内的波兰提案最终没有得到采纳,《领海公约》第 24 条的规制事项限于 4 项。[⑥]《公约》第 33 条在毗连区制度的规定上延续了 1958 年的规定。考虑到上述起草过程,至少在两个公约所设立的对于毗连区制度的解释上,将毗连区的执行管辖扩张到安全事项难以令人信服。

1982 年《公约》在专属经济区制度上,规定了沿海国和海洋利用国"相互

---

① 《公约》第 38 条。

② United States Responses to Excessive National Maritime Claims, supra note 33, pp. 68—69.

③ 《公约》第 52 条。

④ 《公约》第 53 条(群岛水域适用无害通过及在应包括"所有正常通道"的航道设置群岛水道上的过境通行权)。菲律宾将其群岛水域视为内水的国内法和"航行自由计划"对此提出的挑战,参见:Root, supra note 5, pp. 332—341.

⑤ 《公约》第 53 条第 4 项。有关印度尼西亚国内法上设置部分群岛水道和"航行自由计划"对此提出的异议,见:Root, supra note 5, pp. 335—341.

⑥ Shigeru Oda, "The Concept of the contiguous Zone", International Comparative Law Quarterly, Vol. 11, 1962, pp. 150—153.

顾及"的义务,① 规定在权利归属未作规定、双方发生利益冲突时，必须考虑所有情形公平解决。② 这为专属经济区内的航行自由问题留下了一定的解释空间。从专属经济区制度赋予沿海国对有关资源的主权权利和管辖权的角度看，基于经济权利上的管辖权主张对军事活动实施管辖，在解释适用上需要确定军事活动是否侵害了该经济权利。③

将沿海国在专属经济区的管辖或对外国船舶（包括军舰）的限制扩大到军事活动，如禁止军事演习、军事侦察或要求外国军舰或政府船舶通过专属经济区时获得事先许可，这些主张在《公约》的上下文（context）中未必能获得支持。的确，《公约》规定了公海的利用必须以和平为目的（第88条），这一和平目的条款根据第58条第2项规定也适用于专属经济区。但是结合其他规定了"和平利用"的条约来看，这一规定并不完全禁止军事活动。④《公约》在"海洋和平利用"的一般条款（第301条）和领海无害通过［第19（2）（a）条］，以及国际海峡过境通行制度［第39（1）（b）条］中，限制或禁止的都是《联合国宪章》中禁止的那些构成侵害领土完整和政治独立的"使用武力威胁或使用武力"的军事活动。这也意味着并不是所有的军事活动都在限制、禁止之列。而公海上的军事演习也从未被视为违法行为。因此，单从和平利用的一般条款，难以直接推导出沿海国在专属经济区可以一般性地对外国的军事活动进行限制（包括对军舰、政府船舶航行上的限制）。

从《公约》有关国际海峡的通过制度的设计上，也可以得出沿海国不得在专属经济区一般性地限制外国军舰、政府船舶通航或飞机上空飞越的结论。《公约》第36条规定，当用于国际航行的海峡中留有同样方便的一条穿过公海或穿过专属经济区的航道，则过境通行的规定不适用于该海峡，而是适用本公约其他有关部分中关于航行和飞越自由的规定。这意味着在专属经济区内的航行和飞越自由至少不小于过境通行权中外国军舰和飞机享有的权利和自由，包括军舰不需要事先通告或许可的通过、潜艇的正常下潜通航以及飞越上空。

---

① 要求沿海国在专属经济区内根据本公约行使其权利和履行其义务时，应适当顾及其他国家的权利和义务（第56条第2项）。另一方面，《公约》明文规定所有缔约国在专属经济区享有第87条所指的航行和飞越的自由，而在行使权利和履行义务上也应适当顾及沿海国的权利和义务（第58条）。

② 《公约》第59条。

③ 如果军事活动损害了沿海国在专属经济区的主权权利和管辖权，沿海国可以对此主张管辖。在美国的国内判决上，认为美国海军训练中使用声呐等设备，对海上哺乳动物会带来影响或危害不可否认。参见：Winterv, Natural Resources Defense Council, 555 U. S. 7 (2008).

④ B. Boczek, "Peaceful Purposes Provisions of the United Nations Convention on the Law of the Sea", Ocean Development and International Law, vol. 20, 1989, p. 349.

在专属经济区制度上，沿海国的管辖与海洋利用国航行自由在实践中存在着对立。围绕这一对立，有关的"剩余权利"① 或"剩余自由"② 的主张可能都走得太远了。一方面，和毗连区一样，专属经济区制度也是对沿海国的赋权。如果国际法上的权利是法定权利（实定法），那么权利的来源是立法（订立条约或形成习惯），并不存在沿海国未经法定（《公约》赋权）的权利。把国家在专属经济区的主权权利和管辖权视为天然、固有的权利，在《公约》专属经济区制度未做规定时仍然主张所谓的沿海国在专属经济区内的"剩余权利"，这和国家设立专属经济区时对其性质的理解不同，③ 难以解释为何在《公约》下，专属经济区需要国家的明文公告才能设立和享受权利。④ 另一方面，所谓专属经济区内的"剩余自由"的主张，假定了《公约》对专属经济区的航行自由作出了绝对的和清晰的规定，⑤ 并排除了其他的国际法规则（如自卫或自保）在这一区域的任何适用余地。笔者认为，专属经济区上的海洋利用国的自由也必须结合所有相关情形，包括考虑外国船舶和飞机具体活动的意图和态势可能对沿海国主权和安全的损害或影响，进行一般国际法上的综合性判定。这或许是《公约》所要求的"权利归属未作规定而双方发生利益冲突时，考虑所有情形公平解决"的本意。"剩余权利"或"剩余自由"皆是《公约》中要求结合个案具体情形作出调整的海洋主张。

最后，有关"过度海洋主张"围绕《公约》条款的解释，争议最大的是有关直线基线和外国军舰的无害通过问题。条文规定的模糊和解释上的争议性大大减损了美国关于"过度"或"非法"指责的正当性。

在直线基线的问题上，1958 年《领海公约》和 1982 年《公约》均承认在正常基线（低潮线）外存在直线基线的可能，并对此作了类似的规定。"在海岸线

---

① Anne Bardin, "Coastal State's Jurisdiction over Foreign Vessels", Pace International Law Review, vol. 14, 2002, p. 44.

② B. H. Oxman, "Ananalysis of the Exclusive Economic Zoneas For mulated in the Informal Com-posite Negotiating Text", in T. A. Clingan Jr. （ed.）, Law of the Sea: State Practicein Zones of Special Juris-Diction, Law of the Sea Institute, University of Hawaii, 1982, p. 78.

③ 《公约》第 55 条。（专属经济区"受本部分规定的特定法律制度的限制"。）

④ 《公约》第 77 条规定沿海国大陆架权利无须明文公告。与此相对照，《公约》第 57 条规定专属经济区最大宽度为 200 海里，意味着国家可以通过明文公告设立宽度小于 200 海里的专属经济区。

⑤ 美国的观点是第 58 条专属经济区的航行和飞越自由在数量和质量上和传统公海自由相一致。参见：Richardson, "Power, Mobility, and the Law of the Sea", Foreign Affairs, vol. 58, 1980, p. 916. 转引自 William T. Burke, "Exclusive Fisheries Zones and Freedom of Navigation", San Diego Law Review, Vol. 20, 1982—1983, p. 603. 尽管如此，军事行动仍然可能受制于《公约》第 87 条第 2 项的"适当顾及"之谜。见：Stuart Kaye, "Freedom of Navigation, Surveillance and Security: Legal Issues Surrounding the Collection of Intel ligence from Beyond the Littoral", Australia Year book of International Law, vol. 24, 2005, p. 100.

极为曲折的地方，或者紧接海岸有一系列岛屿"可以采用直线基线;① "直线基线的划定不应在任何明显的程度上偏离海岸的一般方向";② "确定特定基线时，对于有关地区所特有的并经长期惯例清楚地证明其为实在而重要的经济利益，可予以考虑"。③ 这些条款仅仅对直线基线画法作出定性规定而缺少客观基准。由于未规定单个直线的最大长度，当海岸线极为曲折或者如果紧接海岸有一系列岛屿时，规则适用上的主观判定和滥用就难以避免。④ "明显的程度上偏离海岸的一般方向""有关地区所特有的并经长期惯例清楚地证明其为实在而重要的经济利益"等语义模糊。⑤ 这些均预示着解释上的难题。

在外国船舶的领海通过问题上，无害通过规则属习惯国际法。⑥ 无害通过制度也反映在《领海公约》的第三章和1982年《公约》的第二部分第三节中。然而，在1958年《领海公约》谈判前，有关外国军舰无害通过的习惯法规则并不明确。在"科孚海峡案"中，虽然国际法院认为军舰无害通过一个用于国际航行的海峡（同时也是一个海峡国家的领海）时并不需要沿岸国（海峡国）的事先批准，但国际法院还是拒绝考虑一国在和平时期是否有权派遣其军舰通过外国领海这个一般性问题。⑦

在1958年《领海公约》谈判时，围绕军舰和无害通过的关系既已产生意见对立。⑧ 最后，在适用于所有缔约国船舶（ships of all States）的无害通过规则中，⑨ 规定将不妨碍沿海国的"安全"作为判断无害通过的一个因素，⑩ 这为沿海国在实施无害通过时进行船种限制提供了可能。《公约》延续了上述规定，⑪ 并对何为无害通过进行列举。⑫ 在军舰通过领海问题上，从第一次联合国海洋法

---

① 《领海公约》第4条第1项;《公约》第7条第1项。

② 《领海公约》第4条第2项;《公约》第7条第3项。

③ 《领海公约》第4条第4项;《公约》第7条第5项。

④ J. L. Briely, The Law of Nations: An Intro Duction to the International Law of Peace, 6th ed., Clarend on Press, 1963, p. 201; A. Pardo, "A Statement on the Future Law of the Seain Light of Current Trends in Negotiations", Ocean Development and International Law, vol. 1, 1974, pp. 315—316.

⑤ 对后者的指责，参见: D. P. O'Connell, The International Law of the Sea (vol. I), Clarend on Press, 1983, pp. 216—218.

⑥ Maritime Delimitation and Territorial Questions between Qatar and Bahrain (Qatarv. Bahrain), Merits, Judgment, I. C. J. Reports, 2001, p. 110, para. 223.

⑦ Corfu Channel, supra note 27, pp. 28, 30.

⑧ Lapidoth, supra note 8, p. 470.

⑨ 《领海公约》第14条第1项。

⑩ 《领海公约》第14条第4项。

⑪ 《公约》第17条、第19条第1项。

⑫ 《公约》第19条第2项。

会议到第三次联合国海洋法会议，西方国家集团、东方国家（社会主义国家）集团和第三世界集团，都对这个问题表达了自己的立场，但都没有完全解决各集团之间在这个问题上的意见冲突。①

1982 年《公约》通过以来，缔约国在军舰无害通过这一问题上的不同意见一直尖锐对立。虽然《公约》禁止缔约国对条约作出保留，第 310 条却允许缔约国通过解释性声明对《公约》某些条款发表意见，使其国内法律和规章同本公约规定保持协调。这一条款本身极有可能是缔约国考虑到通过以协商一致为基础的长达十年的谈判达成的条款本身具有模糊性，故为这些条款留下的解释空间提供一个工具。② 事实上，有相当数量的缔约国基于自己对无害通过的解释，作出了限制军舰通过领海的国内法规定，并提出解释性声明；③ 也有相当数量的国家提出反对性的解释性声明。④ 从《公约》的统一和权威的解释途径上看，《公约》第 287 条中所指的法庭或仲裁庭或许可以通过对个案的裁决，就外国军舰无害通过这个问题上作出一个清楚而权威的解释。然而，从目前来看，实现这一希望十分渺茫。

在国际海洋法法庭第 16 号案（"孟加拉国/缅甸海洋划界"）中，国际海洋法法庭通过援引孟加拉国之前对缅甸作出的有关缅甸船舶可以在圣马丁岛邻近海域内"自由和不受阻拦地航行"这一承诺，为缅甸确立了在圣马丁岛（该岛属于孟加拉国）领海内的特定通航权，而孟加拉国负有对此通航权予以尊重的法律义务。⑤ 这一特定通航权的设定考虑了以下背景，即孟加拉国依据《公约》第 310 条作出的解释性声明，明确要求外国军舰在进入其领海时需要给予事先通

① M. Shaw, International Law, 5th ed., Cambridge University Press, 2003, p. 510.

② Myron H. Nord quistetal. (eds.), United Nations Convention on the Law of the Sea 1982: A Commentary (volume V), Martinus Nijhoff Publishers, 1989, p. 224.

③ 需要事先获得批准（如伊朗、阿曼、也门、中国和阿尔及利亚），或者事先通告（如埃及、马耳他、克罗地亚、芬兰、瑞典、塞尔维亚、黑山和孟加拉国）。UN Division for Ocean Affairs and the Law of the Sea, Declarations and Statements, http://www.un.org/Depts/los/convention_agreements/convention_declarations.htm（最后访问日期：2020 年 4 月 9 日）.

④ 同上。声称《公约》允许外国军舰不经事先批准就可以无害通过，认为要求事先获得同意或事先通告是不符合《公约》规定的（如阿根廷、智利、荷兰、德国和意大利）。

⑤ Dispute Concerning Delimitation of the Maritime Boundary Between Bangladesh and Myanmarin the Bay of Bengal (Bangladesh/Myanmar), Judgment, ITLOS Reports 2012, p. 4 (The Bay of Bengal Judgment), paras. 174—176. athttp://www.itlos.org/fileadmin/itlos/documents/cases/case_no_16/1-C16_Judgment_14_02_2012.pdf（最后访问日期：2019 年 4 月 19 日）.

告。① 孟加拉国的承诺及与该承诺相随的义务应当被视为对缅甸在其部分领海的无害通过予以更大的允诺，并且该允诺不同于孟加拉国对《公约》"无害通过"的解释中所做的限制——否则的话，国际海洋法法庭没有必要去特意点明孟加拉国的这一承诺。显然，通过帮助确立缅甸在该海域内的特定通过权，国际海洋法法庭避免了对《公约》中关于外国军舰"无害通过"的解释方面的分歧。②

总体而言，"航行自由计划"所针对的"过度海洋主张"，就《公约》解释适用而言，有些问题由于《公约》未做规定（历史性主张、远洋群岛和远洋低潮高地），是无的放矢；有些却可以从《公约》明确的规定上找到依据（领海12海里、国际海峡和群岛水域的通过制度），对抗性的"航行自由行动"是行使被相关国家"非法"拒绝的航行权。但"行动"所针对的"过度海洋主张"，仍有相当部分涉及规定模糊且无解释定论的《公约》条款（军舰在领海的通过、直线基线），以及适用上必须考虑所有相关情形的《公约》条款（专属经济区的军事活动）。作为非缔约国的美国的单方军事活动在对《公约》的解释适用上究竟有何意义？考虑到发生对立的部分《公约》条款是对习惯法的反映，对于这一问题有进一步探讨的必要。

（四）单方军事行动在规范形成和解释上的意义和问题

在探讨这一问题之前，首先有必要考虑"航行自由计划"中单方军事活动本身的合法性。"航行自由计划"理论上由美国国务院和国防部共同推进，于三个层面实施：军事单位通过行动主张，外交抗议，以及美国政府（国务院和国防部）和外国政府就海洋法问题进行磋商。③ 从实际运行上看，绝大多数的"航行自由计划"是通过美军的海空军事行动实施的，并随着美军全球战略力量的调整而调整。④ "行动"是以对抗"过度海洋主张"为目的而特意实施的，很少是为其他目的实施行动时所附带的。⑤ 总体上看，"行动"是基于美军在全球占压倒

---

① Bangladesh Declaration upon ratification (27 July 2001), points 3, at http：//www. un. org/Depts/los/convention_agreements/convention_declarations. htm#BangladeshUpon ratification（最后访问日期：2019 年 4 月 19 日）.

② Xinjun Zhang, "The ITLOS Judgment in the Bay of Bengal Case between Bangladesh and Myanmar", Chinese Journal of International Law, vol. 12, 2013, p. 268.

③ Dennis Mandsager, "The U. S. Freedom of Navigation Program：Policy, Procedure, and Future", International Law StuDies Series (US Naval War College), vol. 72, 1998, pp. 113—114.

④ Root, supra note 5, pp. 322—323.

⑤ Ibid. at p. 323.

性优势的海空军事力量，在世界的各个海域，针对其认为违反《公约》航行自由及权利的方方面面，系统性地、意图性地对抗和矫正被其定义为"非法"的"过度海洋主张"。从外观上看，这是一种基于海上霸权的"警察行动"。① 虽然美国政府指令要求"计划"实施时秉持非挑衅和政治中立，② 并且在实践中看起来也一视同仁地施于其同盟国。③ 然而，这些并不影响对"警察行动"的一般定性。

历史上海上霸权国家似乎有当警察的天然冲动。在"科孚海峡案"中，英国1946年11月12日、13日到该海峡有关水域进行扫雷行动，一个重要的原因是认为阿尔巴尼亚未尽领域管辖责任。因此，英国为确保自己和他国在用于国际航行的海峡上的正常通行而不得不为之。国际法院认可事出有因，但认为英国未经阿尔巴尼亚的同意在后者领海扫雷，仍构成对阿尔巴尼亚主权的侵犯。④ 值得注意的是，这一判断并不是建立在有关领海海峡的无害通过这一规范上的，而是更为一般性的主权原则，在这一原则下，未经主权国家阿尔巴尼亚同意在其领域内开展的"警察行动"受到严厉谴责。国际法院强调"独立国家之间尊重领土主权完整是国际关系的基础"。⑤ 英国军舰的扫雷行动，尽管形式上不严重，由于是在阿尔巴尼亚领域内且未经后者同意实施的，显然是《联合国宪章》第2条第4项禁止的"侵害……领土完整"的武力行使。

《联合国宪章》第2条第4项和习惯法上禁止"使用威胁或武力"侵害主权国家的领土完整和政治独立。和"科孚海峡案"中英国直接侵入领域的适用情形不同，在一般性适用上，违反禁止武力规范的行为应当有一定的认定门槛。国际法院在"尼加拉瓜案"中就《联合国宪章》第2条第4项和习惯法禁止行使武力规范的适用上，认为对那些形式上并不十分严重的武力行使，也可能作出违法性判断。⑥ 然而，何种程度的行为构成违法的"使用威胁或武力"，要结合具体军事行动状况进行判断。如前文所述，《公约》在第301条和多个条款中引入了禁止武力规范，但没有完全禁止军事行动。

实际上，在具体的通航权行使中，即使有军事行动的侧面，其合法性仍然可

---

① 不仅外观如此，信念上美国也认为作为海洋国家的一员有必要采取"行动"，这也是美国承担的责任。见1994年美国防部长 Les Aspin 的讲话。转引自 Mandsager，supra note 73，p. 118.

② Root，supra note 5，p. 323.

③ Root，supra note 5，pp. 329—330.

④ Corfu Channel，supra note 27，p. 35.

⑤ Ibid.

⑥ Case Concerning Military and Paramilitary Activities in and Against Nicaragua（Nicaragua v. United States of America），Merits，I. C. J Reports 1986，p. 101，para. 191.

能得以确认。在"科孚海峡案"中，英国军舰 1946 年 10 月 22 日对于该海峡的通过，有确认阿尔巴尼亚态度的主观意图，通过目的并不单纯。① 但国际法院认为，只要航行通过时满足无害通过规则对军舰的航行姿态要求，其合法性就没有问题（在该案中法院结合英国军舰在过去通过海峡时曾受过炮击这一情形，认可英国军舰在通过时可以采用预警性措施）；英国并没有义务谨慎行使被阿尔巴尼亚拒绝的通航权，10 月 22 日通过该海峡过程中英国采取的措施并不构成对阿尔巴尼亚主权的侵犯。②

在美军行动的合法性问题上，还有观点质疑这样的行动违反了《联合国宪章》和《公约》第 279 条规定的和平解决争端义务。③ 这不同于以禁止武力规范为基础的合法性问题。在"圭亚那诉苏里南仲裁案"中，圭亚那也主张苏里南海军对圭亚那石油钻井平台的行动构成了对和平解决争端义务的违反。圭亚那认为和平解决争端义务并没有被禁止武力规范所包括，而是具有自身特定的内容，④ 前者是《公约》第 279 条所指向的《联合国宪章》第 2 条第 3 项和第 33 条第 1 项的内容。

仲裁庭将苏里南海军的行动合法性问题放在《联合国宪章》第 2 条第 4 项"不得使用威胁或武力"的条款下进行评判。⑤ 仲裁庭引用了国际法院在"尼加拉瓜案"中，就《联合国宪章》第 2 条第 4 项和习惯法的禁止行使武力规范的适用上，对那些形式上并不十分严重的行使武力行为违法性的判断。⑥ 仲裁庭并未在和平解决争端义务上展开讨论。实际上，和平解决争端义务的前提是争端——法律和事实上的对立——的存在。在纸面上的抗议和违法的行使武力之间，作为善意解释的立场表达，其伴随一定物理行为的措施，在争端形成上仍然是有意义的。⑦

总之，对于在不同海域伴随军事行动的通航的合法性，要在分析个案基础上，结合禁止武力规范的适用门槛以及各海域有关航行权的具体规定，综合判

---

① Gerald Fitzmaurice, "The Law and Procedure of the International Court of Justice: General Principles and Substantive Law", British Yearbook of International Law, vol. 27, 1950, pp. 28—29.

② Corfu Channel, supranote 27, pp. 29—30.

③ Aceves, supra note 6, pp. 318—321.

④ Award of the Arbitral Tribunal (Guyana v. Suriname), 2007 P. C. A, at https://pcacases.com/web/send Attach/902, para. 427.

⑤ Ibid., paras. 439—440.

⑥ Ibid., para. 440. ［仲裁庭进一步认为苏里南的行为不符合执法合法性认定基准（不可避免、合理性和必要性），从而认定这更接近军事威胁而不只是执法。最终仲裁庭判定苏里南的行为构成使用武力威胁并违反《公约》《联合国宪章》和一般国际法。Ibid., para. 445］

⑦ 张新军：《国际法上的争端与钓鱼诸岛问题》，载《中国法学》2011 年第 3 期，第 176—190 页。

断。假定美军的"航行自由行动"尚未构成对包括禁止行使武力规范在内的国际法规则的违反，那么美国实施"航行自由行动"在法律上的意义是什么？能够达到什么样的效果？实际上，最近的研究表明，"航行自由行动"并未取得迫使对象国在其国内法上收回"过度海洋主张"的预期效果。[①]

前文既已指出对"过度海洋主张"中的有关历史性水域和海湾、远洋群岛水域、远洋低潮高地等，《公约》均未作出规定，谈不上反映了相关规则的习惯法状态。美国或许认为，相关的主张没有《公约》依据因而无效。在"冰岛渔业管辖权案"中，英国也请求国际法院宣告冰岛的1972年渔业规则因没有国际法依据而无效。但国际法院在判决中只是宣告冰岛的规则不能对抗英国，没有直接回应英国的请求。[②] 法院或许考虑到第三次海洋法会议谈判中的相关200海里专属经济区，以及可能正在形成的新的习惯法规则。同样的道理，在《公约》未作出规定的有关历史性水域和海湾、远洋群岛水域、远洋低潮高地等问题上，或许习惯法规则正在形成。从这个方面看，"航行自由行动"和对象国的反应均有意义。

在《公约》作出规定时，情形又会如何呢？美国是少有的几个至今尚未加入1982年《公约》的国家。[③] 而其"航行自由行动"实施的对象国，绝大多数却是《公约》的缔约国。就《公约》的解释而言，1982年《公约》通过后的那些与解释相关的嗣后实践[④]可以作为解释的正式手段（authentic means）或补充手段，[⑤] 但这些后续实践必须是当事国（party）的实践。[⑥] 作为非缔约国的美国，1982年后的"航行自由行动"或许与《公约》解释相关，但在《公约》解

---

① Root, supra note 5, pp. 347—351.

② Fisheries Juris Diction (U. K. v. Iceland), I. C. J. Rep1974, p. 34, para. 79（1）.

③ 截至2019年4月，《公约》缔约国为168个国家。未加入《公约》的重要国家包括美国、哥伦比亚、以色列、伊朗和委内瑞拉。

④ 后续实践的起始点并不限于条约生效之时，而是可以回溯至条约通过之时。参见 Draft Conclusions on Subsequent Agreements and Subsequent Practice in Relation to the Interpretation of Treaties, with Commentaries, Yearbook of the International Law Commission, vol. II, part two, 2018, p. 27.

⑤ 前者指的是那些建立起所有缔约国合意的实践，后者可以指在个别缔约国之间实践上建立起的合意。Ibid., pp. 20—21, 27.

⑥ 在条约法公约上对当事国（party）的定义是同意承受条约约束及条约对其有效之国家（"Party" means a State which has consented to be bound by the treaty and for which the treaty is in force）；而缔约国指的是无论生效与否接受条约约束的国家，国际法委员会在评论中认为当事国应限于生效公约（As to "party", the Commission decided that, in principle, this term should be confined to States for which the treaty is in force）。参见：Draft Articles on the Law of Treaties with commentaries, Yearbook of International Law Commission, vol. II, 1966, p. 190.

释上，并不具有"与解释相关的嗣后实践"的功能。①

在和《公约》的关系上，美国认为"航行自由行动"同时符合习惯法和《公约》。② 1982 年美国决定不签署《公约》时，宣告将遵守除国际海底条款外的《公约》的其他部分，因为后者反映了习惯法。③ 但显然，《公约》共 17 部分 320 条正文及作为《公约》组成部分的 9 个附件中，除了第 11 部分的国际海底条款外，剩余部分也并不全都是习惯法的反映。④ 此外，习惯法也可能与《公约》规定不同，从而对非缔约国的适用，前者更为重要。⑤ 尽管美国没有对上述两点作出澄清，作为非缔约国，将"过度海洋主张"限定于"不符合《公约》的那些主张"，合理的解释是美国认为，"过度海洋主张"所违反的《公约》条款反映了具有同样内容的习惯法。⑥《公约》条款可能是对具有同一内容的习惯法的编纂，也可能是《公约》通过后习惯法的结晶。⑦

对于《公约》条款被公认为反映了习惯法规定且内容明确的，美国的"航行自由行动"是行使其被相关国家非法拒绝的通行权，争议空间较小。这里典型的例子就是质疑超过 12 海里领海的沿海国的国内法合法性。⑧ 同样，在霍尔木兹海峡的"航行自由行动"计划上，美国声称国际海峡的过境通行权是习惯法规则，美国有权在霍尔木兹海峡享有过境通行权，而伊朗不得对此有异议。问题在

① 但值得注意的是，美国是 1958 年日内瓦海洋法四公约的缔约国，上述公约仍然是有效的公约。就 1958 年《领海公约》既已规定的无害通过制度和直线基线制度而言，美国的实践在条约解释上保留其相应的价值。

② 参见：Bruce Harlow, "The Status of LOS Non-Seabed Provisions as Customary International Law: Defense", in Lawrence Juda (ed.), The United States without the Law of the Sea Treaty: Opportunities and Costs, Times Press, 1983, pp. 122—126.

③ Mandsager, supra note 73, p. 118.

④《公约》除有关国际海底的第十一部分规定外，不可能都是习惯法的反映。如第十五部分"争端的解决"，有关大陆架外部界限的确定等规定，只对缔约国构成约束。在《公约》有关航行权的规定是否具有习惯法性质的问题上的争论，见：David Larson, "Conventional, Customary and Consensual Law in the United Nations Convention on the Law of the Sea", Ocean Development and International Law, vol. 25, 1994, p. 75.

⑤ William T. Burke, "Exclusive Fisheries Zones and Freedom of Navigation", San Diego Law Review, Vol. 20, 1982—1983, p. 601.

⑥ 有关规定同一内容的习惯法和条约，见：I. C. J. Judgment (Nicaragua v. United States of America), supra note 81, pp. 94—95, paras. 177—178.

⑦ Continental Shelf (Tunisia/Libyan Arab Jamahiriya), Judgment, I. C. J. Reports 1982, p. 38, para. 24. ("It could not ignore any provision of the draft convention if it came to the conclusion that the content of such provision is binding upon all members of the international community because it embodies or crystallizes a pre-existing or emergent rule of customary.")

⑧ Territorial and Maritime Dispute (Nicaragua v. Colombia), Judgment, I. C. J. Reports 2012, para. 177. (《公约》第 3 条有关领海最大 12 海里的规定反映了习惯法。)

于，伊朗认为这是条约上的制度，只对《公约》缔约国构成约束。①

对于过境通行权制度的习惯法性质，学说上也存在较大争议。② 如果过境通行权制度尚未形成习惯法，那么对美国行动的评价可以分为两个方面。一方面是美国作为非缔约国，那些作为缔约国的海峡沿岸国是否有义务对其实施过境通行制度。由于《公约》过境通过权规定所有的船舶和飞机（all ships and aircraft）享有权利（并不限于缔约国的船舶和飞机），实践中，作为非缔约国的美国在通过《公约》缔约国为沿岸国的用于国际航行的海峡时，并没有碰到太多问题。在这一问题上，可能也没有必要将过境通行制度诉诸习惯法。③ 另一个方面就是像伊朗这样的《公约》非缔约国在霍尔木兹海峡上有没有义务实施过境通行制度。作为领海扩张的对价，《公约》设立了国际海峡过境通行制度作为"一揽子妥协"（package deal）的一个组成部分，并不允许"保留"。从这些因素考虑，《公约》的过境通行制度，即使如伊朗主张只是创设了条约上的权利和义务，但由于具有规范创设的性质，可能在《公约》通过后独立于前者"结晶"为习惯法，从而约束非缔约国。④ 判断是否"结晶"，有必要考虑的是非缔约国的实践，而不是缔约国的实践。⑤

最后是那些反映习惯法的《公约》条款文本规定不明确的情形。就"过度海洋主张"而言，问题主要是军舰在领海通航涉及的无害通过制度、直线基线和专属经济区（毗连区）的军事活动等几个问题。⑥ 由于美国认为就《公约》的相关条款，也存在同样内容的习惯法，那么，对于同一问题的条约和习惯法规则，在其内容不明需要解释时，究竟是条约缔约国与解释相关的嗣后实践有意义，还是非缔约国习惯法上的实践有意义？ 在一般意义上，条约缔约国在相关条款的后续实践上，由于解释立场差异巨大而难以达成解释上的一致合意（《条约法公

---

① United States Responses to Excessive National Maritime Claims, supra note 33, pp. 68—69.

② 参见 R. R. Churchill and A. V. Lowe, The Law of the Sea, 3rd ed., Manchester University Press, 1999, p. 113.

③ 《公约》第 38 条"过境通过权"和第 53 条第 2 项"群岛海道通过权"中，都规定所有的船舶和飞机（all ships and aircraft）享有权利。这和《公约》第 17 条"无害通过权"规定的缔约国的所有船舶（ships of all States）有所不同。但后者作为习惯法上的权利，非缔约国的无害通过权在行使上也没有障碍。

④ North Sea Continental Shelf (Federal Republic of Germany v. Netherlands/Denmark), Judgment, 1969 I. C. J. Reports, pp. 41—42, paras. 71—72.

⑤ Ibid., at 43—44, para. 76.

⑥ 无害通过制度和直线基线在 1958 年《领海公约》和 1982 年《公约》中保持了相同或近似的内容。这两个制度的习惯法性质应无疑义。有关专属经济区的习惯法性质，参见"利比亚诉马耳他案"的实体判决：Continental Shelf (Libyan Arab Jamahiriya v. Malta), Judgement, I. C. J. Reports 1985, p. 33, para. 34.

约》第 31 条第 3 项）时，由非缔约国通过其国家实践上的一致（假设存在这样的一致的话）主宰同样内容的条款解释，这无疑是难以成立的。就《公约》解释而言，在世界上绝大多数国家成为《公约》缔约国而美国只是极少数不参加《公约》的国家的情况下，这显得尤为荒谬。"黑海碰撞事件"对此做了很好的说明。

1988 年的"黑海碰撞事件"中，美国军舰在苏联领海内实施其所谓的"航行自由行动"时，遭到了苏联军舰的拦截，并发生了碰撞。① 美苏都是 1958 年《领海公约》的缔约国，但当时都不是《公约》缔约国（俄罗斯联邦于 1997 年才批准《公约》）。两国在事后发表了一个联合声明，在声明附件《关于规制无害通过领海之国际法规则的一般解释》中，双方都认为，《公约》尤其是其第二部分第三节反映了习惯国际法上有关无害通过的规定。② 并且双方一致认为："包括军舰在内的各种船舶，无论是其所载货物和武器装备如何，或采用何种推进方法，都依据国际法享有无害通过领海的权利；不得被要求进行事先通告或获得事先批准"。③

无论是习惯法规则，还是 1958 年《领海公约》上的条款（"黑海碰撞事件"发生时，《公约》尚未生效，两国也均未加入），如果对于一国军舰进入外国领海时是否需要事先通告或获取批准这一问题是规定清楚的话，必有一方由于违法应当承担国家责任。但"黑海事件"中并没有任何一方被追究责任，相反，事件得以解决是由于双方合意明确了军舰进入外国领海的问题。这个插曲生动地表明，即使到了 1989 年，有关无害通过的规定在上述问题上仍是不明确的。事实上，苏联在 1958 年对《领海公约》作出的保留中，声明沿海国有权对外国军舰通过其领海设置批准程序。④ 也就是说，在达成这个统一解释之前，苏联在这个问题上的立场实际上是与发展中国家保持一致的。美苏的这个统一解释，可以看作是《领海公约》部分缔约国之间就反映了习惯法规则的条约条款所达成的解

---

① J. Rolph, "Freedom of Navigation and the Black Sea Bumping Incident: How 'innocent' Must Innocent Passage Be?", Military Law Review. Vol. 135, 1992, pp. 139—144.

② See Uniform Interpretation of the Rules of International Law Governing Innocent Passage through the Territorial Sea, Law of the Sea Bulletin, Vol. 14, 1989, p. 13, http://www.un.org/depts/los/doalos_publications/LOSBulletins/bulletinpdf/bulE14.pdf, 最后访问日期：2020 年 4 月 9 日。

③ Ibid., Art. 2.

④ Declarations and Reservations of Russian Federation (Union of Soviet Socialist Republics) at https://treaties.un.org/pages/View Details.aspx? src=TREATY&mtdsg_no=XXI-1&chapter=21#EndDec（最后访问日期：2020 年 4 月 9 日）.

释合意。① 这一部分缔约国之间的解释合意，至多可以作为相关条款解释的辅助手段。②《公约》就无害通过规定的主要内容和《领海公约》一致，但增添了一些内容（如对"有害"通过的列举）。即使这个习惯法规则被认为在1982年《公约》中没有发生变化，这个统一解释也只能间接构成对《公约》无害通过条款辅助解释的手段而已。而如果《公约》上无害通过这一习惯性规则发生了变化，③ 这一非缔约国的统一解释不能作为《公约》解释的后续实践。

在直线基线问题上，国际法院在1951年"英挪渔业案"中识别的直线基线规则，使1958年《领海公约》和1982年《公约》作出了相同内容的规定。在"英挪渔业案"中，国际法院设立的极为暧昧和具有主观性的基准（海岸的一般走向、经济利益的考虑等），④ 也成为两个海洋法公约有关直线基线规定的内容。在具体个案中有关直线基线合法性的判断上，权利受损（本案中是英国公海渔业上的利益）的相关利害关系国的默认等是判断合法性的重要因素。⑤《公约》缔约国依据与习惯法内容相同的条约规定试图划定直线基线时，在上述规定模糊的情况下，利害相关国有必要结合个案中直线基线划定的具体情形采取对抗性的措施，阻却合法性认定。由于直线基线的习惯法性质以及划定具有普遍效力，非缔约国也有采取行动之必要。

专属经济区外国军事活动问题是同样的道理。在这一问题上，外国军事活动的利害相关国是沿海国。可能危害的是国家自卫和自保上必要的安全利益。在"二战"后导弹和战略轰炸机等高速飞行武器发展的新情势下，美国率先设立防空识别区，并很快为其他国家效仿。⑥ 这很好地说明了，沿海国在自卫和自保权的基础上，可以结合海洋利用国活动的类型和具体态势，为判明其意图和消除其对沿海国主权和安全的损害或影响，采取相应措施。

和划定直线基线并不当然损害海洋利用国的利益一样，专属经济区外国军事活动也不必然损害沿海国。但是对军事活动的合法性基准的解释同样存在暧昧不清和主观性。因此，对于专属经济区的外国军事活动，沿海国也只有当上述活动

---

① 《公约》第311条第1项规定了《公约》对1958年日内瓦海洋法公约的优先。但1989年美苏均不是《公约》缔约国，因此仍然适用1958年《领海公约》。

② Draft Conclusions, supra note 93.

③ 有关争论参见：Thomas A. Clingan, "Freedom of Navigation in a Post-UNCLOS III Environment", Law & Contemporary Problems, vol. 46, 1983, pp. 110—113.

④ Fisheries (United Kingdom v. Norway), Judgment, I. C. J. Reports 1951, p. 133.

⑤ "英挪渔业案"中法院判断挪威的直线基线合法，法院在作出这一结论时也提及英国的默认。

⑥ 参见：Peter A. Dutton, "Caelum Liberam: Air Defense Identification Zones Outside Sovereign Airspace", American Journal of International Law, vol. 103, 2009, pp. 698—706.

异常时，有必要结合个案具体的异常情形，采取相应措施避免默认其合法。有西方学者认为，就军事活动中的情报收集和侦察识别而言，对于那些航行和飞越上必要的情报收集和侦察识别，沿海国也不应采取措施。[①] 但是，美军在中国专属经济区通过所谓军事测量和军事侦察飞行，系统性、常态化地抵近侦察，主动侦听沿海国国防通讯或对其实施电子干扰，[②] 对于这些非必要且有损沿海国安全的航行和飞越，作为利害相关国的中国应当抗议并可以采取必要的行动，以避免默认这些在中国专属经济区的外国军事活动的合法性。尽管在避免默认时，抗议就足够了，但中方的对抗性措施在收集和保留相关证据（如美方航行和飞越时对其活动性质的自认、抵近侦察中的航行飞越频度和轨迹、设备运行情况等）上是必要的。[③]

（五）结论

第二次世界大战之后，国际海洋秩序发生了巨大的变化。各国在对自身的海洋地理状况和经济发展水平对海洋的依赖程度、海洋开发利用能力包括海军使用海洋能力的综合判断的基础上设定立场，通过谈判协调利益制定条约或通过实践形成习惯法规则。在海洋利用国的航行自由和沿海国的海洋权利这一对互为表里的航行自由制度的变革中，由于立场设定上判断因素的不断变化和利益调和的困难，无论是惯行上形成的习惯法规则，还是短期内谈判制定的条约，大量规则模糊不清，解释适用上争议不断。二战后的三次联合国海洋法会议和两次制定的海洋法公约的成果见证了这一过程。

在这一过程中，美国作为发达国家和海洋强国，立场始终站在维护传统航行自由和抵抗沿海国对航行自由的限制和影响这一边。美国从未缺席过三次联合国海洋法会议，在条约制定过程中积极地对航行自由的制度变革进行控制。同时，美国始终在实践上践行这一立场，在习惯法的形成和发展上施加影响。最终美国

---

① Mandsager, supra note 73, at 117; Stuart Kaye, "Freedom of Navigation, Surveillance and Security: Legal Issues Surrounding the Collection of Intelligence from Beyond the Littoral", Australia Yearbook of International Law, Vol. 24, 2005, p. 99. （指出领海、国际海峡和群岛水域通过时航行上必要的情报搜集。）

② Mark J. Valencia, "Military Activitiesin Foreign EEZs: An Update", in Shicun Wu, Mark Valencia and Nong Hong (eds.), UN Convention on the Law of the Sea and the South China Sea, Routledge, 2015, pp. 48—50.

③ "科孚海峡案" 中法院拒绝了英国将 "搜集证据" 作为 1946 年 11 月 12 日、13 日其通过海峡的扫雷行动正当化的理由，认为这是新的干涉理论。参见：Corfu Channel, supra note27, pp. 34—35. 但是，主权国家在其专属经济区内的证据收集应不受此限。

选择置身于《公约》之外，但坚持《公约》的大部分规则是习惯法，通过继续实施"航行自由计划"，试图控制和影响《公约》相关条款的解释。

对于《公约》作出规定的部分，一般而言，非缔约国的实践即使与《公约》解释相关，也并不具有"与解释相关的嗣后实践"的功能。但是，考虑到《公约》条款可能反映同一内容的习惯法规则这一因素，美国的某些行动是行使《公约》上作出了明确规定但被相关国家"非法"拒绝的通行权（如沿海国领海主张超过《公约》最大 12 海里领海的规定）。在《公约》条款是否在《公约》后"结晶"为习惯法规则这一问题上，非缔约国而不是缔约国的实践才可能有意义（如用于国际航行的海峡中的过境通行权）。

问题在于，美国通过海空军事力量，系统性地对抗和矫正其定义为"非法"的"过度海洋主张"。这与其说是善意行使权利和履行义务，还不如说是一种基于海上霸权的"警察行动"。即使这样的行动尚未构成违法的"使用威胁或武力"，也和今天的主权平等的国际法体系格格不入。非缔约国以与《公约》规定具有同一内容的习惯法为由，试图通过单方军事行动的实践，掌控对《公约》的解释。其正当性将随着《公约》一揽子协议中的争端解决机制在《公约》解释或适用的争端（包括军事活动上的争端）上对具体条款作出解释而消失。然而，在争端解决机制自身规定了对军事活动的管辖例外[1]和司法、仲裁机构对于在缔约国存在严重对立的条款上介入解释问题持消极态度[2]时，这一前景并不明朗。

对于美国实施的"航行自由行动"，被实施行动的一方的反应具有重要意义。不言而喻，在《公约》未作出规定的有关历史性水域和海湾、远洋群岛水域、远洋低潮高地等问题上，美国实施的"航行自由行动"和对象国的反应，就处于形成中的习惯法而言均有意义。在习惯法和《公约》规定了同一内容但暧昧不清的情形下（军舰在领海的通航涉及的无害通过制度、直线基线和专属经济区或毗连区上的军事活动等几个方面），考虑到《公约》缔约国在后续实践上由于解释立场差异巨大而难以达成解释上的合意，由极少数不参加《公约》的国家通过实践来掌控对《公约》的解释是荒谬的。在个案中适用此类规则进行合法性判断时，利害相关国的行动须被纳入考量，因此对象国有必要采取对抗性措施。

---

① 《公约》第 298 条第 1（b）项。

② ITLOS 第 16 号案国际海洋法法庭对缅甸通过圣马丁岛领海问题的处理，参见 Xinjun Zhang, "The ITLOS Judgment in the Bay of Bengal Case between Bangladesh and Myanmar", Chinese Journal of International Law, vol. 12, 2013, p. 268。